파이썬으로 배우는

통계학 교과서 2판

파이썬으로 배우는 통계학 교과서 [2판]

기술통계, 통계모델, 선형모델, 머신러닝까지 통계학 입문을 위한 이론과 실전 가이드

초판 1쇄 발행 2019년 11월 22일
2판 1쇄 발행 2024년 11월 29일

지은이 바바 신야 / **옮긴이** 윤웅식 / **펴낸이** 전태호
펴낸곳 한빛미디어(주) / **주소** 서울시 서대문구 연희로2길 62 한빛미디어(주) IT출판2부
전화 02-325-5544 / **팩스** 02-336-7124
등록 1999년 6월 24일 제25100-2017-000058호 / **ISBN** 979-11-6921-319-6 93000

총괄 송경석 / **책임편집** 홍성신 / **기획 · 편집** 이윤지 / **교정** 강신원
디자인 최연희 / **전산편집** 다인
영업 김형진, 장경환, 조유미 / **마케팅** 박상용, 한종진, 이행은, 김선아, 고광일, 성화정, 김한솔 / **제작** 박성우, 김정우

이 책에 대한 의견이나 오탈자 및 잘못된 내용은 출판사 홈페이지나 아래 이메일로 알려주십시오.
파본은 구매처에서 교환하실 수 있습니다. 책값은 뒤표지에 표시되어 있습니다.

한빛미디어 홈페이지 www.hanbit.co.kr / 이메일 ask@hanbit.co.kr

Pythonで学ぶあたらしい統計学の教科書 第2版
(Python de Manabu Atarashii Tokeigaku no Kyokasho 2nd Edition: 7194-4)
© 2022 SHINYA BABA
Original Japanese edition published by SHOEISHA Co.,Ltd.
Korean translation rights arranged with SHOEISHA Co.,Ltd.
in care of The English Agency (Japan) Ltd. through Danny Hong Agency.
Korean translation copyright © 2024 by Hanbit Media, Inc.

지금 하지 않으면 할 수 없는 일이 있습니다.
책으로 펴내고 싶은 아이디어나 원고를 메일(writer@hanbit.co.kr)로 보내주세요.
한빛미디어(주)는 여러분의 소중한 경험과 지식을 기다리고 있습니다.

기술통계, 통계모델,
선형모델, 머신러닝까지
통계학 입문을 위한
이론과 실전 가이드

파이썬으로 배우는
통계학 교과서 2판

바바 신야 지음 | 윤웅식 옮김

SE SHOEISHA

한빛미디어
Hanbit Media, Inc.

지은이 · 옮긴이 소개

지은이 바바 신야(馬場 真哉)

2014년 홋카이도 대학 수산과학원을 수료했다. 2020년 11월부터 도쿄의과치과 대학 비상근 강사, 2021년 2월부터 이와테 대학 객원 부교수, 2022년 4월부터 테이쿄 대학 특임 강사를 맡고 있다. 통계학, 예측 분석, 파이썬, R 등을 다루는 Logics of Blue(https://logics-of-blue.com/)라는 웹사이트도 관리하고 있다.

저서로는 『平均・分散から始める一般化線形モデル入門』(プレアデス出版, 2015), 『時系列分析と状態空間モデルの基礎:RとStanで学ぶ理論と実装』(プレアデス出版, 2018), 『RとStanではじめるベイズ統計モデリングによるデータ分析入門』(講談社, 2019), 『R言語ではじめるプログラミングとデータ分析』(ソシム, 2019), 『意思決定分析と予測の活用基礎理論からPython実装まで』(講談社, 2021) 등이 있다.

옮긴이 윤웅식 ungsik.yun@gmail.com

끊임없이 도전하고 배우는 개발자 또는 해결사. 키보드로 먹고산 지 꽤 오래된 것 같은데 아직도 배울 게 산더미라는 사실만 깨닫고 있다. 여러 스타트업을 전전하다 대기업으로 간 뒤 최신 기술의 최전선에서 구르는 중이다.

좌우명은 "그럴 수도 있지!"

이 책은 『파이썬으로 배우는 통계학 교과서』의 2판으로 통계학 입문서이며, 프로그래밍 언어인 파이썬을 활용한 분석 방법도 함께 다룹니다. 다행히도 초판은 한국과 중국 등 해외에서도 많은 독자를 확보했습니다. 2판에서는 초보자가 쉽게 학습할 수 있도록 초판의 내용을 대폭 개정했습니다. 장 구성이 바뀌었을 뿐만 아니라 내용도 상당히 늘었습니다. 이처럼 초판을 많이 개선했지만 기본 철학과 방향성은 그대로 유지하고 있습니다.

이 책에서는 주로 다음 세 가지를 설명합니다.

- 데이터는 어떻게 분석하는가
- 왜 그렇게 분석하는 게 좋은가
- 파이썬을 사용해서 어떻게 분석하는가

1장부터 6장까지는 통계학 입문서의 성격을 띠며 기술통계, 확률과 분포의 기본, 통계적 추정 및 통계적 가설검정을 다룹니다. 초판의 구성을 전면적으로 재검토하여 통계를 처음 배우는 사람들이 독학하기 쉽도록 흐름을 수정했습니다.

7장부터 10장에서는 회귀분석과 분산분석 같은 분석 방법을 통합적으로 다루기 위한 '통계모델'부터 설명합니다. 통계모델을 다뤄보면서 추론통계 이론을 보다 깊이 있게 이해하고 나아가 예측 능력을 키울 수 있습니다. 또한 예측 기술로서 머신러닝과의 접점을 다루어 통계학 기초부터 머신러닝에 이르기까지의 흐름을 이해할 수 있도록 구성했습니다.

더불어 독자가 용어를 모른다거나 수식을 읽을 수 없다거나 비유 표현에 익숙하지 않아서 통계학을 이해하지 못하는 일이 없도록 이 책을 집필했습니다. 글, 수식, 파이썬 코드로 같은 내용을 세 번에 걸쳐 설명하므로 점차 깊이 있게 내용을 이해할 수 있을 것입니다.

통계학이 어렵게 느껴지는 주요 이유 중 하나는 이해해야 할 것이 너무 많다는 점입니다. 중요한 점은 개별 항목과 그들 간의 연결 관계를 파악하는 것입니다. 이 책에서는 용어가 서로 어떻게 관련되어 있는지 이해할 수 있도록 신경 썼습니다. 구성을 보면 알 수 있듯이 용어 정의와 용어 간 관계 그리고 프로그래밍 구현을 명확하게 나누어 설명함으로써 독자가 혼란스럽지 않도록 했습니다. 또한 목차도 상세하게 표현하여 독자가 현재 어디에서 무엇을 배우고 있는지 쉽게 파악할 수 있도록 구성했습니다.

단순히 데이터를 설명하기 위한 분석을 넘어서 예측을 위한 분석도 다루고 있습니다. 통계학의 큰 그림을 제시하는 것이 이 책의 중요한 목적 중 하나이므로 일부 내용에서는 학문적으로 세밀하지 않은 표현이 있을 수 있습니다. 이 책은 독자가 한 단계 높은 수준으로 나아갈 수 있는 교두보라는 의미도 갖고 있습니다.

이 책의 대상 독자

이 책은 통계학을 처음 배우는 분이나 통계학 공부가 어려워 포기했지만 다시 도전하고자 하는 분들을 대상으로 합니다. 통계학을 배우는 동기에 대해서는 1장에서 자세히 설명하고 있으니 이 책이 자신에게 적합한지는 1장 내용을 참고하여 판단하기 바랍니다.

실제로 데이터를 분석하면서 이론을 배우고자 한다면 이 책이 특히 적합합니다. 인기 있는 프로그래밍 언어인 파이썬을 사용하여 직접 데이터를 분석하는 방법을 배울 수 있습니다. 파이썬을 처음 접하는 사람들도 쉽게 읽을 수 있도록 2장에서 파이썬을 소개합니다.

이 책의 또 다른 큰 특징은 확률·통계 이론을 파이썬으로 시뮬레이션하여 직관적으로 이해할 수 있게 돕는다는 점입니다. '어찌어찌 계산은 할 수 있지만 이해되지 않는다'라고 느끼는 분에게도 이 책은 큰 도움이 될 것입니다. 또한 통계학 입문 외에도 통계모델을 이용한 예측 방법을 다루며 예측 기술로서 머신러닝과의 접점도 설명하고 있습니다. '단지 머신러닝 라이브러리를 사용하는 수준을 넘어서고 싶다'는 분에게도 이 책을 추천합니다.

반면 통계학의 수학적 내용을 깊이 파고들고 싶거나 딥러닝과 같은 첨단 머신러닝 기술에 대해 알고 싶다면 이 책과는 거리가 있습니다.

이 책의 구성

이 책은 독자들이 순서대로 읽도록 구성되어 있습니다. 목차를 보고 모르는 용어가 있다고 느낄 수 있지만 본론으로 넘어가기 전에 미리 용어를 설명합니다.

1장에서는 통계학을 배우는 동기를 부여하고자 통계학의 기본적인 사고방식과 통계학을 배웠을 때의 이점을 알아봅니다. 예를 들어 평균값만 살펴보는 간단한 분석 방법이 가지는 문제점 등을 이해할 수 있습니다.

2장에서는 프로그래밍 언어인 파이썬을 소개합니다. 파이썬 설치 방법과 프로그래밍에 유용한 도구인 주피터 노트북 사용법을 설명합니다. 또한 사칙 연산부터 반복문까지 파이썬의 기본 문법을 설명한 후 데이터를 분석하는 데 필요한 넘파이^{numpy}와 팬더스^{pandas}라는 라이브러리 사용법을 다룹니다.

3장에서는 데이터를 집계하는 방법으로 기술통계를 설명합니다. 먼저 데이터와 관련된 용어를 소개하고 Σ 기호 등 수식을 읽는 방법을 알아봅니다. 이어서 도수분포와 히스토그램, 1변량 데이터 통계량, 다변량 데이터 통계량을 순서대로 소개하며 이를 하나씩 파이썬으로 계산하는 방법을 안내합니다. 3장 후반부에서는 그룹별 분석을 수행하는 층화분석이라는 방법을 설명합니다. 마지막으로 데이터를 시각화하는 방법으로 맷플롯립^{matplotlib}과 시본^{seaborn} 라이브러리를 사용하여 아름다운 그래프를 쉽게 그리는 방법을 설명합니다. 이러한 데이터 시각화 기술은 실무에서도 유용하게 활용할 수 있습니다.

4장에서는 추론통계의 기초로서 확률과 확률분포를 소개합니다. 집합의 기본 용어부터 시작하여 확률론의 기초를 설명하고 이항분포와 정규분포 등 대표적인 확률분포를 다룹니다. 개별 확률분포를 설명할 때는 시뮬레이션을 통해 직관적으로 이해할 수 있도록 했습니다.

5장에서는 통계적 추정 문제를 다룹니다. 통계적 추정의 기본적인 사고방식을 소개한 뒤 모평균 추정 문제와 모분산 추정 문제를 설명합니다. 추정과 관련된 용어 설명뿐만 아니라 시뮬레이션을 이용해 추정의 개념을 설명합니다. 5장 후반부에서는 모집단분포가 정규분포임을 가정하고 표본에서 계산된 통계량이 따르는 표본분포를 도입합니다. 마지막으로 표본분포를 이용한 구간추정을 다룹니다.

6장에서는 데이터를 바탕으로 의사를 결정하는 방법인 통계적 가설검정에 대해 설명합니다. 모평균에 대한 한 개 표본의 t검정과 평균값 차이 검정, 분할표 검정을 다룹니다. 마지막으로 통계적 가설검정의 결과를 해석할 때 주의점도 소개합니다.

7장에서는 통계모델의 기본 사항과 모델을 구축하는 방법을 설명합니다. 통계모델과 관련된 기본 용어와 사고방식을 소개한 뒤 최대가능도법과 최소제곱법을 활용한 모델 파라미터 추정 방법을 설명합니다. 마지막으로 모델 평가 방법과 모델에 사용할 변수 선택 방법도 다룹니다.

8장에서는 선형회귀분석과 발전에 대해 설명합니다. 먼저 기본적인 단순회귀분석과 분산분석에 대해 설명하고 공분산분석이라는 여러 변수를 다루는 모델을 소개합니다. 여러 변수가 있는 경우 단순 비교의 한계를 이해하고 분석을 개선하는 방법을 알아봅니다.

9장에서는 정규분포 이외의 확률분포를 활용하는 일반화선형모델에 대해 설명합니다. 먼저 로지스틱 회귀분석('있음/없음'과 같은 이진 데이터 분석)과 푸아송 회귀모델('0개, 1개, 2개…'와 같은 이산형 데이터 분석)을 설명합니다. 또한 실무에서 매우 중요한 기술인 일반화선형모델의 잔차 진단 방법도 다룹니다.

10장에서는 머신러닝을 소개합니다. 머신러닝 관련 용어를 소개한 후 단순 선형회귀분석을 확장한 리지 회귀와 라소 회귀를 설명합니다. 이 책의 마지막 부분에서는 신경망에 대해 소개하고 일반화선형모델과 신경망 간의 관계를 알아봅니다.

통계학은 매우 유용한 도구입니다. 통계학을 가르치는 책 또한 유용한 도구여야 합니다. 이 책이 여러분에게 유용한 도구가 되기를 바랍니다.

예제 테스트 환경

이 책은 윈도우 10(64비트) 환경을 기준으로 설명합니다. 파이썬과 라이브러리 설치에는 Anaconda Distribution(Anaconda3-2024.02-1-Windows-x86_64.exe)을 사용했습니다. 이 책의 예제는 다음 [표 1]의 환경에서 문제없이 동작하는 것을 확인했습니다.

표 1 예제 실행 환경

환경	버전
운영체제	윈도우 10(64비트)
파이썬	3.11.7
Anaconda Distribution	Anaconda3-2024.02-1

예제 파일 다운로드

이 책에서 사용하는 예제 파일은 다음 URL에서 다운로드할 수 있습니다. 필요한 파일을 내려받아 사용하세요.

- https://www.hanbit.co.kr/src/11319

CONTENTS

CHAPTER 1 통계학 기본

CONTENTS

CONTENTS

CONTENTS

CHAPTER 4 확률과 확률분포

CONTENTS

CHAPTER 5 통계적 추정

CONTENTS

CONTENTS

CONTENTS

CHAPTER 8 정규선형모델

CONTENTS

CONTENTS

CHAPTER 9 일반화선형모델

CONTENTS

CHAPTER 10 통계학과 머신러닝

CONTENTS

통계학 기본

1.1 통계학

그레이엄 업튼과 이안 쿡이 집필한 『A Dictionary of Statistics』(Oxford University Press, 2008)에서는 통계학을 '데이터를 수집, 표시, 해석하는 과학'이라고 정의합니다. 저에게 통계학이 무엇이냐고 물어본다면 데이터를 '잘' 활용하는 방법을 배우는 학문이라고 답할 수 있을 것입니다. 그러나 이러한 설명은 다소 모호합니다. 통계학은 적용 범위가 매우 넓은 분야입니다. 이번 장에서는 대략적인 큰 그림을 먼저 제시하고 3장 이후 본론으로 이어가겠습니다.

먼저 기술통계와 추론통계의 두 가지 범주를 소개합니다. 그런 다음 각각의 특징과 목적에 대해 알아보겠습니다.

1.1.1 기술통계란 무엇인가

기술통계는 가지고 있는 데이터를 정리하고 요약하는 데 사용하는 통계학의 한 분야입니다. 데이터를 분석할 때는 종종 많은 수의 숫자를 처리해야 합니다. 예를 들어 {1, 5, 3, 6, 4}와 같은 숫자 집합을 보면 아무런 패턴이나 정보를 파악하기 어렵습니다. 만약 이러한 숫자가 1만 개라면 단순히 숫자를 살펴보는 것만으로도 매우 힘든 일이 됩니다.

이때 통계학이 필요합니다. 통계학에서는 많은 숫자에 대해 특정 지표를 계산합니다. 예를 들면 방금 전과 같은 데이터의 평균을 계산하면 3.8입니다. 모든 숫자를 하나씩 확인하는 것은 정직한 방법일 수 있지만 시간이 너무 오래 걸립니다. 그래서 데이터를 요약해서 이해하기 쉽게 만듭니다.

그러나 데이터를 요약하다 보면 원본 데이터의 많은 특성이 사라질 수 있습니다. 기술통계의 목적을 간단히 설명하자면 '데이터를 간결하게 해석하거나 비교할 수 있게 하면서도 가능한 한 많은 정보를 유지하는 방법을 찾는 것'이라고 할 수 있습니다. 1.2절에서 이 문제를 더 깊이 다루겠습니다.

1.1.2 추론통계란 무엇인가

추론통계는 갖고 있지 않은 미지의 데이터를 추측하는 통계학의 한 분야입니다. 예를 들어 내일의 매출 데이터처럼 알지 못하는 데이터를 미지의 데이터라고 할 수 있습니다. 모르는 데이터는 다루기 어렵습니다. 하지만 모르는 데이터에 대해서 정말로 아무것도 모른다고 한다면 데이터를 분석하는 의미가 없을 것입니다. 예를 들어 빨간 구두와 파란 구두에 대한 매출 데이터를 분석한 결과, 오늘까지 빨간 구두가 더 많이 팔렸다고 합시다. 이때 내일의 매출 데이터에 대해 '오늘까지는 빨간 구두가 더 잘 팔렸지만 내일은 뭐가 더 잘 팔릴지 모르겠다'라고 하는 경우가 바로 미지의 데이터입니다.

여기서 데이터 활용이 필요합니다. 과거의 데이터를 이용해 빨간 구두가 더 잘 팔리니까 내일도 빨간 구두를 더 많이 들여놔야 한다고 제안할 수 있습니다. 이 예측은 현재 가지고 있는 데이터에서 빨간 구두가 잘 팔렸으므로 아직 모르는 내일의 매출 데이터에서도 빨간 구두가 잘 팔릴 것이라는 가정에 기반합니다. 이는 일종의 판매 예측이라고 할 수 있습니다.

가지고 있는 데이터를 활용하여 모르는 데이터를 추측할 수 있다는 것이 통계학을 배우는 가장 큰 이유 중 하나입니다. 이 문제는 4장 이후에 본격적으로 다룹니다.

1.2 왜 기술통계가 필요한가

가지고 있는 데이터를 정리하고 요약하는 데 사용하는 통계학의 한 분야를 기술통계라고 했습니다. 이번 절에서는 기술통계의 역할에 대해 설명하며 구체적인 예는 3장에서 소개하겠습니다.

1.2.1 기술통계가 필요한 이유

기술통계는 데이터 해석이나 데이터 간의 비교를 간단하게 하면서도 가능한 한 정보를 잃지 않게 하기 위해 필요한 이론입니다.

현대 사회에서 다루는 데이터의 크기는 대개 수천, 수만 혹은 그 이상일 수 있습니다. 이러한 데이터를 하나씩 확인하는 것은 너무 비효율적입니다. 따라서 데이터의 특징을 파악하는 데 유용한 몇 가지 지표를 계산하는 것이 일반적입니다. 이러한 지표를 문맥에 따라 데이터의 **대푯값**, **요약 통계량** 또는 단순히 **통계량**이라고 합니다. 여러 가지 통계량의 정의와 사용법을 배우는 것이 제일 좋습니다.

또한 데이터 **시각화**, 즉 그래프를 활용한 데이터 요약도 유용합니다. 데이터를 얻은 후 적극적으로 시각화를 시도합시다. 그래프는 데이터를 해석하는 데 매우 유용합니다. 이때 그래프를 아무 생각 없이 만드는 것보다 그래프의 특성을 이해하고 적절히 사용하는 것이 중요합니다.

1.2.2 평균값이 지닌 문제점

데이터의 대푯값으로 자주 사용하는 지표가 평균값입니다. 만 개의 데이터가 있더라도 평균을 계산하면 단 하나의 숫자로 요약할 수 있어 데이터를 훨씬 쉽게 파악할 수 있습니다. 하지만 데이터를 평균값만으로 해석하는 것은 주의가 필요합니다.

예를 들어 한 마을에 사는 사람들의 저축 금액을 조사하여 경제적 지원이 필요한지 확인한다고 가정해보겠습니다. 다음과 같은 저축 금액 데이터를 얻었다고 합시다.

- A: 1억 원
- B: 0원
- C: 0원
- D: 0원

네 명의 평균 저축액은 2500만 원입니다. 그러나 이러한 평균값만 보고 경제적 지원이 필요하지 않다고 판단하는 것은 문제가 있습니다. B, C, D는 저축이 전혀 없기 때문입니다. 이처럼 단 하나의 대푯값만으로 데이터를 해석하면 잘못된 결론에 도달할 수 있습니다. 또한 의도적으로 특정 대푯값을 선택하거나 불리한 대푯값을 숨기는 방식 등으로 자신의 주장으로 유도할 수도 있습니다.

TV 뉴스와 SNS에서 데이터를 제시하는 일이 비약적으로 늘어났습니다. 구체적인 숫자를 제시하면 어쩐지 쉽게 납득할 수 있을 것 같지만 이때도 비판적으로 검토하는 능력이 중요합니다. 따라서 데이터를 분석하는 사람뿐만 아니라 분석 결과를 접하는 사람도 통계학을 배우는 것이 좋습니다.

1.2.3 평균값 이외의 지표 사용

잘못된 해석을 피하려면 평균값만 사용하는 방식에서 벗어나야 합니다. 평균값을 사용하지 말라는 것이 아닙니다. 아무 때나 평균값만 계산하는 방식이 문제라는 뜻입니다. 대푯값은 상황에 따라 구분해서 사용해야 하며 여러 개의 대푯값을 함께 사용하는 것도 유용합니다. 3장에서는 데이터 유형별로 다양한 대푯값을 소개합니다.

1.2.4 데이터 시각화

이 책에서는 기술통계와 함께 데이터의 시각화도 설명합니다. 그래프를 활용하면 평균값만 사용할 때는 보이지 않던 것이 드러나는 경우가 자주 있습니다. 파이썬을 사용하면 간단하게 아름다운 그래프를 그릴 수 있습니다. 3장에서 구체적인 데이터를 시각화하는 방법을 예제와 함께 설명합니다.

1.3 왜 추론통계가 필요한가

갖고 있지 않은 미지의 데이터를 추측하는 통계학의 한 분야를 추론통계라고 했습니다. 이번 절에서는 추론통계의 역할에 대해 설명하며 구체적인 예는 4장에서 소개하겠습니다.

1.3.1 추론통계가 필요한 이유

추론통계는 아직 얻지 못한 미지의 데이터에 대해 논의할 때 필요한 이론입니다. 조사 방법에는 크게 **전수조사**와 **표본조사** 두 종류가 있습니다. 전수조사의 예로는 주민등록조사를 들 수 있습니다. 남김 없이 모든 사람을 대상으로 조사합니다. 반면 표본조사는 전체의 일부만을 다룹니다.

예를 들어 선거의 출구조사는 전형적인 표본조사입니다. 출구조사에서는 투표한 일부 사람들에게만 설문조사를 하지만, 추론통계 이론을 활용하면 개표율이 몇 퍼센트밖에 되지 않은 상황에서도 당락을 신속하게 예측할 수 있습니다.

출구조사 외에도 추론통계는 다양한 용도로 사용합니다. 예를 들어 가게를 방문한 고객들에게 설문조사를 하려 할 때 모든 방문객에게 설문조사를 진행하는 것은 어려울 수 있습니다. 또한 특정 동물 종의 생태를 조사할 때 전 세계의 모든 개체를 대상으로 조사하는 것은 불가능합니다. 이처럼 추론통계는 비즈니스와 연구 활동 모두에서 필수적이고 중요한 기술입니다.

1.3.2 모집단과 표본

관심 대상 전체를 **모집단**이라고 하며 모집단의 일부를 **표본**이라고 합니다. 표본은 **샘플**^sample이라고도 하며 모집단을 대표하는 방식으로 추출합니다. 모집단은 표본으로 포함되지 않은 대상을 포함한 전체 집단을 의미합니다.

실제로 얻은 표본은 **데이터**라고 부릅니다. 가지고 있는 데이터만을 사용하여 모집단 전체에 대해 논의하는 것이 추론통계학의 목적입니다. 이 점은 꼭 기억해둡시다.

예를 들어 선거 출구조사의 예에서는 투표한 유권자 전체가 모집단이고 출구조사에 응한 대상자가 표본입니다. 그리고 설문조사 결과를 데이터로 얻으며 이를 바탕으로 확실성을 판단하는 데 유용한 것이 추론통계 이론입니다.

덧붙여 모집단의 '모(母)'라는 문자는 다양한 통계 용어에 등장합니다(모수, 모평균 등). 혼란스럽거나 오해를 일으키는 용어도 종종 있으므로 주의를 기울여야 합니다. 여러분도 '모'가 들어간 용어가 등장하면 모집단과 관련이 있을 가능성에 유의하기 바랍니다.

1.3.3 표본크기

표본이 갖고 있는 데이터의 개수를 **표본크기** 또는 **샘플사이즈**^{sample size}라고 합니다. 예를 들어 물고기를 한 마리를 낚아 올렸다면 표본크기는 1이고 열 명에게 설문조사를 했다면 표본크기는 10입니다.

표본크기는 어디까지나 표본의 크기입니다. 따라서 표본크기가 크다 또는 작다고 표현하지 많다 또는 적다라고 표현하지는 않습니다. 대부분 표본조사를 할 때 표본크기는 모집단의 크기에 비해 압도적으로 작은 경우가 많습니다.

1.3.4 추론

표본에서 모집단을 추론하는 것, 즉 일부에서 전체를 추론하는 것이 추론통계입니다. 추론통계를 설명할 때 자주 증장하는 비유가 '수프의 맛'입니다. 조리 중인 수프가 짠지, 싱거운지 알아보기 위해 냄비에 가득한 수프를 모두 마실 필요는 없습니다. 작은 접시에 덜어낸 일부만 맛보아도 어느 정도 맛을 알 수 있습니다. 이 예를 들어 표본조사(작은 접시에 덜어낸 수프)와 추론통계(수프의 전체 맛에 대해 추론)를 설명합니다.

그러나 이런 방법에도 주의해야 할 점이 있습니다. 예를 들어 수프 냄비의 바닥은 맛이 진하지만 위쪽은 싱거울 수 있습니다. 이 경우 상층에서 덜어낸 수프만 맛보고 '맛이 싱겁다'고 판단하면 잘못된 결론에 도달할 수 있습니다. 표본이 편향되지 않도록 하는 것이 매우 중요합니다. 예를 들어 특정 SNS의 피드만을 보고 '세상 사람들은 모두 이렇게 생각하고 있다'고 판단하면 실수할 가능성이 큽니다. 이 책에서는 편향 없이 표본을 추출한다고 가정하지만 설문조사 데이터를 얻는 방법에 신경 쓰는 것은 매우 중요합니다.

1.3.5 표본의 확률적 변동과 구간추정

추론통계의 중요한 역할 중 하나는 추정된 값의 편차 크기를 평가하는 것입니다. 예를 들어 많은 물고기가 사는 호수에서 낚시로 열 마리의 물고기를 잡아 몸길이를 측정한다고 가정해보겠습니다. 이때 표본의 평균값은 20cm였습니다. 잡은 물고기는 다시 풀어줍니다. 똑같은 장소에서 똑같은 방법으로 열 마리의 물고기를 또 잡았다고 가정해봅시다. 이번에도 잡은 열 마리 물고기의 몸길이 평균값이 소수점 한 자리도 다르지 않고 딱 이전과 같은 크기가 될 것이라고 기대하는 것은 무리입니다.

더 기계적인 예를 들어보겠습니다. 검은 상자 안에 1000장의 복권이 들어 있고 그중 100장이 당첨이라고 합시다. 여러 명의 도전자가 각각 복권 10장을 상자에서 꺼냅니다. 복권을 꺼낸 후에는 결과를 확인하고 다시 상자에 넣기 때문에 처음에 복권을 뽑거나 마지막으로 복권을 뽑아도 조건은 변하지 않습니다. 이때 10장 모두 당첨된 사람도 있을 수 있고 1장만 당첨된 사람도 있을 수 있으며 2장이 당첨된 사람도 있을 수 있습니다. 똑같은 조건에서 복권을 뽑아도 사람에 따라 다른 결과가 나올 수 있다는 걸 인정해야 합니다.

스마트폰 게임에서 뽑기를 해본 적 있습니까? 같은 게임에서 뽑기를 했는데 친구는 당첨이고 자신은 꽝이었던 경험을 한 사람도 있을 것입니다. 이렇게 확률적으로 결과가 바뀌는 것은 일상적으로 발생할 수 있습니다. 이처럼 다른 결과를 얻는 것을 **편차**가 있다고 표현합니다. 예를 들어 표본에서 계산된 평균값은 확률적으로 변합니다. 같은 조건에서 표본조사를 반복하면 또 다른 결과를 얻을 수 있기 때문입니다. 추론통계의 역할 중 하나는 이 편차의 크기를 평가하는 것입니다.

구간추정이라는 방법을 사용하면 편차 크기를 고려하여 보다 광범위한 추정값을 제시할 수 있습니다. 통계적 추정에 대해서는 5장에서 자세히 설명합니다.

1.3.6 판단과 통계적 가설검정

데이터를 기반으로 어떤 판단을 내리고 싶을 때가 있습니다. 예를 들어 [제품 구매]라는 버튼 옆에 아이돌 사진을 배치했을 때와 새끼 고양이 사진을 배치했을 때 매출이 달라지는지 판단하고자 할 수 있습니다. 이때 자주 사용하는 기법이 **통계적 가설검정**입니다. 통계적 가설검정은 6장에서 다루겠습니다.

1.3.7 모델과 추론

추론통계를 배울 때는 확률론에 대한 이해가 중요합니다. 표본은 확률적으로 변하기 때문에 이를 확률의 언어로 표현해야 합니다. 그렇다면 이러한 확률은 어떻게 계산할까요?

여기서 등장하는 것이 **모델**입니다. 모델은 현실 세계를 단순화한 모형을 의미합니다. 자세한 내용은 7장에서 설명하겠지만 확률적 표현을 포함한 모델을 **확률모델**이라고 합니다. 이 책에서는 확률모델을 실제 데이터에 적용한 것을 **통계모델**이라고 부릅니다. 이러한 용어 구분은 편의에 따른 것이며 문헌에 따라 다르게 사용할 수 있습니다. 용어 구별이 어렵거나 필요하지 않을 때는 단순히 모델이라고 부릅니다. 모델을 구축하는 과정을 **모델링**이라고 하며 이 모델을 기반으로 다양한 확률을 계산할 수 있습니다.

추론통계를 배우면 구간추정과 가설검정을 수행할 수 있습니다. 파이썬을 사용하면 복잡한 계산을 컴퓨터에 맡길 수 있어 결과를 쉽게 얻을 수 있습니다. 그러나 결과를 그대로 받아들이기에는 한계가 있습니다. 이러한 결과는 모델이 제시한 결과일 뿐이기 때문입니다. 모델은 어디까지나 사람이 상상한 '현실 세계의 모형'에 불과합니다. 모델이 실제 세계와 크게 다르다면 모델에서 도출된 결과를 신뢰하는 데 문제가 생길 수 있습니다. 따라서 구간추정과 가설검정 절차를 배우는 것과 이러한 기술 뒤에 가정된 모델을 이해하는 것은 함께 이뤄져야 합니다.

이 책에서는 4장과 5장에서 시뮬레이션을 이용해 기본 모델을 설명합니다. 그러나 현실 세계는 복잡해서 단순한 모델이 항상 작동하지는 않습니다. 7장 이후에 고급 모델에 대해 알아보겠습니다. 모델링을 알아두면 구간추정과 가설검정 같은 기술을 더 잘 이해할 수 있습니다. 또한 복잡한 현상을 분석하는 도구로서도 모델링은 매우 유용합니다.

1.3.8 선형모델에서 머신러닝으로

7장부터 9장까지는 선형회귀모델과 일반화선형모델과 같은 기초적이고 실용적인 모델을 설명합니다. 이러한 모델은 통계학 책에 소개되기도 하지만 머신러닝 책에서도 다룹니다. 통계학과 머신러닝은 명확하게 분리되지 않으며 통계모델에 대해 배우면 통계학과 머신러닝 간의 접점에 대한 이해도 깊어질 것입니다.

이 책에서 머신러닝을 깊이 다루지는 않지만 신경망과 같은 대표적인 기술과 선형모델 간의 관계를 알아봅니다. 이 책을 통해 다양한 방법을 체계적으로 배울 수 있기를 바랍니다. 신경망과 관련한 내용은 10장에서 설명합니다.

## CHAPTER 2

파이썬과 주피터 노트북

2.1 환경 구축

2장에서는 프로그래밍 언어인 파이썬을 소개합니다. 이번 절에서는 파이썬을 컴퓨터에 설치하는 방법부터 설명합니다. 프로그래밍할 수 있는 환경을 컴퓨터에 설정하는 과정을 환경 구축이라고 합니다. 이 책에서는 가장 많이 사용하는 운영체제인 윈도우를 기준으로 설명합니다.

코드 실행 환경은 다음과 같습니다.

- 윈도우 10(64비트)
- 파이썬 3.11.7(Anaconda3-2024.02-1)

용어를 간단히 소개한 후 설치 과정과 몇 가지 보충 사항을 안내하겠습니다.

2.1.1 파이썬

파이썬Python은 프로그래밍 언어 중 하나로 무료로 사용할 수 있습니다. 문법이 간단해서 기억해야 할 게 적고 매우 인기 있는 언어여서 책이나 인터넷에서 관련 정보를 쉽게 찾을 수 있습니다. 그래서 프로그래밍을 처음 배우는 사람에게 추천하는 언어입니다. 파이썬은 데이터 분석에 매우 강력한 언어입니다. 파이썬을 사용하면 통계분석, 머신러닝 등을 비교적 쉽게 프로그래밍할 수 있습니다.

2.1.2 아나콘다

파이썬의 배포 형태로 **아나콘다**^{Anaconda}가 유명합니다. 아나콘다에는 파이썬의 기본 기능 외에도 분석 작업에 유용한 여러 기능이 담겨 있습니다. 파이썬을 설치한 후에 분석을 위한 추가 기능 (패키지)을 설치하는 것도 방법이지만 꽤 번거롭습니다. 따라서 이 책에서는 아나콘다 설치를 권장합니다. 아나콘다 설치에 몇 가지 단점도 있지만 초보자가 처음 분석 환경을 쉽게 구축하고 배우기에는 적합합니다.

2.1.3 주피터 노트북

주피터 노트북^{Jupyter Notebook}은 실제로 프로그램을 작성할 때 사용하는 도구입니다. 아나콘다를 설치하면 주피터 노트북도 같이 설치되어 사용할 수 있습니다. 주피터 노트북을 실행하면 크롬^{Chrome}이나 에지^{Edge} 등의 웹 브라우저가 실행됩니다. 여기에 프로그램을 작성하면 됩니다.

2.1.4 아나콘다 설치

다음 URL에 접속하여 아나콘다 설치 프로그램을 다운로드합니다.

- https://www.anaconda.com/download/success

자신의 운영체제에 맞는 아나콘다 인스톨러를 다운로드합니다. 이 책에서는 Windows에서 64-Bit Graphical Installer를 선택하여 진행합니다. 이 글을 작성할 당시에는 Anaconda3-2024.02-1-Windows-x86_64.exe라는 파일이 다운로드되었습니다(시기에 따라 파일이 달라질 수 있습니다). 더블클릭하여 아나콘다를 설치합니다. 설치할 때는 [I Agree]나 [Next]를 누르는 것만으로 간단히 완료할 수 있습니다. PATH 설정 추가도 필요하지 않습니다.

2.1.5 이전 버전의 아나콘다 설치

Anaconda3-2024.02-1-Windows-x86_64.exe라는 파일을 다운로드하여 아나콘다를 설치했습니다. 그러나 이 책이 출간된 후에 새로운 버전이 배포될 수 있습니다. 기본적으로는 최신 버전을 사용하는 것이 좋지만, 그럴 경우 책의 내용을 완전하게 재현하지 못할 수 있습니다.

책의 내용을 그대로 재현하고 싶다면 앞서 소개한 버전에 맞춰 아나콘다를 설치하는 것이 좋습니다. 다음 URL에서 Anaconda3-2024.02-1-Windows-x86_64.exe를 다운로드할 수 있습니다.

- https://repo.anaconda.com/archive/

이 방법으로 아나콘다 버전을 책에 맞춰 설치하면 시일이 지났을 때도 동일한 환경에서 실행 결과를 재현할 수 있습니다.

2.1.6 파이썬 프로그래밍 용어

파이썬 프로그래밍에서 자주 사용하는 용어를 정리해보겠습니다. 그다지 중요하지 않으니 가볍게 읽어도 좋습니다. 또한 인터넷에서 파이썬 관련 검색을 할 때 자주 마주치는 용어도 설명하겠습니다.

- **구현**: 프로그램을 작성하는 것
- **코드**: 작성된 프로그램
- **소스**: 코드와 거의 같은 의미. 소스 코드라고도 한다.
- **패키지, 라이브러리**: 둘 다 파이썬의 추가 기능이라고 생각하면 된다. 아나콘다를 설치하면 분석용 라이브러리가 이미 많이 포함되어 있다. 대표적인 라이브러리로 넘파이(numpy), 팬더스(pandas), 맷플롯립(matplotlib), 시본(seaborn), 사이파이(scipy), 스탯모델(statsmodels), 사이킷런(sklearn) 등이 있다.
- **모듈**: 파이썬 코드를 작성한 파일. 여러 모듈이 모여 하나의 패키지를 구성한다. 패키지의 특정 모듈만 로드하는 경우도 있다. 또한 여러 패키지를 정리한 것을 라이브러리라고 부른다.
- **pip**: 패키지를 관리하는 도구. 아나콘다를 사용한다면 그다지 사용할 일이 없다.
- **conda-install**: 아나콘다로 라이브러리를 설치하거나 업데이트할 때 주로 사용한다. 하지만 아나콘다에는 필요한 패키지가 대부분 들어 있어서 최초 설치 이후에는 사용할 일이 거의 없다.
- **에디터**: 프로그램을 작성하는 소프트웨어. 주피터 노트북을 사용하는 경우에는 신경 쓰지 않아도 된다.
- **IDE**: 통합개발환경(Integrated Development Environment). 긴 프로그램을 작성할 때 편리한 기능(구문 체크 등)이 있는 소프트웨어. 파이참(PyCharm)이나 비주얼 스튜디오 등이 유명하다. 주피터 노트북을 사용한다면 신경 쓰지 않아도 되지만 파이썬으로 애플리케이션을 만든다면 사용 방법을 알아두는 게 편리하다. 이 책을 읽을 때는 IDE를 신경 쓰지 않아도 된다.
- **대화 환경(REPL)**: 프로그램을 작성하면 계산 결과가 즉시 출력되는 환경. 주피터 노트북을 사용하는 경우에는 신경 쓰지 않아도 된다.

- **아이파이썬 노트북(IPython Notebook)** : 주피터 노트북의 옛 이름
- **파이썬 2와 파이썬 3** : 파이썬에는 크게 2와 3으로 불리는 버전이 있다. 2는 오래된 버전으로 2에서 실행되는 코드는 3에서 작동하지 않는 경우가 많다. 이 책에서는 파이썬 3을 사용한다. 현재는 거의 파이썬 3만 사용하지만 오래된 문서를 읽을 때는 주의가 필요하다.

2.2 주피터 노트북

이번 절에서는 파이썬을 배울 때 사용하는 주피터 노트북의 기본 사항을 설명합니다. 이 책에서는 주피터 노트북을 사용해서 파이썬 코드를 작성하고 계산 결과를 확인합니다. 주피터 노트북을 사용하면 결과를 쉽게 확인할 수 있습니다. 주피터 노트북 설명에 이어 간략하게 아나콘다 프롬프트라는 도구 사용법도 소개합니다.

2.2.1 주피터 노트북 실행하기

아나콘다를 설치했다면 주피터 노트북을 사용할 수 있습니다. 윈도우 10을 사용 중이라면 시작 메뉴의 검색창에서 Jupyter Notebook을 검색해서 실행할 수 있습니다.

주피터 노트북을 실행하면 검은 화면(커맨드 프롬프트)이 잠깐 나타났다가 구글 크롬 등의 브라우저가 실행되고 [그림 2-1]과 같은 화면이 나옵니다. SNS와 같은 웹 서비스를 사용하는 것처럼 프로그램을 작성할 수 있습니다.

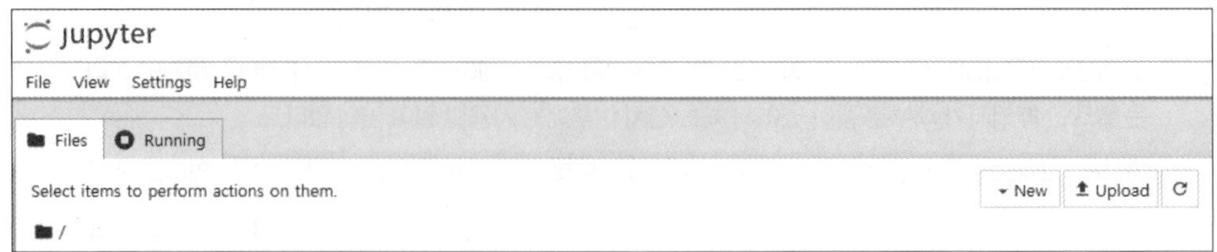

그림 2-1 주피터 노트북 실행 화면

여기서부터는 주피터 노트북에서 작업하겠습니다. 참고로 소프트웨어 버전에 따라 책 본문의 이미지와 독자가 실행하는 화면이 다를 수 있습니다.

2.2.2 새 파일 만들기

아나콘다를 설치할 때 설정에 따라 조금씩 다르지만 보통은 'C:₩Users₩사용자계정' 폴더에
파일들이 저장됩니다. 먼저 새로운 폴더를 만들어봅시다. 화면 오른쪽 위에서 New → New
Folder를 선택하면 Untitled Folder라는 이름으로 폴더가 생깁니다(그림 2-2).

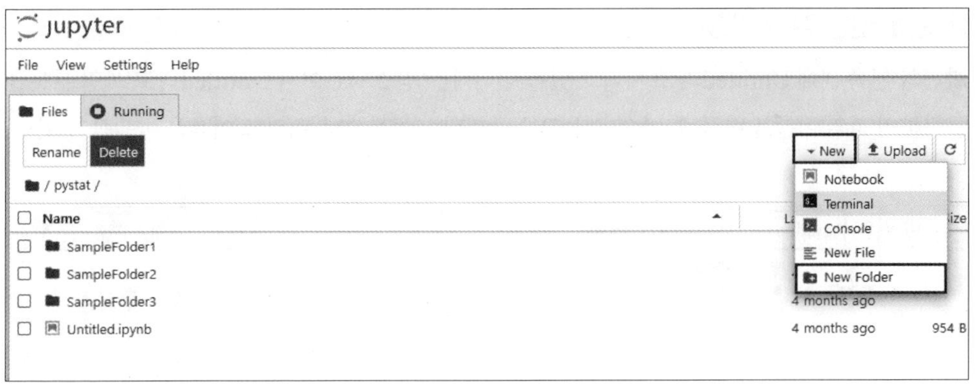

그림 2-2 폴더 만들기

생성된 폴더 왼쪽의 체크 박스를 체크한 후 위쪽의 [Rename]을 선택하면 이름을 변경할 수 있
습니다. 예를 들어 PyStat이라고 만들어봅시다. PyStat 폴더의 폴더명을 클릭하면 PyStat 폴
더 안으로 이동합니다. 이 상태에서 오른쪽 위의 New → Notebook을 선택하면 프로그램을 작
성할 수 있는 화면이 나옵니다(그림 2-3). 왼쪽에 [ ]:이라고 쓰여 있는 곳 옆에 코드를 작성합니
다. 이곳을 셀이라고 부릅니다.

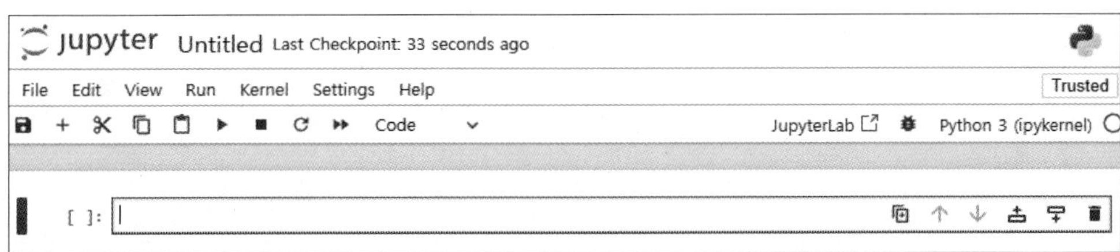

그림 2-3 코드를 작성하는 화면

2.2.3 계산 실행 방법

셀에 1을 입력한 뒤 Shift + Enter 를 누르면 아래에 새롭게 [1]:이라 쓰인 곳 옆에 계산 결과가 나타납니다. 이번에는 그냥 1만 그대로 출력해보았습니다.

2.2.4 실행 결과 저장하기

화면의 왼쪽 위에 Untitled가 표시되고 있을 겁니다(그림 2-4). 여기 Untitled라고 쓰인 부분을 클릭하면 파일 이름을 바꿀 수 있습니다. '2.2 주피터 노트북 연습'이라고 이름을 바꿔봅시다.

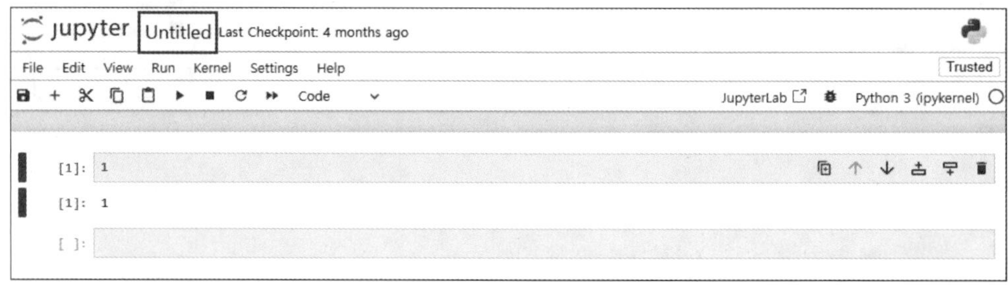

그림 2-4 파일 이름 변경

그리고 Ctrl + S 를 누르면 파일이 저장됩니다. PyStat 폴더 안에 '2.2 주피터 노트북 연습.ipynb' 파일이 저장됩니다. 화면 왼쪽 위의 File → Save and Export Notebook As → HTML을 선택하면 계산 결과를 HTML 파일로 다운로드할 수 있습니다(그림 2-5). 다른 사람과 결과를 공유하거나 할 때 사용하면 편리합니다.

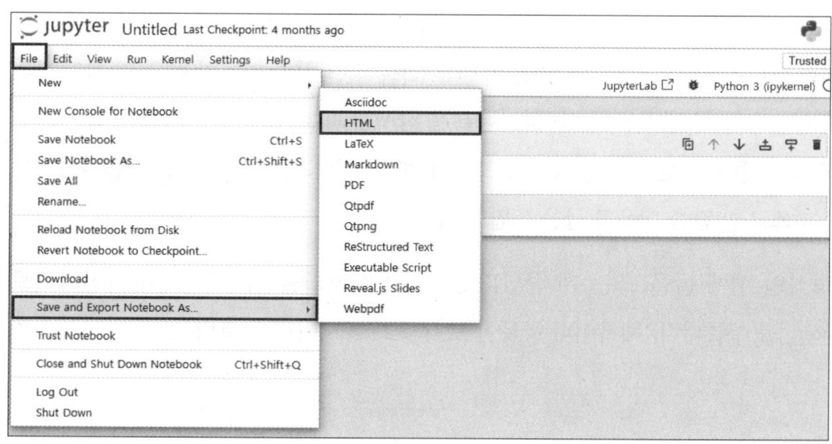

그림 2-5 HTML 파일로 저장

2.2.5 Markdown 표기법 사용하기

주피터 노트북을 계산하는 데만 사용하는 것이 아니라 계산 결과를 리포트 형식으로 정리하는 데도 쓸 수 있습니다. 제목과 항목 등을 작성해서 분석 보고서를 만드는 방법으로 **Markdown 표기법**을 사용하면 편리합니다.

[ ]:이라고 쓰여 있는 셀 왼편에 마우스를 클릭한 후 위쪽에 [Code]라고 된 선택 박스를 클릭합니다. 그리고 [Markdown]을 선택하면 Markdown 형식을 사용할 수 있는 상태가 됩니다(그림 2-6).

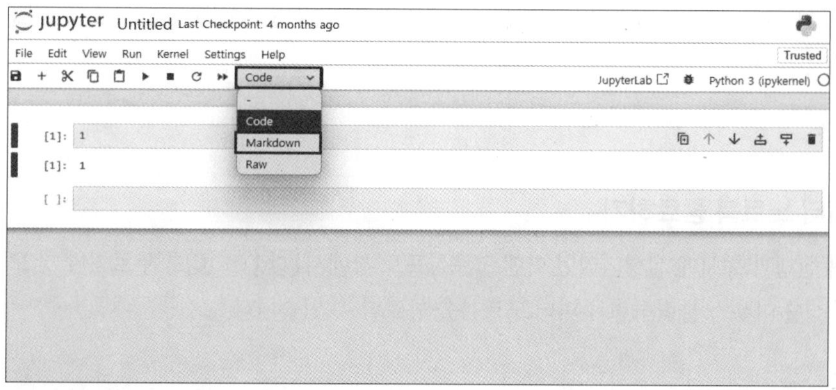

그림 2-6 Markdown 형식 사용 설정

Markdown 형식인 셀에서는 간단히 제목이나 문단을 작성할 수 있습니다. 줄의 첫 번째에 샤프(#) 기호를 입력한 다음 한 칸 띄우고 글을 쓰면 바로 제목이 됩니다. 기호가 한 개면 제일 상위 제목이 되고 더 붙을수록 하위 제목이 됩니다. 항목을 작성할 때는 마이너스(−)를 입력하고 한 칸 띄운 다음 글을 씁니다. 번호가 붙은 항목을 작성할 때는 '1.'이라고 쓰고 한 칸 띄웁니다. 즉, 숫자와 점을 붙여 쓰고 한 칸을 띄우고 글을 쓰면 됩니다.

Markdown 형식인 셀에 글을 쓰는 게 끝났다면, 파이썬 코드를 작성할 때와 마찬가지로 [Shift] + [Enter]를 누릅니다. 제목이나 항목이 보기 좋게 표시됩니다(그림 2-7).

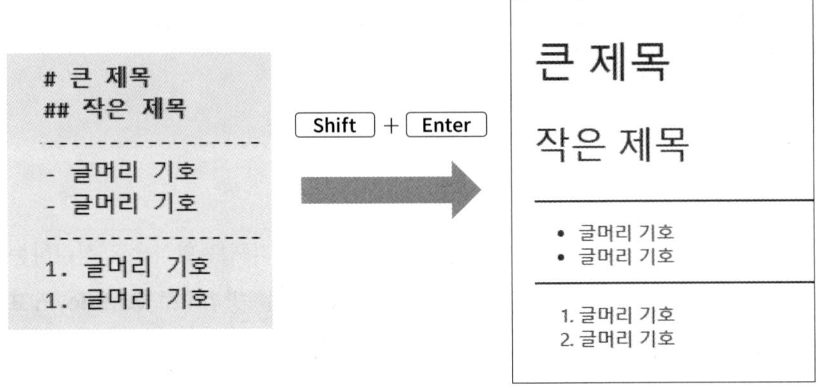

그림 2-7 Markdown 표기법과 실행 결과

해당 항목을 다시 수정하고 싶은 경우에는 셀을 더블클릭하면 됩니다. 이 책의 예제 코드는 다운로드한 예제 파일에 모두 포함되어 있습니다. 혼자서 프로그래밍하기 어려우면 내려받은 예제 코드 내용을 확인하며 배울 수 있습니다. 물론 시간에 여유가 있다면 가능한 한 스스로 코드를 작성하는 것이 좋습니다.

2.2.6 주피터 노트북 종료하기

주피터 노트북 실행과 동시에 실행되었던 커맨드 프롬프트 창에서 [Ctrl] + [C]를 누르거나 창 오른쪽 상단의 [×]를 마우스 클릭하면 주피터 노트북을 종료할 수 있습니다.

2.2.7 아나콘다 프롬프트 사용하기

아나콘다를 설치하면 아나콘다 프롬프트^{Anaconda Prompt}를 사용할 수 있으며 이를 통해 주피터 노트북을 시작할 수 있습니다. 폴더 이동과 같은 경우는 아나콘다 프롬프트를 이용하는 것이 간단할 수도 있습니다. 이번 절에서는 아나콘다 프롬프트 사용법을 설명합니다. 어렵다고 느끼면 건너뛰어도 괜찮습니다.

아나콘다 프롬프트란?

아나콘다 프롬프트를 시작하면 버튼 없이 텍스트 입력만 가능한 검은색 화면이 나타납니다. 이곳에 명령을 입력하여 다양한 작업을 수행할 수 있습니다. 예를 들어 아나콘다 프롬프트에서 jupyter notebook이라고 명령을 입력하고 [Enter]를 누르면 주피터 노트북이 실행됩니다. 2.2.1절의 방법으로 주피터 노트북을 실행했을 때와 결과가 같습니다.

폴더 이동

폴더를 이동하려면 cd라는 명령을 사용합니다. 주피터 노트북을 시작한 경우 종료하고 다음과 같이 실행합니다.

예를 들어 윈도우를 사용한다고 전제하고 C 드라이브 바로 아래에 PyStat 폴더를 만들었다고 가정합니다. cd C:₩PyStat 명령을 입력하여 이 폴더로 이동할 수 있습니다. 그 후 jupyter notebook 명령을 입력하여 주피터 노트북을 실행하면 PyStat 폴더 바로 아래에서 주피터 노트북을 시작할 수 있습니다.

대화 환경 이용

이 책에서는 사용하지 않지만 주피터 노트북을 거치지 않고도 아나콘다 프롬프트를 사용하여 파이썬 코드를 실행할 수 있습니다. 주피터 노트북을 시작한 경우 종료하고 다음과 같이 실행합니다.

아나콘다 프롬프트에 python 명령을 입력하고 [Enter]를 누르면 파이썬 기능을 사용할 수 있습니다. 이 상태에서 예를 들어 '1 + 1'을 입력한 다음 [Enter]를 누르면 계산 결과인 2가 반환됩니다. 종료하려면 quit()을 입력합니다. 일부 파이썬 입문서에서는 **대화형 셸**을 사용하여 파이썬을 실행하기도 합니다. 이 경우 아나콘다 프롬프트를 사용하면 비슷한 작업을 수행할 수 있습니다.

2.3 파이썬 프로그래밍

이번 절에서는 파이썬 프로그래밍의 기본을 설명하겠습니다. 초반에는 주로 문법을 설명하며 처음부터 다 외울 필요는 없습니다. 기억이 나지 않는다면 그때마다 다시 돌아와 살펴보는 것으로 충분합니다. 다만 이 절 마지막에 설명하는 '사용하기 쉬운 프로그램을 작성하는 법'은 확실히 기억해두는 것이 좋습니다.

2.3.1 사칙연산

먼저 사칙연산부터 시작하겠습니다. 덧셈을 실행하려면 플러스(+) 기호를 사용합니다. 다음은 덧셈 결과를 출력한 예입니다. 이 책에서는 In으로 표시한 곳이 주피터 노트북에서 코드 입력을 나타내고 Out은 실행 결과입니다.

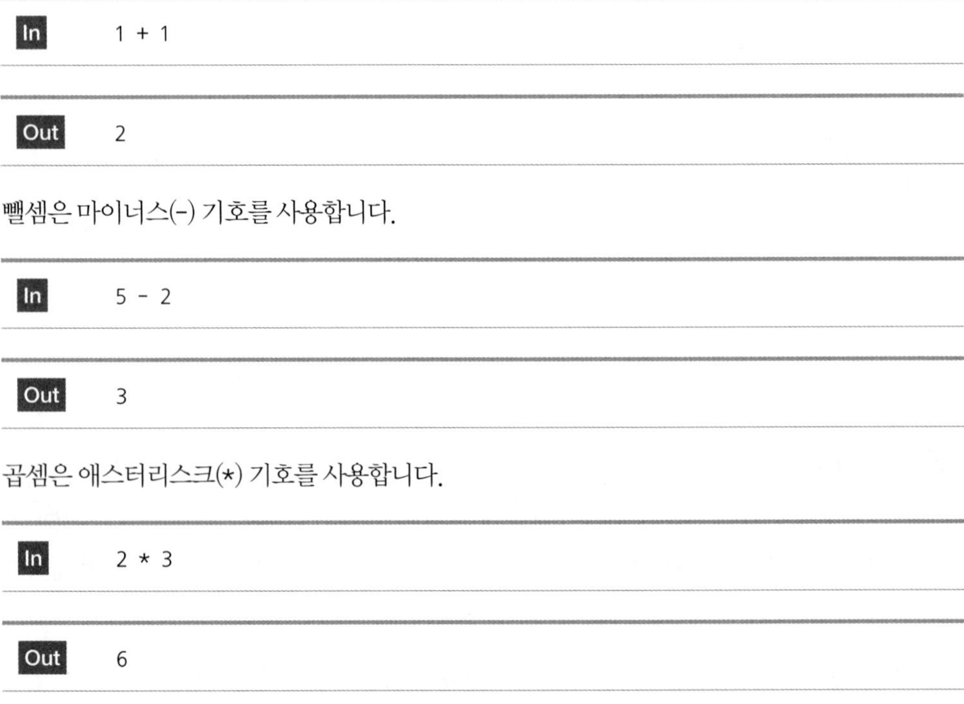

뺄셈은 마이너스(-) 기호를 사용합니다.

곱셈은 애스터리스크(*) 기호를 사용합니다.

나눗셈은 슬래시(/) 기호를 사용합니다.

```
In      6 / 3
```

```
Out     2.0
```

나눗셈을 할 때는 조심해야 할 점이 있습니다. 계산 결과에 소수점 이하 값이 포함되기 때문입니다.

2.3.2 기타 연산

거듭제곱 계산에는 애스터리스크를 2개 사용합니다. 다음 코드로 2의 세제곱, 즉 $2 \times 2 \times 2 = 8$을 구할 수 있습니다.

```
In      2 ** 3
```

```
Out     8
```

나눗셈에서 소수점 이하를 버린 몫만 구하려면 슬래시를 2개 사용합니다.

```
In      7 // 3
```

```
Out     2
```

나눗셈의 나머지를 구하려면 퍼센트(%) 기호를 사용합니다.

```
In      7 % 3
```

```
Out     1
```

2.3.3 주석

줄의 맨 앞에 # 기호를 쓰면 해당 행은 주석으로 취급됩니다.

In	`# 1 + 1`

주석이므로 `Shift` + `Enter` 를 눌러도 계산 결과가 출력되지 않습니다.

2.3.4 데이터형

파이썬의 여러 데이터형을 알아봅시다. 데이터라고 해도 1, 2, 3이라는 숫자와 A, B, C라는 문자열은 서로 취급하는 방법이 다릅니다.

우선 **문자열형**이 있습니다. 이름 그대로 문자열을 처리하며 작은따옴표나 큰따옴표로 감싸서 표현합니다. 따옴표는 어느 것을 선택해도 상관없지만 프로그램을 작성할 때는 하나로 정해 일관성을 유지하는 게 좋습니다.

In	`"A"`

Out	`'A'`

작은따옴표를 사용해도 결과는 변하지 않습니다. 이 책에서는 주로 작은따옴표를 사용합니다.

In	`'A'`

Out	`'A'`

type 함수를 사용하면 데이터가 어떤 형인지 출력할 수 있습니다.

In	`type('A')`

Out	`str`

str은 String의 약자로 문자열형임을 표시합니다.

수치형은 **정수형**과 **부동소수점형**의 두 가지가 있습니다. 소수점 이하의 값이 있느냐 없느냐가 차이점입니다. 정수형은 int형이라고도 부릅니다.

```
In    type(1)
```

```
Out    Int
```

부동소수점형은 float형이라고도 부릅니다.

```
In    type(2.4)
```

```
Out    Float
```

참이면 True, 거짓이면 False라고 하여 참과 거짓을 표시하는 데이터형을 **불형**이라고 합니다. 이때 첫 글자는 대문자이고 나머지는 소문자입니다. 대소문자를 구별하니 주의합시다.

```
In    type(True)
```

```
Out    bool
```

False 역시 불형입니다.

```
In    type(False)
```

```
Out    bool
```

서로 다른 형의 데이터끼리 연산을 하면 오류가 발생하는 경우가 있으니 주의해야 합니다.

```
In    'A'+ 1
```

```
Out    TypeError                          Traceback (most recent call last)
       ~\AppData\Local\Temp/ipykernel_9880/2400233845.py in <module>
       ----> 1 'A' + 1

       TypeError: can only concatenate str (not "int") to str
```

2.3.5 비교 연산

숫자의 크고 작음을 비교할 때에는 비교 연산자를 사용합니다. 비교 연산자의 계산 결과는 불형입니다.

```
In     1 > 0.89
```

```
Out    True
```

비교 결과가 거짓일 경우에는 False가 됩니다.

```
In     3 < 2
```

```
Out    False
```

비교 연산자의 종류는 다음과 같습니다.

연산자	의미
>	보다 크다(초과)
>=	크거나 같다(이상)
<	보다 작다(미만)
<=	작거나 같다(이하)
==	같다
!=	같지 않다

2.3.6 변수

예를 들어 숫자 100 자체는 내용이 변하지 않습니다. 이렇게 변하지 않는 것을 **상수**라고 합니다. 반대로 내용이 바뀔 수 있는 것을 **변수**라고 합니다. 다음 코드는 변수 x에 100을 할당합니다. 이때 등호(=)는 같음을 의미하는 것이 아니라 값을 할당하는 대입 연산자입니다.

```
In    x = 100
```

이제 변수 x의 내용물은 100이 되었습니다. 단순히 x라고 적은 코드를 실행하면 x의 내용인 100이 출력됩니다.

```
In    x
```

```
Out   100
```

변수 x는 내용을 바꿀 수 있습니다. 다음 코드를 실행하면 x의 값은 293이 됩니다.

```
In    x = 293
      x
```

```
Out   293
```

변수에 내용을 할당하기 전이라면 오류가 발생합니다. 예를 들어 다음 코드는 name 'y' is not defined(y가 정의되지 않음)으로 인해 오류가 발생합니다.

```
In    y
```

```
Out   NameError                          Traceback (most recent call last)
      ~\AppData\Local\Temp/ipykernel_9880/3563912222.py in <module>
      ----> 1 y

      NameError: name 'y' is not defined
```

y를 정의하면 오류가 발생하지 않습니다.

```
In    y = 50
      y
```

```
Out   50
```

변수끼리 여러 가지 계산을 할 수 있습니다.

```
In    x + y
```

```
Out   343
```

계산의 효율화 등 다양한 곳에서 변수를 사용할 수 있습니다.

2.3.7 함수

계산 로직을 저장해놓은 것을 **함수**라고 합니다. 계산 로직을 **처리**라고도 부릅니다.

예를 들어 어떤 값에 2를 더하고 4를 곱하는 계산을 해야 한다고 해봅시다.

```
In    (y + 2) * 4
```

```
Out   208
```

여기서는 앞에서 변수 y에 50을 넣어두었기 때문에 (50+2)*4=208이 되었습니다.

이걸 여러 데이터에 대해서 사용해야 한다면 같은 계산을 몇 번이고 손으로 작성하는 건 매우 비효율적입니다. 따라서 다음과 같이 이러한 처리를 함수에 저장해두는 것입니다.

```
In    def sample_function(data):
          return (data + 2) * 4
```

함수를 만들려면 다음과 같은 요소를 작성해야 합니다(다음 코드는 작동하지 않음).

<table>
<tr><td>형식</td><td>

```
def 함수명(인수):
    처리
```

</td></tr>
</table>

첫 번째 줄 맨 처음에 def를 쓰고 마지막에 콜론(:)을 쓴다는 점에 주의하세요. 파이썬에서 함수를 만드는 규칙이므로 기억해야 합니다. 두 번째 줄 이하부터는 맨 처음에 공백이 들어간다는 점에 주의하세요. 이를 들여쓰기indent라 부릅니다. 이와 같은 형식에 맞지 않으면 동작하지 않습니다. 더불어 계산 결과를 반환할 때는 return을 사용합니다. 이것도 규칙이므로 기억해야 합니다.

함수에 건네주는 대상을 **인수**라고 부릅니다. 인수에 들어가는 데이터는 변할 수 있으므로 완전히 같은 내용의 처리를 여러 가지 데이터에 대해 적용할 수 있습니다.

우선 앞서 했던 것과 같이 변수 y를 인수로 넣어봅시다.

```
In    sample_function(data=y)
```

```
Out   208
```

함수를 사용할 때 data=과 같은 인수 이름은 생략할 수 있습니다. 즉 다음 코드처럼 구현해도 결과는 바뀌지 않습니다.

```
In    sample_function(y)
```

```
Out   208
```

인수를 바꾸고 실행해보겠습니다.

```
In    sample_function(3)
```

```
Out   20
```

$(3+2) \times 4 = 5 \times 4 = 20$입니다. 함수의 연산 결과를 다시금 계산에 사용하는 것도 가능합니다.

```
In    sample_function(y) + sample_function(3)
```

```
Out    228
```

함수가 편리한 점은 다른 사람이 만들어둔 계산 로직을 그대로 재사용할 수 있다는 것입니다. 통계분석에는 복잡한 계산이 필요한 경우가 많습니다. 이러한 계산을 전부 스스로 프로그래밍한다고 생각하면 정말로 오랜 시간이 걸릴 겁니다. 하지만 다른 사람이 만든 함수를 사용하면 순식간에 짧은 코드로 분석을 마칠 수 있습니다.

2.3.8 자주 사용하는 함수

이 책에서 자주 사용하는 함수를 소개하겠습니다.

결과를 화면에 출력할 때 자주 사용하는 것이 **print 함수**입니다. 예를 들어 1 + 1의 결과를 출력해보겠습니다.

```
In    print(1 + 1)
```

```
Out    2
```

앞의 결과는 print 함수를 사용하지 않을 때와 같습니다. 하지만 복잡한 결과를 출력할 때는 print 함수를 사용하는 것이 편리합니다. 문자열과 계산 결과를 같이 출력하고 싶을 때 print 함수를 사용하면 간단합니다.

```
In    print('지금부터 계산합니다. 계산 결과는', 1 + 1)
```

```
Out    지금부터 계산합니다. 계산 결과는 2
```

보통 한 셀에서 여러 개의 계산을 수행하면 마지막 결과만 출력됩니다.

```
In      1 + 1
        1 + 3
```

```
Out     4
```

이때 print 함수를 사용하면 두 결과를 모두 출력할 수 있습니다.

```
In      print(1 + 1)
        print(1 + 3)
```

```
Out     2
        4
```

이 책에서는 다양한 계산을 수행합니다. 계산 결과의 소수점을 반올림하려면 **round 함수**를 사용합니다. 인수에 숫자를 넣으면 정수로 반올림합니다.

```
In      print('1.234를 반올림한 결과', round(1.234))
        print('1.963을 반올림한 결과', round(1.963))
```

```
Out     1.234를 반올림한 결과 1
        1.963을 반올림한 결과 2
```

정수가 아니라 예를 들어 소수점 이하 2자리로 반올림하려면 인수로 ndigits를 추가합니다.

```
In      round(1.234, ndigits=2)
```

```
Out     1.23
```

다만 다음과 같은 경우 round 함수는 흔히 말하는 반올림과는 결과가 다르므로 주의해야 합니다. 올림과 내림 사이의 거리가 같으면 짝수를 선택합니다.

```
print('2.5를 반올림한 결과', round(2.5))
print('3.5를 반올림한 결과', round(3.5))
```

```
2.5를 반올림한 결과 2
3.5를 반올림한 결과 4
```

2.3.9 클래스와 인스턴스

이번 절에서는 클래스와 인스턴스라는 두 가지 개념을 설명합니다. 두 개념을 깊이 파고 들면 철학적인 논의로 이어질 수 있으므로 데이터 분석에 지장이 없을 정도로만 간단히 설명하겠습니다. 어렵게 느껴지면 건너뛰어도 괜찮습니다.

데이터와 계산 로직을 한 곳에서 함께 사용할 수 있다면 편리할 것입니다. 데이터 구조와 계산 로직을 함께 묶어둔 목록이 **클래스**입니다.

이어서 클래스와 인스턴스를 실제로 만들어보겠습니다. 다만 이 책에서는 이후로 직접 클래스를 작성하는 작업은 다시 다루지 않습니다. 다른 사람이 만들어둔 클래스를 사용하기 때문입니다. 여기서는 클래스를 어떻게 사용하는지 이해하는 정도로 충분합니다.

그럼 Sample_Class라는 이름의 클래스를 만들어보겠습니다.

```
class Sample_Class:
    def __init__(self, data1, data2):
        self.data1 = data1
        self.data2 = data2

    def method2(self):
        return self.data1 + self.data2
```

클래스를 만들려면 다음과 같은 요소를 작성해야 합니다.

```
class 클래스이름:
    def 함수명1(인수):
        함수명1의 처리
```

```
def 함수명2(인수):
    함수명2의 처리
```

예제에는 함수가 두 개 있지만 세 개나 네 개, 그 이상을 만들어서 사용할 수도 있습니다. 첫 번째 함수인 __init__이라는 특수한 함수는 클래스를 초기화하는 **생성자**constructor입니다. 예제에서는 클래스에 데이터(data1, data2)를 저장하는 함수로서 생성자를 사용했습니다.

클래스는 데이터의 구조와 계산 로직을 묶어둔 목록입니다. 실제로 데이터를 저장하려면 **인스턴스**를 만들어야 합니다. 여기서는 sample_instance라는 이름으로 인스턴스를 생성합니다.

In
```
sample_instance = Sample_Class(data1=2, data2=3)
```

이제 data1에는 2, data2에는 3이 저장된 sample_instance 인스턴스가 만들어졌습니다. 생성자의 인수에 있는 self는 클래스 자신을 가리키므로 별도로 지정하지 않아도 됩니다.

인스턴스 안의 데이터를 꺼내려면 마침표(.) 기호를 사용하면 됩니다.

In
```
sample_instance.data1
```

Out
```
2
```

클래스의 함수를 사용할 때도 마찬가지로 마침표 기호를 사용하면 됩니다.

In
```
sample_instance.method2()
```

Out
```
5
```

함수를 실행할 때 sample_function(y)와 같이 함수명을 직접 호출하는 경우와 sample_instance.method2()와 같이 인스턴스를 통해 호출하는 경우가 있습니다. 두 방식을 사용할 때 혼동하지 않도록 주의합시다.

지금까지 클래스에 데이터를 저장해서 인스턴스를 만들어 사용해보았습니다. 인스턴스 내부의 내용(데이터나 계산 로직 등)을 꺼낼 때는 마침표 기호를 사용했습니다. 이 두 가지만 기억해두면 앞으로 이 책을 읽는 데 충분합니다.

엄밀하게는 인스턴스를 클래스의 '실체'로 취급합니다. 클래스가 설계도라면 인스턴스는 설계도를 따라 만들어진 것입니다. 정확한 표현은 아니지만 데이터 분석을 할 때는 클래스를 설계도라고 하기보다는 '데이터 구조'의 목록을 묶어둔 것이라고 기억해두는 편이 좀 더 이해하기 쉬울 것입니다.

2.3.10 if 문을 사용한 분기

조건에 따라 '만약 ~한다면, ~동작을 한다'라는 프로그램을 작성할 때 **if 문**을 사용합니다. 일반적으로 if 문은 다음과 같이 작성합니다.

형식

```
if(조건):
    조건을 만족할 때의 동작
else:
    조건을 만족하지 않을 때의 동작
```

예를 들어 어떤 data가 2 미만이면 '2보다 작은 데이터입니다'라고 출력하고 그렇지 않으면 '2 이상인 데이터입니다'라고 출력하는 기능을 구현해봅시다.

In

```
data = 1
if(data < 2):
    print('2보다 작은 데이터입니다.')
else:
    print('2 이상인 데이터입니다.')
```

Out

```
2보다 작은 데이터입니다.
```

data = 1이기 때문에 2보다 작습니다. 따라서 이러한 결과가 표시됩니다. 조건을 만족하지 않는 경우의 동작도 확인해보겠습니다.

In

```
data = 3
if(data < 2):
    print('2보다 작은 데이터입니다.')
else:
    print('2 이상인 데이터입니다.')
```

2.3.11 for 문을 사용한 반복 실행

같은 계산을 몇 번이고 반복해서 수행하려 할 때 **for 문**을 사용합니다. 반복 작업을 하는 데는 여러 가지 방법이 있지만 반복 횟수를 지정하는 방법이 가장 간단합니다. 횟수 지정에는 range 함수를 사용합니다.

```
In    range(0, 3)
```

```
Out    range(0, 3)
```

range(0, 3)이라고 함수를 호출하면 0부터 시작해서 3개의 정수를 표시합니다. 즉 0, 1, 2가 표시됩니다. 다음 코드는 i라는 변수를 range(0, 3) 범위에서 변화시키며 print(i)를 반복해서 실행합니다.

```
In    for i in range(0, 3):
          print(i)
```

```
Out    0
       1
       2
```

두 번째 줄을 print('hello')라고 바꾸면 hello가 3번 연속으로 표시됩니다.

```
In    for i in range(0, 3):
          print('hello')
```

```
Out    hello
       hello
       hello
```

완전히 똑같은 동작을 반복할 수도 있고 데이터를 바꿔가며 동작할 수도 있습니다. if 문과 for 문을 조합하면 프로그램으로 여러 가지 동작을 하게 할 수 있습니다. 이 책에서는 4장 이후 시뮬레이션을 할 때 사용합니다.

2.3.12 사용하기 쉬운 프로그램을 작성하는 법

주피터 노트북은 복수의 셀에 대해 어디서든지 계산을 시작할 수 있습니다. 하지만 다섯 번째 셀을 먼저 실행해야 두 번째 셀의 계산이 동작한다는 식이면 사용하기가 어렵습니다. 따라서 **첫 번째 셀부터 순서대로 실행하면 올바른 결과가 나오는 코드를 작성**해야 합니다. 이것만 지켜도 좋은 코드가 될 수 있습니다.

또한 같은 코드를 중복해서 쓰지 않는 것이 좋습니다. 같은 계산을 함수로 묶거나 for 구문을 사용해서 한 번에 반복 실행하도록 하는 것이 좋습니다.

그리고 파이썬이 아니더라도 프로그래밍에서 제일 중요한 점은 **무엇을 하는 코드인지 다른 사람이 봐도 알기 쉽게 작성**하는 것입니다. 예를 들어 변수명을 A라고 한 글자로 짓는다면 읽을 수 없는 코드가 됩니다. 이 책에서는 분량 관계상 짧은 변수명을 사용하고 있지만 실제로 코드를 작성할 때는 제대로 이해할 수 있고 변수 안에 들어 있는 데이터의 의미가 담긴 변수명을 사용해야 합니다(다만 for 문에 사용하는 i는 Index의 머리글자를 사용하는 것이니 괜찮습니다). 함수명과 클래스명에도 마찬가지로 사용 방법을 쉽게 짐작할 수 있는 이름을 사용하는 것이 좋습니다. 더불어 코드에 적절한 주석을 달아두는 것도 좋은 습관입니다.

코드는 다른 사람뿐만 아니라 **3개월 후의 자신이 읽어도 내용을 알 수 있게 작성**해야 합니다. 이는 개인적으로 공부할 때나 팀으로 공동 작업할 때나 상관없이 매우 중요한 포인트입니다.

2.4 넘파이와 팬더스

이번에는 **넘파이**[numpy]와 **팬더스**[pandas]라는 두 개의 라이브러리 사용 방법을 설명합니다. 넘파이와 팬더스를 사용하면 데이터를 간편하게 다룰 수 있습니다. 먼저 두 라이브러리의 기본 사항을 소개합니다. 이어서 외부 라이브러리를 이용하지 않아도 사용할 수 있는 리스트라는 데이터 형식도 소개합니다. 계속해서 넘파이의 사용법, 마지막으로 팬더스의 사용법을 알아봅니다.

2.4.1 추가 기능 설치

라이브러리를 불러오면 편리한 함수나 클래스를 사용할 수 있어 분석을 매우 간단하게 수행할수 있습니다. 다음 코드로 라이브러리를 불러옵니다.

```
In    import numpy as np
      import pandas as pd
```

넘파이와 팬더스 두 개의 라이브러리를 불러왔습니다. 이후에 조금씩 다루는 라이브러리가 늘어갈 것입니다. 하지만 이 두 가지 라이브러리만으로도 데이터 정리나 계산을 하는 데는 충분합니다.

각 라이브러리를 불러와서 넘파이는 np, 팬더스는 pd라는 약자로 사용할 수 있게 했습니다. numpy라고 모두 적는 것보다는 np라고 짧게 쓰는 쪽이 간편하기 때문입니다. 넘파이의 기능을 사용할 때는 'np.함수명'과 같이 앞에 np.를 붙입니다. 팬더스의 경우는 pd.를 붙입니다.

기본적으로는 'import 라이브러리명'과 같이 불러옵니다. 덧붙여서 'from 라이브러리명 import 모듈명/함수명'과 같이 라이브러리 내의 특정 모듈이나 함수만을 불러올 수도 있습니다.

2.4.2 넘파이와 팬더스

넘파이와 팬더스는 말하자면 데이터를 읽어 가공하거나 집계하는 등의 기능을 제공하는 강력한 라이브러리입니다. 둘 중에서 어느 것을 사용할지는 자신의 필요와 선호에 따라 더 좋은 쪽을 선택하면 됩니다. 이 책에서 소개하는 구분은 어디까지나 한 가지 예시일 뿐입니다.

넘파이는 **배열**(정확히는 ndarray)이라는 데이터를 다루는 클래스를 주로 사용합니다. 또한 이 책에서는 그다지 사용하지 않지만 행렬 연산도 간단하게 실행할 수 있습니다.

팬더스는 **데이터프레임**DataFrame이라는 데이터 관리에 무척 강력한 클래스를 지니고 있습니다. 이 책에서는 주로 팬더스의 데이터프레임을 사용합니다.

2.4.3 리스트

여러 데이터를 모아서 묶어둔 것을 **리스트**[list]라고 합니다. 리스트는 넘파이와 팬더스가 필요하지 않은 파이썬 표준 데이터 형식입니다. 리스트는 대괄호 [ ]로 데이터를 감싸 만들 수 있습니다. 다음 코드에서는 리스트를 변수에 대입하고 있습니다. 따라서 리스트 내용을 표시하고 싶다면 두 번째 줄처럼 변수명만 쓰면 됩니다.

```
In    sample_list = [1,2,3,4,5]
      sample_list
```

```
Out   [1, 2, 3, 4, 5]
```

덧붙여 리스트를 연산하기 위해서는 약간 공부가 필요합니다. sample_list + 1과 같이 리스트에 1을 더하려고 하면 오류가 발생합니다. 여러 가지 계산을 처리할 때는 나중에 소개할 넘파이의 배열이나 팬더스의 데이터프레임을 사용하는 것이 더 간단합니다. 하지만 상황에 따라 리스트를 사용해야 하는 경우도 있습니다. 이는 각각의 데이터 구조가 지닌 용도와 목적의 차이에 따른 것입니다.

2.4.4 행과 열

다음으로 넘어가기 전에 매우 중요한 용어를 설명하겠습니다. 바로 행과 열입니다. **행은 가로, 열은 세로**입니다. 행은 Row, 열은 Colulm을 줄여서 **Col**로 쓰기도 합니다. 또한 행렬이란 이름 그대로 **'행 번호 → 열 번호' 순서**로 표기하는 경우가 많습니다. 이 내용을 헷갈려서 실수하면 안 됩니다. 어떤 순서로 표기하는지 확실히 알아둡시다.

4행 3열의 표는 다음과 같이 그립니다.

	1열 col1	2열 col2	3열 col3
1행 row1			
2행 row2			
3행 row3			
4행 row4			

2.4.5 배열

이제부터 넘파이에 대해 알아보겠습니다. 이 절에서는 넘파이의 **배열**^{array} 형식으로 데이터를 저장하는 방법을 설명합니다. 리스트를 사용해 배열을 생성하며 넘파이의 기능을 이용하기 때문에 np.array를 사용합니다.

```
In    sample_array = np.array([1, 2, 3, 4, 5])
      sample_array
```

```
Out   array([1, 2, 3, 4, 5])
```

하나의 배열에는 동일한 데이터형만 들어갈 수 있습니다. 만약 숫자와 문자열을 동시에 배열에 넣으려고 한다면 모든 값이 문자열로 변환됩니다.

```
In    np.array([1 ,2, 'A'])
```

```
Out   array(['1', '2', 'A'], dtype='<U11')
```

2.4.6 배열 연산

배열을 대상으로 하는 연산은 배열 내의 데이터 전부에 대해 적용됩니다. 예를 들어 더하기를 한다면 다음과 같습니다. 리스트라면 오류가 발생하지만 배열이면 문제없이 실행됩니다.

```
In    sample_array + 1
```

```
Out   array([2, 3, 4, 5, 6])
```

곱셈도 마찬가지입니다.

```
In    sample_array * 2
```

```
Out   array([2, 4, 6, 8, 10])
```

2.4.7 2차원 배열

2차원 배열을 만들 수도 있습니다. 리스트를 중첩으로 만들어 인수로 넘기면 됩니다.

```
In    sample_array_2 = np.array(
          [[1, 2, 3, 4, 5],
           [6, 7, 8, 9, 10]])
      sample_array_2
```

```
Out   array([[ 1,  2,  3,  4,  5],
             [ 6,  7,  8,  9, 10]])
```

행이나 열의 개수는 다음 코드로 확인할 수 있습니다. 지금 만든 배열은 2행 5열입니다.

```
In    sample_array_2.shape
```

```
Out   (2, 5)
```

2.4.8 등차수열 만들기

배열을 만드는 방법은 배열 내용을 직접 지정하는 방법 외에도 여러 가지가 있습니다. 자주 사용하는 몇 가지 방법을 소개하겠습니다.

먼저 **등차수열**을 소개합니다. 등차수열이란 {1, 2, 3, 4, 5}와 같이 앞뒤 값의 차이가 같은 수열입니다. 이 예의 경우 각 값의 차가 1인 등차수열입니다. 마찬가지로 {0.1, 0.3, 0.5, 0.7}도 등차수열입니다. 이때 각 값의 차는 0.2입니다.

이제 시작이 1이고 차이가 1인 등차수열 {1, 2, 3, 4, 5}를 배열로 만들어보겠습니다. 이때 np.arange 함수를 사용합니다. 함수의 인수는 시작 위치인 start, 종료 위치 stop, 차잇값 step입니다. 종료 위치는 이 위치에 오면 종료라는 의미이므로 **stop으로 넣은 값은 배열에 포함되지 않는다**는 점에 주의해야 합니다. 1에서 5까지 숫자를 넣어야 하므로 stop에는 5에 1을 더한 6을 지정합니다.

```
In     np.arange(start=1, stop=6, step=1)
```

```
Out    array([1, 2, 3, 4, 5])
```

다음은 등차수열 {0.1, 0.3, 0.5, 0.7}을 배열로 만들어보겠습니다.

```
In     np.arange(start=0.1, stop=0.8, step=0.2)
```

```
Out    array([ 0.1,  0.3,  0.5,  0.7])
```

함수를 사용할 때 start=와 같은 인수 이름은 생략할 수 있습니다. 즉 np.arrange(0.1, 0.8, 0.2)라고 실행해도 결과는 같습니다.

np.linspace 함수를 사용해도 등차수열을 만들 수 있습니다. np.arange 함수는 등차수열의 차잇값을 지정했지만 np.linspace 함수는 요소 개수를 지정합니다. 요소의 개수가 결정되어 있다면 np.linspace 함수를 사용하는 것이 더 쉽고 편리합니다.

1에서 5까지 등차수열은 다음과 같이 작성합니다.

```
In     np.linspace(start=1, stop=5, num=5)
```

```
Out    array([1., 2., 3., 4., 5.])
```

start=1, stop=5, num=5로 지정하는 것으로 '1부터 시작해서 5까지 5등분한다'라는 뜻이 됩니다. np.arange 함수와 달리 stop이 포함되는 점에 주의합시다.

다음은 1에서 5까지를 11등분합니다.

```
In     np.linspace(start=1, stop=5, num=11)
```

```
Out    array([1. , 1.4, 1.8, 2.2, 2.6, 3. , 3.4, 3.8, 4.2, 4.6, 5. ])
```

다음은 {0.1, 0.3, 0.5, 0.7}을 만듭니다.

```
In    np.linspace(start=0.1, stop=0.7, num=4)
```

```
Out   array([0.1, 0.3, 0.5, 0.7])
```

2.4.9 여러 가지 배열 만들기

같은 값을 잔뜩 채운 배열을 만들어야 할 때는 np.tile 함수를 사용합니다. 예를 들어 알파벳 A 를 5개 채운 배열을 만든다면 다음과 같이 작성합니다.

```
In    np.tile('A', 5)
```

```
Out   array(['A', 'A', 'A', 'A', 'A'], dtype='<U1')
```

문자뿐만 아니라 똑같은 숫자를 여러 개 넣을 수도 있습니다. 0이라는 값을 4개 넣은 배열을 만 들어보겠습니다.

```
In    np.tile(0, 4)
```

```
Out   array([0, 0, 0, 0])
```

모두 0인 배열을 만들 때는 np.zeros 함수를 사용하면 간단합니다. 인수에는 배열의 요소 개수 를 넘기면 됩니다.

```
In    np.zeros(4)
```

```
Out   array([ 0.,  0.,  0.,  0.])
```

np.zeros 함수로 2차원 배열을 만들 수도 있습니다. 인수로 '행 개수, 열 개수' 순으로 된 리스트 를 넘기면 됩니다.

```
In      np.zeros([2,3])
```

```
Out     array([[ 0.,  0.,  0.],
               [ 0.,  0.,  0.]])
```

모두 1로 채워진 배열을 만들 수도 있습니다. np.ones 함수를 사용하면 됩니다.

```
In      np.ones(3)
```

```
Out     array([ 1.,  1.,  1.])
```

2.4.10 슬라이싱

넘파이의 배열과 리스트에 **슬라이싱**이라는 작업을 할 수 있습니다. 슬라이싱을 이용하면 배열이나 리스트에서 간단히 데이터를 추출할 수 있습니다.

먼저 1행만 있는 배열 d1_array를 만들어봅시다.

```
In      d1_array = np.array([1,2,3,4,5])
        d1_array
```

```
Out     array([1, 2, 3, 4, 5])
```

데이터를 꺼낼 때는 대괄호를 사용합니다. 예를 들어 첫 번째 요소를 얻으려면 d1_array[0]이라고 씁니다. 인덱스는 0부터 시작한다는 점에 주의합시다.

```
In      d1_array[0]
```

```
Out     1
```

여러 요소를 추출하려면 해당 인덱스를 리스트로 지정합니다. 리스트도 대괄호를 사용하기 때문에 대괄호가 중첩해서 쓰입니다.

```
In    d1_array[[1, 2]]
```

```
Out    array([2, 3])
```

범위를 지정해서 데이터를 꺼낼 때는 콜론(:)을 사용합니다. [1:3]이라고 지정하면 인덱스가 1과 2인 요소를 얻을 수 있습니다.

```
In    d1_array[1:3]
```

```
Out    array([2, 3])
```

2차원 이상의 배열에 대해서도 마찬가지로 데이터를 간단하게 꺼내올 수 있습니다. 먼저 2차원 배열 d2_array를 만듭니다.

```
In    d2_array = np.array(
          [[1, 2, 3, 4, 5],
           [6, 7, 8, 9, 10]])
      d2_array
```

```
Out    array([[ 1,  2,  3,  4,  5],
              [ 6,  7,  8,  9, 10]])
```

행 인덱스와 열 인덱스를 대괄호에 순서대로 지정하면 요소를 꺼내올 수 있습니다. 인덱스는 0부터 시작하므로 [0,3]이면 1행 4열의 데이터를 가져온다는 의미입니다. 이 점에 항상 주의합시다.

```
In    d2_array[0, 3]
```

```
Out    4
```

2차원 배열에서도 콜론을 이용해서 데이터를 꺼내올 수 있습니다. 다음 코드는 두 번째 행의 세 번째와 네 번째 요소를 가져옵니다.

```
In    d2_array[1, 2:4]
```

```
Out   array([8, 9])
```

2.4.11 데이터프레임

이제부터 팬더스에 대해 알아보겠습니다. 이 절에서는 팬더스의 **데이터프레임** 형식으로 데이터를 저장하는 방법을 설명합니다. 데이터프레임을 만드는 방법은 여러 가지가 있지만 배열이나 리스트를 이용하는 방법이 제일 간단합니다. 이때 중괄호를 잊지 않게 조심해야 합니다.

```
In    sample_df = pd.DataFrame({
          'col1' : sample_array,
          'col2' : sample_array * 2,
          'col3' : ['A', 'B', 'C', 'D', 'E']
      })
      print(sample_df)
```

```
Out      col1  col2 col3
      0     1     2    A
      1     2     4    B
      2     3     6    C
      3     4     8    D
      4     5    10    E
```

데이터프레임은 열 이름과 열에 들어갈 데이터를 'col1':sample_array와 같이 지정해서 만듭니다. 배열과 달리 데이터프레임은 숫자와 문자를 각각 다른 열에 저장할 수 있습니다.

이 예제 코드의 마지막에서는 데이터프레임의 내용을 표시하도록 print 함수를 사용했지만 꼭 있어야 하는 코드는 아닙니다. print(sample_df)라고 작성하지 않고 단순히 sample_df라고 작성하면 출력이 조금 바뀝니다. 이 책에서는 출력할 때 두 가지 방식을 모두 사용합니다. print

함수를 사용하지 않을 때 출력 결과는 다음과 같이 조금 다릅니다. 디자인이 조금 변하므로 선호하는 방식을 사용하면 됩니다.

In

```
sample_df
```

Out

	col1	col2	col3
0	1	2	A
1	2	4	B
2	3	6	C
3	4	8	D
4	5	10	E

2.4.12 파일을 읽어 들이는 법

데이터프레임을 자신이 직접 만들 수도 있지만 외부 데이터를 읽어 들여서 만드는 일도 자주 있습니다. 조사 데이터와 같은 csv 파일이 있다면 작업 중인 폴더(여기서는 PyStat)에 복사해두고 다음 방법으로 읽어 들일 수 있습니다.

형식

```
데이터를_저장할_변수명 = pd.read_csv("파일명")
```

이번에는 2-4-1-sample_data.csv라는 파일을 읽어 들이겠습니다. 읽어 들인 데이터는 데이터프레임이 됩니다.

In

```
file_data = pd.read_csv('2-4-1-sample_data.csv')
print(file_data)
```

Out

```
   col1 col2
0     1    A
1     2    A
2     3    B
3     4    B
4     5    C
5     6    C
```

2.4.13 데이터프레임 병합

기존에 만들어둔 데이터프레임을 병합해서 새 데이터프레임을 만들 수 있습니다. 먼저 데이터
프레임을 두 개 만들겠습니다. 각각 3행 2열입니다.

```python
df_1 = pd.DataFrame({
    'col1' : np.array([1, 2, 3]),
    'col2' : np.array(['A', 'B', 'C'])
})
df_2 = pd.DataFrame({
    'col1' : np.array([4, 5, 6]),
    'col2' : np.array(['D', 'E', 'F'])
})
```

이 두 개의 데이터프레임을 세로 방향으로 이어 붙여보겠습니다. 이때 pd.concat 함수를 사용
합니다. 결과는 6행 2열의 데이터프레임이 생성됩니다.

```python
print(pd.concat([df_1, df_2]))
```

```
   col1 col2
0     1    A
1     2    B
2     3    C
0     4    D
1     5    E
2     6    F
```

이번에는 가로 방향으로 이어 붙여보겠습니다. axis=1이란 인수를 추가하면 3행 4열의 데이터
프레임을 만들 수 있습니다.

```python
print(pd.concat([df_1, df_2], axis = 1))
```

```
   col1 col2  col1 col2
0     1    A     4    D
1     2    B     5    E
2     3    C     6    F
```

pd.concat 함수는 이 외에도 여기저기서 데이터를 병합하는 데 쓰입니다. 데이터베이스 조작에 사용하는 SQL을 알고 있다면 보다 복잡한 작업을 수행할 수도 있습니다. 팬더스의 데이터프레임과 SQL은 비슷한 구석이 있습니다.

2.4.14 데이터프레임 열에 대한 작업

데이터프레임에는 데이터 추출 등의 작업을 수행하는 함수가 많습니다. 이러한 함수들을 사용하는 방법을 살펴봅시다. 대상은 2.4.11절에서 만든 sample_df입니다. 열이 세 개 있는 데이터입니다.

```
In    print(sample_df)
```

```
Out       col1  col2 col3
     0     1     2    A
     1     2     4    B
     2     3     6    C
     3     4     8    D
     4     5    10    E
```

열 이름을 지정해서 호출하려면 마침표를 사용하면 됩니다.

```
In    print(sample_df.col2)
```

```
Out   0     2
      1     4
      2     6
      3     8
      4    10
      Name: col2, dtype: int32
```

다음과 같이 대괄호를 사용할 수도 있습니다.

```
In    print(sample_df['col2'])
```

Out	0 2
	1 4
	2 6
	3 8
	4 10
	Name: col2, dtype: int32

여러 열을 추출할 수도 있습니다. 열 이름을 지정하는 대괄호 안에 리스트 형식으로 여러 열 이름을 감싸서 지정하면 됩니다.

```
In    print(sample_df[['col2', 'col3']])
```

```
Out        col2 col3
      0       2    A
      1       4    B
      2       6    C
      3       8    D
      4      10    E
```

반대로 특정 열을 제거할 수도 있습니다. drop 함수를 사용합니다.

```
In    print(sample_df.drop('col1', axis=1))
```

```
Out        col2 col3
      0       2    A
      1       4    B
      2       6    C
      3       8    D
      4      10    E
```

2.4.15 데이터프레임 행에 대한 작업

다음은 데이터프레임에서 특정 행을 가져오는 몇 가지 방법입니다. sample_df의 처음 세 개 행만 가져오겠습니다. head 함수를 사용하면 됩니다. 인수 n으로 가져올 행 수를 지정합니다.

```
In    print(sample_df.head(n=3))
```

```
Out        col1  col2 col3
      0     1     2    A
      1     2     4    B
      2     3     6    C
```

좀 더 유연하게 데이터를 추출할 수도 있습니다. sample_df가 갖고 있는 query 함수를 사용하는 것입니다. 최초 1행만 꺼내보겠습니다.

```
In    print(sample_df.query('index == 0'))
```

```
Out        col1  col2 col3
      0     1     2    A
```

query 함수를 사용하면 다양한 조건을 지정해서 데이터를 가져올 수 있습니다. 예를 들어 col3 열에서 값이 A인 행만 찾고 싶다고 한다면 다음과 같이 작성합니다.

```
In    print(sample_df.query('col3 == "A"'))
```

```
Out        col1  col2 col3
      0     1     2    A
```

큰따옴표와 작은따옴표를 사용할 때는 주의해야 합니다. 여기서는 큰따옴표를 사용하여 문자열 A를 "A"로 지정했습니다. 그런데 이제 조건도 문자열로 지정해야 합니다. 이때 다시 큰따옴표를 사용하면 큰따옴표가 겹쳐서 어떻게 구분해야 할지 알 수 없습니다. 따라서 col3 == "A" 조건은 작은따옴표로 묶어야 합니다.

이번에는 여러 조건을 지정하는 방법을 알아보겠습니다. query('col3 == "A" | col3 == "D"')라고 하면 col3이 A 또는 D인 조건에 맞는 행을 추출할 수 있습니다. '또는' 조건은 OR 조건이라고도 부릅니다.

```
In    print(sample_df.query('col3 == "A" | col3 == "D"'))
```

```
Out        col1  col2 col3
        0     1     2    A
        3     4     8    D
```

query('col3 == "A" & col1 == 3')이라고 하면 col3은 A이고 col1은 3이라는 조건에 맞는 행을 추출합니다. '그리고' 조건은 AND 조건이라고도 부릅니다. sample_df에는 조건에 맞는 데이터가 없습니다.

```
In    print(sample_df.query('col3 == "A" & col1 == 3'))
```

```
Out   Empty DataFrame
      Columns: [col1, col2, col3]
      Index: []
```

마지막으로 행과 열에 모두 조건을 지정해보겠습니다.

```
In    print(sample_df.query('col3 == "A"')[['col2', 'col3']])
```

```
Out        col2 col3
        0     2    A
```

행을 추출할 때는 query 함수 이외에도 여러 가지 방법이 있습니다. 하지만 처음에는 이것만 사용해도 충분합니다.

2.4.16 시리즈

팬더스 데이터프레임에서 1열만 추출하면 **시리즈**^{Series}라는 열 데이터형으로 바뀝니다. 우선 type 함수를 사용하여 sample_df의 클래스명이 데이터프레임이 맞는지 확인해보겠습니다.

In	`type(sample_df)`

Out	`pandas.core.frame.DataFrame`

다음으로 하나의 열만 추출한 결과의 클래스명을 살펴보겠습니다. Series라는 걸 알 수 있습니다.

In	`type(sample_df.col1)`

Out	`pandas.core.series.Series`

하나의 열만 추출하면 자동으로 시리즈 형식이 되므로 분석할 때 시리즈 형식이 나타나는 경우가 많습니다. 열 하나만 추출해서 시리즈 형식으로 만들어서 분석을 하는 일은 자주 있습니다. 시리즈를 배열로 변환하려면 `np.array`의 인수로 시리즈형 변수를 넘기면 됩니다.

In	`type(np.array(sample_df.col1))`

Out	`numpy.ndarray`

시리즈에 `to_numpy()`라고 붙여서 배열로 취급할 수도 있습니다.

In	`type(sample_df.col1.to_numpy())`

Out	`numpy.ndarray`

2.4.17 함수의 도움말

함수의 사용법을 모두 다 기억할 수는 없는 노릇입니다. 파이썬에는 편리한 help 함수가 준비되어 있습니다. 예를 들어 query 함수 사용법을 알고 싶다면 다음과 같이 확인할 수 있습니다.

```
In    help(sample_df.query)
```

```
Out   Help on method query in module pandas.core.frame:

      query(expr: 'str', inplace: 'bool' = False, **kwargs) method of pandas.
      core.frame.DataFrame instance
          Query the columns of a DataFrame with a boolean expression.
      ...<이하 생략>...
```

영어로 나오지만 실행 예가 있는 경우도 있어서 이를 통해 어느 정도 해당 함수의 사용법을 알
수 있습니다.

## CHAPTER 3

기술통계

3.1 데이터 분류

데이터 분석의 모든 기초가 되는 데이터 분류에 대해 설명하겠습니다. 먼저 데이터를 다룰 때 사용되는 관련 용어부터 정리합니다. 많은 용어가 등장하지만 다 외울 필요는 없습니다. 데이터 분류에 관한 용어는 여기서 정리하여 설명하므로 기억이 나지 않는다면 다시 돌아와 살펴봅시다.

3.1.1 관측과 변수

관측은 말 그대로 조사 등에 의해 관측된 개별 대상을 말합니다. 같은 의미로 **개체**나 **케이스**라고 부르기도 합니다. 조사 항목을 **변수**라고 합니다. 프로그래밍에서 사용하는 변수와는 다른 의미이므로 주의합시다.

예를 들어 호수 안에 있는 물고기를 대상으로 표본조사를 실시하여 다음 표와 같은 결과를 얻었다고 해봅시다. 이때 '물고기의 종류'와 '몸길이'가 변수입니다. 또한 '물고기 종류는 A, 몸길이는 2cm' 또는 '물고기 종류는 B, 몸길이는 8cm'는 관측 또는 개체라고 합니다.

물고기 종류	몸길이(cm)
A	2
A	4
B	8
B	9

표에서 열 이름이 변수에 해당하고 행이 관측에 해당하도록 데이터를 정리하면 다루기 쉽습니다. 팬더스의 데이터프레임으로 데이터를 관리할 때도 가능하면 이러한 형식이어야 합니다. 자세한 내용은 3.6절에서 깔끔한 데이터를 다룰 때 설명하겠습니다.

3.1.2 수치형 데이터와 범주형 데이터

이제부터 변수의 분류를 소개합니다. 첫 번째 분류는 **정량적**인지 여부로 나누는 것입니다. 쉽게 말해 측정할 수 있는지 여부로 분류하는 것입니다. 이때 측정 가능 여부는 '수치 사이에 간격이 일정한지 여부'로 판단합니다. 즉 수치 차이에 의미가 있어야 한다는 뜻입니다. 곧이어 예를 들어 살펴보겠습니다.

정량적인 변수를 **양적 변수**라고 하며 **수치형 데이터** 또는 **양적 데이터**라고도 합니다. 이 책에서는 수치형 데이터라고 부릅니다. 예를 들어 물고기의 몸길이는 수치형 데이터입니다.

정량적이지 않은 변수를 **질적 변수**라고 하며 **범주형 데이터** 또는 **질적 데이터**라고도 합니다. 이 책에서는 범주형 데이터라고 부릅니다. 예를 들어 물고기의 종류는 범주형 데이터입니다.

수치형 데이터인지 범주형 데이터인지를 판단할 때 '숫자로 보이는지 여부'로 평가하는 것은 위험합니다. 예를 들어 편의상 송사리를 1번, 금붕어를 2번, 참치를 3번이라는 수치로 표현했다고 가정해봅시다. 이때 '1+2=3이므로 송사리와 금붕어를 더하면 참치가 된다'라는 계산은 의미가 이상합니다. 이 예에서는 송사리와 금붕어 사이의 수치 차이 1과 금붕어와 참치 사이의 수치 차이 1이 완전히 다른 의미를 갖습니다. 따라서 물고기의 종류를 수치로 표현한다고 해도 수치형 데이터가 되지는 않습니다.

3.1.3 이산형 데이터와 연속형 데이터

수치형 데이터를 다시 두 종류로 나눌 수 있습니다. 물고기의 수는 1마리, 2마리 등과 같이 정수만 될 수 있습니다. 이러한 수치형 데이터를 **이산형 데이터**라고 합니다. 한편 물고기의 몸길이는 2.34cm, 4.25cm와 같이 소수점 이하의 값이 연속적으로 변할 수 있습니다. 이러한 수치형 데이터를 **연속형 데이터**라고 합니다.

3.1.4 이진 데이터와 다중값 데이터

범주형 데이터를 다시 두 종류로 나눌 수 있습니다. 동전은 앞면과 뒷면 두 가지 값 밖에 취하지 않습니다. 이렇게 두 개의 범주만 있는 데이터를 **이진 데이터**라고 합니다. 한편 물고기의 종류는 세 가지 이상의 값을 취합니다. 이런 경우를 **다중값 데이터**라고 합니다.

3.1.5 명목척도, 서열척도, 등간척도, 비율척도

조금 다른 각도에서 범주형 데이터와 수치형 데이터를 각각 두 가지 척도로 나눠 설명할 수 있습니다. 다음에 소개하는 명목척도와 서열척도는 범주형 데이터에 속하며 등간척도와 비율척도는 수치형 데이터에 속합니다.

명목척도는 값이 같거나 다르다는 것만 의미가 있습니다. 예를 들어 송사리를 1번, 금붕어를 2번, 참치를 3번으로 표현한다면, 이 숫자는 단지 '같거나 다르다'는 것을 나타낼 뿐입니다. 숫자를 더하거나 뺄 수 없으며 순서도 없습니다. 따라서 물고기 종류는 명목척도에 해당합니다.

서열척도는 값 사이의 관계에 의미가 있습니다. 그러나 명시적으로 서열척도라고 불리는 경우 '수치의 차이'는 의미가 없는 것이 보통입니다. 예를 들어 참치의 길이를 소(1번), 중(2번), 대(3번), 특대(4번)의 네 가지 범주로 나눈다고 해봅시다. 이 경우 숫자 1, 2, 3, 4는 명확한 순서를 나타냅니다. 다만 '소와 중의 차이'와 '대와 특대의 차이'가 서로 같다고는 할 수 없습니다. 이러한 데이터는 서열척도로 분류됩니다.

설문조사에서 '전혀 그렇지 않다, 다소 그렇지 않다, 어느 쪽도 아니다, 다소 그렇다, 그렇다'와 같은 5단계 평가가 사용되기도 합니다. 이러한 데이터는 종종 서열척도로 취급됩니다.

등간척도는 값의 크고 작은 관계와 값의 차이 모두에 의미가 있습니다. 하지만 숫자 0은 상대적인 의미만 가집니다. 예를 들어 섭씨로 측정한 기온은 등간척도입니다. '어제의 기온이 1℃이고 오늘의 기온은 2℃이므로 오늘은 어제보다 2배 더 덥다'라고 말하는 경우는 드물 것입니다. 이처럼 '두 배'라는 표현이 의미를 갖기 어려운 것이 등간척도입니다.

비율척도는 값의 크고 작은 관계와 값의 차이 모두에 의미가 있으며 0이라는 숫자가 절대적인 의미를 갖습니다. 예를 들어 물고기의 몸길이는 비율척도입니다. 1cm의 송사리(치어)와 2cm의 송사리를 비교해봅시다. 2cm가 2배 크다는 표현은 위화감이 없습니다. 또한 절대영도를 0으로 한 켈빈 온도도 비율척도에 해당합니다.

범주형 데이터라도 숫자로 표현할 수 있습니다. 예를 들어 송사리를 1번으로 표현하는 방식입니다. 그러나 이때도 물고기 종류는 수치형 데이터로 간주할 수 없습니다. 숫자로 표현된다고 해서 이를 수치형 데이터로 오해하지 않도록 주의해야 합니다. 이때 네 가지 척도를 이해하고 있으면 보이는 숫자에 속지 않고 데이터를 올바르게 처리할 수 있습니다.

또한 척도에 따라 적용할 수 있는 집계 방법이 달라진다는 점에 유의해야 합니다. 예를 들어 서열척도에서는 평균값이 의미를 갖지 않습니다. 1번인 송사리와 3번인 참치의 평균을 구해 2번인 금붕어가 나올 수는 없기 때문입니다.

3.1.6 1변량 데이터와 다변량 데이터

여기서는 수치형 데이터와 범주형 데이터를 벗어나서 다른 관점에서 데이터를 분류해보겠습니다. 하나의 변수만으로 구성된 데이터를 **1변량 데이터** 또는 **1차원 데이터**라고 합니다. 예를 들어 물고기의 몸길이만 측정한 데이터는 1변량 데이터입니다. 물고기 종류만 측정하더라도 역시 1변량 데이터에 해당합니다.

반면 둘 이상의 변수로 구성된 데이터를 **다변량 데이터** 또는 **다차원 데이터**라고 합니다. 예를 들어 물고기의 몸길이와 물고기 종류라는 두 가지를 동시에 측정한 데이터는 다변량 데이터입니다. 변수가 두 개인 경우에는 2변량 데이터라고도 합니다. 물고기 몸길이와 물고기 지느러미 크기, 물고기 무게라는 세 가지 변수에 대해 측정한 데이터는 3변량 데이터입니다. 다변량 데이터를 분석할 때는 변수 간의 연관성을 조사하는 것도 중요한 문제입니다.

3.1.7 시계열 데이터와 횡단면 데이터

데이터를 얻는 상황을 통해 데이터를 분류할 수도 있습니다. **시계열 데이터**는 이름 그대로 시간에 따라 변하는 데이터를 의미합니다. 동일한 대상을 다른 시점에 측정한 결과로 시계열 데이터는 순서대로 의미가 있는 것이 특징입니다. 예를 들어 매출이 {1, 2, 3}으로 늘어나는 경우와 {3, 2, 1}로 감소하고 있는 경우는 완전히 해석이 달라집니다.

횡단면 데이터는 서로 다른 대상에서 얻은 데이터를 의미합니다. 예를 들어 체인점 소유자가 2000년 1월에 100개 매장의 매출을 분석한다고 합시다. 이때 100개 매장의 매출 데이터는 횡단면 데이터입니다.

3.2 수식을 읽는 방법

이 절에서는 수식을 사용해서 데이터를 표현하는 방법을 설명하겠습니다. 통계학을 배우다 보면 수식이 등장할 수밖에 없습니다. 수식에서 도망쳐서 통계를 배우려 한다면 엄청나게 먼 길을 돌아가야 할 것입니다. 수식에서 도망치는 것은 오히려 비효율적입니다.

이 책은 가능한 한 수학이 약한 독자여도 무리 없이 읽을 수 있도록 구성했습니다. 어디까지나 표현 방법으로써 수식을 다루고 있으니 수식에 압도되지 않게 여기에서 잘 준비하기 바랍니다.

3.2.1 표현 방법으로서의 수식

이 책에서는 어려운 수학 내용은 거의 다루지 않습니다. 식의 전개나 증명도 거의 나오지 않습니다. 그러나 수식은 종종 등장합니다. 수식을 사용함으로써 '짧고 오해를 낳지 않는 표현'이 가능하기 때문입니다.

이 책에서는 수학적인 엄밀함보다는 그 뒤에 있는 개념을 설명하는 데 주력합니다. 이 책을 읽으면서 수학의 대단함이나 아름다움을 이해할 필요는 없습니다. 그저 제2의 언어라고 생각하며 수식을 읽는 기술을 배운다고 생각해봅시다.

3.2.2 표본을 수식으로 표기

먼저 표본을 수식으로 표현해보겠습니다. 표본크기 n을 취했을 때 표본은 다음과 같이 표기합니다.

$$\{x_i\}_{i=1}^n = \{x_1, x_2, \cdots, x_n\}$$

식 3-1

개별 데이터를 아래첨자를 써서 기호 x_i로 표기합니다. 예를 들어 두 번째 데이터를 가리키고 싶을 때는 x_2라고 표기합니다. 이번에는 x를 사용했지만 y도 물론 상관없습니다. 물고기의 몸길이와 물고기의 무게라는 두 가지 변수를 다룰 때는 몸길이를 x_i, 무게를 y_i로 구분할 수 있습니다.

표본크기는 Number의 머리글자인 n을 사용하는 경우가 많습니다. 그러나 여러 표본이 있고 크기가 각각 다르다면 다른 기호를 사용할 수도 있습니다.

3.2.3 왜 수식으로 표현하는가

그런데 왜 굳이 표본을 수식으로 표기할까요? 주된 이유는 두 가지입니다.

첫 번째 이유는 데이터 변화에 유연하게 대응할 수 있다는 점입니다. 예를 들어 '호수를 조사한 결과 3cm, 6cm, 5cm인 물고기가 잡혔다'라는 데이터를 얻었다고 합시다. 이 데이터를 $\{3, 6, 5\}$라는 형식으로 표현할 수 있습니다. 한편 '8cm, 7cm, 12cm인 물고기가 잡혔다'라는 데이터는 $\{8, 7, 12\}$로 표시할 수 있습니다. 당연히 중괄호 안의 숫자는 데이터에 따라 달라집니다.

이때 일반적인 데이터를 대상으로 다루고자 할 때 $x_1, x_2 \cdots x_n$이라고 표기합니다. 이렇게 하면 수치가 변하는 상황에서도 일반적인 논의를 할 수 있습니다.

예를 들어 평균값의 계산 방법을 설명할 때 $(3 + 6 + 5) \div 3$이라고 설명하는 것은 충분하지 않습니다. 조사한 물고기의 몸길이가 바뀌면 계산된 값도 바뀝니다. 일반적인 평균값을 계산하는 방법을 설명하려면 x와 같은 기호를 사용해야 합니다.

두 번째 중요한 이유는 표본크기가 크더라도 다루기 쉽다는 점입니다. 예를 들어 조사 결과로 1000마리의 물고기를 잡았다고 가정해봅시다. 1000마리 물고기의 몸길이를 일일이 나열하면 한 페이지가 꽉 차버릴 것입니다. 하지만 수식을 사용하면 간단해집니다. $n=1000$으로, $x_1, x_2 \cdots x_n$이라고 표기하면 손쉽게 해결됩니다.

구체적인 수치를 사용하면 방대한 양의 데이터를 다뤄야 하지만 추상적인 수식을 사용하면 간결하게 표현할 수 있는 경우가 많습니다. 대규모 데이터를 다룰 때 수식을 읽을 수 없으면 매우 불편합니다. 따라서 수식은 꼭 읽을 수 있도록 해야 합니다. 처음에는 수식을 '읽을 수 있는' 것만으로 충분합니다. 이것만으로도 훨씬 편해질 것입니다.

3.2.4 덧셈과 Σ 기호

표본을 수식으로 표현한 다음 단계로서 표본에 대한 계산을 수식으로 표현하는 방법을 설명하겠습니다.

예를 들어 몸길이 3cm, 6cm, 5cm인 물고기의 총길이를 계산한다고 가정해보겠습니다. 3 + 6 + 5를 계산하면 됩니다. 그러나 물고기를 1000마리 잡았다면 덧셈을 표기하는 것만으로도 귀찮습니다. 이때 Σ(시그마) 기호를 사용합니다.

$$\text{표본의 합계} = \sum_{i=1}^{n} x_i \qquad \text{식 3-2}$$

Σ 기호의 오른쪽 x_i에서 첨자 i에 주목합시다. Σ 기호 아래쪽에 $i = 1$이 있고 Σ 기호 위에는 n이 있습니다. 이는 인덱스 i를 1에서 n까지 변화시키면서 x_i를 모두 더하는 것을 의미합니다.

예를 들어 표본크기를 $n = 5$로 하고 $x_1 = 3, x_2 = 6, x_3 = 5, x_4 = 8, x_5 = 7$이라고 해보겠습니다. 이때 총합계는 다음과 같이 계산할 수 있습니다.

$$\begin{aligned}
\text{표본의 합계} &= \sum_{i=1}^{n} x_i \\
&= x_1 + x_2 + x_3 + x_4 + x_5 \\
&= 3 + 6 + 5 + 8 + 7 \\
&= 29
\end{aligned} \qquad \text{식 3-3}$$

두 번째 줄에서 Σ 기호를 확장하고 세 번째 줄에서 x_i에 개별 숫자를 할당합니다. Σ 기호가 어렵다면 두 번째 줄과 같이 전개하는 이미지를 그려봅시다.

3.2.5 표본평균을 수식으로 표기

평균값을 수식으로 표기하면 다음과 같습니다. 표본 x의 평균값인 표본평균은 전통적으로 $\bar{x}$(엑스바)라고 표기합니다.

$$\bar{x} = \frac{1}{n}\sum_{i=1}^{n} x_i \qquad\qquad \text{식 3-4}$$

예를 들어 표본크기를 $n=5$로 하고 $x_1=3, x_2=6, x_3=5, x_4=8, x_5=7$이라고 해보겠습니다. 이때 평균값은 다음과 같이 계산할 수 있습니다.

$$\begin{aligned}
\bar{x} &= \frac{1}{n}\sum_{i=1}^{n} x_i \\
&= \frac{x_1+x_2+x_3+x_4+x_5}{n} \\
&= \frac{3+6+5+8+7}{5} \\
&= \frac{29}{5}
\end{aligned} \qquad\qquad \text{식 3-5}$$

3.2.6 곱셈과 Π 기호

Σ 기호는 덧셈이었지만 곱셈 버전도 있습니다. 곱셈은 Π(파이) 기호를 사용하며 이 책에서는 후반부에 주로 나옵니다.

$$\prod_{i=1}^{n} x_i = x_1 \cdot x_2 \,\cdots\, x_n \qquad\qquad \text{식 3-6}$$

3.3 도수분포

이 절에서는 도수분포에 대해 설명합니다. 또한 도수분포를 시각화한 히스토그램이라는 그래프도 소개합니다. 마지막으로 조금 더 실용적인 주제로 커널밀도추정에 대해 다루겠습니다.

평균값만을 참조하는 데이터 분석 방법에서 벗어나 도수분포표나 히스토그램을 활용하면 매우 효과적입니다. 파이썬을 사용하면 비교적 쉽게 수행할 수 있으며 결과 해석도 어렵지 않으므로 초보자도 수행하기 쉽습니다. 언뜻 보면 간단해 보이지만 이러한 방법은 다양한 상황에 적용할 수 있으며 풍부한 통찰력을 제공하는 강력한 도구입니다.

3.3.1 왜 다양한 집계 방법을 배우는가

앞에서 설명한 바와 같이 평균값만 사용해 데이터를 집계하는 것은 절대 권장하지 않습니다. 앞에서도 소개한 예를 들어 다음과 같은 저축 금액의 데이터를 얻었다고 합시다.

- A: 1억 원
- B: 0원
- C: 0원
- D: 0원

네 명의 평균 저축액은 2500만 원입니다. 이를 보고 모두 자산이 있다고 생각하는 것은 분명히 실수입니다. 네 명 중 세 명은 저축액이 0원이기 때문입니다.

3.3절에서는 평균값만을 사용하는 데이터 분석에서 탈피하여 도수분포표를 활용하는 방법을 설명합니다. 이어서 3.4절에서는 다양한 지표를 소개하고 평균값 이외의 지표를 사용하여 데이터를 집계하는 방법을 설명합니다.

3.3.2 도수와 도수분포

도수는 해당 데이터가 나타난 횟수, 다시 말해 빈도입니다. 예를 들어 수컷 물고기가 4마리 잡히면 수컷의 도수는 4입니다. 3cm짜리 물고기가 1마리 잡혔다면 3cm의 도수는 1입니다.

도수분포는 데이터가 나온 횟수를 정리한 목록입니다. 예를 들어 수컷 4마리, 암컷 6마리와 같이 여러 범주의 도수를 나열할 수 있습니다. 또는 1cm, 2cm, 3cm 등의 다양한 몸길이를 가진 물고기의 도수를 정리할 수도 있습니다. 이러한 도수분포를 나열한 표를 **도수분포표**라고 합니다.

바로 앞 절의 저축 자료의 경우 1억 원의 저축 건수는 1건이고 0원의 저축 건수는 3건입니다. 도수분포표를 사용하면 '3명은 저축이 0원으로 경제적으로 매우 어려운 상황이다'라는 사실을 한 눈에 파악할 수 있습니다. 도수분포표는 간단하지만 매우 실용적인 집계 방법입니다.

3.3.3 계급과 계급값

범주형 데이터의 경우 도수를 얻는 것은 어렵지 않습니다. 범주별로 관찰된 횟수를 기록하기만 하면 됩니다. 하지만 수치형 데이터의 경우, 특히 연속형 데이터에서는 도수를 구할 때 조금 더 생각할 필요가 있습니다. 연속형의 데이터는 완전히 일치하는 값이 드물기 때문에 데이터를 몇 개의 범위로 분할하기도 합니다.

이렇게 분할한 범위를 **계급**이라고 하며 계급을 대표하는 값을 **계급값**이라고 합니다. 일반적으로 계급값은 계급 범위 내의 최댓값과 최솟값의 중간값을 사용합니다. 예를 들어 '1.5 <= 몸길이 < 2.5'라는 계급을 설정한다면 계급값은 2가 됩니다. 수치형 데이터의 경우 각 계급에 속하는 데이터 개수를 세어 도수분포를 구하는 경우가 많습니다.

3.3.4 분석 준비

파이썬을 사용하여 실제로 도수분포를 구해보겠습니다. 우선 필요한 라이브러리를 불러오겠습니다.

```
# 수치 계산에 사용하는 라이브러리
import numpy as np
import pandas as pd
```

3.3.5 파이썬으로 도수분포 구하기

파이썬을 사용하여 범주형 데이터에 대한 도수분포를 구해보겠습니다. 먼저 대상 데이터를 읽어 들입니다. 물고기 종류가 기록된 데이터입니다.

```
category_data = pd.read_csv('3-3-1-fish-species.csv')
print(category_data)
```

```
     species
0       A
1       A
2       A
3       B
4       B
5       B
6       B
7       B
8       B
9       B
```

팬더스의 시리즈형이 지닌 value_counts 함수를 사용하면 도수분포를 쉽게 얻을 수 있습니다.

In

```python
category_data.species.value_counts(sort=False)
```

Out

```
A    3
B    7
Name: species, dtype: int64
```

데이터프레임인 category_data에서 species열만 추출한 결과는 시리즈입니다(2.4절 참고). 여기에 value_counts 함수를 사용합니다. sort=False로 지정하면 도수 순으로 정렬되지 않게 할 수 있습니다. sort에 아무것도 지정하지 않으면 도수 내림차순이 됩니다. 결과는 어종 A가 3마리, 어종 B가 7마리입니다.

수치형 데이터에 대한 도수분포를 계산해봅시다. 먼저 대상 데이터를 읽어 들입니다. 물고기의 몸길이가 기록된 데이터입니다.

In

```python
numeric_data = pd.read_csv('3-3-2-fish-length.csv')
print(numeric_data)
```

Out

```
     length
0      1.91
1      1.21
2      2.28
3      1.01
```

```
4    1.00
5    4.50
6    1.96
7    0.72
8    3.67
9    2.55
```

value_counts 함수를 그대로 사용하면 제대로 동작하지 않습니다. 정확히 같은 숫자인 데이터가 존재하지 않기 때문입니다.

```
In    numeric_data.length.value_counts()
```

```
Out   1.91    1
      1.21    1
      2.28    1
      1.01    1
      1.00    1
      4.50    1
      1.96    1
      0.72    1
      3.67    1
      2.55    1
      Name: length, dtype: int64
```

다음과 같이 bins=3으로 지정하면 데이터를 세 부분으로 구분하여 도수를 구할 수 있습니다.

```
In    numeric_data.length.value_counts(bins=3)
```

```
Out   (0.715, 1.98]    6
      (1.98, 3.24]     2
      (3.24, 4.5]      2
      Name: length, dtype: int64
```

결과를 보면 0.715보다 크고 1.98 이하인 데이터가 6개, 1.98보다 크고 3.24 이하인 데이터가 2개, 3.24보다 크고 4.5 이하인 데이터가 2개 있음을 알 수 있습니다. 이때 '하한은 포함하지 않고 상한은 포함한다'라는 규칙으로 계산되는 것에 주의합시다.

계급의 하한과 상한을 직접 지정할 수도 있습니다. 예를 들어 다음과 같이 0부터 5까지의 등차 수열로 계급을 설정한다고 가정해봅시다.

```
In    np.arange(0, 6, 1)
```

```
Out   array([0, 1, 2, 3, 4, 5])
```

이 계급을 다음과 같이 bins로 지정하면 도수를 얻을 수 있습니다. 나중에 결과를 사용할 수 있도록 도수분포를 freq라는 이름으로 저장했습니다.

```
In    freq = numeric_data.length.value_counts(
          bins=np.arange(0, 6, 1), sort=False)
      freq
```

```
Out   (-0.001, 1.0]     2
      (1.0, 2.0]        4
      (2.0, 3.0]        2
      (3.0, 4.0]        1
      (4.0, 5.0]        1
      Name: length, dtype: int64
```

덧붙여 정확히 1cm인 데이터가 한 개 있지만 이 데이터는 (-0.001, 1.0] 계급에 속한다는 점에 주의합시다.

다른 방법으로도 도수분포를 구할 수 있습니다. 이때 np.histogram 함수를 사용합니다. 먼저 데이터를 3개의 구간으로 나누어 도수를 계산해보겠습니다.

```
In    np.histogram(numeric_data.length, bins=3)
```

```
Out   (array([6, 2, 2], dtype=int64), array([0.72, 1.98, 3.24, 4.5 ]))
```

출력은 두 개의 배열로 구성됩니다. 첫 번째 배열 array([6, 2, 2], dtype=int64)는 각 구간의 도수를 나타냅니다. 두 번째 배열 array([0.72, 1.98, 3.24, 4.5])는 계급의 하한과 상한을 나타냅니다.

도수만을 알고 싶은 경우는 np.histogram(numeric_data.length, bins=3)[0]과 같이 인덱스를 지정합니다. 결과는 1차원 배열입니다. bins에 계급의 상한과 하한을 직접 지정할 수도 있습니다.

```
In    np.histogram(numeric_data.length, bins=np.arange(0, 6, 1))
```

```
Out   (array([1, 5, 2, 1, 1], dtype=int64), array([0, 1, 2, 3, 4, 5]))
```

여기서 주의할 점은 이번에 사용한 버전(Anaconda3-2024.02)에서 value_counts 함수 결과와 np.histogram 함수 결과가 다를 수 있다는 것입니다. np.histogram 함수는 하한을 포함하기 때문에 정확히 1cm인 데이터가 다르게 처리됩니다. 그 외에는 거의 같은 방식으로 사용할 수 있습니다.

3.3.6 상대도수분포와 누적도수분포

상대도수분포는 전체를 1로 두고 각 도수가 차지하는 비율을 나타냅니다. 이는 각 도수를 표본크기로 나누어 계산합니다.

누적도수분포는 도수의 누적값을 계산한 것입니다. 또한 상대도수분포의 누적값을 계산한 **누적상대도수분포**도 종종 사용합니다.

3.3.7 상대도수분포와 누적도수분포(실습)

3.3.5절에서 계산한 물고기의 몸길이 데이터의 도수인 **freq**를 대상으로 상대도수분포와 누적도수분포를 구해보겠습니다.

상대도수분포를 구하는 방법은 여러 가지가 있지만 가장 기본적인 방법은 도수를 표본크기로 나누어 상대도수를 계산하는 것입니다.

```
In    rel_freq = freq / sum(freq)
      rel_freq
```

Out		

```
(-0.001, 1.0]    0.2
(1.0, 2.0]       0.4
(2.0, 3.0]       0.2
(3.0, 4.0]       0.1
(4.0, 5.0]       0.1
Name: length, dtype: float64
```

value_counts 함수를 사용할 때 normalize=True로 설정하면 처음부터 비율을 계산합니다.

```
In     numeric_data.length.value_counts(bins=np.arange(0, 6, 1),
                                        sort=False,
                                        normalize=True)
```

```
Out    (-0.001, 1.0]    0.2
       (1.0, 2.0]       0.4
       (2.0, 3.0]       0.2
       (3.0, 4.0]       0.1
       (4.0, 5.0]       0.1
       Name: length, dtype: float64
```

np.histogram 함수를 사용할 때는 density=True로 지정합니다.

```
In     np.histogram(numeric_data.length, bins=np.arange(0, 6, 1),
                     density=True)
```

```
Out    (array([0.1, 0.5, 0.2, 0.1, 0.1]), array([0, 1, 2, 3, 4, 5]))
```

누적도수분포를 구할 때는 누적값을 계산하는 cumsum 함수를 사용합니다.

```
In     freq.cumsum()
```

```
Out    (-0.001, 1.0]    2
       (1.0, 2.0]       6
       (2.0, 3.0]       8
       (3.0, 4.0]       9
```

```
(4.0, 5.0]          10
Name: length, dtype: int64
```

또는 np.histogram 함수 결과에 인덱스를 지정해서 도수만 구한 후 np.cumsum 함수를 적용합니다.

```
In    freq_np = np.histogram(numeric_data.length,
                             bins=np.arange(0, 6, 1))[0]
      np.cumsum(freq_np)
```

```
Out   array([ 1,  6,  8,  9, 10], dtype=int64)
```

상대도수분포에 대한 누적값을 계산하면 누적상대도수분포를 구할 수 있습니다.

```
In    rel_freq.cumsum()
```

```
Out   (-0.001, 1.0]     0.2
      (1.0, 2.0]        0.6
      (2.0, 3.0]        0.8
      (3.0, 4.0]        0.9
      (4.0, 5.0]        1.0
      Name: length, dtype: float64
```

3.3.8 히스토그램

히스토그램은 도수분포를 시각화한 그래프입니다. 나중에 더 자세히 설명하겠지만 히스토그램에서 가로축은 몸길이와 같은 데이터, 세로축은 도수를 나타냅니다(설정에 따라서 세로축의 도수가 사라질 수도 있습니다. 3.3.10절 참고). 히스토그램을 사용하면 데이터 분포를 시각적으로 평가할 수 있습니다.

3.3.9 그래프 그리기와 맷플롯립, 시본

히스토그램을 그리는 데 필요한 두 개의 그래프 라이브러리를 소개합니다. 다음과 같이 라이브러리를 추가로 불러옵니다.

```python
# 그래프를 그리는 라이브러리
from matplotlib import pyplot as plt
import seaborn as sns
sns.set()
```

맷플롯립matplotlib은 기본적인 그래프를 그릴 수 있는 라이브러리입니다. `from matplotlib import pyplot`은 맷플롯립 라이브러리에서 pyplot 모듈만 불러오도록 지시하는 코드입니다. plt라는 별명을 설정했습니다.

시본seaborn은 아름다운 그래프를 그릴 수 있는 편리한 라이브러리입니다. sns라는 별명을 설정했습니다. `sns.set()`을 실행하면 pyplot 결과를 포함하여 그래프 디자인을 더 아름답게 만들 수 있습니다. 그래프 그리기에 대한 자세한 내용은 3.7절에서 다룹니다.

3.3.10 히스토그램(실습)

이 책에서는 시본을 적극적으로 활용합니다. 시본은 맷플롯립과 잘 호환되며 맷플롯립의 기능을 활용하여 그래프를 더욱 세련되게 꾸밀 수 있습니다. 히스토그램을 그리는 함수는 시본에서 몇 가지 제공하는데 여기에서는 `sns.histplot` 함수를 사용합니다. 이 함수에 x='length'와 data=numeric_data 인수를 넘겨 numeric_data의 length 열을 대상으로 히스토그램을 그리도록 지정합니다. color로 히스토그램의 색을, bins로 계급을 지정합니다.

```python
sns.histplot(x='length', data=numeric_data, color='gray',
             bins=np.arange(0, 6, 1))
```

히스토그램을 보면 데이터 분포를 시각적으로 파악할 수 있습니다. 이 히스토그램의 세로축은 도수입니다. 예를 들어 0 이상 1 미만의 데이터는 1개뿐이고 1 이상 2 미만의 데이터는 5개 있다는 식으로 도수분포를 해석할 수 있습니다. 결과는 `np.histogram` 함수의 결과와 똑같습니다 (그림 3-1).

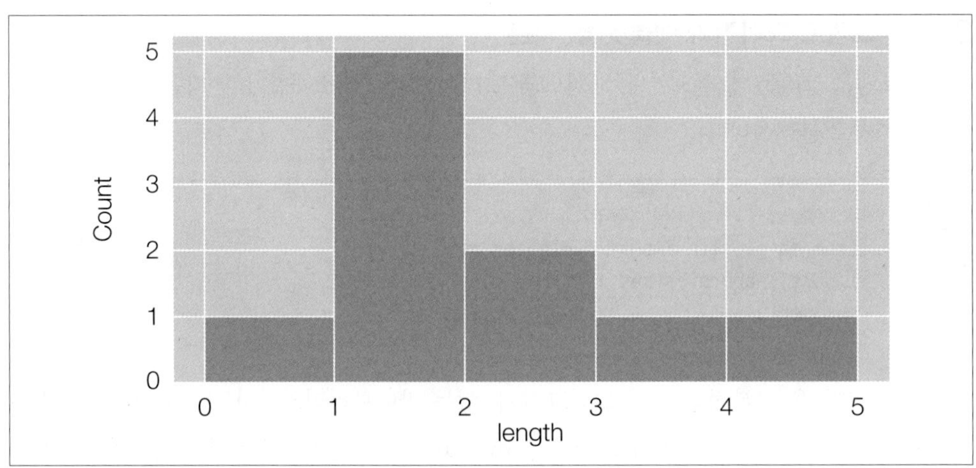

그림 3-1 시본을 이용한 히스토그램

히스토그램 기둥의 면적을 상대도수로 해석할 수 있는 표준화된 결과를 얻을 수도 있습니다. 그러려면 stat='density'로 지정합니다(그림 3-2).

```
In    sns.histplot(x='length', data=numeric_data, color='gray',
                   bins=np.arange(0, 6, 1), stat='density')
```

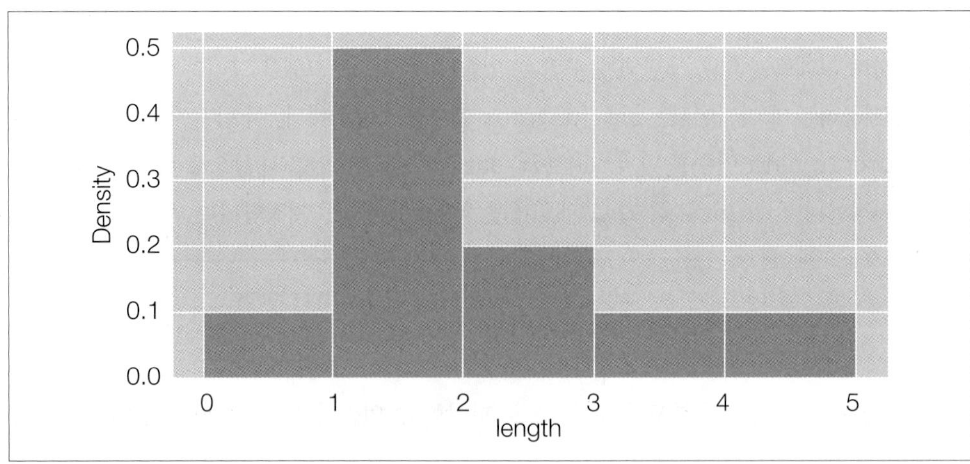

그림 3-2 그래프의 면적을 상대도수로 해석할 수 있도록 만든 그래프

3.3.11 계급의 폭이 다른 히스토그램

지금까지는 계급의 폭이 항상 같도록 bins를 설정했습니다. 그러나 계급의 폭은 임의로 설정할 수 있으며 각 계급의 폭이 서로 다를 수도 있습니다. 예를 들어 계급을 '0 이상 1 미만', '1 이상 2 미만', '2 이상 5 미만'으로 마지막 계급만 폭을 넓게 해서 도수분포를 구해봅시다. 이때 density =True로 설정하는 점에 주의합니다.

```
In    np.histogram(numeric_data.length, bins=np.array([0, 1, 2, 5]),
                   density=True)
```

```
Out   (array([0.1       , 0.5       , 0.13333333]), array([0, 1, 2, 5]))
```

여기서 '2 이상 5 미만'의 데이터는 4개이므로 원래의 상대도수는 0.4가 되어야 합니다. 그러나 이 계급의 히스토그램 그래프의 높이는 0.13333333입니다. 히스토그램을 그리면 이 차이를 시각적으로 확인할 수 있습니다(그림 3-3).

```
In    sns.histplot(x='length', data=numeric_data, color='gray',
                   bins=np.array([0, 1, 2, 5]), stat='density')
```

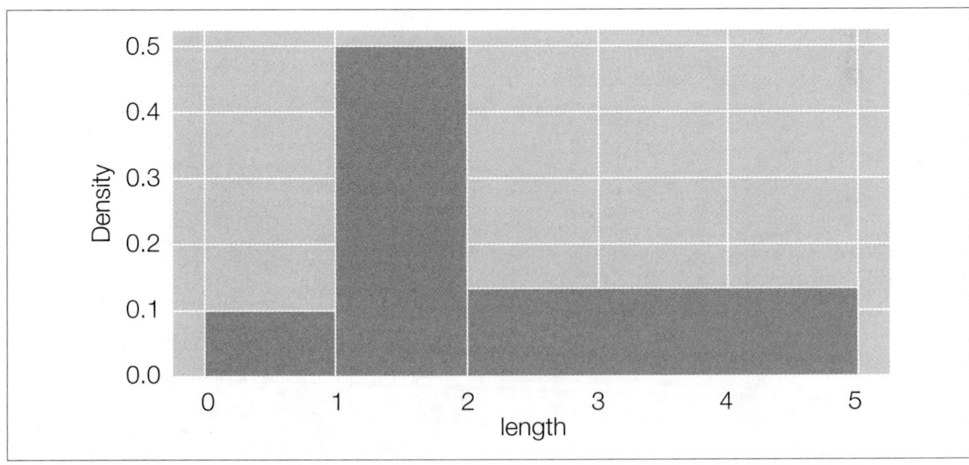

그림 3-3 계급별로 폭이 다른 히스토그램

히스토그램은 면적을 상대도수로 해석할 수 있습니다. '2 이상 5 미만' 데이터는 전체의 40%를 차지합니다. 그리고 이 계급의 히스토그램 기둥의 폭은 3입니다. 따라서 '기둥의 높이 × 기둥의 폭', 즉 0.13333×3을 계산하면 40%라는 비율을 얻을 수 있습니다. np.histogram 함수나 sns.histplot 함수에서 계급의 폭을 다르게 설정할 때는 이 점에 유의해야 합니다.

3.3.12 커널밀도추정

히스토그램과 매우 유사한 결과를 얻을 수 있는 **커널밀도추정**에 대해 알아봅시다. 이 내용은 약간 고급 주제이므로 구조가 어렵다고 느껴진다면 건너뛰어도 괜찮습니다.

커널밀도추정은 히스토그램을 부드럽게 평활화하는 데 사용됩니다. 히스토그램은 데이터 분포를 직관적으로 파악할 수 있는 편리한 그래프지만 계급 간 단차가 발생할 수 있습니다. 커널밀도추정을 사용하면 이러한 단차를 없애고 부드러운 분포로 나타낼 수 있습니다.

커널밀도추정의 구조를 설명하기에 앞서 **러그플롯**^{rug plot}이라는 그래프를 소개합니다. 러그플롯은 데이터의 위치를 세로 막대로 표시하는 그래프입니다.

[그림 3-4]는 numeric_data.length를 대상으로 러그플롯을 그린 결과입니다. 가로축은 물고기의 몸길이입니다. 몸길이 최솟값인 0.72와 두 번째로 작은 값인 1.00의 위치 등에 세로 막대가 배치되어 있습니다.

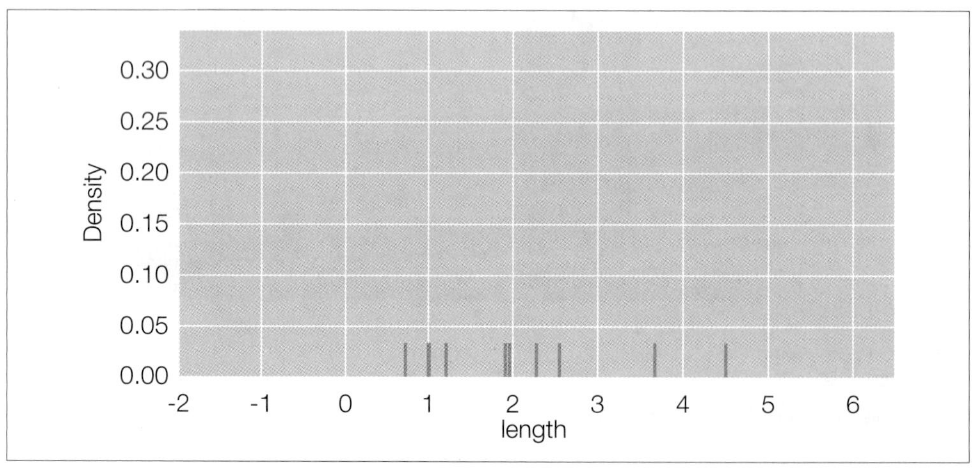

그림 3-4 러그플롯

그런 다음 이 러그플롯에 가우스곡선을 추가합니다. 가우스곡선은 좌우대칭인 이른바 종[bell] 모양 곡선으로 4.4절에서 자세히 설명합니다. [그림 3-5]에서는 최솟값 0.72를 중심으로 가우스곡선을 그렸습니다.

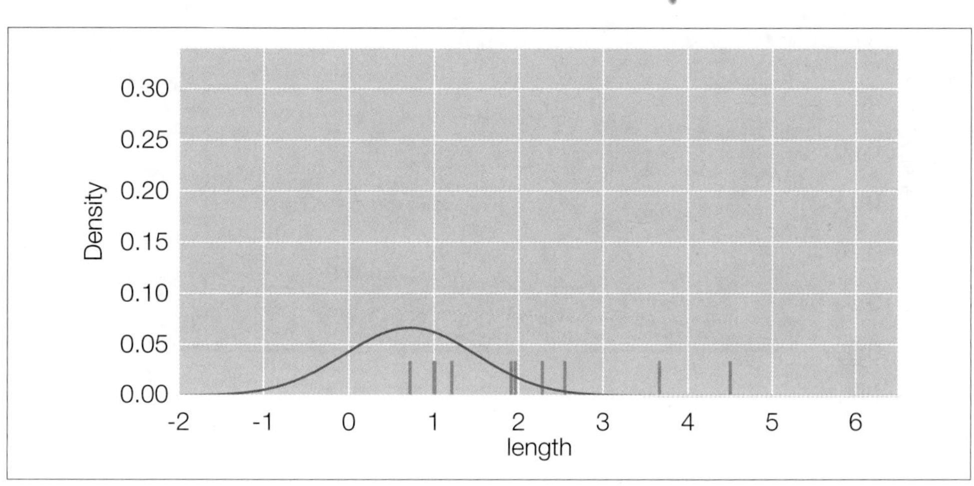

그림 3-5 가우스곡선 1개 추가

[그림 3-6]에서는 모든 데이터에 가우스곡선을 추가했습니다.

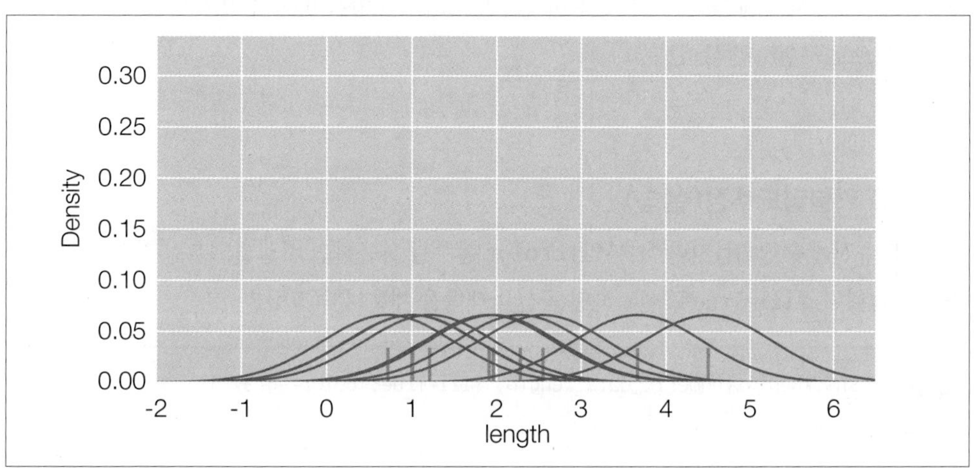

그림 3-6 가우스곡선 모두 추가

마지막으로 가우스곡선의 모든 값을 합산합니다. 이것이 커널밀도추정의 결과가 됩니다. 이렇게 하면 데이터가 집중된 부분은 밀도가 높다고 평가됩니다(그림 3-7).

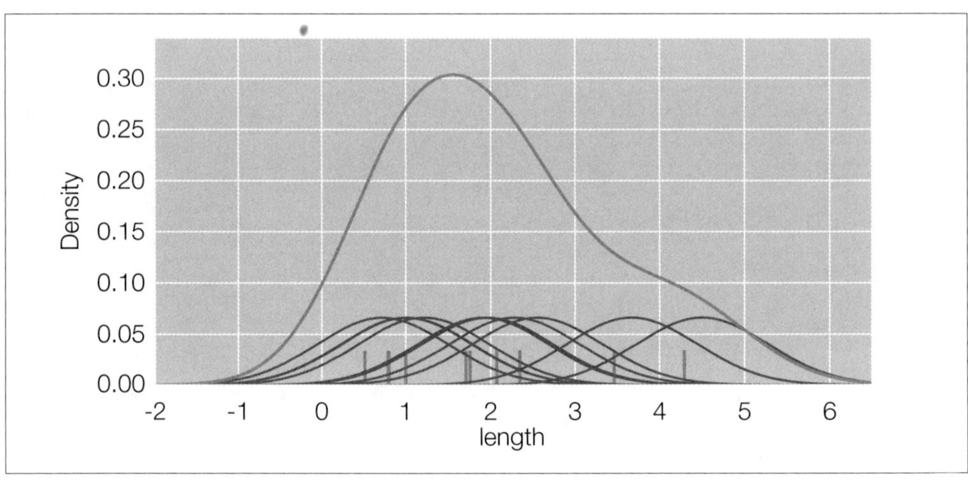

그림 3-7 커널밀도추정 결과

히스토그램에서 계급을 바꾸면 그래프 모양이 바뀝니다. 계급을 세분화하면 데이터를 보다 상세하게 표현할 수 있지만 큰 그림을 파악하기는 어렵게 됩니다.

커널밀도추정에서는 **밴드폭**이라는 것을 변경하면 그래프 모양을 바꿀 수 있습니다. 자세한 내용은 파이썬으로 구현하며 살펴봅시다.

3.3.13 커널밀도추정(실습)

커널밀도추정을 수행해봅시다. 시본의 kdeplot 함수를 사용하면 커널밀도추정 결과를 쉽게 얻을 수 있습니다. fill=True로 설정하면 곡선 아래쪽을 채웁니다(그림 3-8).

```
Out    sns.kdeplot(numeric_data.length, fill=True, color='gray')
```

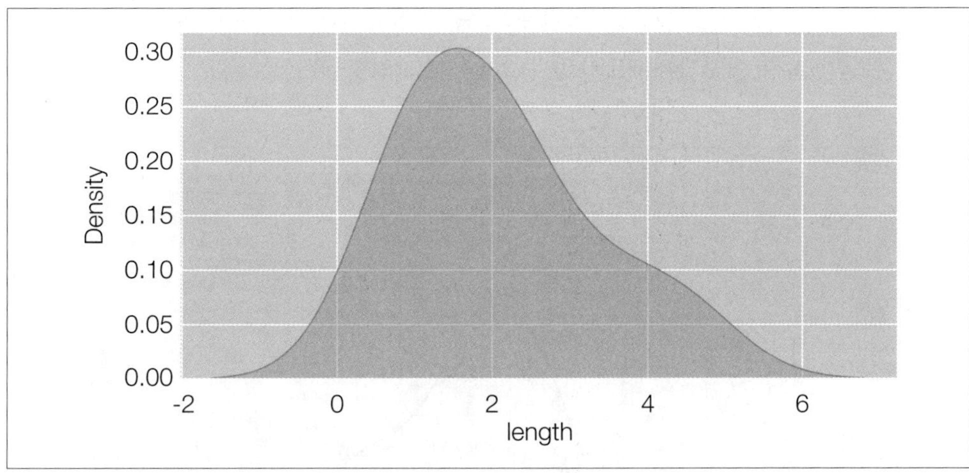

그림 3-8 시본을 이용한 커널밀도추정

히스토그램과 달리 부드러운 결과를 얻을 수 있습니다. 하지만 몸길이 데이터인데도 음수 영역에서 0보다 큰 밀도가 나옵니다. 0 이상만 존재하는 데이터나 이산형 데이터에 대해서 커널밀도추정을 실행하면 직관과는 다른 결과를 얻는 일도 있으므로 주의합시다. 이럴 때는 히스토그램을 사용합니다.

이제 밴드폭을 변경한 결과를 확인해보겠습니다. bw_adjust를 줄이면 변동이 커집니다. 반대로 bw_adjust를 늘리면 부드러운 결과를 얻을 수 있습니다.

참고로 한 화면에 여러 그래프를 그리는 방법을 알아봅시다. 그래프 그리기 함수인 sns.kdeplot을 연속해서 실행하면 그래프를 덮어씁니다. linestyle을 지정하면 선 종류를 점선 등으로 변경할 수 있습니다. label을 설정한 후 plt.legend 함수를 적용하면 범례를 표시할 수 있습니다.

```
In    sns.kdeplot(numeric_data.length,
                 color='black', label='default')
      sns.kdeplot(numeric_data.length,
                 color='black', bw_adjust=0.4,
                 linestyle='dashed', label='bw_adjust=0.4')
      sns.kdeplot(numeric_data.length,
                 color='black', bw_adjust=2,
                 linestyle='dotted', label='bw_adjust=2')

      plt.legend() # 범례
```

이 책에서는 보통 시본에 기본으로 설정된 밴드폭을 사용합니다. 하지만 밴드폭을 변경해보면 데이터 분포의 모양이 어떻게 바뀌는지 알 수 있습니다(그림 3-9).

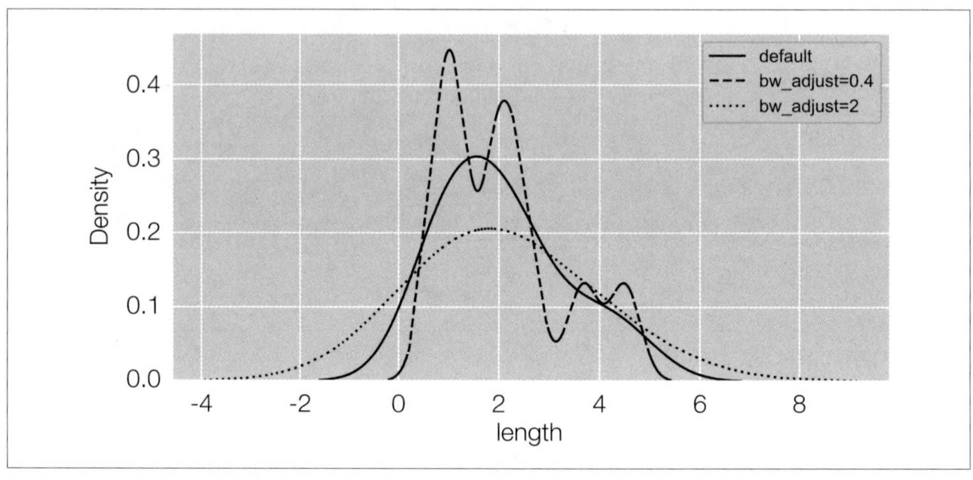

그림 3-9 밴드폭 변경

3.4 1변량 데이터 통계량

이번 절에서는 1변량 데이터를 대상으로 한 다양한 통계량을 소개하고 파이썬에서 구현하는 방법을 설명합니다. 통계를 설명할 때는 수식을 사용합니다. 수식이 어렵다고 느껴진다면 3.2절을, 프로그래밍이 어렵다고 느껴진다면 2.3절과 2.4절을 참고하기 바랍니다.

먼저 표본크기와 합계, 평균이라는 단순한 지표로부터 시작해서 데이터의 편차를 평가하는 지표인 분산과 표준편차를 설명합니다. 다음으로 분산을 이용한 변동계수와 표준화에 대해 설명합니다.

이어서 데이터를 오름차순으로 정렬하고 순위 기반 통계를 도입합니다. 그리고 최빈값이라고 하는 도수에 근거하는 통계량을 도입합니다. 마지막으로 다양한 지표를 함께 계산할 수 있는 편리한 함수를 소개합니다.

3.4.1 분석 준비

필요한 라이브러리를 불러오겠습니다. 사이파이*scipy*는 과학 기술 계산에 유용한 라이브러리입니다. 사이파이에서 특히 통계 처리에 특화된 stats 모듈을 불러오겠습니다.

```
In    # 수치 계산에 사용하는 라이브러리
      import numpy as np
      import pandas as pd

      # 복잡한 통계 처리를 수행하는 라이브러리
      from scipy import stats
```

3.4.2 분석할 데이터 준비

분석할 데이터를 준비합니다. 두 가지 방법으로 동일한 데이터를 준비합니다.

먼저 넘파이 배열인 데이터를 준비합니다. 물고기의 몸길이를 10개만 기록한 데이터로 이름은 fish_length입니다.

```
In    fish_length = np.array([2,3,3,4,4,4,4,5,5,6])
      fish_length
```

```
Out   array([2, 3, 3, 4, 4, 4, 4, 5, 5, 6])
```

데이터는 CSV 파일로 저장하는 경우가 많습니다. 배열로 준비한 데이터와 동일한 데이터를 팬더스의 데이터프레임으로 읽습니다. 이름은 끝에 _df를 붙여 fish_length_df로 하겠습니다.

```
In    fish_length_df = pd.read_csv('3-4-1-fish-length.csv')
      print(fish_length_df)
```

```
Out      length
      0       2
      1       3
```

2	3
3	4
4	4
5	4
6	4
7	5
8	5
9	6

2.4절에서 다뤘듯이 데이터프레임을 배열로 변환하는 것은 어렵지 않습니다. 1변량일 때는 열 이름을 지정한 후에 to_numpy()를 붙여 배열로 취급할 수 있습니다. 즉 fish_length_df.length.to_numpy()는 fish_length 배열처럼 취급할 수 있습니다. 다음 코드로 확인할 수 있으며 모든 요소가 True이므로 모두 동일하다는 것을 알 수 있습니다.

```
In   fish_length_df.length.to_numpy() == fish_length
```

```
Out   array([ True,  True,  True,  True,  True,  True,  True,
              True,  True,  True])
```

데이터프레임을 배열로 취급해야 할 때 이번 절의 내용을 참고합시다. 다만 일부 함수는 배열과 데이터프레임 모두에서 거의 같은 방식으로 실행할 수 있습니다.

3.4.3 표본크기

표본의 표본크기를 가져올 때 len 함수를 사용합니다. 먼저 배열에 적용해봅시다. 10개의 데이터가 있으므로 결과는 10입니다.

```
In   len(fish_length)
```

```
Out   10
```

이번에는 데이터프레임에 적용해봅시다. len 함수를 사용하여 행 수를 구할 수 있습니다.

```
In    len(fish_length_df)
```

```
Out   10
```

데이터프레임은 배열로 변환하고 나서 처리해도 상관없고 데이터프레임 그대로 처리할 수도 있습니다. 두 가지 방법을 모두 알아두면 편리합니다. 그러나 여러 가지 방법을 동시에 사용하면 헷갈릴 수 있습니다. 이 절에서는 기본적으로 배열을 대상으로 실행합니다. 드물긴 하지만 넘파이와 팬더스에서 같은 이름의 함수인데 처리 결과가 다른 경우도 있습니다. 그럴 때는 적절히 주의를 기울여야 합니다.

3.4.4 합계

표본의 합계를 계산하는 구현 방법은 다양합니다. 여기에서는 배열과 데이터프레임을 모두 다룹니다.

합계를 계산하는 데만 여러 가지 방법이 있습니다. 혼란을 피하기 위해 이 책에서는 가능한 한 넘파이에서 제공하는 함수를 사용합니다. 필요한 경우 사이파이의 stats 모듈에서 제공하는 함수도 사용합니다.

넘파이의 함수를 사용하여 합계를 계산하려면 np.sum 함수를 사용합니다. 먼저 배열을 대상으로 적용해봅시다. 결과는 2+3+3+4+4+4+4+5+5+6=40입니다.

```
In    np.sum(fish_length)
```

```
Out   40
```

데이터프레임에도 동일하게 적용할 수 있습니다.

```
In    np.sum(fish_length_df)
```

```
Out   length    40
      dtype: int64
```

다음과 같은 방법으로 합계를 계산할 수도 있습니다. 결과는 다르지 않지만 혼란을 방지하기 위해 이 책에서는 명시적으로 np.sum 함수를 사용합니다.

```
In    fish_length.sum()
```

```
Out   40
```

데이터프레임도 마찬가지로 방식으로 합계를 계산할 수 있습니다.

```
In    fish_length_df.sum()
```

```
Out   length    40
      dtype: int64
```

3.4.5 표본평균

표본평균을 계산해보기에 앞서 계산식을 다시 한번 살펴보겠습니다. 여기서 $\bar{x}$는 표본 x의 평균값이고 n은 표본크기입니다.

$$\bar{x} = \frac{1}{n} \sum_{i=1}^{n} x_i \qquad \text{식 3-7}$$

표본평균을 정의대로 구현합니다. 배열을 대상으로 파이썬에서 평균값을 계산합니다. 먼저 표본크기를 가져옵니다.

```
In    n = len(fish_length)
      n
```

```
Out   10
```

그런 다음 합계를 계산합니다.

```
In    sum_value = np.sum(fish_length)
      sum_value
```

```
Out   40
```

합계를 표본크기로 나누어 평균값을 계산할 수 있습니다.

```
In    x_bar = sum_value / n
      x_bar
```

```
Out   4.0
```

평균값을 구하는 다른 방법으로 np.mean 함수를 사용하면 쉽게 계산할 수 있습니다.

```
In    np.mean(fish_length)
```

```
Out   4.0
```

3.4.6 표본분산

데이터의 변동성을 평가하는 지표인 분산에 대해 알아봅시다. 간단히 말해서 **분산**은 '데이터가 평균값(기댓값)에서 얼마나 떨어져 있는가'를 나타내는 지표입니다. 표본에서 계산한 분산을 **표본분산**이라고 합니다.

평균값은 데이터의 대푯값으로 자주 사용됩니다. 그러나 대푯값이 데이터와 동떨어져 있을 때 대푯값만 보고 데이터를 해석하는 것은 위험합니다.

평균값에 가깝게 데이터가 모여 있으면 분산은 작아지고 멀리 떨어져 있으면 분산은 커집니다. 이 책에서는 표본분산을 기호 s^2으로 표시합니다. 계산식에 제곱하는 과정이 들어가 있기 때문에 기호에도 이를 반영했습니다.

$$s^2 = \frac{1}{n} \sum_{i=1}^{n} (x_i - \bar{x})^2$$

식 3-8

평균과 개별 데이터 x_i가 멀어질수록 $(x_i - \bar{x})^2$은 더 큰 값이 됩니다. $(x_i - \bar{x})^2$은 평균값과 데이터 사이의 거리로 간주할 수 있습니다. 또한 데이터와 평균값의 차이를 **편차**라고 하고 분산을 나타내는 식에서 분자 부분을 **편차제곱합**이라고 합니다.

분산의 직관적 이미지를 보충 설명 차원에서 간단히 소개하겠습니다.

평균과 분산이라는 두 가지의 지표만으로도 데이터의 대략적인 형태를 파악할 수 있습니다. [그림 3-10]은 가로축에 물고기의 몸길이를 놓은 그림입니다. 작은 동그라미들은 데이터를 나타냅니다. 커다란 타원 범위가 우리가 상상하는 데이터의 모양이라고 생각하면 됩니다.

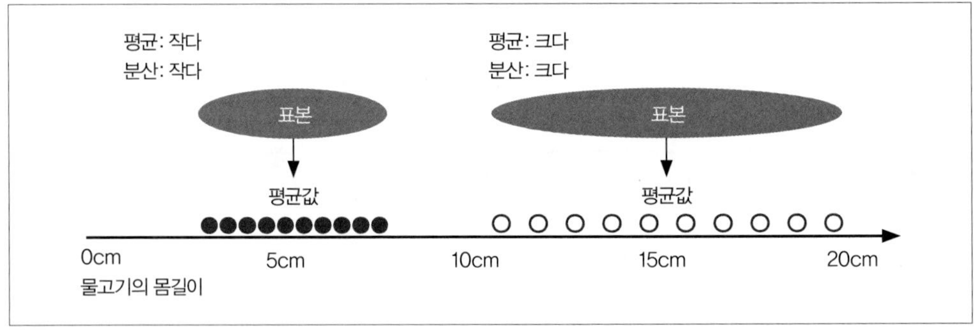

그림 3-10 평균과 분산, 데이터의 범위

데이터의 범위만 따지려면 최댓값과 최솟값을 구하는 것으로 충분합니다. 그러나 우연히 1개나 2개 극단적인 값이 있었을 뿐인 상황에서도 최댓값과 최솟값의 폭은 넓어져버립니다.

예를 들어 [그림 3-11]의 두 표본에서 최댓값과 최솟값의 너비는 거의 같습니다. 그러나 직관적으로는 '데이터의 모양'이 다르다고 생각할 수 있습니다. 분산은 데이터가 평균값과 얼마나 떨어져 있는지를 표시하는 지표이므로 이런 상황에서 효과를 발휘합니다.

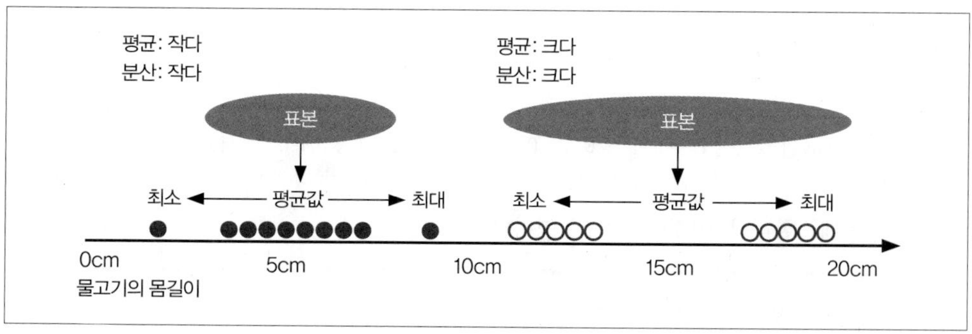

그림 3-11 분산과 최댓값, 최솟값의 비교

평균값과 분산만으로는 데이터의 모양을 올바르게 판단할 수 없는 경우도 있습니다. 이럴 때는 히스토그램과 같은 시각적 도구를 활용하는 것이 좋습니다.

3.4.7 표본분산(실습)

배열을 대상으로 표본분산을 계산해봅시다. 먼저 표본분산을 정의대로 구현합니다. 결과는 1.2 입니다.

```
In    s2 = np.sum((fish_length - x_bar) ** 2) / n
      s2
```

```
Out   1.2
```

코드가 다소 복잡하므로 과정을 차례대로 따라가며 설명하겠습니다. 우선 배열에서 준비한 물고기의 몸길이 데이터 x_i를 확인합니다.

```
In    fish_length
```

```
Out   array([2, 3, 3, 4, 4, 4, 4, 5, 5, 6])
```

데이터에서 표본평균인 $\bar{x}=4$를 뺍니다. 이것이 $x_i - \bar{x}$입니다.

```
In    fish_length - x_bar
```

```
Out    array([-2., -1., -1.,  0.,  0.,  0.,  0.,  1.,  1.,  2.])
```

얻은 결과를 제곱합니다. 이것이 $(x_i - \bar{x})^2$입니다.

```
(fish_length - x_bar) ** 2
```

```
Out    array([4., 1., 1., 0., 0., 0., 0., 1., 1., 4.])
```

이렇게 얻은 결과를 합산합니다. 이것이 $\sum_{i=1}^{n}(x_i - \bar{x})^2$입니다.

```
In    np.sum((fish_length - x_bar) ** 2)
```

```
Out    12.0
```

이제 이 결과를 표본크기 $n = 10$으로 나누면 표본분산을 계산할 수 있습니다. 이처럼 수식을 자유롭게 프로그램으로 구현할 수 있으면 응용 범위가 넓어집니다.

표본분산은 np.var 함수를 사용하면 쉽게 계산할 수 있습니다. 이때 실수를 방지하기 위해 ddof = 0 인수를 반드시 지정합시다. 인수 ddof의 의미는 3.4.9절에서 설명합니다.

```
In    np.var(fish_length, ddof=0)
```

```
Out    1.2
```

3.4.8 불편분산

기술통계에서 분산이라고 할 때는 표본분산인 s^2을 가리키는 경우가 많습니다. 이 책에서는 5장 이후에 추론통계를 다룹니다. 추론통계에서는 **불편분산**이나 **불편표본분산**이라고 불리는 분산을 사용하는 경우가 많습니다. 불편분산은 다음과 같이 계산할 수 있습니다. 이 책에서는 일반적인 분산과 구분하고자 불편분산을 기호 u^2으로 표기합니다. '불편'(한쪽으로 쏠리지 않음)이란 뜻의 영어 단어 unbiased의 머리글자를 사용하고 있습니다.

$$u^2 = \frac{1}{n-1} \sum_{i=1}^{n} (x_i - \bar{x})^2$$

식 3-9

불편분산에서는 표본크기가 아닌 표본크기에서 1을 뺀 값으로 나눕니다.

불편분산을 이해하려면 추론통계의 사고 방식을 이해해야 합니다. 따라서 지금 당장 불편분산을 이해하지 못하더라도 괜찮습니다. 자세한 내용은 5.4절에서 설명합니다. 여기서는 불편분산의 역할을 직관적으로 소개하는 데 초점을 맞추겠습니다.

추론통계에서는 일부 표본에서 모집단 전체를 추정하는 문제를 다룹니다. 사실 표본분산의 계산식을 그대로 사용해 모집단의 분산을 추정하면 모집단의 분산을 과소평가하는 경향이 있습니다. 이를 보정하기 위해 불편분산을 사용합니다.

분산을 계산하려면 먼저 평균값을 계산해야 합니다. 표본평균은 이름 그대로 표본에서 계산합니다. 그런데 표본평균은 모집단의 평균과 차이가 있는 게 정상입니다. 그렇다면 모집단의 평균과 차이가 있는 표본평균을 사용해서 계산한 분산은 어떨까요? 이 경우 모집단의 분산을 정확히 추정하기 어려울 것이라고 예상할 수 있습니다.

불편분산은 표본분산보다 크게 계산됩니다. 그렇다면 불편분산을 사용하면 정말 편향이 없을까요? 이 부분은 5.4절에서 시뮬레이션을 통해 확인해보겠습니다. 여기에서는 정의와 구현만 먼저 살펴봅니다.

3.4.9 불편분산(실습)

배열을 대상으로 불편분산을 계산해봅시다. 불편분산을 정의대로 구현합니다. 결과는 1.33⋯ 입니다.

```
In    u2 = np.sum((fish_length - x_bar) ** 2) / (n - 1)
      u2
```

| Out | 1.3333333333333333 |

2.3.8절에서 설명한 대로 소수점 이하 세 자리로 반올림하려면 다음과 같이 round 함수를 사용합니다.

```
Out   round(u2, 3)
```

```
1.333
```

불편분산은 np.var 함수를 사용하고 인수에 ddof=1을 지정하면 쉽게 계산할 수 있습니다.

```
In   round(np.var(fish_length, ddof=1), 3)
```

```
Out   1.333
```

np.var 함수는 ddof=0이면 표본분산을, ddof=1이면 불편분산을 계산합니다. 어느 분산을 계산하는지 명확히 하기 위해 ddof 인수를 반드시 지정하는 것이 좋습니다.

넘파이와 팬더스에 모두 var라는 함수가 있지만 서로 동작이 다릅니다. 넘파이의 var 함수는 ddof를 지정하지 않으면 표본분산을 계산합니다. 데이터프레임을 대상으로 실행해보겠습니다.

```
In   np.var(fish_length_df)
```

```
Out   length    1.2
      dtype: float64
```

반면 팬더스의 var 함수(팬더스의 데이터프레임에 연결해 실행한 var 함수)에서는 ddof를 지정하지 않으면 불편분산이 계산됩니다.

```
fish_length_df.var()
```

```
Out   length    1.333333
      dtype: float64
```

혼란스럽기 때문에 ddof는 확실히 지정합시다. ddof=0으로 지정하면 팬더스의 var 함수에서도 표본분산이 계산됩니다.

```
fish_length_df.var(ddof=0)
```

```
Out    length    1.2
       dtype: float64
```

이 결과는 넘파이 버전 1.26.4, 팬더스 버전 2.1.4에서 확인했습니다.

3.4.10 표준편차

표준편차는 분산에 제곱근을 씌운 것입니다. 분산은 데이터를 제곱하여 계산합니다. 따라서 단위도 제곱된 상태입니다. 이 상태로는 사용하기 불편하므로 제곱근을 씌워서 단위를 맞춰줍니다. 다음 식에서는 표본분산의 제곱근으로 표준편차 s를 정의했습니다.

$$s = \sqrt{s^2} = \sqrt{\frac{1}{n} \sum_{i=1}^{n} (x_i - \bar{x})^2}$$

식 3-10

3.4.11 표준편차(실습)

배열을 대상으로 표준편차를 계산해봅시다. 먼저 표준편차를 정의대로 구현합니다. 제곱근을 구할 때 np.sqrt 함수를 사용합니다.

```
In    s = np.sqrt(s2)
      round(s, 3)
```

```
Out   1.095
```

표준편차는 np.std 함수를 사용하면 쉽게 계산할 수 있습니다. ddof=0을 지정하여 표본분산의
제곱근을 구합니다. ddof=1이면 불편분산의 제곱근을 구합니다.

```
In    round(np.std(fish_length, ddof=0), 3)
```

```
Out    1.095
```

3.4.12 변동계수

평균값과 표준편차의 비율을 **변동계수**라고 합니다. 변동계수는 다음과 같이 계산할 수 있습니
다. 이 책에서는 변동계수를 Coefficient of Variation의 약자로 CV라고 표기합니다.

$$CV = \frac{s}{\bar{x}}$$

식 3-11

앞의 결과를 100배해서 퍼센트(%)로 표기하는 경우도 있습니다.

예를 들어 어떤 과자는 한 봉지에 평균 100g이 들어 있다고 합시다. 이때 50g의 편차가 있다고
하면 꽤 큰 편차라고 느낄 것입니다. 100g짜리 과자라고 생각했는데 50g밖에 들어 있지 않았다
고 하면 매우 슬픈 기분이 들 것 같습니다. 한편 정원에 뿌리는 모래를 구입한다고 해보겠습니
다. 어떤 가게에서 평균 10kg을 1세트로 판매한다고 할 때 50g 정도의 편차를 신경 쓰는 사람은
적을 것입니다.

표준편차를 사용하면 앞의 두 예에서 편차의 크기가 같다고 간주합니다. 이럴 때 평균값 대비 편
차의 크기를 나타내는 변동계수(CV)를 이용하면 표준편차보다 더 직관적인 결과를 얻을 수 있
습니다. 다만 데이터에 따라서 변동계수를 사용하면 안 되는 경우도 있습니다. 관련 예는 다음
절에서 소개합니다.

3.4.13 변동계수(실습)

배열을 대상으로 변동계수를 계산해봅시다. 먼저 변동계수를 정의대로 구현합니다.

```
In    cv = s / x_bar
      round(cv, 3)
```

```
Out   0.274
```

물고기 몸길이의 편차 크기는 평균을 100%로 하면 27% 정도가 된다는 것을 알 수 있습니다.

변동계수는 사이파이 stats 모듈의 variation 함수를 사용하면 쉽게 계산할 수 있습니다.

```
In    round(stats.variation(fish_length), 3)
```

```
Out   0.274
```

이 책에서 사용하는 사이파이 버전 1.11.4에서는 variation 함수에서 ddof를 지정할 수 있습니다. 불편분산을 사용해 표준화하는 경우는 다음과 같이 구현합니다.

```
In    round(stats.variation(fish_length, ddof=1), 3)
```

```
Out   0.289
```

변동계수에는 나눗셈이 포함되어 있으므로 주의해야 합니다. 예를 들어 평균값이 0이면 0으로 나눌 수 없으므로 계산이 불가합니다. 또한 대상 데이터가 비율척도일 것을 전제로 하는 점에도 주의해야 합니다. 3.1절에서 섭씨로 계측한 기온은 비율척도가 아니고 등간척도라고 설명했습니다. 따라서 섭씨로 측정한 기온에 대해 변동계수를 구하면 직관과 다른 결과가 나올 수 있습니다.

겨울과 여름의 기온을 6일씩 기록한 데이터를 준비합니다. 겨울이든 여름이든 기온의 차이는 1℃밖에 없습니다.

```
In    winter = np.array([1,1,1,2,2,2])
      summer = np.array([29,29,29,30,30,30])
```

표준편차를 사용하면 겨울도 여름도 편차 크기가 같은 것을 확인할 수 있습니다.

```
In    print('겨울의 기온 표준편차:', np.std(winter, ddof=0))
      print('여름의 기온 표준편차:', np.std(summer, ddof=0))
```

```
Out   겨울의 기온 표준편차: 0.5
      여름의 기온 표준편차: 0.5
```

한편 변동계수로 비교하면 겨울 쪽이 편차가 크다고 간주할 수 있습니다.

```
In    print('겨울의 기온 변동계수:', round(stats.variation(winter), 3))
      print('여름의 기온 변동계수:', round(stats.variation(summer), 3))
```

```
Out   겨울의 기온 변동계수: 0.333
      여름의 기온 변동계수: 0.017
```

기온이 1℃일 때보다 2℃일 때 2배 더 덥다고 느끼는 사람은 없습니다. 1℃에서나 2℃에서나 똑같이 춥습니다. 이러한 변동계수 결과는 직관과 맞지 않습니다. 따라서 등간척도를 다룰 때는 주의하기 바랍니다.

3.4.14 표준화

통계는 아니지만 데이터를 변환하는 방법을 추가로 소개합니다. 데이터의 평균을 0, 표준편차를 1로 변환하는 과정을 표준화라고 합니다. 여러 변수를 다룰 때 평균값이 큰 변수와 작은 변수가 섞여 있으면 다루기 어려우므로 표준화를 통해 데이터를 비교하기 쉽게 합니다. 표준화된 결과를 표준화 점수 또는 z 점수라고 합니다.

i번째 데이터 x_i의 z 점수를 z_i라고 하면 다음과 같이 계산합니다.

$$z_i = \frac{x_i - \bar{x}}{s}$$

식 3-12

3.4.15 표준화(실습)

배열을 대상으로 표준화를 수행해봅시다. 먼저 정의대로 표준화합니다. 배열의 원소 모두를 함께 반올림하려면 np.round 함수를 사용합니다.

```
In    z = (fish_length - x_bar) / s
      np.round(z, 3)
```

```
Out   array([-1.826, -0.913, -0.913,  0.   ,  0.   ,  0.   ,
              0.   ,  0.913,  0.913,  1.826])
```

표준화된 결과는 평균값이 거의 0입니다. 다음 결과에서 e−17은 10의 마이너스 17승이라는 의미입니다. 컴퓨터로 계산하면 이러한 미세한 수치 오차가 들어가는 경우가 많습니다. 또한 이 책에서는 대부분의 계산에서 소수점 이하 3자리로 반올림하므로 수치 오차를 볼 기회는 적지만 수치 오차가 있다는 것은 알아둡시다.

```
In    np.mean(z)
```

```
Out   2.2204460492503132e-17
```

표준화된 결과의 표준편차는 1입니다.

```
In    np.std(z, ddof=0)
```

```
Out   1.0
```

표준화는 사이파이 stats 모듈의 zscore 함수를 사용하면 쉽게 계산할 수 있습니다.

```
In    np.round(stats.zscore(fish_length, ddof=0), 3)
```

```
Out   array([-1.826, -0.913, -0.913,  0.   ,  0.   ,  0.   ,
              0.   ,  0.913,  0.913,  1.826])
```

3.4.16 최솟값, 최댓값, 중앙값, 사분위수

데이터를 오름차순으로 정렬한 결과에서 얻은 통계량을 정리해 소개합니다. 이 책에서는 이를 **순위 기반 통계**라고 합니다. 구체적인 수치 예는 다음 절에서 설명합니다.

최솟값은 데이터 중 가장 작은 값이고 **최댓값**은 가장 큰 값입니다.

중앙값은 데이터를 오름차순으로 정렬할 때 가장 중앙에 위치한 값입니다.

사분위수는 데이터를 순서대로 나열할 때 하위 25% 또는 75%에 해당하는 값을 말합니다. 전자를 **제1사분위수**, 후자를 **제3사분위수**라고 합니다. 중앙값은 데이터를 오름차순으로 정렬할 때 50%에 위치하는 점이라고 할 수 있습니다. 임의의 %에 위치하는 데이터를 **%점**이라고 부르기도 합니다. 예를 들어 제1사분위수는 25%점입니다.

데이터의 변동을 평가할 때 최댓값과 최솟값의 차이를 범위라고 하며 제1사분위수와 제3사분위수의 차이를 사분위 범위라고 합니다.

순위 기반 통계량은 순위만 세기 때문에 기본적으로 이해하기 쉽습니다. 다만 표본크기가 짝수인 경우와 같이 정확히 중앙을 정의할 수 없을 때도 있습니다. 이때는 예를 들어 근접하는 데이터의 평균값을 사용하는 것과 같은 처리를 합니다(표본크기가 100이면 50번째와 51번째의 평균값을 취해 중앙값으로 함). 따라서 실제 계산은 약간 번거롭지만 여기서는 다루지 않겠습니다. 파이썬을 사용하면 복잡한 계산도 쉽게 수행할 수 있습니다.

3.4.17 최솟값과 최댓값(실습)

배열을 대상으로 최솟값과 최댓값을 구해봅시다. 최솟값을 구하려면 np.amin 함수를 사용합니다.

```
In    np.amin(fish_length)
```

```
Out   2
```

최댓값을 구하려면 np.amax 함수를 사용합니다.

```
In      np.amax(fish_length)
```

```
Out     6
```

3.4.18 중앙값(실습)

배열을 대상으로 중앙값을 구해봅시다. 중앙값을 구하려면 np.median 함수를 사용합니다.

```
In      np.median(fish_length)
```

```
Out     4.0
```

데이터 fish_length의 경우 평균값과 중앙값은 모두 4.0이었습니다. 그러나 데이터에 따라 크게 다른 결과가 발생할 수 있습니다. 이번에는 다음과 같은 새로운 데이터를 대상으로 합니다. 한 마리만 몸길이가 100cm로 극단적으로 큽니다.

```
In      fish_length_2 = np.array([2,3,3,4,4,4,4,5,5,100])
```

다음과 같이 평균값은 극단적으로 큰 값쪽으로 끌려가지만 중앙값은 그렇지 않습니다.

```
In      print('평균값:', np.mean(fish_length_2))
        print('중앙값:', np.median(fish_length_2))
```

```
Out     평균값: 13.4
        중앙값: 4.0
```

이러한 극단적인 데이터를 이상값이라고 합니다. 순위 기반 통계량은 이상값이 있어도 결과가 크게 변하지 않습니다. 이러한 성질을 이상값에 견고하다고 합니다. 중앙값과 사분위수는 이상값에 대해 어느 정도 견고합니다. 이상값에 견고하다는 점이 순위 기반 통계를 사용할 때 큰 이점입니다.

3.4.19 사분위수(실습)

배열을 대상으로 사분위수를 구해봅시다. np.quantile 함수를 사용합니다. 인수로 q=0.25를
지정하면 25%, 제1사분위수를 얻을 수 있습니다. q=0.75로 하면 제3사분위수를 얻을 수 있습
니다.

```
In    print('제1사분위수', np.quantile(fish_length, q=0.25))
      print('제3사분위수', np.quantile(fish_length, q=0.75))
```

```
Out   제1사분위수 3.25
      제3사분위수 4.75
```

표본크기가 짝수인 경우 사분위수 계산은 다소 번거롭습니다. 결과를 해석하기 쉽도록 표본크
기가 101인 데이터를 준비했습니다. fish_length_3은 0에서 100까지의 등차수열입니다.

```
In    fish_length_3 = np.arange(0, 101, 1)
      fish_length_3
```

```
Out   array([  0,   1,   2,   3,   4,   5,   6,   7,   8,   9,
              10,  11,  12,  13,  14,  15,  16,  17,  18,  19,
              20,  21,  22,  23,  24,  25,  26,  27,  28,  29,
              30,  31,  32,  33,  34,  35,  36,  37,  38,  39,
              40,  41,  42,  43,  44,  45,  46,  47,  48,  49,
              50,  51,  52,  53,  54,  55,  56,  57,  58,  59,
              60,  61,  62,  63,  64,  65,  66,  67,  68,  69,
              70,  71,  72,  73,  74,  75,  76,  77,  78,  79,
              80,  81,  82,  83,  84,  85,  86,  87,  88,  89,
              90,  91,  92,  93,  94,  95,  96,  97,  98,  99,
             100])
```

fish_length_3을 사용하여 사분위수를 찾습니다. 25%나 75% 위치라는 점을 기억합시다.

```
In    print('제1사분위수', np.quantile(fish_length_3, q=0.25))
      print('제3사분위수', np.quantile(fish_length_3, q=0.75))
```

```
제1사분위수  25.0
제3사분위수  75.0
```

50%점은 중앙값과 일치합니다.

In

```python
print('중앙값:', np.median(fish_length_3))
print('50%점:', np.quantile(fish_length_3, q=0.5))
```

Out

```
중앙값: 50.0
50%점: 50.0
```

3.4.20 최빈값(실습)

데이터의 빈도를 기준으로 한 통계량을 소개합니다. **최빈값**은 빈도가 가장 잦은 값입니다. 히스토그램과 같이 계급을 나눌 수도 있지만 여기서는 원래 데이터에 대한 최빈값을 구합니다.

우선 원래 데이터를 다시 살펴보겠습니다.

In

```python
fish_length
```

Out

```python
array([2, 3, 3, 4, 4, 4, 4, 5, 5, 6])
```

최빈값을 구하려면 stats.mode 함수를 사용합니다.

In

```python
stats.mode(fish_length)
```

Out

```python
ModeResult(mode=array([4]), count=array([4]))
```

결과에서 첫 번째 배열이 최빈값이고 두 번째가 최빈값에 속하는 데이터 개수입니다. 또한 최빈값이 여러 개 있을 때는 그중에서 가장 작은 값을 출력합니다. 예를 들어 다음 예에서는 '1'과 '3'이 모두 도수가 4로 최빈값입니다. 이 경우 더 작은 값인 '1'이 출력됩니다.

```
In    stats.mode(np.array([1,1,1,1,2,3,3,3,3]))
```

```
Out   ModeResult(mode=array([1]), count=array([4]))
```

3.4.21 팬더스의 describe 함수

지금까지 여러 가지 통계량을 소개했습니다. 모든 통계량을 다루지는 않지만 '표본크기, 평균, 표준편차, 최솟값, 제1사분위수, 중앙값, 제3사분위수, 최댓값'을 정리해 출력하는 함수가 있습니다. 이 함수에서 표준편차는 불편분산의 제곱근으로 계산합니다.

팬더스의 데이터프레임에 대해 describe 함수를 실행합니다.

```
In    print(fish_length_df.describe())
```

```
Out          length
       count  10.000000
       mean    4.000000
       std     1.154701
       min     2.000000
       25%     3.250000
       50%     4.000000
       75%     4.750000
       max     6.000000
```

이렇게 통계량을 정리해 한꺼번에 표시할 수 있으므로 편리합니다.

3.5 다변량 데이터 통계량

이어서 2변량 데이터를 대상으로 한 다양한 통계량을 소개하고 파이썬으로 구현하는 방법을 설명합니다. 편의상 이 절에서는 2변량으로 설명하지만 3변량 이상의 데이터에도 같은 방법을 적용할 수 있습니다.

먼저 수치형 데이터 사이의 관계성을 나타내는 지표인 공분산과 상관계수를 설명합니다. 이후
에 범주형 데이터 사이의 관계성을 조사하기 위한 교차분석표에 대해서 설명하겠습니다.

3.5.1 분석 준비

먼저 필요한 라이브러리를 불러옵니다.

```
In    # 수치 계산에 사용하는 라이브러리
      import numpy as np
      import pandas as pd
```

3.5.2 분석할 데이터 준비

분석할 데이터를 CSV 파일에서 읽어 준비합니다. 수치형 데이터인 x와 y를 10건 기록한 결과
입니다.

```
In    cov_data = pd.read_csv('3-5-1-cov.csv')
      print(cov_data)
```

```
Out         x   y
      0  18.5  34
      1  18.7  39
      2  19.1  41
      3  19.7  38
      4  21.5  45
      5  21.7  41
      6  21.8  52
      7  22.0  44
      8  23.4  44
      9  23.8  49
```

3.5.3 공분산

공분산은 두 연속형 변수의 관계를 살필 때 사용하는 통계량입니다. 공분산은 다음과 같이 해석합니다.

- **공분산이 0보다 클 때**: 변수 한 쪽이 큰 값을 갖게 되면 다른 한 쪽도 커진다.
- **공분산이 0보다 작을 때**: 변수 한 쪽이 큰 값을 갖게 되면 다른 한 쪽은 작아진다.
- **공분산이 0일 때**: 변수 사이에 관계성이 없다.

변수 x, y의 공분산 $\text{Cov}(x, y)$는 다음과 같이 계산합니다. 단 $\bar{x}$와 $\bar{y}$는 각각 변수 x, y의 표본평균이고 n은 표본크기입니다. 또한 Cov는 공분산을 뜻하는 Covariance의 약자입니다. 불편분산처럼 n 대신 $n-1$로 나눌 수도 있습니다.

$$\text{Cov}(x, y) = \frac{1}{n} \sum_{i=1}^{n} (x_i - \bar{x})(y_i - \bar{y})$$

식 3-13

수식을 살펴봅시다. 우선 Σ 기호 안의 $(x_i - \bar{x})(y_i - \bar{y})$에 주목합니다. 이 계산 결과가 양수가 되는 때는 '$(x_i - \bar{x})$와 $(y_i - \bar{y})$가 모두 양' 또는 '$(x_i - \bar{x})$와 $(y_i - \bar{y})$가 모두 음'일 때입니다. $(x_i - \bar{x})(y_i - \bar{y})$의 총합이 양의 큰 값이 될 때는 '$x_i$가 표본평균보다 큰 값일 때 y_i도 표본평균보다 큰 값이 된다' 그리고 'x_i가 표본평균보다 작은 값이 될 때 y_i도 표본평균보다 작은 값이 된다'는 뜻입니다. 따라서 공분산이 0보다 큰 경우는 x_i가 크면 y_i도 커지고 x_i가 작으면 y_i도 작아진다는 것을 알 수 있습니다.

한편 $(x_i - \bar{x})$와 $(y_i - \bar{y})$의 부호가 다르면 $(x_i - \bar{x})(y_i - \bar{y})$는 음수가 됩니다. 즉 공분산이 0보다 작으면 x_i가 클 때 y_i는 반대로 작아진다는 것을 알 수 있습니다(그림 3-12).

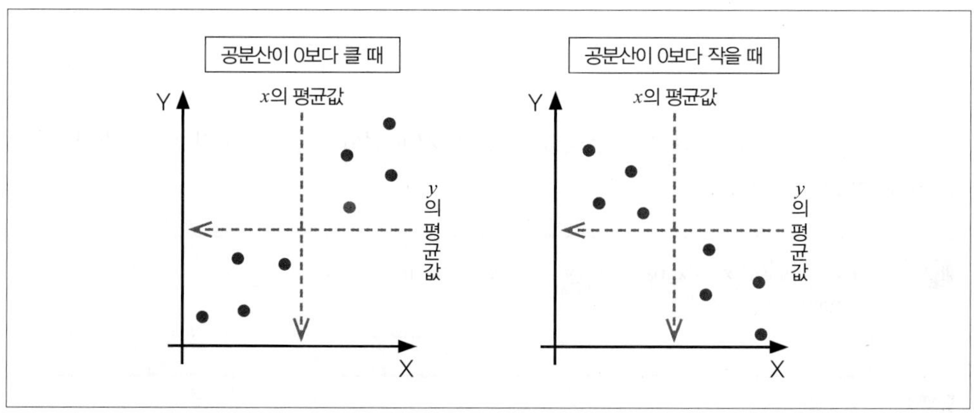

그림 3-12 공분산의 이미지

3.5.4 공분산행렬

공분산행렬은 여러 변수의 분산과 공분산을 행렬 형태로 정리한 것입니다. 변수 x, y의 공분산 행렬은 다음과 같습니다. 단 s_x^2과 s_y^2은 각각 변수 x, y의 표본분산입니다.

$$\Sigma = \begin{bmatrix} s_x^2 & \mathrm{Cov}(x,y) \\ \mathrm{Cov}(x,y) & s_y^2 \end{bmatrix}$$

식 3-14

3.5.5 공분산(실습)

cov_data를 대상으로 공분산을 계산합니다. 먼저 정의대로 구현합니다. 다음과 같이 데이터 x 와 y를 개별적으로 얻은 다음 표본크기와 표본평균을 구합니다.

```
In    # 데이터 추출
      x = cov_data['x']
      y = cov_data['y']

      # 표본크기
      n = len(cov_data)

      # 표본평균
```

```python
x_bar = np.mean(x)
y_bar = np.mean(y)
```

이제 수식대로 공분산을 구합니다. 결괏값이 양수이기 때문에 x가 증가하면 y도 증가합니다(x가 감소하면 y도 감소함).

```python
In    cov = sum((x - x_bar) * (y - y_bar)) / n
      round(cov, 3)
```

```
Out   6.906
```

3.5.6 공분산행렬(실습)

이어서 공분산행렬을 구해보겠습니다. 먼저 표본분산을 구합니다.

```python
In    s2_x = np.var(x, ddof=0)
      s2_y = np.var(y, ddof=0)

      print('x의 표본분산 : ', round(s2_x, 3))
      print('y의 표본분산 : ', round(s2_y, 3))
```

```
Out   x의 표본분산: 3.282
      y의 표본분산: 25.21
```

지금까지 결과를 사용하여 공분산행렬을 만들 수 있습니다. 또한 다음과 같이 np.cov 함수를 사용하면 쉽게 공분산행렬을 계산할 수 있습니다. ddof=0이면 분모가 n이 됩니다.

```python
In    np.cov(x, y, ddof=0)
```

```
Out   array([[ 3.2816,  6.906 ],
             [ 6.906 , 25.21  ]])
```

3.5.7 피어슨 상관계수

공분산을 최댓값 1, 최솟값 −1로 표준화한 것을 **피어슨 상관계수**라고 합니다. 단순히 **상관계수**라고 하면 대개 피어슨 상관계수를 말합니다.

공분산은 편리한 지표지만 최댓값이나 최솟값이 얼마가 될지 알 수 없습니다. 단위가 cm에서 m로 변한다면 공분산 값도 변합니다. 따라서 사용하기 편하도록 −1 ~ +1 범위가 되도록 보정합니다.

상관계수 ρ_{xy}는 다음과 같이 계산합니다. $s_x^2 \cdot s_y^2$의 제곱근으로 나누면 −1에서 +1까지의 범위로 보정됩니다.

$$\rho_{xy} = \frac{\mathrm{Cov}(x,y)}{\sqrt{s_x^2 \cdot s_y^2}}$$

식 3-15

3.5.8 상관행렬

상관행렬은 여러 변수의 상관계수 목록을 행렬 형태로 정리한 것입니다. 변수 x, y의 상관행렬은 다음과 같습니다.

$$2\text{변수의 경우} \quad R = \begin{bmatrix} 1 & \rho_{xy} \\ \rho_{xy} & 1 \end{bmatrix}$$

식 3-16

변수 x, y, z의 상관행렬은 다음과 같습니다.

$$3\text{변수의 경우} \quad R = \begin{bmatrix} 1 & \rho_{xy} & \rho_{xz} \\ \rho_{xy} & 1 & \rho_{yz} \\ \rho_{xz} & \rho_{yz} & 1 \end{bmatrix}$$

식 3-17

1행은 x, 2행은 y, 3행은 z에 대한 상관관계를 나타냅니다. 또 1열은 x, 2열은 y, 3열은 z에 대한 상관관계를 보여주고 있습니다.

상관계수를 정의한 식을 보면 변수 순서가 xy이든 yx이든 상관계수는 변하지 않습니다. 따라서 상관행렬에서 같은 값이 중복으로 나타납니다. 또한 같은 변수끼리 상관계수를 구하면 반드시 1이 되므로 대각선에는 1이 줄지어 있습니다.

3.5.9 피어슨 상관계수(실습)

피어슨 상관계수를 구해봅시다. 먼저 정의대로 구현합니다. 약 0.759입니다.

```
In    rho = cov / np.sqrt(s2_x * s2_y)
      round(rho, 3)
```

```
Out   0.759
```

상관계수는 np.corrcoef 함수를 사용하면 쉽게 구할 수 있습니다. 결과는 상관행렬 형태로 출력됩니다.

```
In    np.corrcoef(x, y)
```

```
Out   array([[1.       , 0.7592719],
             [0.7592719, 1.       ]])
```

3.5.10 상관계수가 무의미할 때

상관계수는 여러 변수 사이의 관계를 확인할 때 자주 사용되는 지표지만 만능은 아닙니다. 예를 들어 [그림 3-13]과 같은 데이터는 상관계수가 0에 가까운 값을 갖습니다. 공분산의 정의에서 직선에 가까운 관계라면 평가할 수 있지만 그림과 같이 꺾여 있는 관계는 검출하기 어렵습니다.

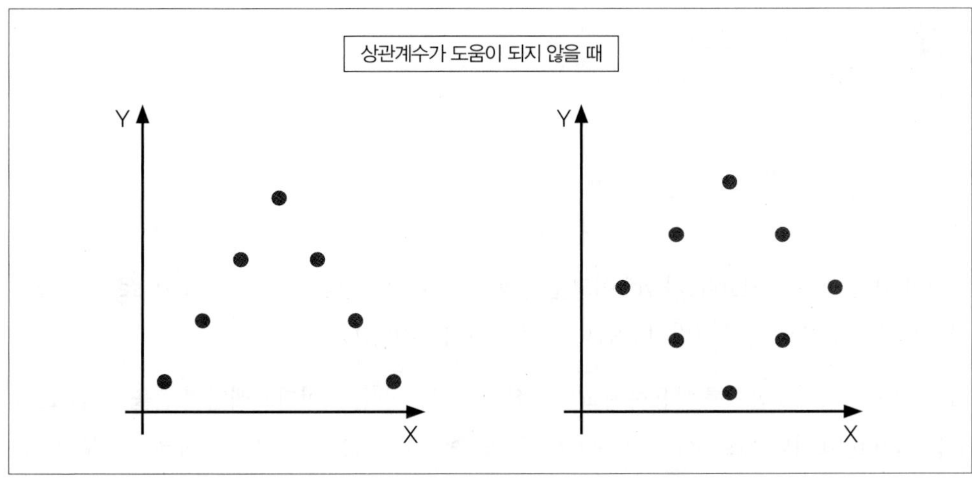

그림 3-13 상관계수가 무의미한 데이터의 예

이럴 때는 실제 그래프를 그려서 관계를 확인해야 합니다. [그림 3-13]을 산포도라고 합니다. 그래프를 그리는 방법은 3.7절에서 설명합니다.

3.5.11 교차분석표

수치형 데이터 간의 관계를 살펴볼 때 상관계수를 사용할 수 있습니다. 반면 **교차분석표**를 사용하면 범주형 데이터 간의 관계를 확인할 때 편리합니다. 교차분석표는 **분할표**라고도 합니다. 교차분석표는 단순히 각 범주의 도수를 기록하는 표입니다. 하지만 둘 이상의 변수를 대상으로 하며 범주의 조합으로 도수를 구합니다.

3.5.12 교차분석표(실습)

교차분석표를 구해봅시다. 먼저 분석 대상 데이터를 읽어 들입니다. 어떤 식물을 대상으로 햇빛(sunlight) 유무와 병(disease)의 유무를 기록한 데이터입니다.

```
In    disease = pd.read_csv('3-5-2-cross.csv')
      print(disease.head())
```

```
Out       sunlight disease
     0      yes      yes
     1      yes      yes
     2      yes      yes
     3      yes       no
     4      yes       no
```

햇빛이 있을 때는 sunlight가 yes이고 없을 때 no입니다. 질병도 마찬가지로 disease가 yes 이면 병에 걸렸고 no라면 그렇지 않습니다. 표본크기는 20입니다.

이제 pd.crosstab 함수를 사용하여 교차분석표를 만듭니다. 데이터프레임의 열을 각각 disea se['sunlight']와 disease['disease']로 인수에 지정하는 것으로 간단하게 교차분석표를 작성할 수 있습니다.

```
In    cross_1 = pd.crosstab(
          disease['sunlight'],
          disease['disease']
      )
      print(cross_1)
```

```
Out   disease   no  yes
      sunlight
      no         2    8
      yes        7    3
```

교차분석표는 햇빛의 유무와 병의 유무라는 두 가지 변수의 조합으로 도수를 집계합니다. 햇빛 의 유무가 행, 병의 유무가 열에 대응합니다.

교차분석표의 첫 번째 행은 햇빛이 없을 때(sunlight가 no)의 결과입니다. 첫 번째 행을 살펴 보면 '햇빛이 없고 병이 없다'는 2건뿐이라는 것을 알 수 있습니다. 한편 '햇빛이 없고 병이 있다' 는 8건입니다. 두 번째 행은 햇빛이 있을 때(sunlight가 yes)의 결과입니다. 이때는 병이 없다 7건, 병이 있다가 3건입니다. 교차분석표를 보면 '햇빛이 없을 때가 햇빛이 있을 때보다 병에 걸 리기 쉽다'는 통찰을 얻을 수 있습니다.

다른 형태로 교차분석표를 만드는 사례를 소개합니다. 우선 분석 대상 데이터를 읽어 들입니다.
가게(store)와 색(color)에 따라 신발의 매출(sales)을 기록한 데이터입니다.

```
In    shoes = pd.read_csv('3-5-3-cross2.csv')
      print(shoes)
```

```
Out      store color  sales
      0  seoul  blue     10
      1  seoul   red     15
      2  busan  blue     13
      3  busan   red      9
```

이번에는 수치형 데이터로 sales 열이 준비되어 있습니다. 이러한 경우에도 교차분석표로 다
뤄야 분석하기 좋습니다. 이번에는 pd.pivot_table 함수를 사용합니다. data 인수에 데이
터, values 인수에 집계 대상, aggfunc 인수에 집계할 때 사용할 함수를 지정합니다. index와
columns는 교차분석표의 행과 열을 지정할 때 쓰입니다.

```
In    cross_2 = pd.pivot_table(
          data=shoes,
          values='sales',
          aggfunc='sum',
          index='store',
          columns='color'
      )
      print(cross_2)
```

```
Out   color  blue  red
      store
      busan    13    9
      seoul    10   15
```

부산에서는 파란 신발이 인기 있고 서울에서는 빨간 신발이 더 인기 있다는 사실을 파악할 수 있
습니다.

3.6 층화분석

다변량 데이터는 복잡한 데이터 조작이 필요할 때가 있습니다. 이 절에서는 다변량 데이터를 분석할 때 사용할 수 있는 실용적인 노하우를 소개합니다. 이번 내용은 다소 프로그래밍 난도가 높습니다. 구현된 코드를 완전히 이해하지 못하더라도 처음에는 그대로 넘어가도 괜찮습니다. 중요한 용어만 기억해둡시다.

먼저 층화분석과 관련된 몇 가지 용어를 소개하겠습니다. 그런 다음 실제로 파이썬을 사용하여 층화분석을 수행해보겠습니다.

3.6.1 층화분석이란

층화는 비슷한 항목을 여러 그룹으로 나누는 것입니다. 이렇게 그룹별로 분석을 수행하는 것을 **층화분석**이라고 합니다. 이 절에서는 범주형 데이터와 수치형 데이터가 혼합된 데이터를 대상으로 합니다. 먼저 범주별로 그룹을 나눈 다음 다양한 분석을 시도합니다. 또한 수치형 데이터를 여러 계급으로 구분하여 그룹별로 층화분석을 수행할 수도 있습니다.

3.6.2 깔끔한 데이터

깔끔한 데이터^{Tidy Data}는 분석하기 쉽게 정리한 표 형태의 데이터입니다. 2014년 해들리 위컴^{Hadley Wickham}이 통계 소프트웨어 저널^{Journal of Statistical Software}에서 처음 제시한 용어[1]입니다. 데이터를 깔끔하게 제공함으로써 층화분석과 같은 복잡한 통계 처리를 파이썬에서 효율적으로 수행할 수 있습니다.

깔끔한 데이터는 다음 네 가지 특징이 있습니다.

1 개별 값이 하나의 셀을 이룬다.

2 개별 변수가 하나의 열을 이룬다.

3 개별 관측이 하나의 행을 이룬다.

4 개별 관측 유닛 유형이 하나의 표를 이룬다.

---

[1] H. Wickham. (2014). Tidy data. Journal of Statistical Software, 59 (10)

정의는 다소 난해할 수 있지만 깔끔한 데이터는 '복잡하게 집계된 데이터를 일관된 방법으로 처리할 수 있는 데이터 형식'이라고 이해할 수 있습니다. 사람이 눈으로 보고 바로 판단할 수 있는 데이터 형식과 소프트웨어로 다루기 쉬운 데이터의 형식 사이에는 차이가 있습니다. 즉 깔끔한 데이터는 소프트웨어로 다루기 쉬운 형식입니다.

깔끔한 데이터는 쉽게 말하자면 '열의 이름과 변수의 이름이 일치한다'는 특징이 있습니다. 다음 표는 깔끔한 데이터의 예입니다. 첫 번째 열은 물고기의 종류, 두 번째 열은 물고기의 몸길이입니다.

물고기 종류	몸길이
A	2
A	3
A	4
B	7
B	8
B	9

3.6.3 지저분한 데이터

깔끔한 데이터가 아닌 데이터를 **지저분한 데이터**라고 합니다. 앞 절의 데이터를 지저분한 데이터로 바꾸면 다음과 같습니다.

A 물고기	B 물고기
2	7
3	8
4	9

표 안의 숫자는 '물고기의 몸길이'를 나타냅니다. 하지만 열 이름이 '물고기의 몸길이'가 아닙니다. 표를 처음 본다면 값이 나타내는 것이 길이인지 무게인지 그날 잡은 물고기 숫자인지 판단할 수 없습니다. 이런 방식으로 데이터를 관리하면 안 됩니다.

3.6.4 지저분한 데이터의 예

다음 표는 깔끔한 데이터입니다. 1열은 가게 위치, 2열은 신발 색, 3열은 신발 판매량입니다.

가게	신발 색	판매량
부산점	파랑	13
부산점	빨강	9
서울점	파랑	10
서울점	빨강	15

3.5절에서 소개한 교차분석표는 지저분한 데이터입니다.

판매량 표

		신발 색	
		파랑	빨강
가게	부산점	13	9
	서울점	10	15

지저분한 데이터는 '행이 변수의 의미를 갖는' 경향이 있습니다. 이 데이터의 경우 행에 '가게의 위치'라는 의미를 부여했습니다. 깔끔한 데이터는 '하나의 행은 하나의 관측 결과'로 정리됩니다.

사실 사람 입장에서는 앞 표도 한눈에 특징을 알 수 있으므로 이런 형식으로 데이터를 집계하는 것을 추천할 때도 있습니다. 이 책에서도 종종 교차분석표를 사용합니다. 하지만 데이터를 유지, 관리, 공개, 재사용하려는 목적으로는 문제가 있습니다. 디지털 환경에서 데이터를 분석할 때는 데이터를 가능한 깔끔한 데이터로 관리하고, (필요할 때) 파이썬 코드 등으로 교차분석표로 변환하는 것이 좋습니다. 3.5절에서 설명한 대로 교차분석표로 변환하는 것은 몇 줄의 코드만 작성하면 됩니다.

따라서 다른 사람에게 데이터를 분석해달라고 의뢰할 때는 깔끔한 데이터 형태로 보내야 합니다. 오픈 데이터를 공개할 때도 마찬가지입니다. 나중에 데이터를 별도로 정리하려면 예상보다 많은 시간과 노력이 들어간다는 사실을 항상 기억하기 바랍니다.

3.6.5 분석 준비

이제 실제로 파이썬을 사용하여 충화분석을 수행해보겠습니다. 먼저 필요한 라이브러리를 읽어
들입니다.

```
# 수치 계산에 사용하는 라이브러리
import numpy as np
import pandas as pd

# 복잡한 통계 처리를 수행하는 라이브러리
from scipy import stats

# 그래프를 그리는 라이브러리
from matplotlib import pyplot as plt
import seaborn as sns
sns.set()
```

3.6.6 분석할 데이터 준비

CSV 파일에서 데이터를 읽습니다. 물고기 종류별로 몸길이를 기록한 데이터입니다. 이 데이터
는 깔끔한 데이터 형식입니다.

```
fish_multi = pd.read_csv('3-6-1-fish_multi.csv')
print(fish_multi.head(3))
```

```
   species  length
0        A       2
1        A       3
2        A       3
```

표본크기는 20입니다.

```
len(fish_multi)
```

```
20
```

물고기의 종류는 A와 B, 두 종류가 있습니다.

```
In    fish_multi['species'].value_counts()
```

```
Out   A    10
      B    10
      Name: species, dtype: int64
```

몸길이의 표본평균은 5.5입니다. 이때 평균은 물고기 종류를 고려하지 않은 값입니다.

```
In    np.mean(fish_multi['length'])
```

```
Out   5.5
```

3.6.7 그룹별 통계량 계산

그룹별로 통계량을 계산해봅시다. 물고기 유형별로 몸길이의 평균값을 구하는 방법에는 여러 가지가 있습니다. 다변량 데이터에서 통계량을 구할 때는 2.4절에서 배운 방법을 적용할 수 있습니다. 데이터를 추출한 후 추출한 데이터의 통계량을 계산하는 것입니다. 그런데 이는 다소 번거롭습니다.

깔끔한 데이터인 점을 이용하면 비교적 쉽게 층화분석을 수행할 수 있습니다. 그룹으로 모아 정리하는 groupby라는 함수를 사용합니다. 먼저 물고기 종류별 몸길이의 평균값을 구합니다.

```
In    group = fish_multi.groupby('species')
      print(group.mean())
```

```
Out           length
      species
      A         4.0
      B         7.0
```

첫 번째 줄에서 물고기 종류별 그룹을 만들고 두 번째 줄에서 그룹별 평균값을 계산해 출력합니다. 이번에는 코드를 두 줄로 나누어 작성했지만 fish_multi.groupby('species').mean() 과 같이 한 줄로도 실행할 수 있습니다.

평균값 이외의 지표도 계산할 수 있습니다. describe 함수를 사용하여 요약 통계를 구할 수 있습니다. describe 함수의 동작은 3.4.21절을 참고하기 바랍니다. 이 외에도 팬더스에서 제공하는 여러 함수를 사용할 수 있습니다.

팬더스에서 제공하지 않는 함수라면 앞의 코드에서처럼 사용할 수는 없습니다. 예를 들어 최빈값을 구하는 mode 함수는 group.mode()처럼 실행할 수 없습니다. 사이파이의 stats 모듈에 mode 함수가 있기 때문입니다(3.4.20절 참고). 이 경우 다음과 같이 group.agg 함수의 인수로 stats.mode를 지정합니다. 이렇게 하면 사이파이 stats 모듈의 mode 함수를 그룹별로 적용할 수 있습니다.

```
In    print(group.agg(stats.mode))
```

```
Out             length
      species
      A         ([4], [4])
      B         ([7], [4])
```

A 물고기는 4cm, B 물고기는 7cm의 개체가 최빈값이며 각각의 도수가 4인 것을 알 수 있습니다.

3.6.8 펭귄 데이터 읽기

이번에는 복잡한 데이터를 대상으로 층화분석에 도전해보겠습니다. 시본에서 제공하는 샘플 데이터인 펭귄 조사 데이터를 읽어 들입니다. 열 수가 많기 때문에 접혀 있는 것을 확인할 수 있습니다.

```
In    penguins = sns.load_dataset('penguins')
      print(penguins.head(n=2))
```

```
Out       species        island  bill_length_mm  bill_depth_mm  \
    0  Adelie  Torgersen            39.1           18.7
    1  Adelie  Torgersen            39.5           17.4

       flipper_length_mm  body_mass_g     sex
    0              181.0       3750.0    Male
    1              186.0       3800.0  Female
```

범주형 데이터로는 펭귄 종류(species), 섬 종류(island), 성별(sex) 등이 있습니다. 수치형 데이터로는 부리의 크기(bill_length_mm와 bill_depth_mm), 날개의 길이(flipper_length_mm), 체중(body_mass_g)이 있습니다.

다소 복잡하지만 깔끔한 데이터로 제공되어 다루기 편한 형태의 데이터입니다. 자세한 내용은 데이터 출처[2]를 참고하기 바랍니다.

펭귄은 세 가지 종류가 있습니다. 도수를 확인해봅시다.

```
In    penguins['species'].value_counts()
```

```
Out   Adelie       152
      Gentoo       124
      Chinstrap     68
      Name: species, dtype: int64
```

모든 섬에 골고루 펭귄이 서식하는 것은 아닙니다. 예를 들어 Torgersen 섬에는 Adelie 종만 서식하는 것 같습니다.

```
In    penguins.query('island == "Torgersen"')['species'].value_counts()
```

```
Out   Adelie    52
      Name: species, dtype: int64
```

---

2 https://github.com/allisonhorst/palmerpenguins

또한 Biscoe 섬에는 Adelie 종과 Gentoo 종의 2종이, Dream 섬에는 Adelie 종과 Chinstrap 종의 2종이 각각 관측되었습니다. 여러 섬에 동시에 서식하는 것은 Adelie 종뿐입니다. 분석하기 전에 이러한 정보를 정리해두면 좋습니다.

3.6.9 펭귄 데이터의 층화분석

펭귄 데이터에는 범주형 데이터가 세 종류 있습니다. 이들을 조합하여 통계량을 계산해봅시다. 먼저 종과 성별이라는 두 개의 범주 조합으로 body_mass_g의 평균값을 구해봅시다. groupby 함수에 열 이름 리스트를 지정합니다.

```
In    group_penguins = penguins.groupby(['species', 'sex'])
      print(group_penguins.mean(numeric_only=True)['body_mass_g'])
```

```
Out    species    sex
       Adelie     Female    3368.835616
                  Male      4043.493151
       Chinstrap  Female    3527.205882
                  Male      3938.970588
       Gentoo     Female    4679.741379
                  Male      5484.836066
       Name: body_mass_g, dtype: float64
```

마찬가지로 방법으로 이번에는 종, 섬, 성별, 세 범주의 조합으로 body_mass_g의 평균값을 얻습니다.

```
In    group_penguins = penguins.groupby(['species', 'island', 'sex'])
      print(group_penguins.mean(numeric_only=True)['body_mass_g'])
```

```
Out    species    island     sex
       Adelie     Biscoe     Female    3369.318182
                             Male      4050.000000
                  Dream      Female    3344.444444
                             Male      4045.535714
                  Torgersen  Female    3395.833333
                             Male      4034.782609
```

```
Chinstrap   Dream       Female      3527.205882
                        Male        3938.970588
Gentoo      Biscoe      Female      4679.741379
                        Male        5484.836066
Name: body_mass_g, dtype: float64
```

3.6.10 결측치를 처리할 때 주의할 점

이번에는 층화분석과 직접적인 관계는 없지만 실용적인 분석에서 자주 등장하는 문제인 결측치의 취급에 대해 간단히 설명하겠습니다.

데이터를 얻을 수 없을 때 이를 **결측값** 또는 **결측치**라고 합니다. 펭귄 데이터에는 몇 가지 결측치가 있습니다. 예를 들어 body_mass_g는 네 번째 데이터가 누락되었습니다. NaN은 값이 없음을 나타냅니다.

```
In    print(penguins[['species','body_mass_g']].head(n = 4))
```

```
Out      species  body_mass_g
      0  Adelie        3750.0
      1  Adelie        3800.0
      2  Adelie        3250.0
      3  Adelie           NaN
```

누락된 값이 있을 때 어떤 계산 결과가 나올 수 있는지 확인해봅시다. 이번에는 종별로 그룹화하여 body_mass_g의 데이터 도수를 얻습니다.

```
In    group_sp = penguins.groupby(['species'])
      print(group_sp.count()['body_mass_g'])
```

```
Out   species
      Adelie       151
      Chinstrap     68
      Gentoo       123
      Name: body_mass_g, dtype: int64
```

3.6.8절에서 확인한 바와 같이 본래 Adelie 종은 152개체, Gentoo 종은 124개체가 있었습니다. 그러나 body_mass_g에 결측치가 있어 일부가 제거되었습니다. 그래서 Adelie 종에서 body_mass_g의 평균값은 다음과 같이 Adelie 종의 몸무게 총합을 151로 나누어 계산합니다.

```
In    round(group_sp.sum()['body_mass_g'].Adelie / 151, 3)
```

```
Out    3700.662
```

다음과 같이 종별로 구한 body_mass_g의 평균값에서 Adelie 종의 결과가 앞서 구한 값과 일치합니다.

```
In    round(group_sp.mean()['body_mass_g'].Adelie, 3)
```

```
Out    3700.662
```

사용하는 함수에 따라 달라질 수 있지만 여기서는 결측치를 배제한 후에 평균값을 계산한다는 점에 주의하기 바랍니다.

이처럼 표준 동작에서는 결측치가 제거되는 것으로 나타났습니다. 그러나 결측치를 제외하는 것이 꼭 좋은 방법이라고는 할 수 없습니다. 예를 들어 '크고 사나운 개체는 데이터를 수집하기 어려워 결측이 발생하기 쉽다'고 가정한다면 결측치를 제외할 때 평균값이 과소평가될 수 있습니다. 이러한 상황에서는 결측치를 보완하는 것이 더 나은 방법일 수 있습니다. 이와 관련한 내용은 이 책에서 다루는 범위를 벗어나므로 관련 문헌을 참고하기 바랍니다.

3.6.11 단순 히스토그램

이어서 히스토그램을 그려봅시다. 먼저 3.3절의 복습으로 간단한 히스토그램부터 그립니다. 일단 히스토그램의 계급을 설정합니다.

```
In    bins = np.arange(2,11,1)
      bins
```

```
array([ 2,  3,  4,  5,  6,  7,  8,  9, 10])
```

물고기의 몸길이 데이터를 대상으로 히스토그램을 그립니다. 데이터프레임을 대상으로 히스토그램을 그리는 경우 인수 data에 데이터프레임 이름을 지정하고 인수 x에 히스토그램을 그릴 열 이름을 지정합니다. 색은 인수 color로 지정합니다. 결과를 보면 히스토그램이 다봉형으로 되어 있는 것을 알 수 있습니다(그림 3-14).

In
```python
sns.histplot(x='length',       # x축
             data=fish_multi,  # 데이터
             bins=bins,        # bins
             color='gray')     # 색상 지정(그레이 스케일)
```

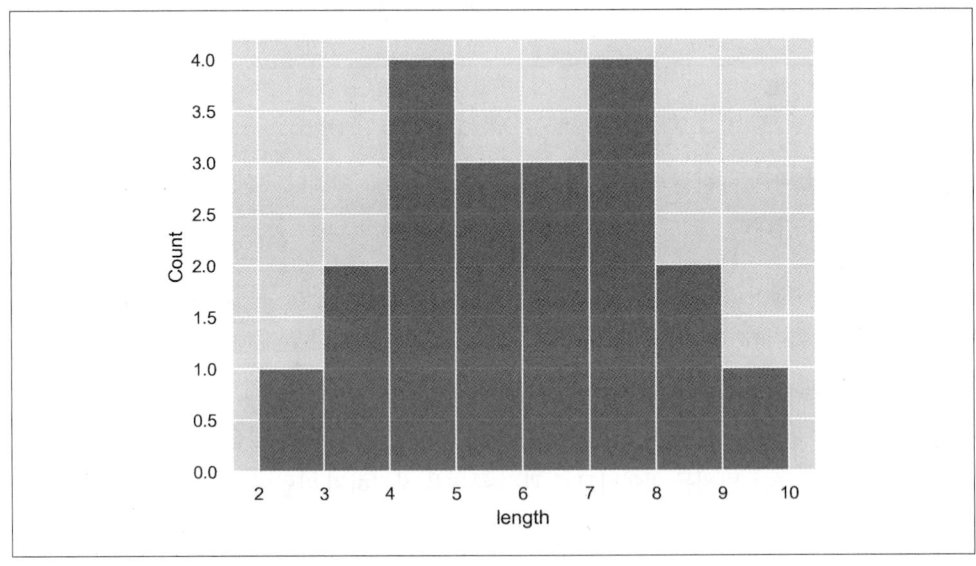

그림 3-14 단순 히스토그램

3.6.12 그룹별 히스토그램

히스토그램이 다봉형일 때는 뒤에 여러 계층이 존재할 수 있습니다. 여기서는 물고기 종류별로 히스토그램을 그립니다. 중요한 포인트는 hue='species' 입니다. 이제 어종별로 히스토그램을 나눕니다. 또한 색은 어종마다 구분되므로 palette라는 인수로 지정합니다(그림 3-15).

```
In     sns.histplot(x='length',        # x축
                    hue='species',     # 색으로 구분
                    data=fish_multi,   # 데이터
                    bins=bins,         # bins
                    palette = 'gray')  # 색상 지정(그레이 스케일)
```

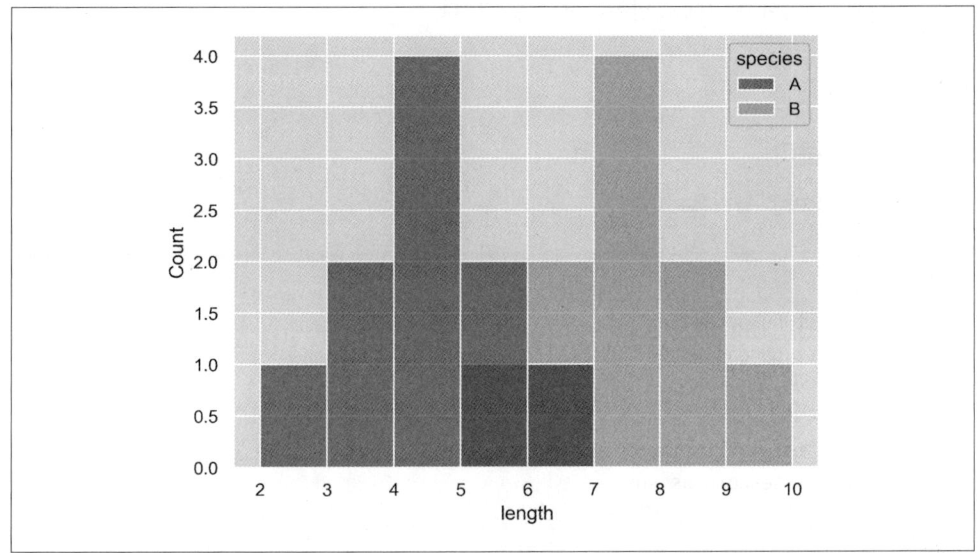

그림 3-15 그룹별 히스토그램

인수 hue는 커널밀도추정을 수행하는 sns.kdeplot 함수를 비롯해 다음 절에 소개하는 다양한 그래프에도 적용할 수 있습니다.

히스토그램을 어종별로 그려봄으로써 히스토그램이 다봉형인 이유가 어종 차이에서 비롯된 것임을 알 수 있습니다. 단순한 히스토그램만으로는 이러한 정보를 얻기 어렵습니다. 이처럼 데이터를 계층별로 분석하면 많은 인사이트를 얻을 수 있습니다.

3.7 그래프 활용

데이터를 기술하는 가장 좋은 방법 중 하나인 그래프를 활용하는 방법을 알아보겠습니다. 히스

토그램 등 분포를 시각화하는 그래프는 3.3절에서 설명했으므로 이번 절에서는 그 이외의 그래프를 중심으로 설명합니다.

먼저 그래프 그리기의 기본 사항을 설명한 후 다양한 그래프 유형을 소개합니다. 이어서 seaborn 라이브러리의 상세한 기능을 살펴보고 복잡한 그래프를 짧은 코드로 구현하는 방법을 설명합니다. 이 절의 후반부는 다소 프로그래밍의 난도가 높습니다. 구현된 코드를 완전히 이해하지 못하더라도 처음에는 그대로 넘어가도 괜찮습니다.

3.7.1 분석 준비

필요한 라이브러리를 불러옵니다.

```python
In    # 수치 계산에 사용하는 라이브러리
      import numpy as np
      import pandas as pd

      # 그래프를 그리는 라이브러리
      from matplotlib import pyplot as plt
      import seaborn as sns
      sns.set()
```

3.7.2 맷플롯립과 시본

3.3절에서 설명했지만 그래프 시각화 라이브러리에 대해 다시 한번 살펴봅시다.

맷플롯립은 기본적인 그래프 그리기 라이브러리입니다. from matplotlib import pyplot은 맷플롯립 라이브러리에서 pyplot 모듈만 불러오는 코드입니다. 여기서는 plt라는 별명을 설정했습니다.

시본은 아름다운 그래프를 그릴 수 있는 편리한 라이브러리입니다. sns라는 별명을 설정했습니다. 이 책에서는 시본을 적극적으로 사용합니다. sns.set()을 실행하면 pyplot 결과를 포함하여 그래프 디자인을 아름답게 만들 수 있습니다.

이 책에서는 기본적으로 시본의 함수를 사용하여 그래프를 그립니다. 시본을 사용하면 복잡한 데이터를 아름다운 그래프로 쉽게 표현할 수 있습니다. 특별한 그래프 장식 조건이 없는 한 맷플롯립보다 짧은 코드로 구현할 수 있어 초보자도 쉽게 다룰 수 있습니다. 예를 들어 3.7.11절과 같은 그래프는 시본을 사용하면 훨씬 간단하게 그릴 수 있습니다.

반면에 그래프 디자인에 대해 다양한 조건과 세세한 설정이 필요할 때는 맷플롯립이 더 적합할 때도 있습니다. 시본을 사용하더라도 그래프를 장식할 때는 종종 맷플롯립의 기능을 활용합니다. 그러나 맷플롯립의 기능을 제대로 활용하지 못할 수도 있는데 이러한 사례는 이번 절 뒷부분에서 보완합니다.

시본을 사용할 때는 대략 다음과 같은 형식으로 그래프를 그립니다.

```
In    sns.함수명 (
          x = "x축의 열 이름",
          y = "y축의 열 이름",
          data = 데이터프레임,
          기타 인수
      )
```

읽어 들인 데이터가 깔끔한 데이터라면 열 이름이 변수 이름과 일치할 것입니다. 따라서 이와 같은 형식으로 일관성 있게 그래프를 그릴 수 있습니다.

3.7.3 분석할 데이터 준비

분석 대상인 여러 데이터를 읽어 들입니다. 두 개의 수치형 데이터가 있는 두 개의 데이터프레임을 준비합니다. 첫 번째는 3.5절에서 공분산과 상관계수를 구하는 데 이용한 데이터입니다.

```
In    cov_data = pd.read_csv('3-5-1-cov.csv')
      print(cov_data.head(3))
```

```
Out        x     y
      0  18.5   34
      1  18.7   39
      2  19.1   41
```

이어서 꺾은선 그래프를 그리기 위한 데이터도 불러옵니다. 데이터 형식은 거의 동일하지만 변수 x가 0에서 9까지인 등차수열입니다.

```
In    lineplot_df = pd.read_csv('3-7-1-lineplot-data.csv')
      print(lineplot_df.head(3))
```

```
Out       x  y
      0   0  2
      1   1  3
      2   2  4
```

수치형 데이터와 범주형 데이터가 섞인 데이터를 준비합니다. 먼저 3.6절에서 사용한 물고기의 종류와 몸길이를 기록한 데이터입니다.

```
In    fish_multi = pd.read_csv('3-6-1-fish_multi.csv')
      print(fish_multi.head(3))
```

```
Out     species  length
      0       A       2
      1       A       3
      2       A       3
```

계속해서 3.6절에서 이용한 펭귄 조사 데이터를 읽어옵니다.

```
In    penguins = sns.load_dataset('penguins')
      print(penguins.head(3))
```

```
Out     species     island  bill_length_mm  bill_depth_mm  \
      0  Adelie  Torgersen            39.1           18.7
      1  Adelie  Torgersen            39.5           17.4
      2  Adelie  Torgersen            40.3           18.0

         flipper_length_mm  body_mass_g     sex
      0              181.0       3750.0    Male
      1              186.0       3800.0  Female
      2              195.0       3250.0  Female
```

3.7.4 산포도

수치형 데이터 간의 관계를 살필 때 유용한 그래프인 **산포도**를 그려봅시다(그림 3-16). sns.
scatterplot 함수를 사용합니다. X축과 Y축에 설정할 열 이름과 데이터프레임의 이름을 지
정합니다. 색은 검은색으로 지정했습니다.

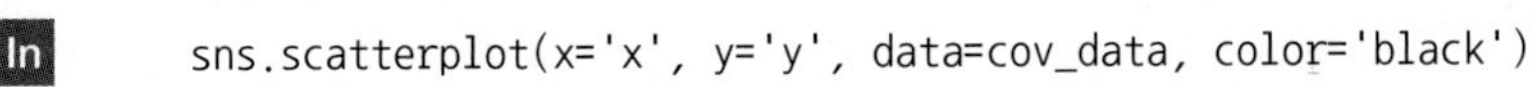

```
In    sns.scatterplot(x='x', y='y', data=cov_data, color='black')
```

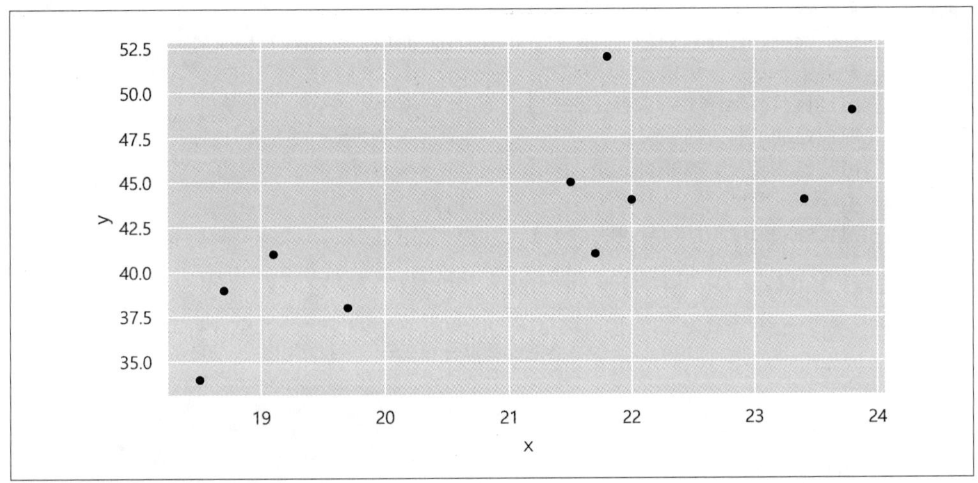

그림 3-16 간단한 산포도

cov_data의 x, y는 3.5절에서 확인한 바와 같이 상관계수가 약 0.759입니다. 그러나 상관계수
가 약 0.759라는 것만으로는 이미지를 상상하기 어렵습니다. 또한 3.5.10절에서 확인한 바와
같이 꺾여 있는 관계는 상관계수로 평가할 수 없습니다. 따라서 상관계수만 제시하기보다는 산
포도와 함께 표시하는 것이 좋습니다.

3.7.5 그래프 꾸미기와 저장하기

방금 만든 산포도에 간단한 장식을 추가하고 이미지를 저장하는 방법을 알아보겠습니다.

먼저 그래프 제목이나 축 레이블에 한글을 사용하기 위해 글꼴을 지정합니다. 다음 예에서 지정
한 글꼴은 윈도우 환경을 기준으로 합니다. 맥 등을 사용한다면 다른 글꼴을 이용하면 됩니다.

In

```python
# 그래프의 한글 표기
from matplotlib import rcParams
rcParams['font.family'] = "Malgun Gothic"
```

산포도에 한국어 그래프 제목과 축 레이블을 설정하고 '산포도의 예.jpeg'라는 파일로 저장하는 코드는 다음과 같습니다.

In

```python
# 산포도
sns.scatterplot(x='x', y='y', data=cov_data, color='black')
# 장식
plt.title('시본으로 그린 산포도')    #그래프 제목
plt.xlabel('x 레이블')              # X축 레이블
plt.ylabel('y 레이블')              # Y축 레이블
# 그래프 저장
plt.savefig('산포도의 예.jpeg')
```

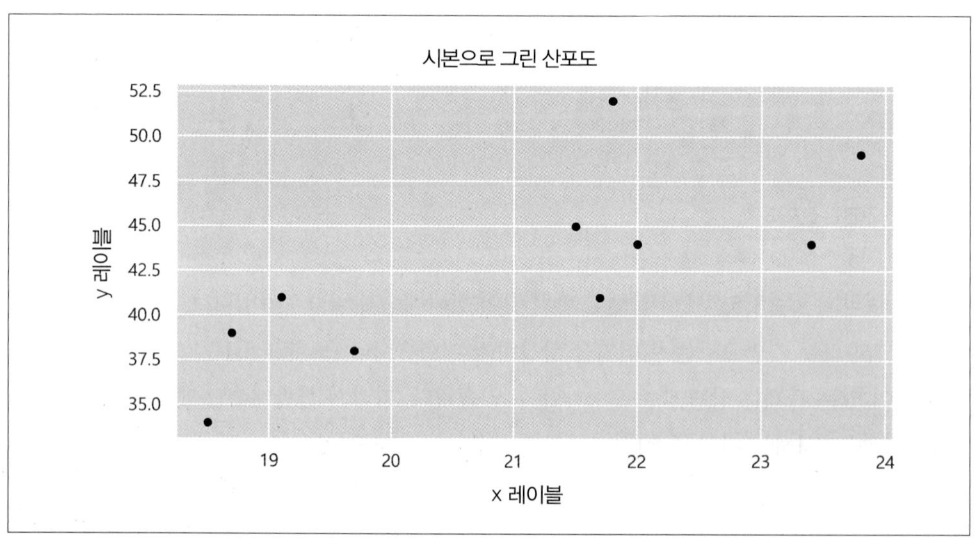

그림 3-17 간단한 장식이 추가된 산포도

그래프를 그릴 때는 시본의 함수를 사용하지만 그래프의 제목이나 축 레이블을 넣을 때는 맷플롯립의 pyplot(별명은 plt)의 기능을 사용하면 쉽습니다.

덧붙여 이번에는 JPEG 파일로 그래프를 저장했지만 다른 확장자도 이용할 수 있습니다. plt.savefig 함수의 인수로 파일명의 확장자 .svg를 지정하면 SVG 파일 형식으로 저장되어 확대

나 축소해도 깨지지 않는 그림으로 저장할 수 있습니다. 이 책의 그림에는 plt.savefig 함수를 사용하여 SVG 파일로 저장한 이미지 데이터를 사용합니다.

3.7.6 꺾은선 그래프

sns.lineplot 함수를 사용하여 **꺾은선 그래프**를 그려봅시다(그림 3-18). 함수명이 바뀐 것을 제외하고는 산포도와 같이 구현할 수 있습니다.

```
In    sns.lineplot(x='x', y='y', data=lineplot_df, color='black')
```

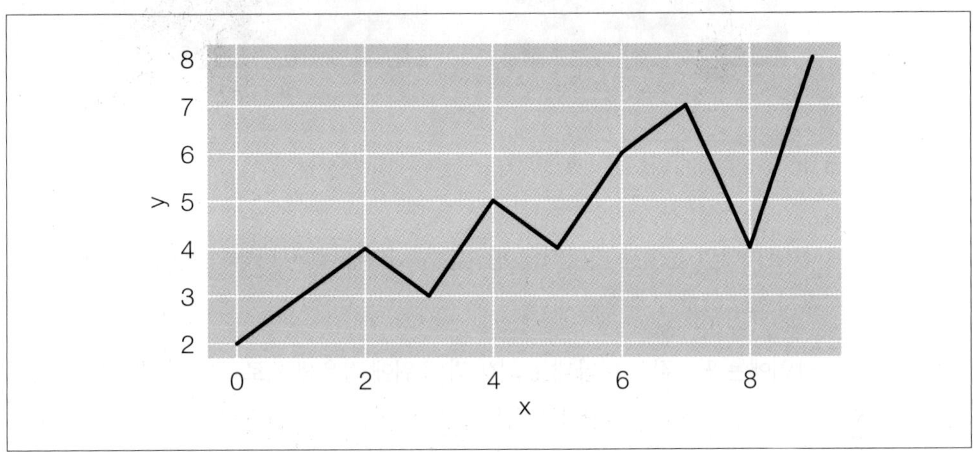

그림 3-18 꺾은선 그래프

꺾은선 그래프는 시계열 데이터와 같이 데이터의 변화를 조사하고자 할 때 자주 사용합니다. [그림 3-18]에서 X축을 시간 레이블이라고 생각하면, Y값은 변동이 있지만 약간 증가하는 경향이 있는 것을 확인할 수 있습니다.

3.7.7 막대 그래프

여기에서는 수치형 데이터와 범주형 데이터의 조합인 fish_multi를 대상으로 합니다. sns. barplot 함수를 사용하여 **막대 그래프**를 그려봅시다(그림 3-19). 함수 사용법은 산포도나 꺾은선 그래프와 거의 같습니다.

```
In    sns.barplot(x='species', y='length',
                  data=fish_multi, color='gray')
```

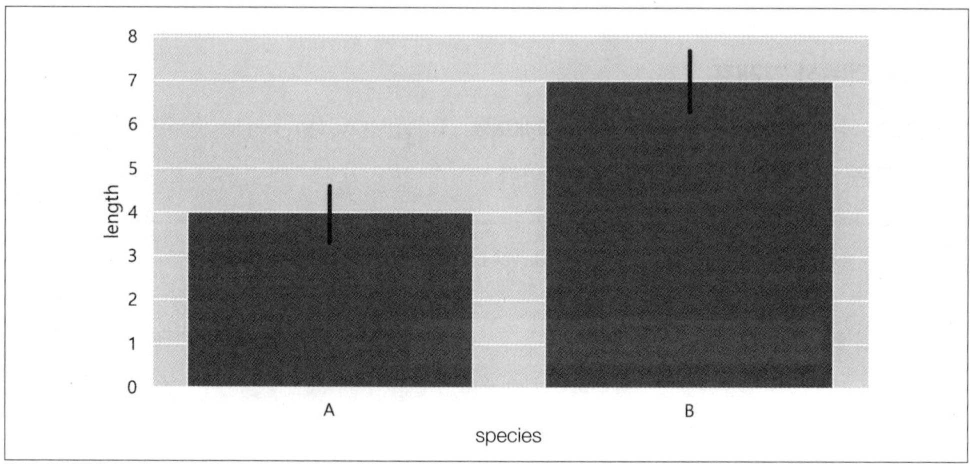

그림 3-19 막대 그래프

막대 그래프에서 각 막대의 높이는 데이터의 평균값을 나타냅니다. 막대의 높이를 비교함으로써 평균값을 시각적으로 비교할 수 있습니다.

그런데 [그림 3-19]에는 평균값을 나타내는 회색 막대 위에 검은색 세로선이 있습니다. 이 세로선은 **에러바**error bar라고 하며 평균값의 편차 크기를 나타냅니다. 구체적으로는 표준오차라고 하는 지표를 나타내고 있습니다. 표준오차에 대한 자세한 내용은 5.3절에서 다룹니다.

3.7.8 박스플롯

막대 그래프에 에러바가 있다고는 해도 그래프에서 평균값이 크고 작은 관계 정도만 알 수 있습니다. 원시 데이터가 가지고 있는 다양한 관점을 희석하고 있다고도 할 수 있습니다.

이어서 소개하는 **박스플롯**box plot(상자수염그림)은 데이터의 편차를 사분위점을 사용하여 그래프에서 표현합니다(그림 3-20). 박스플롯은 막대 그래프에 비해 데이터의 편차를 더 자세히 파악할 수 있습니다. 박스플롯은 sns.boxplot 함수를 사용하여 그립니다.

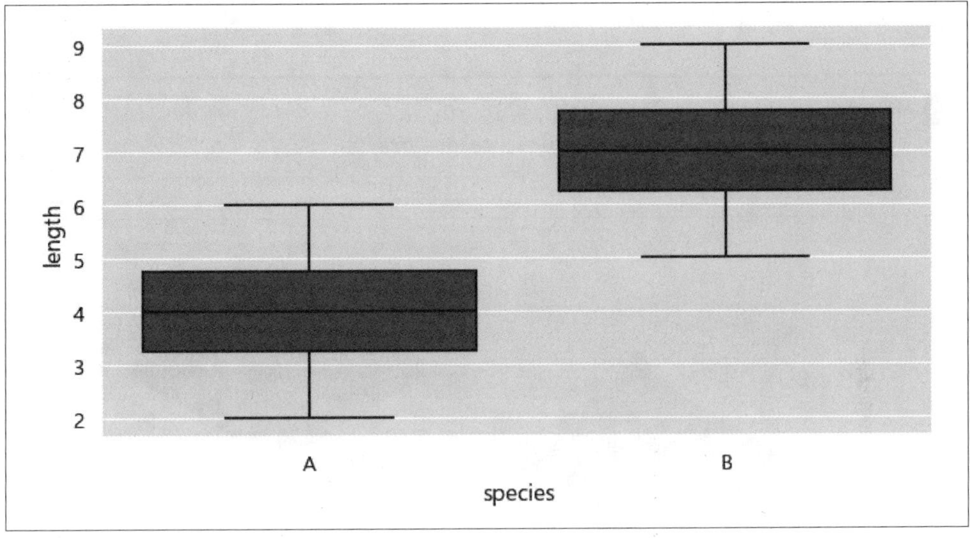

그림 3-20 박스플롯

상자의 중심선은 중앙값을 나타냅니다. 상자의 하단과 상단은 사분위점(25%점과 75%점)을 나타냅니다. 수염은 데이터 범위(최솟값과 최댓값)를 나타냅니다. 다음의 사분위점 등 계산 결과와 비교하면 각 요소가 어떻게 대응되는지 알 수 있습니다.

```
In    print(fish_multi.groupby("species").describe())
```

```
Out          length
             count mean       std  min   25%  50%   75%  max
      species
      A        10.0  4.0  1.154701  2.0  3.25  4.0  4.75  6.0
      B        10.0  7.0  1.154701  5.0  6.25  7.0  7.75  9.0
```

또한 이상값이 있는 데이터의 경우 수염 끝이 최솟값이나 최댓값이 아닐 수도 있습니다.

3.7.9 바이올린플롯

이어서 **바이올린플롯**violin plot을 소개합니다(그림 3–21). 바이올린플롯은 박스플롯의 상자 대신 커널밀도추정 결과를 사용한 것입니다. 바이올린플롯은 sns.violinplot 함수를 사용하여 그립니다.

```
sns.violinplot(x='species', y='length',
               data=fish_multi, color='gray')
```

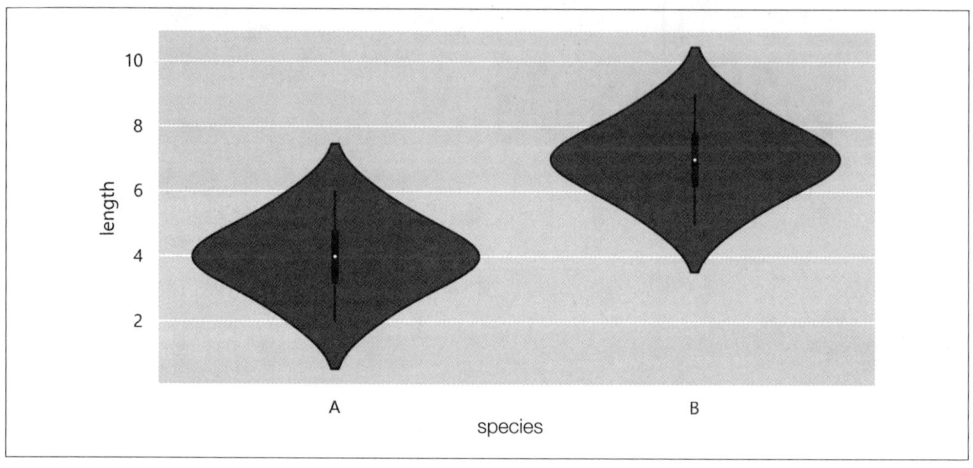

그림 3-21 바이올린플롯

바이올린플롯은 비교적 최근에 만들어진 그래프이기 때문에 오래된 책에는 실려 있지 않을 수도 있습니다. 하지만 데이터 분포를 한눈에 파악할 수 있고 정보가 많이 손실되지 않는 훌륭한 그래프이므로 이 책에서는 자주 사용합니다.

매끄러운 선이 그려져 있는데 이것이 커널밀도추정의 결과입니다. 바이올린플롯은 상자 대신 히스토그램을 가로로 배치한 박스플롯과 같다고 할 수 있습니다.

3.7.10 axis-level 함수와 figure-level 함수

지금부터 더욱 복잡한 그래프를 그리는 기술을 설명하겠습니다. 이 내용은 다소 어려울 수 있으므로 이해하기 어렵다면 처음에는 건너뛰어도 괜찮습니다.

먼저 시본을 다루는 데 중요한 **axis-level**과 **figure-level**이라는 두 가지 함수를 소개합니다.

axis-level과 figure-level 함수는 시본에서 제공하는 함수 그룹의 이름입니다. 예를 들어 히스토그램을 그릴 때 axis-level 함수에 속하는 함수를 사용하거나 figure-level 함수에 속하는 함수를 사용할 수 있습니다. 요컨대 같은 그래프를 그리는 방법이 두 종류 준비되어 있다고 보면 됩니다. 지금까지는 독자의 혼란을 방지하고자 axis-level 함수로 통일해서 사용해왔습니다.

기본적으로는 axis-level이나 figure-level 함수 중 어느 것을 사용해도 비슷한 그래프를 그릴 수 있습니다. 하지만 미묘한 차이가 있으며 실무에서는 구분해서 사용하는 것이 더 편리할 수도 있습니다.

axis-level 함수와 figure-level 함수는 몇 가지 미묘한 디자인 차이가 있습니다. 예를 들어 axis-level 함수에서는 범례가 그래프 안에 위치하는 반면 figure-level 함수에서는 범례가 그래프 밖에 위치하는 등의 차이입니다. 하지만 이 책에서는 이러한 세부적인 차이를 다루지 않고 큰 차이점에 집중하겠습니다.

대략 말하자면 맷플롯립과 궁합이 좋고 조합하여 사용하기 쉬운 것이 axis-level 함수입니다. 한편 figure-level 함수는 시본 단독으로 사용하는 것이 더 간편합니다. 예를 들어 그래프 제목을 추가하기 위한 `plt.title` 함수가 figure-level 함수에 대해서는 생각처럼 작동하지 않을 수 있습니다.

초심자는 맷플롯립과 잘 어울리는 axis-level 함수를 사용하는 것이 좋습니다. 따라서 지금까지는 모두 axis-level 함수로 구현했습니다. 그러나 복잡한 데이터에 대해서는 figure-level 함수가 가진 특별한 기능이 유용할 수도 있습니다. 관련 내용은 3.7.12절에서 사례를 들어 설명하겠습니다.

figure-level 함수의 대표적인 세 가지 함수를 소개합니다. 데이터 분포를 시각화하는 `displot` 함수, 수치형 데이터 간의 관계를 시각화하는 `relplot` 그리고 수치형 데이터와 범주형 데이터의 조합을 시각화하는 `catplot`입니다. 이 세 가지 함수에서 인수 kind를 지정하면 지금까지 설명한 다양한 그래프를 그릴 수 있습니다. 그래프의 대응 관계는 다음과 같습니다.

figure-level 함수	인수 kind	대응하는 axis-level 함수
displot	hist	histplot
	kde	kdeplot
replot	scatter	scatterplot
	line	lineplot
catplot	bar	barplot
	box	boxplot
	violin	violinplotb

예를 들어 다음과 같이 relplot 함수에 kind='scatter'를 지정하면 산포도를 그릴 수 있습니다. 결과는 생략하겠습니다.

```
sns.relplot(kind='scatter',
            x='x', y='y', data=cov_data,
            color='black')
```

3.7.11 두 가지 범주 바이올린플롯

axis-level 함수를 사용하여 다소 복잡한 그래프를 그려봅시다. 여기에서는 펭귄 데이터를 대상으로 종과 성별이라는 두 가지 범주로 분류한 체중 바이올린플롯을 그립니다(그림 3-22).

```
fig, ax = plt.subplots(figsize=(8, 4))
sns.violinplot(x='species', y='body_mass_g', hue='sex',
               data=penguins, palette='gray',
               ax=ax)
```

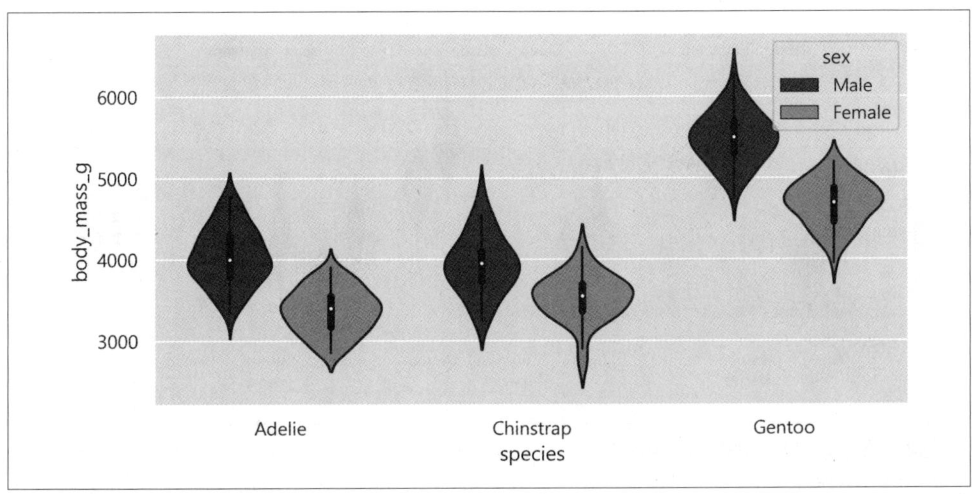

그림 3-22 종과 성별에 따른 바이올린플롯

violinplot 함수의 인수로 x, y 이외에 hue='sex'를 추가했습니다. 이제 그래프에서 성별을 색으로 구분할 수 있습니다. 색은 인수 palette로 지정합니다.

이번에는 axis-level 함수를 사용하기 때문에 맷플롯립의 기능을 사용할 수 있습니다. plt. subplots 함수를 사용하여 그래프의 크기와 스타일 등을 설정할 수 있습니다. 이번에는 그래프의 크기를 figsize=(8, 4)로 가로로 지정했습니다. plt.subplots 함수의 결과인 ax를 violinplot 함수에서 인수로 받을 수 있습니다. 이렇게 그래프의 크기를 조절하면서 두 가지 범주를 가미하여 펭귄의 체중 분포를 시각화해봤습니다.

3.7.12 세 가지 범주 바이올린플롯

더 복잡한 그래프에 도전해봅시다. 이번에는 figure-level 함수를 이용합니다. 펭귄의 체중 분포를 종, 섬, 성별이라는 세 가지 범주별로 시각화합니다(그림 3-23).

```
In    sns.catplot(kind='violin',
              x='species', y='body_mass_g',
              hue='sex', col='island',
              data=penguins, palette='gray',
              height=4, aspect=0.7)
```

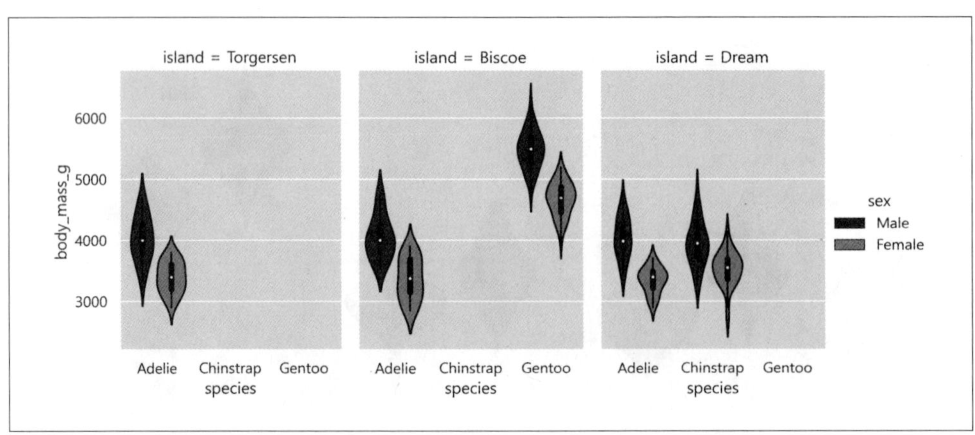

그림 3-23 종과 섬, 성별에 따른 바이올린플롯

catplot 함수의 인수에 kind='violin'을 지정하여 바이올린플롯을 그릴 수 있습니다. x, y, hue 이외에 인수 col='island'를 추가하여 세 개의 열로 나누어 섬별로 그래프를 그릴 수 있습니다. figure-level 함수를 사용할 때 그래프의 크기는 인수로 설정합니다. 인수 height에 그래프의 높이, 인수 aspect에 그래프의 종횡비를 지정합니다.

지금처럼 복잡한 층화분석을 수행할 경우 보통은 구현하기 까다롭지만 catplot 함수를 사용하면 쉽게 구현할 수 있습니다. 또한 인수 col은 axis-level 함수인 violinplot 함수에서는 지정할 수 없으므로 주의하기 바랍니다.

3.7.13 페어플롯

페어플롯은 여러 산포도를 나열한 그래프로 pairplot 함수를 사용하여 그립니다. pairplot 함수는 figure-level 함수입니다.

```
In    sns.pairplot(hue='species', data=penguins, palette='gray')
```

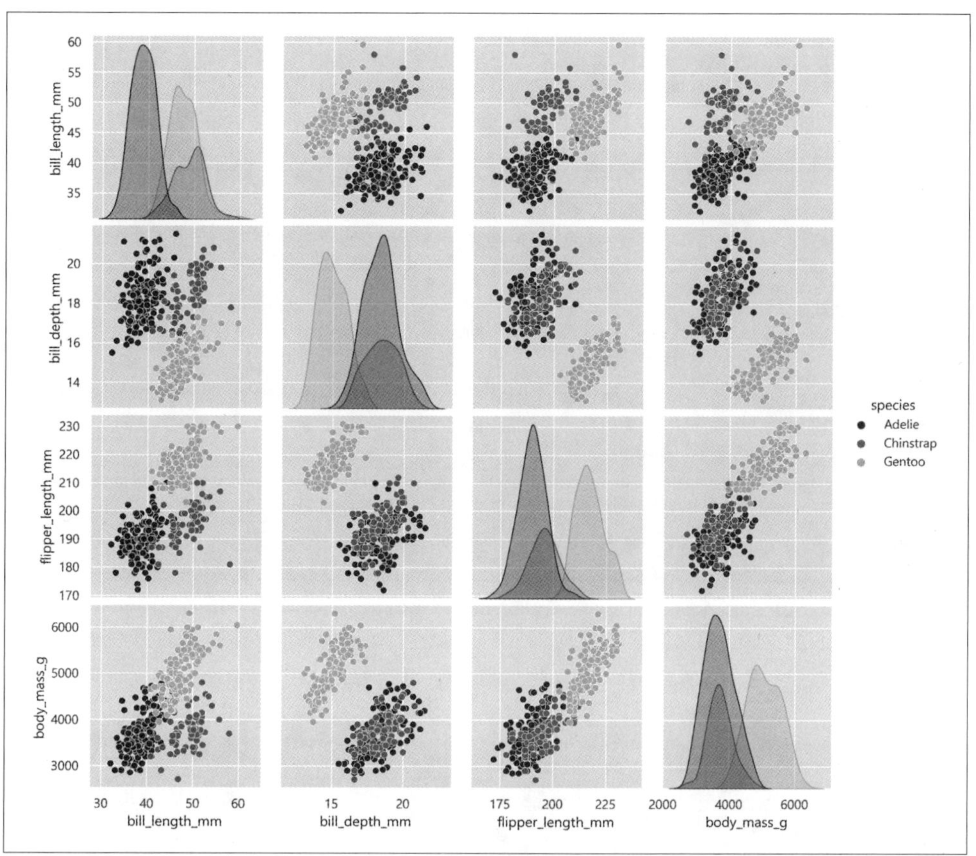

그림 3-24 페어플롯

pairplot 함수를 사용하면 수치형 데이터의 모든 조합에 대해 산포도를 그립니다. hue='spe cies'로 지정하는 것으로 펭귄의 종류에 따라 그래프의 색을 나누고 있습니다.

[그림 3-24]의 페어플롯 결과를 보면 각 행과 열에 대해 변수 이름이 작성됩니다. 예를 들어 1행 2열의 산포도는 Y축이 bill_length_mm, X축이 bill_depth_mm인 산포도입니다. 1행 3열의 산포도는 Y축이 bill_length_mm, X축이 flipper_length_mm입니다. 그림과 같이 수치형 데이터의 모든 조합에 대한 산포도를 그립니다. 대각선에는 커널밀도추정의 결과가 그려져 있 습니다.

## CHAPTER 4

확률과 확률분포

4.1 확률론

추론통계학을 배울 때 확률론은 피할 수 없습니다. 추론통계의 본론으로 진행하기에 앞서 4장에서는 확률론의 기초를 설명합니다. 4장에서 확률론의 용어를 알아보고 5장과 6장에서 추론통계를 본격적으로 다룰 것입니다.

4장에서는 확률이 대체 무엇인지, 통계학에서는 데이터처럼 다루면 되는지, 그 기초를 배웁니다. 정확한 표현은 다소 어려울 수 있으므로 가능한 한 간단하게 설명하지만, 표기법에는 익숙해지는 것이 좋습니다. 어렵다고 생각되면 처음에는 가볍게 훑어보며 넘어가도 좋습니다.

먼저 집합의 기본 개념부터 알아보겠습니다. 기호를 읽을 수 있게 되는 것만으로도 수리통계학 책을 읽기 쉬워집니다.

4.1.1 확률론을 공부하는 이유

확률론을 배워야 하는 이유를 알아봅시다. 기술통계가 끝나면 바로 추론통계로 넘어가고 싶겠지만 그 전에 확률론을 배워보겠습니다. 추론통계를 이해하려면 아무래도 확률론의 용어를 사용하지 않을 수 없기 때문입니다. 추론통계 이론을 설명하면서 중간에 확률론 용어를 끼워 넣으면 내용이 매우 복잡해집니다. 따라서 용어 이해를 위해 확률론을 먼저 설명합니다.

이번 장은 약간 무미건조하게 느낄 수 있는 용어 설명이 중심입니다. 지루하게 느껴질 수도 있지만 처음에는 대강 훑어보며 대략적인 흐름을 파악해두는 것이 좋습니다.

1.3절에서 추론통계학을 이야기하면서 '수프의 맛' 비유를 소개했습니다. 조리 중인 수프가 짠지 아니면 싱거운지 알아보기 위해 냄비에 가득한 수프를 다 마셔야 할 필요는 없습니다. 작은 접시에 덜어둔 분량을 맛보는 것만으로 어느 정도 맛을 알 수 있습니다. 이는 표본조사(작은 접시에 수프를 덜어 맛보기)와 추론통계(수프의 맛에 대해 추론)의 이미지를 잘 나타냅니다.

다만 이 방법에는 주의해야 할 점이 있습니다. 즉 '우연히' 짠 부분을 맛볼 수도 있고 반대로 '우연히' 싱거운 부분을 맛볼 수도 있음을 인식해야 합니다.

예를 들어 선거의 출구조사는 전형적인 표본조사이며 출구조사의 결과로부터 선거 결과를 추측하는 것은 추론통계학의 전형적인 이용 예입니다. 출구조사에서 투표한 모든 사람에게 설문조사를 하는 것은 아닙니다. 우연히 설문에 응한 사람들이 대부분 낙선한 사람에게 투표했을 가능성이 있다면 출구조사에 의한 예상은 빗나가게 됩니다.

냄비의 수프를 모두 마셔버리거나 투표에 참여한 모든 사람을 대상으로 설문조사를 하면 이런 가능성을 배제할 수 있을지도 모릅니다. 그러나 부분(표본)으로 전체(모집단)를 추론하는 추론통계에서는 우연히 일어날 수 있는 결과에 대한 고찰이 필수입니다. 그리고 이러한 '우연'을 다룰 때 확률론에 대한 이해가 필요합니다.

4장은 다소 추상적으로 느껴질 수 있지만 분명 도움이 될 만한 내용입니다. 이 분야의 용어를 어느 정도 익히는 것을 목표로 읽기 바랍니다.

4.1.2 앞으로 배울 내용

4장은 추론통계에서 자주 등장하는 확률분포 관련 용어를 이해하고 확률분포의 기본적인 개념에 익숙해지는 것이 목표입니다. 4.2절에서는 확률분포의 일반적인 개념을 설명하고 4.3절과 4.4절에서는 구체적인 확률분포로 이항분포와 정규분포를 소개합니다.

4.1절에서는 4.2절 이후의 토대가 되는 기초 용어를 설명합니다. 먼저 집합론의 용어로부터 시작하여 이 용어를 사용해 확률을 정의합니다. 확률의 정의를 보고도 당황하지 않도록 하는 것이 첫 번째 목표입니다. 마지막으로 확률의 덧셈정리와 곱셈정리 같은 중요한 정리를 소개합니다.

4.1.3 집합

집합이란 객관적으로 범위가 지정된 물건의 모음입니다. 여기서 객관적이라는 부분이 중요합니다. 예를 들어 '0 이상 5 이하의 정수'는 집합이라고 할 수 있지만 '작은 정수'는 집합이 아닙니다.

0 이상 5 이하의 정수 집합을 A라고 할 때 집합 A는 다음과 같이 표기할 수 있습니다.

$$A = \{0, 1, 2, 3, 4, 5\}$$

식 4-1

4.1.4 요소

방금 전에는 물건의 모음으로서 집합을 정의했습니다. 다음으로 각각의 물건에 대해서 설명하겠습니다.

집합 A가 있다고 합시다. 어떤 물건 a가 A의 **요소**일 때 $a \in A$라고 쓰고 a가 A에 속한다고 합니다.

예를 들어 집합을 $A = \{0, 1, 2, 3, 4, 5\}$라 할 때 $a = 3$이라면 $a \in A$입니다. 한편 b가 집합 A에 속하지 않을 때 $b \notin A$라고 씁니다. 예를 들어 $b = 9$라면 하면 $b \notin A$입니다.

4.1.5 원소나열법과 조건제시법

앞서 $A = \{0, 1, 2, 3, 4, 5\}$와 같이 집합의 요소를 나열하는 방식으로 집합을 표기했습니다. 이런 표기법을 **원소나열법** 또는 **외연적 표기법**이라고 합니다. 하지만 이 방법으로는 요소의 수가 많아졌을 때 표기하기 어렵습니다. 때문에 집합 요소의 조건을 적는 방법으로 집합을 표현하는 방법이 있습니다. 이를 **조건제시법**이라고 합니다. 예를 들어 0 이상 5 이하의 정수 집합을 다음과 같이 표기할 수 있습니다. 여기서 $\mathbb{Z}$는 모든 정수의 집합입니다.

$$A = \{a \, ; \, a \in \mathbb{Z} \text{ 그리고 } 0 \leq a \leq 5\}$$

식 4-2

세미콜론(;) 오른쪽이 조건입니다. 세미콜론이나 세로줄(|) 오른쪽에 조건을 표시한다는 점을 기억해둡시다.

4.1.6 부분집합

이어서 집합 간에 비교하는 용어를 살펴봅시다. 두 개의 집합 A와 B에서 $a \in A$라면 $a \in B$일 때 A를 B의 **부분집합**이라고 부르고 $A \subset B$라고 표기합니다. 부분집합의 예를 들어보겠습니다. $A = \{0,1,2,3,4,5\}$라 하고 $B = \{0,1,2,3,4,5,6,7\}$이라 하면 이때 $A \subset B$입니다.

$A \subset B$는 집합 B가 집합 A를 포함한다는 뜻입니다. 이때 '포함한다'는 말을 좀 더 엄밀하게 표현하면 앞서와 같은 정의가 됩니다. $a \in A$를 만족하는 요소로 $a=3$을 생각하든 $a=0$을 생각하든 $a \in B$를 만족하는 것을 확인할 수 있습니다.

4.1.7 벤다이어그램

집합 간 비교하는 방법으로 **벤다이어그램**을 자주 사용합니다. 예를 들어 $A = \{0,1,2,3,4,5\}$, $B = \{0,1,2,3,4,5,6,7\}$이라는 두 집합은 [그림 4-1]과 같이 표현합니다.

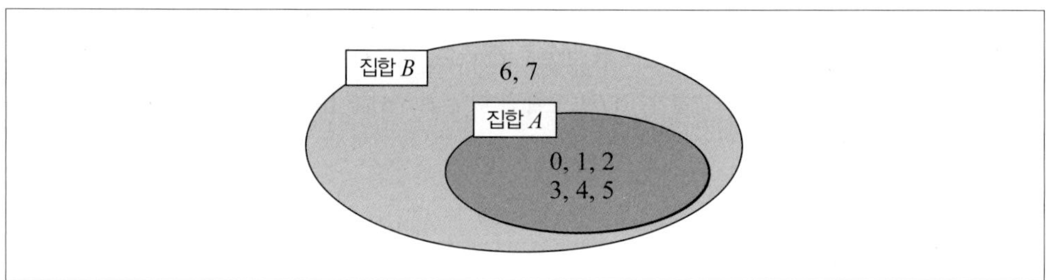

그림 4-1 벤다이어그램(부분집합의 예)

벤다이어그램은 집합을 나름대로 편리하게 표현하는 방법이지만 4개 이상의 집합을 표현하기는 조금 어렵다는 단점이 있습니다.

4.1.8 교집합과 합집합

두 집합 A와 B에 대해 교집합 $A \cap B$는 다음과 같이 정의합니다(그림 4-2 (a)).

$$A \cap B = \{a \,;\, a \in A \text{ 그리고 } a \in B\} \qquad \text{식 4-3}$$

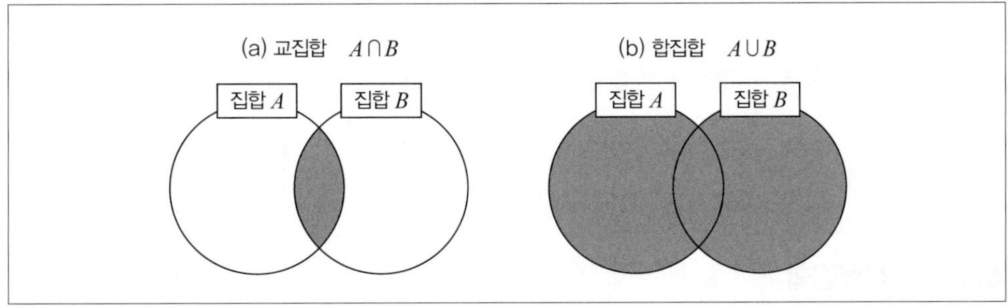

그림 4-2 교집합과 합집합

두 집합 A와 B에 대해 **합집합** $A \cup B$는 다음과 같이 정의합니다(그림 4-2 (b)).

$$A \cup B = \{a \,;\, a \in A \text{ 또는 } a \in B\} \qquad \text{식 4-4}$$

교집합 기호와 합집합 기호는 서로 비슷하게 생겨서 헷갈리기 쉽습니다. 쿠키의 모양을 내기 위해 위에서 일부를 눌러 자르는 교집합과 각각의 집합을 다 함께 담아내는 컵으로서 합집합이라고 기억하면 쉽습니다. 교집합 $A \cap B$는 A이면서 B라는 조건이고 합집합 $A \cup B$는 A 또는 B라는 조건으로 생각면 됩니다.

4.1.9 차집합

두 집합 A와 B에 대해 **차집합** $A-B$는 다음과 같이 정의합니다(그림 4-3). A에 속하는 요소 중 B에 속하는 요소를 제외한 것이 $A-B$입니다.

$$A-B = \{a \,;\, a \in A \text{ 그리고 } a \notin B\} \qquad \text{식 4-5}$$

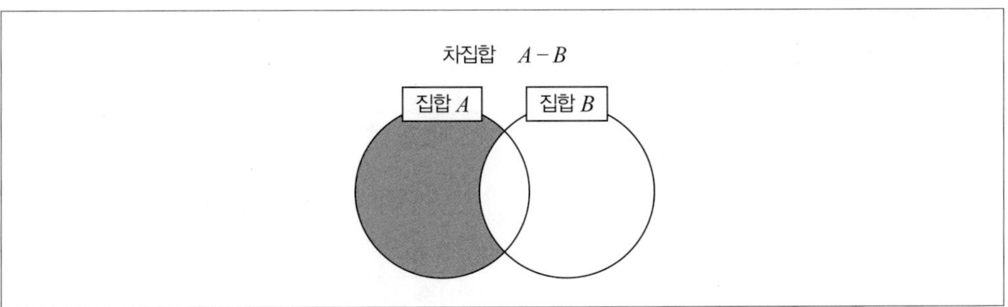

그림 4-3 차집합

4.1.10 공집합

요소를 하나도 갖고 있지 않은 모임을 **공집합**이라고 합니다. 이 책에서는 공집합을 ∅로 표기합니다.

4.1.11 전체집합

어떤 집합 S가 있고 'S의 부분집합을 다룬다'고 할 때 S를 **전체집합**이라고 합니다.

4.1.12 여집합

전체집합 S가 정해져 있을 때 S의 부분집합 A에 대해 다음 관계가 성립하는 A^c를 A의 **여집합**이라고 합니다(그림 4-4).

$$A^c = S - A \qquad\qquad \text{식 4-6}$$

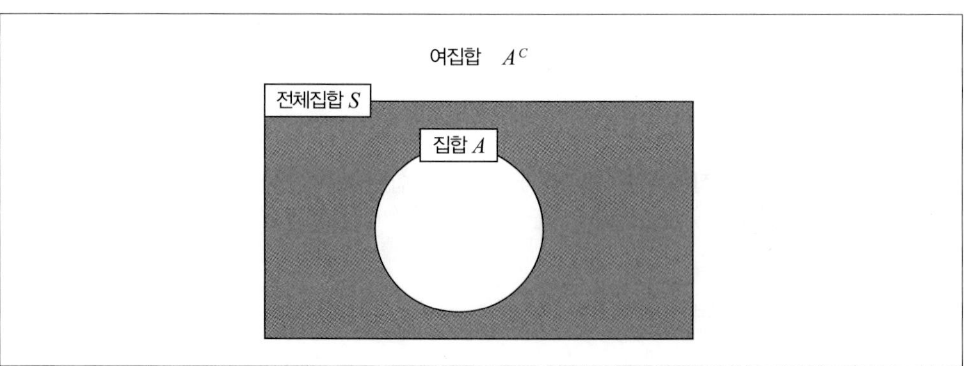

그림 4-4 여집합

4.1.13 표본점, 표본공간, 사건

여기부터는 집합 용어를 사용해서 확률론 용어를 정리하겠습니다.

일어날 수 있는 가능한 결과를 **표본점**이라고 합니다. 표본점 전체의 집합을 **표본공간**이라고 합니다. 표본점은 ω, 표본공간은 Ω으로 표기합니다(모두 오메가로 읽습니다). 여기서 표본공간은 전체집합으로 간주할 수 있습니다. 그리고 표본점은 요소라고 볼 수 있습니다.

표본공간의 부분집합으로서 **사건**[event]을 정의합니다. 사건 역시 집합처럼 **합사건**이나 **곱사건**을 정의합니다. 단 한 개의 표본점만 있고 더 이상 분해가 안 되는 사건을 **근원사건**이라고 부릅니다. 여러 표본점을 포함하고 둘 이상의 근원사건으로 분해할 수 있는 사건을 **복합사건**이라고 합니다. 공집합과 마찬가지로 표본점을 하나도 가지고 있지 않은 **공사건**도 있습니다.

사건이라는 것은 일상적인 단어로 표현하자면 '일어날 수 있는 일' 정도의 의미입니다. 이를 '표본공간의 부분집합'으로 규정하여 수학적으로 다루려는 것입니다.

방금 소개한 용어를 주사위 던지기의 예를 통해 확인해보겠습니다.

주사위는 1, 2, 3, 4, 5, 6의 눈이 나올 가능성이 있습니다. 7이라는 눈은 절대로 나올 수 없습니다. 사건으로서 예를 들면 짝수가 되는 사건, 홀수가 되는 사건, 3의 배수가 되는 사건 등 여러 가지가 있습니다. 근원사건은 '하나의 눈이 나오는 사건'이라고 생각할 수 있습니다.

이때 주사위를 1회만 던진다면 다음과 같이 정리할 수 있습니다.

- **표본점**: $\omega_1 = 1$, $\omega_2 = 2$, $\omega_3 = 3$, $\omega_4 = 4$, $\omega_5 = 5$, $\omega_6 = 6$
- **표본공간**: $\Omega = \{1, 2, 3, 4, 5, 6\}$
- **복합사건**: 짝수가 나오는 사건 $A = \{2, 4, 6\}$
  홀수가 나오는 사건 $B = \{1, 3, 5\}$ 등
- **근원사건**: 1의 눈이 나오는 사건 $C = \{1\}$
  2의 눈이 나오는 사건 $D = \{2\}$ 등

4.1.14 배반사건

$A \cap B = \varnothing$일 때, 즉 사건끼리 겹치지 않을 때 사건 A와 B는 **배반사건**이라고 합니다(그림 4-5).

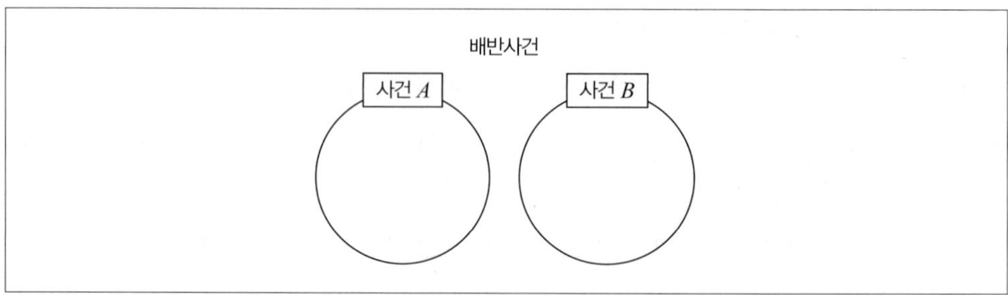

그림 4-5 배반사건

주사위의 예에서는 짝수가 나오는 사건과 홀수가 나오는 사건이 배반사건이라고 할 수 있습니다. 또한 2의 눈이 나오는 사건과 3의 눈이 나오는 사건도 배반사건입니다.

4.1.15 주사위를 던질 때 추정 가능한 여러 가지 확률분포

주사위에서 각 사건에 대해 다양한 확률을 가정할 수 있습니다. 예를 들어 1의 눈이 나오는 사건이 일어날 확률을 1/6로 가정할 수 있습니다. 반면 사기꾼이 사용하는 주사위라면 1이 나올 확률이 1/4이 될 수도 있습니다.

이런 식으로 여러 가지 확률을 가정해볼 수 있습니다. 하지만 이때 확률에 해당하는 값은 아무 값이나 될 수는 없습니다. 예를 들어 '3의 눈이 나올 확률은 720'이라는 말은 곤란합니다. 이어서 확률이란 무엇이며 어떻게 결정되는 수치인지 알아보겠습니다.

4.1.16 확률의 공리주의적 정의

어떤 사건 A가 발생할 확률을 영어 Probability의 머리글자를 따서 $P(A)$라고 표기합니다. **확률의 공리주의적 정의**에 따르면 다음 세 가지 공리를 만족하는 것을 확률이라고 합니다.

    (a) 모든 사건 A에 대해 $0 \leq P(A) \leq 1$

    (b) $P(\Omega) = 1$

    (c) 배반사건 $A_1, A_2 \cdots$에 대하여 $P(A_1 \cup A_2 \cup \cdots) = P(A_1) + P(A_2) + \cdots$

공리란 쉽게 말해 '약속'입니다. 이렇게 세 가지 약속을 따르는 것을 확률이라고 부르기로 합니다. 공리 (a)는 확률이 0 이상 1 이하여야 한다는 뜻입니다. 공리 (b)는 표본공간을 대상으로 하면 그것이 일어날 확률은 1이 된다는 뜻입니다. 둘 다 당연한 조건입니다. 공리 (c)는 겹치지 않는 사건들 중 하나라도 일어날 확률은 각 사건이 일어날 확률의 합이라는 뜻입니다. 당연해보이지만 이렇게 정의해야 수학적으로 다루기 쉽습니다.

이 공리를 만족하는 것을 확률이라고 부를 수 있습니다. 이러한 공리의 결과에 의해서 체계적인 확률론을 얻을 수 있습니다.

4.1.17 빈도주의에 의한 확률 해석

확률이라는 용어의 해석으로는 이 절에서 설명하는 **빈도주의 해석**과 다음 절에서 설명하는 주관주의 해석이 알려져 있습니다.

빈도주의의 경우 확률을 상대도수의 극한값으로 간주합니다. 다시 한번 얘기하자면 도수란 '사건 발생 횟수'를 말합니다. 상대도수는 사건 발생 횟수를 전체 시행 횟수로 나누어 계산합니다. 무한히 계속 시행한다고 할 때 '주사위에서 1의 눈이 나오는 비율이 1/6로 수렴한다'는 것은 '주사위에서 1의 눈이 나올 확률이 1/6이다'라고 할 수 있습니다.

이 책에서는 기본적으로 확률을 이러한 의미로 사용합니다. 고전적인 통계적 추정이나 이론은 주로 이 입장이고, 분석을 위한 방법론이나 도구가 준비되어 있는 쪽도 이쪽이기 때문입니다. 특히 도구들이 갖추어져 있다는 점이 중요합니다. 파이썬을 사용하면 짧은 코드로 쉽게 분석할 수 있습니다.

하지만 해석의 용이성이라는 점에서는 나름대로 문제가 있습니다. 무한히 시도해야만 확률을 확인할 수 있기 때문에 1만 번이나 5000조 번을 시행해도 충분하지 않습니다. 또한 5장과 6장에서는 신뢰구간과 p값이라는 용어가 나오는데, 이 용어에 대해 잘못 해석하지 않도록 주의해야 합니다.

4.1.18 주관주의에 의한 확률 해석

확률을 상대도수의 극한값으로 정의하면 누가 계산해도 동일한 값을 얻을 수 있습니다. 반면 주관주의 확률은 개인이 주관적으로 확률을 부여하는 것입니다.

주관주의 확률은 **판단확률**이라고도 하며 내기 선호도(어느 쪽을 더 선호하는지와 같은 호불호 표현)를 통해 확률을 평가합니다. 예를 들어 '다음 선거에서 여당이 단독으로 과반수 이상의 의석을 차지하면 1만 원을 받을 수 있는 내기'와 '50% 확률로 1만 원을 받을 수 있는 내기' 중 어느 쪽을 더 선호할까요(내기에서 지면 돈을 받지 못한다고 가정)? 여기서 '여당이 과반수 이상의 의석을 차지할 것이라는 데 베팅하는 것이 좋다'고 주장하는 사람은 여당이 과반수 이상의 의석을 차지할 확률을 50%보다 더 크게 보고 있는 셈입니다. 그리고 두 베팅이 똑같다고 생각한다면 여당이 과반수 이상의 의석을 차지할 확률을 (주관적으로) 50%로 추정할 수 있습니다. 이러한 결론을 도출하기 위해서는 베팅 선호도에 대한 몇 가지 가정이 필요하지만 여기서는 더 깊이 다루지 않겠습니다.

이처럼 주관주의 확률은 사람들의 의사결정과 밀접한 관련이 있어 의사결정 이론과 같은 분야에서 적극적으로 활용하고 있습니다. 주관주의 확률의 활용에 대해서는 오랫동안 다양한 논의가 계속되어 왔습니다. 이 책에서는 기본적으로 주관주의 확률을 사용하지 않습니다.

4.1.19 확률의 덧셈정리

지금까지는 확률의 정의에 대해서 설명했습니다. 다음으로 확률을 다루는 법을 알아보겠습니다. 먼저 **확률의 덧셈정리**를 소개합니다.

서로 배반사건인 A와 B에 대해서 다음과 같은 관계가 성립하는 것을 확률의 덧셈정리라고 합니다. 이는 확률 공리 (c)를 보면 명확합니다.

$$P(A \cup B) = P(A) + P(B)$$

식 4-7

사건끼리 배반이라는 전제를 없앤 확률의 덧셈정리의 일반적인 형태는 다음과 같습니다.

$$P(A \cup B) = P(A) + P(B) - P(A \cap B)$$

식 4-8

사건 A 또는 B가 발생할 확률은 $P(A)$와 $P(B)$를 더한 확률에서 중복으로 더한 확률인 $P(A \cap B)$를 뺀 값입니다.

주사위 예를 사용해서 설명해보겠습니다. 먼저 1부터 6까지의 눈은 모두 1/6의 확률로 나온다고 가정해봅시다.

- 사건 A를 짝수 눈이 나오는 사건이라고 한다. $A = \{2, 4, 6\}$
- 사건 B를 3의 배수의 눈이 나오는 사건이라고 한다. $B = \{3, 6\}$

그러면 $A \cup B = \{2, 3, 4, 6\}$입니다. 이것이 짝수 또는 3의 배수의 눈이 나오는 사건입니다. 그리고 $A \cap B = \{6\}$입니다. 이것이 짝수 그리고 3의 배수의 눈이 나오는 사건입니다. $P(A \cup B)$는 확률의 덧셈정리를 이용하여 다음과 같이 계산합니다.

$$P(A \cup B) = P(A) + P(B) - P(A \cap B)$$
$$= \frac{3}{6} + \frac{2}{6} - \frac{1}{6}$$
$$= \frac{2}{3}$$

식 4-9

4.1.20 조건부 확률

이어서 조건부 확률을 소개합니다. 사건 B가 발생했다는 조건에서 사건 A가 발생할 확률을 **조건부 확률**이라고 하며 $P(A \mid B)$로 표기합니다.

$$P(A \mid B) = \frac{P(A \cap B)}{P(B)}$$

식 4-10

주사위를 예로 들어 설명하겠습니다.

- 사건 A를 3의 배수의 눈이 나오는 사건이라고 한다. $A = \{3, 6\}$
- 사건 B를 5 이상의 눈이 나오는 사건이라고 한다. $B = \{5, 6\}$

$P(A \mid B)$는 '5 이상의 눈이 나왔다는 조건에서 3의 배수가 나올 확률'로 해석할 수 있습니다. 즉 '5 이상의 눈인 것을 알고 있다'면 그 눈이 3의 배수일 확률은 1/2이 됩니다.

$$P(A \mid B) = \frac{P(A \cap B)}{P(B)} = \frac{P(\{6\})}{P(\{5,6\})} = \frac{\frac{1}{6}}{\frac{2}{6}} = \frac{1}{2}$$

식 4-11

4.1.21 확률의 곱셈정리

조건부 확률의 정의에서 식을 변형한 다음 관계를 **확률의 곱셈정리**라고 합니다.

$$P(A \cap B) = P(B) \cdot P(A \mid B)$$

식 4-12

앞 절에서 살펴본 주사위 예를 대상으로 알아보겠습니다. 3의 배수이면서 5 이상의 눈이 나올 확률 $P(A \cap B) = P(\{6\})$은 '5 이상의 눈이 나올 확률×5 이상의 눈이 나올 때 3의 배수가 될 확률', 즉 $2/6 \times 1/2 = 1/6$로 계산됩니다.

4.1.22 독립

$P(A \cap B) = P(A) \cdot P(B)$가 성립할 때 사건 A와 B는 **독립**이라고 합니다. 이는 $P(A \mid B) = P(A)$와 같은 의미입니다. $P(A \mid B) = P(A)$라는 것은 사건 B가 발생했다는 조건이 있든 없든 상관없이 사건 A가 발생할 확률은 변하지 않음을 의미합니다. 예를 들어 짝수가 나오는 사건과 3의 배수가 나오는 사건은 독립입니다.

4.2 확률분포

4.1절에 이어 확률에 관한 기본적인 용어를 정리하겠습니다. 먼저 **확률분포**를 소개하고 기본적으로 다루는 방법을 설명합니다. 확률분포의 구체적인 예는 다음 절 이후에 설명합니다.

4.2.1 확률변수와 실현값

확률변수와 실현값이라는 용어를 살펴봅시다.

엄격한 표현은 아니지만 확률적인 법칙에 따라 변화하는 값을 **확률변수**라고 합니다. 확률변수의 구체적인 값을 **실현값**이라고 합니다. 이 책의 4장에서는 가독성을 높이기 위해 확률변수는 알파벳 대문자로, 실현값은 소문자로 표기합니다. 단 7장 이후에는 구분하지 않습니다.

예를 들어 확률변수 X가 어느 실현값 x_i가 될 확률을 다음과 같이 표기합니다.

$$P(X=x_i)$$

식 4-13

동전을 한 번만 던지는 것을 생각할 때 표본공간은 $\Omega = \{앞, 뒤\}$입니다. 여기서 표본공간의 요소에 실숫값을 대응시킵니다. 이번에는 앞을 1, 뒤를 0으로 표기하기로 합니다. 동전을 던지기 전에는 1이 나오는지 0이 나오는지 모릅니다. 하지만 속임수가 아닌 동전이라면 1이 나올 확률과 0이 나올 확률은 모두 0.5라고 볼 수 있습니다.

여기서 동전 던지기 결과라는 확률변수를 X로 표기하기로 합시다. 실현값은 $x_1=1, x_2=0$입니다. 이때 $P(X=1)=0.5$이며, $P(X=0)=0.5$입니다.

주사위를 한 번만 던지는 것을 생각할 때 표본공간은 $\Omega = \{1, 2, 3, 4, 5, 6\}$입니다. 속임수가 아닌 주사위라면 어떤 눈이 나올 확률도 $1/6$입니다.

주사위 던지기의 결과라는 확률변수를 X라고 합시다. 실현값은 $x_1=1, x_2=2, x_3=3, x_4=4, x_5=5, x_6=6$입니다. 이때 $P(X=1)=1/6$, $P(X=2)=1/6$, $P(X=3)=1/6$, $P(X=4)=1/6$, $P(X=5)=1/6, P(X=6)=1/6$이 됩니다.

4.2.2 이산형 확률변수와 연속형 확률변수

동전의 앞면과 뒷면은 1 또는 0의 결과만 나오게 됩니다. 주사위 던지기의 경우 1에서 6까지 정수만 나옵니다. 이처럼 단계적인 값을 갖는 확률변수를 **이산형 확률변수**라고 합니다. 예를 들어 어떤 상품의 판매량(단위는 개수)을 확률변수로 생각한다면 이산형 확률변수라고 할 수 있습니다.

한편으로 연속적으로 변화하는 수치를 확률변수로 생각할 때 이를 **연속형 확률변수**라고 부릅니다. 예를 들어 물고기의 몸길이(단위는 cm)를 확률변수로 생각한다면 연속형 확률변수가 됩니다.

4.2.3 확률분포

확률변수와 그에 부여된 확률의 대응을 **확률분포**라고 하며 단순히 **분포**라고도 합니다. 어떤 확률변수가 어떤 확률분포에 대응하는 것을 **확률분포를 따른다**고 합니다. 예를 들어 4.2.1절에서 소개한 속임수가 아닌 동전 던지기를 생각하면 $P(X=1)=0.5$, $P(X=0)=0.5$가 확률분포가 됩니다.

4.2.4 확률질량함수

확률분포의 표기법으로 확률질량함수를 소개하겠습니다.

동전 던지기의 예에서는 문제가 없지만 주사위와 같이 표본공간의 요소 수가 많아지면 확률분포를 표기하기가 어려워집니다. 예를 들어 20면체 주사위를 던질 때 나오는 눈의 확률분포를 표시한다면 20가지의 '확률변수와 확률의 대응표'가 필요합니다. 또한 어느 큰 창고에서 하루에 출하되는 제품의 개수는 매우 다양합니다. 제품이 1개만 출하될 확률, 2개 출하될 확률 ⋯ 100개 출하될 확률, 101개 출하될 확률 등 이러한 확률변수와 확률의 대응표를 모두 준비하기란 어렵습니다.

그래서 확률분포를 수식으로 표기하는 방법을 생각해보겠습니다. 먼저 이산형 확률변수를 대상으로 알아봅시다.

이산형 확률변수를 X라고 하고 실현값을 x_i라고 합니다. 각각의 확률변수 X에 할당된 확률 $P(X=x_i)$가 함수 $f(x_i)$에 의해 다음과 같이 표현된다고 합시다. 이때 X는 이산형 확률분포를 따른다고 하며 이때의 함수 $f(x_i)$를 **확률질량함수** 또는 **확률함수**라고 합니다.

$$P(X=x_i)=f(x_i) \qquad i=1,2 \cdots$$

식 4-14

다시 말해 값을 지정하면 값을 얻을 수 있는 확률을 곧바로 계산할 수 있는 함수 $f(x_i)$가 확률질량함수입니다. 확률질량함수를 사용하면 확률변수가 가질 수 있는 값이 아무리 많아도 단 한 줄의 수식으로 확률분포를 표현할 수 있으므로 매우 편리합니다. 이제부터 확률질량함수를 사용하여 확률분포를 표현합니다.

확률질량함수 $f(x_i)$로 얻을 수 있는 확률은 확률의 공리를 만족해야 합니다. 따라서 확률질량함수 $f(x_i)$는 다음을 만족합니다. 확률은 0 이상이며(식 4-15) 모두 더하면 1이 되어야 합니다(식 4-16).

또한 [식 4-16]에서는 가능한 실현값이 무한하다고 가정하고 있습니다. 이러한 상황에서도 수식을 사용하면 간결하게 확률분포를 표기할 수 있습니다.

$$0 \le f(x_i) \qquad i = 1, 2 \cdots$$

식 4-15

$$\sum_{i=1}^{\infty} f(x_i) = 1$$

식 4-16

4.2.5 이산형 균등분포

간단한 확률분포의 예로 **균등분포**를 소개합니다. 균등분포는 연속형 확률변수에서도 정의할 수 있습니다. 연속형 확률변수의 균등분포는 4.2.9절에서 설명합니다.

이산형 균등분포는 확률이 모두 균등하게 분배된 확률분포입니다. 예를 들어 정상적인 주사위의 경우 눈이 나올 확률은 모두 1/6입니다. 이는 전형적인 균등분포입니다. 정상적인 20면체 주사위라면 모든 눈이 1/20의 확률로 나옵니다.

일반적인 균등분포의 확률질량함수를 설명하겠습니다. 실현값이 $x_1, x_2 \cdots x_n$이고 가능한 결과의 종류 수가 n인 균등분포의 확률질량함수를 다른 확률질량함수와 구별하기 위해 $U(X \mid n)$이라고 표기하기로 합시다.

여기서 U는 균등이라는 의미인 Uniform의 머리글자입니다. 괄호 안의 세로 막대 왼쪽에 있는 X는 확률변수입니다. 세로 막대의 오른쪽에 있는 n은 확률분포의 모양을 결정하는 매개변수입니다. 이산형 균등분포의 경우 가능한 결과 유형의 개수에 따라 확률이 달라집니다. 확률질량함수 $U(X \mid n)$은 다음과 같습니다.

$$U(X \mid n) = \frac{1}{n}$$

식 4-17

균등분포는 어떠한 실현값이라도 모두 같은 확률인 $1/n$을 갖습니다. 여기서 $0 \le 1/n$이고 $\sum_{i=1}^{n}(1/n) = 1$입니다. 따라서 이 함수는 확률질량함수의 성질을 만족합니다.

확률변수 X가 균등분포 $U(X \mid n)$을 따르는 것을 명시적으로 나타낼 때는 물결표 기호($\sim$)를 사용해 $X \sim U(X \mid n)$이라고 표기합니다. 줄여서 $X \sim U(n)$으로 표기할 수도 있습니다.

4.2.6 확률밀도

여기서부터는 연속형 확률변수가 따르는 확률분포를 수식으로 표현해보겠습니다. 그에 앞서 **확률밀도**라는 용어부터 소개하겠습니다.

연속형 확률변수는 확률을 다룰 때 약간의 요령이 필요합니다. 예를 들어 물고기의 몸길이가 4cm라고 생각해봅시다. 그러나 정밀도가 좋은 현미경을 사용하면 4.01cm라고 알 수 있습니다. 전자 현미경과 같은 더 정밀한 도구를 사용하면 더 세밀한 값이 나옵니다. 정확하게 4cm 길이인 물고기는 존재하지 않을 수도 있습니다. 즉 길이가 정확하게 4cm일 확률은 0에 가깝습니다. 물론 정확하게 4.01cm일 확률도 0에 가깝습니다.

이러한 특징 때문에 연속형 확률변수를 다룰 때는 확률 대신 확률밀도를 사용합니다. 확률밀도란 연속형 확률변수의 값에 대응하는 '확률'입니다.

연속형 확률변수 X가 $x \leq X \leq x + \Delta x$를 취할 확률을 생각합니다.[1] 그리고 $\Delta x \to 0$일 때 $P(x) \cdot \Delta x$로 확률이 계산되면 $P(x)$를 x의 확률밀도라고 합니다.

예를 들어 연속형 확률변수가 딱 4.0이 될 확률은 0이라고 할 수 있습니다. 그래서 한없이 0에 가깝지만 0이 아닌 값 Δx를 사용하여 매우 좁은 범위 내에 변수가 들어갈 확률을 생각합니다. 또한 확률과 달리 확률밀도는 1보다 큰 값이 될 수 있습니다. 이 책에서는 확률도 확률밀도도 구별하지 않고 P라고 표기합니다.

4.2.7 확률밀도함수

연속형 확률변수의 확률밀도함수를 소개합니다.

연속형 확률변수를 X라고 하고 실현값을 x로 표기하기로 합니다. 확률변수 X가 실수 a 이상 b 이하가 될 확률이 함수 $f(x)$에 의해 다음과 같이 계산된다고 합시다. 이때 X는 연속형 확률분포를 따른다고 하며 이때의 함수 $f(x)$를 **확률밀도함수**라고 합니다.

$$P(a \leq X \leq b) = \int_{a}^{b} f(x)\,dx \qquad \text{식 4-18}$$

---

1 Δ는 '델타'라고 읽습니다. 작은 값이라는 의미로 자주 쓰입니다.

연속형 확률변수의 경우 '특정 값이 될 확률'은 항상 0이 됩니다. 따라서 '특정 범위에 들어갈 확률'을 확률밀도함수를 적분하여 구합니다.

확률밀도함수의 성질

확률밀도함수 $f(x)$는 다음 성질을 만족합니다.

$$0 \leq f(x)$$ 식 4-19

$$\int_{-\infty}^{\infty} f(x)\,dx = 1$$ 식 4-20

확률밀도는 0 이상이며(식 4-19) $-\infty \leq x \leq \infty$의 범위에서 적분하면 1이 됩니다(식 4-20).

4.2.8 확률의 합계와 확률밀도의 적분 사이의 관계

이산형 확률변수라면 다양한 사건이 발생할 확률을 확률의 합계로 계산할 수 있습니다. 한편 연속형 확률변수는 확률밀도의 적분으로 계산합니다. 이 차이에 대해 쉽게 설명해보겠습니다.

예를 들어 물고기를 1마리, 2마리, 3마리 등 낚아 올린 수를 대상으로 살펴보겠습니다. 어획량 X가 따르는 확률분포의 확률질량함수를 $f(x_i)$라고 할 때 $1 \leq X \leq 3$이 될 확률은 다음과 같이 계산합니다. 단 $x_1 = 1$, $x_2 = 2$, $x_3 = 3$입니다.

$$P(1 \leq X \leq 3) = \sum_{i=1}^{3} f(x_i)$$ 식 4-21

이는 $f(1) + f(2) + f(3)$으로 계산해도 상관없습니다. 즉 합계로 확률을 얻을 수 있습니다.

1.5cm, 2.3cm와 같은 물고기 몸길이 X를 대상으로 살펴보겠습니다. 연속형 확률변수인 물고기의 몸길이 X가 따르는 확률분포의 확률밀도함수를 $f(x)$라고 할 때 $1 \leq X \leq 3$이 될 확률은 다음과 같이 계산합니다.

$$P(1 \leq X \leq 3) = \int_1^3 f(x)\,dx \qquad\qquad \text{식 4-22}$$

즉 1에서 3 사이를 적분하는 확률밀도함수를 계산하는 것은 1 이상 3 이하의 모든 변수에 대응하는 확률밀도의 총합과 같은 의미입니다.

적분 계산의 개념을 보충해서 소개합니다. 적분은 '곡선 아래의 면적'이라고 배웁니다. 같은 개념을 사용해서 확률은 면적이라고 쓴 책도 많습니다. 여기서 면적과 무한히 행하는 덧셈의 관계에 대해 설명하겠습니다.

직사각형의 면적을 구하는 방법은 간단합니다. '밑변×높이=면적'입니다. 밑변의 길이를 1로 하는 직사각형을 사용해서 곡선의 아래 면적을 분할하면 [그림 4-6]처럼 됩니다. 계산은 간단하지만 곡선 아래 면적과는 차이가 좀 있습니다.

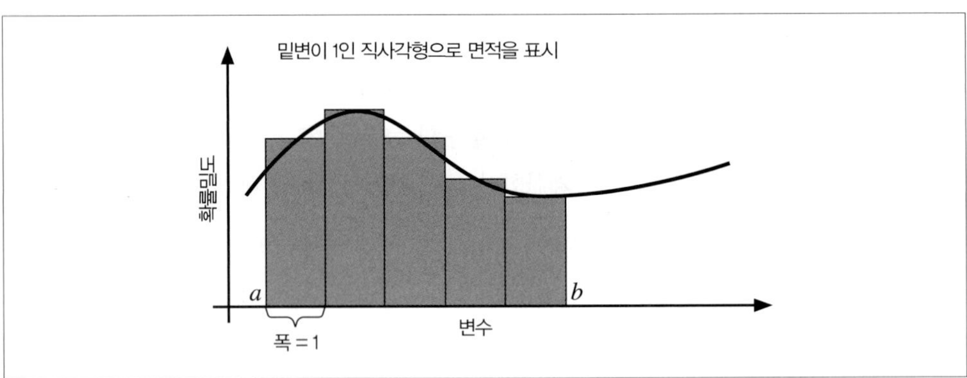

그림 4-6 곡선 아래 면적(직사각형의 밑변은 1)

따라서 [그림 4-7]과 같이 직사각형의 밑변을 짧게 합니다.

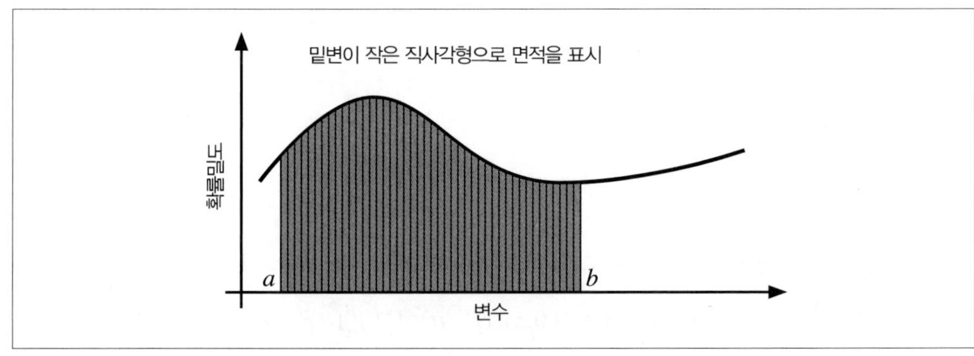

그림 4-7 곡선 아래 면적(밑변이 작은 직사각형)

면적을 구하는 구간을 n개로 나눈 '작은 밑변'을 Δx라고 씁니다. i번째의 확률변수를 x_i, 확률밀도함수를 $f(x_i)$로 표기하면 직사각형 면적의 합계는 다음처럼 계산할 수 있습니다.

$$\text{직사각형 면적의 합계} = \sum_{i=1}^{n} f(x_i) \times \Delta x \qquad \text{식 4-23}$$

여기서 $n \to \infty$, 즉 구간을 무한히 잘게 나눌 때 위의 덧셈을 적분이라고 하고 다음과 같이 정의합니다.

$$\lim_{n \to \infty} \sum_{i=1}^{n} f(x_i) \times \Delta x = \int_{a}^{b} f(x)\,dx \qquad \text{식 4-24}$$

이산형 확률변수의 경우 덧셈을 사용하고 연속형 확률변수의 경우 적분을 사용합니다. 이때 '둘 다 하는 일이 대체로 같다'라고 알고 있으면 이해하기 쉽습니다.

4.2.9 연속형 균등분포

균등분포는 연속형 확률변수에서도 정의할 수 있습니다. 연속형 확률분포로서 균등분포의 확률밀도함수를 소개합니다.

확률변수 X가 취할 수 있는 범위가 α 이상 β 이하인 균등분포의 확률밀도함수 $\mathrm{U}(X \mid \alpha, \beta)$는 다음과 같습니다. 이때 $\alpha < \beta$입니다.

$$\mathrm{U}(X \mid \alpha, \beta) = \frac{1}{\beta - \alpha}$$

식 4-25

균등분포는 어떠한 실현값이라도 모두 같은 확률인 $1/(\beta - \alpha)$을 갖습니다. 또한 α 미만이나 β를 넘는 결과를 얻을 확률은 0입니다. 여기서 $0 \leq 1/(\beta - \alpha)$이고 $\int_{\alpha}^{\beta} 1/(\beta - \alpha)\, dx = 1$인 점에 주의합시다. 이 함수는 확률밀도함수의 성질을 만족합니다.

4.2.10 누적분포함수

확률변수 X에 대해 어느 실현값 x 이하의 값을 취하는 확률, 즉 $P(X \leq x)$를 구하는 함수를 **누적분포함수**라고 부릅니다. 3장에서 등장한 누적상대도수분포와 매우 유사하다고 생각하면 됩니다. 누적분포함수는 $F(x)$로 표기하는 경우가 많습니다. 또한 $P(X \leq x)$는 **누적확률** 또는 **하측확률**이라고도 합니다. 따라서 $F(x)$는 누적확률을 구하는 함수라고 할 수 있습니다.

이산형 확률분포라면 x 이하의 값을 취할 확률을 합산하여 얻을 수 있습니다. 연속형 확률분포라면 x 이하의 범위를 적분함으로써 얻을 수 있습니다.

4.2.11 균등분포의 누적분포함수

연속형 균등분포의 예로 누적분포함수를 설명해보겠습니다. 하지만 이 내용은 이 책에서는 이곳에서만 다루므로 어렵다면 건너뛰어도 괜찮습니다.

α에서 β의 범위를 가지는 연속형 균등분포에 따른 확률변수를 X라고 합시다. X가 따르는 확률분포의 확률밀도함수를 $f(u)$라고 합니다. 또한 연속형 균등분포는 4.2.9절에서 확인한 바와 같이 모두 동일한 확률밀도 $1/(\beta - \alpha)$를 취합니다. 따라서 누적분포함수 $F(x)$는 다음과 같이 계산합니다.

$$F(x) = \int_{\alpha}^{x} f(u)\, du$$

$$= \int_{\alpha}^{x} \frac{1}{\beta - \alpha}\, du$$

$$= \left[\frac{u}{\beta - \alpha} \right]_{\alpha}^{x}$$

$$= \frac{x - \alpha}{\beta - \alpha}$$

식 4-26

균등분포의 경우 x와 비례하여 $F(x)$가 증가합니다. x가 분포의 하한값 α와 같을 때 그보다 작은 값이 나올 확률은 0입니다. 반면 x가 상한값 β와 같아졌을 때 x 이하의 값이 될 확률은 1이 됩니다.

4.2.12 백분위수

데이터가 어느 값 이하가 될 확률을 **누적확률**이라고 합니다. 반대로 '어느 확률이 될 기준치'를 **백분위수** 또는 **퍼센타일**^{percentile}이라고 합니다.

여기서 '확률변수가 N보다 낮을 확률은 M퍼센트다'라는 문장을 생각해봅시다. N(변수)을 고정하고 M(확률)을 구하는 경우 이때의 M이 누적확률입니다. 반면 M(확률)을 고정해서 N(변수)을 구하는 경우 이때의 M이 백분위수입니다. 쉽게 말해 백분위수는 누적분포함수를 거꾸로 한다는 개념입니다.

4.2.13 기댓값

기댓값에 대해 알아봅시다. 기댓값은 평균값과 똑같이 해석할 수 있는 지표입니다. 어떤 확률분포에 따른 확률변수 X의 기댓값은 $E(X)$나 μ(뮤)로 표기합니다. 기댓값은 '아직 얻지 못한 모르는 데이터에도 적용할 수 있는 평균값'이라고 말할 수 있습니다. 기댓값에 대해서는 나중에 다시 자세하게 설명하겠습니다.

이산형 확률변수를 X로 하고 실현값을 $x_1, x_2 \cdots x_n$이라고 합시다. X가 따르는 확률분포의 확률질량함수를 $f(x_i)$라고 합니다. 확률변수 X의 기댓값 $E(X)$는 다음과 같이 계산합니다.

$$E(X) = \sum_{i=1}^{n} f(x_i) \cdot x_i$$

식 4-27

기댓값은 '확률×값'의 합계로 계산할 수 있습니다. 큰 값이 발생할 수 있더라도 그 확률이 작다면 기댓값은 그다지 크지 않습니다. 반대로 발생 확률이 높으면 기댓값에 미치는 영향은 커집니다. 확률변수의 크기뿐만 아니라 발생 확률도 고려한 것이 기댓값이라고 할 수 있습니다.

연속형 확률분포에서 기댓값은 합계를 계산하는 대신 적분을 계산합니다. $-\infty \sim \infty$의 범위를 가지는 연속형 확률변수를 X라고 하고 실현값을 x라고 합시다. X가 따르는 확률분포의 확률밀도함수를 $f(x)$라고 합니다. 확률변수 X의 기댓값 $E(X)$는 다음과 같이 계산합니다.

$$E(X) = \int_{-\infty}^{\infty} f(x) \cdot x \, dx$$

식 4-28

연속형 확률변수에서도 기댓값은 평균값과 똑같이 해석할 수 있는 지표입니다. 확률변수를 여러 번 얻는 것을 생각한 평균값이 기댓값이라고 할 수 있습니다.

예를 들어 어떤 슬롯머신에서는 3/10의 확률로 당첨이 나와 1만 원을 받고 7/10의 확률로 꽝이 나와 아무것도 받을 수 없다고 합시다. 이 슬롯머신을 1회 실행하는 데 5000원이 필요하다고 합니다. 이때 슬롯머신에서 얻은 금액의 기댓값 μ는 다음과 같이 3000원으로 계산됩니다. 따라서 기댓값으로 보면 이 슬롯머신을 한 번 돌릴 때마다 2000원 손실이 됩니다.

$$\mu = \left(\frac{3}{10} \times 10000\right) + \left(\frac{7}{10} \times 0\right)$$
$$= 3000$$

식 4-29

여기에서 같은 슬롯머신을 돌려 당첨 여부를 기록하는 작업을 10회 반복했다고 합시다. 확률분포대로 그중 3회가 당첨이고 7회가 꽝이었다고 합시다. 이때 평균값은 다음과 같이 계산되어 기댓값과 동일한 값이 됩니다.

$$\frac{10000 + 10000 + 10000 + 0 + 0 + 0 + 0 + 0 + 0 + 0}{10} = 3000$$

식 4-30

기댓값은 장기적으로 바라볼 때의 평균값으로 해석할 수 있습니다. 슬롯머신을 10억 번 실행하는 경우를 생각해봅시다. 10억 번의 슬롯머신에서는 대략 3/10의 확률로 당첨이 나오므로 3억 번 정도 당첨이, 7억 번 정도 꽝이 나옵니다. 10억 번의 결과를 평균하면 대략 3000원이 될 것이라 기대할 수 있습니다. 이처럼 확률변수를 몇 번이나 반복해서 얻는 경우를 생각한 평균값이 기댓값이라고 할 수 있습니다.

비록 실제로 10억 번 슬롯머신을 실행한 기록이 없더라도 확률분포를 알고 있다면 기댓값을 계산할 수 있습니다. 즉 기댓값을 예측값으로 사용할 수 있습니다. 이것이 '모르는 데이터에도 적용할 수 있는 평균값'이라는 기댓값의 특성에서 얻는 유용함입니다.

특정 고객이 게임 중인 한 슬롯머신에서 당첨이 나올지 여부는 알 수 없습니다. 그러나 슬롯머신을 수많은 사람이 몇 번이고 반복했다면 손님이 받는 금액의 평균값이 3000원이 될 것이라고 예측할 수 있습니다. 그래서 이 슬롯머신을 1회 3000원 이상의 금액으로 제공하면 가게는 이익을 낼 수 있다는 것을 예측할 수 있습니다.

4.2.14 확률변수의 분산

확률변수의 분산에 대해 설명하겠습니다. 3.4절에서 설명한 바와 같이 분산은 쉽게 말해 데이터가 평균값과 얼마나 떨어져 있는지를 나타내는 지표입니다. 확률분포에서 분산을 계산하는 경우는 '확률변수가 평균값(기댓값)과 얼마나 떨어져 있을 것으로 기대할 수 있는가'를 나타낸 것이라고 해석할 수 있습니다.

확률변수 X의 분산은 $V(X)$나 σ^2으로 표기합니다. 확률변수의 분산을 수식으로 표현해보겠습니다. 특정 확률분포에 따른 확률변수 X의 기댓값은 $E(X)$로 표기합니다. 여기서는 알아보기 쉽도록 $E(X)=\mu$로 표기하겠습니다.

분산은 '확률변수 X가 기댓값 μ와 얼마나 멀리 떨어져 있다고 기대할 수 있는가'를 나타내는 지표이므로 다음과 같이 표기할 수 있습니다.

$$V(X)=E[(X-\mu)^2]$$

식 4-31

$(X-\mu)^2$은 확률변수 X와 기댓값 μ 사이의 거리를 제곱한 값과 같습니다. 그 기댓값이 분산입니다.

이산형 확률변수를 X라 하고 실현값을 $x_1, x_2 \cdots x_n$이라고 합시다. X가 따르는 확률분포의 확률질량함수를 $f(x_i)$라고 합니다. 이때 X의 기댓값을 μ라고 하겠습니다. 그러면 X의 분산 $V(X)$는 다음과 같이 계산합니다.

$$V(X) = \sum_{i=1}^{n} f(x_i) \cdot (x_i - \mu)^2$$

식 4-32

기댓값의 [식 4-27]에서 x_i 대신에 $(x_i - \mu)^2$을 넣은 것이 분산입니다. 기댓값 μ와 개별 실현값 x_i가 멀어질수록 $(x_i - \mu)^2$은 더 큰 값을 가집니다. 따라서 $(x_i - \mu)^2$에 확률을 곱한 후 합산한 $V(X)$는 확률변수 X가 기댓값 μ와 얼마나 떨어져 있을 것으로 예상할 수 있는지를 나타내는 지표로 해석할 수 있습니다.

연속형 확률분포의 분산은 합계를 계산하는 대신 적분한 값을 계산합니다. 이는 기댓값이나 분산이나 마찬가지입니다.

$-\infty \sim \infty$의 범위를 가지는 연속형 확률변수를 X라고 하고 실현값을 x라고 합시다. X가 따르는 확률분포의 확률밀도함수를 $f(x)$라고 합니다. 이때 X의 기댓값을 μ라고 하겠습니다. 그러면 X의 분산 $V(X)$는 다음과 같이 계산합니다.

$$V(X) = \int_{-\infty}^{\infty} f(x) \cdot (x - \mu)^2 \, dx$$

식 4-33

4.2.15 균등분포의 기댓값과 분산

지금까지의 설명한 내용을 바탕으로 균등분포의 기댓값과 분산을 계산해봅시다. 식 변형이 어렵다면 건너뛰어도 괜찮습니다.

먼저 이산형 균등분포를 살펴봅시다. 실현값이 $x_1, x_2 \cdots x_n$이고 가능한 결과의 종류 수가 n인 균등분포의 확률질량함수를 $U(X \mid n)$이라고 합시다. 확률변수 X가 이러한 균등분포를 따르는 것을 명시적으로 $X \sim U(X \mid n)$이라고 표기합니다. 또한 이산형 균등분포는 4.2.5절에서 확인한 바와 같이 모두 같은 확률 $1/n$을 취하므로 $f(x_i) = 1/n$입니다.

$X \sim U(X \mid n)$인 확률변수 X의 기댓값 $E(X)$는 다음과 같이 계산합니다.

$$E(X) = \sum_{i=1}^{n} f(x_i) \cdot x_i = \sum_{i=1}^{n} \frac{1}{n} \cdot x_i = \frac{1}{n} \sum_{i=1}^{n} x_i$$

식 4-34

$X \sim \mathrm{U}(X \mid n)$인 확률변수 X의 분산 $V(X)$는 다음과 같이 계산합니다.

$$\begin{aligned}
V(X) &= \sum_{i=1}^{n} f(x_i) \cdot (x_i - \mu)^2 \\
&= \sum_{i=1}^{n} \frac{1}{n} \cdot (x_i - \mu)^2 \\
&= \frac{1}{n} \sum_{i=1}^{n} (x_i - \mu)^2
\end{aligned}$$

식 4-35

정의대로 계산하면 표본평균, 표본분산과 비슷한 결과를 얻을 수 있습니다.

연속형 균등분포의 기댓값을 살펴봅시다. 확률변수 X가 취할 수 있는 범위가 α 이상 β 이하인 균등분포의 확률밀도함수를 $\mathrm{U}(X \mid \alpha, \beta)$라고 합시다. 또한 연속형 균등분포는 4.2.9절에서 확인한 바와 같이 모두 동일한 확률밀도 $1/(\beta - \alpha)$를 취하므로 $f(x) = 1/(\beta - \alpha)$입니다.

$X \sim \mathrm{U}(X \mid \alpha, \beta)$인 확률변수 X의 기댓값 $E(X)$는 다음과 같이 계산합니다.

$$\begin{aligned}
E(X) &= \int_{\alpha}^{\beta} f(x) \cdot x \, dx \\
&= \int_{\alpha}^{\beta} \frac{1}{\beta - \alpha} \cdot x \, dx \\
&= \left[\frac{1}{\beta - \alpha} \cdot \frac{x^2}{2} \right]_{\alpha}^{\beta} \\
&= \frac{\beta^2 - \alpha^2}{2(\beta - \alpha)} \\
&= \frac{(\beta - \alpha)(\beta + \alpha)}{2(\beta - \alpha)} \\
&= \frac{\beta + \alpha}{2}
\end{aligned}$$

식 4-36

평균과 기댓값은 분포의 중심이라고 할 수 있습니다. 앞의 결과는 바로 무게중심이라는 단어가 잘 어울리는 결과입니다. 균등분포의 상한값과 하한값의 중심이 기댓값이 되었습니다.

4.2.16 다차원 확률분포

지금까지는 하나의 확률변수만을 대상으로 했습니다. 여기서부터는 두 개 이상 확률변수의 대응 관계에 주목합니다. 먼저 용어의 정의를 살펴보고 구체적인 예는 4.2.21절에서 소개합니다.

둘 이상의 확률변수를 대상으로 하는 확률분포를 **다차원 확률분포**라고 합니다. 4.2절에서는 간단한 형태인 두 가지 확률변수의 조합을 중심으로 설명하는데 이를 **2차원 확률분포**라고 합니다. 이러한 확률분포는 이산형 또는 연속형으로 정의할 수 있지만 이산형 확률분포를 중심으로 다루겠습니다.

4.2.17 동시확률분포

먼저 동시확률분포에 대해 설명하겠습니다. 두 가지 확률변수 X, Y를 생각해봅시다. 실현값을 각각 x_i, y_j라고 하겠습니다. 이때 '$X=x_i$이고 $Y=y_j$일 확률'을 **동시확률**이라고 합니다. 확률변수의 조합 (X, Y)과 확률의 대응을 **동시확률분포**나 **동시분포** 또는 **결합분포**라고 합니다.

이산형 확률변수 X, Y에서 동시확률분포는 다음과 같이 표기합니다.

$$P(X=x_i, Y=y_j) \qquad i=1,2 \cdots m \qquad j=1,2 \cdots n \qquad\qquad \text{식 4-37}$$

모든 X, Y 조합에 대해 확률을 표시하기란 어렵습니다. 그래서 주로 $P(X=x_i, Y=y_j)=f(x_i, y_j)$가 되는 동시확률질량함수를 이용하여 동시확률분포를 표현합니다. 또한 동시확률분포는 $P(X,Y)$로 표기할 수도 있습니다.

동시확률분포 역시 확률분포이므로 확률질량함수는 다음 성질을 만족합니다. 해석은 변수가 한 개일 때, 즉 1차원의 경우와 거의 같습니다. 확률은 0 이상이며(식 4-38) 모든 확률을 더하면 1이 됩니다(식 4-39).

$$0 \le f(x_i, y_j) \qquad i=1,2 \cdots m \qquad j=1,2 \cdots n \qquad\qquad \text{식 4-38}$$

$$\sum_{i=1}^{m}\sum_{j=1}^{n} f(x_i, y_j) = 1$$

식 4-39

4.2.18 주변화와 주변분포

동시확률분포에서 특정 확률변수를 지우는 계산을 **주변화**라고 합니다. 이산형 동시확률분포 $P(X=x_i, Y=y_j)$에서 확률변수 Y를 제거한 $P(X=x_i)$는 다음과 같이 구할 수 있습니다.

$$P(X=x_i) = \sum_{j=1}^{n} P(X=x_i, Y=y_j)$$

식 4-40

이와 같이 구한 X의 확률분포 $P(X=x_i)$를 **주변분포**라고 합니다. 마찬가지로 $P(X=x_i, Y=y_j)$에서 확률변수 X를 제거한 $P(Y=y_j)$는 다음과 같이 구할 수 있습니다.

$$P(Y=y_j) = \sum_{i=1}^{m} P(X=x_i, Y=y_j)$$

식 4-41

4.2.19 조건부 확률분포

4.1절에서 소개한 조건부 확률과 마찬가지로 **조건부 확률분포**를 정의할 수 있습니다. 이산형 확률변수 X와 Y에 대해 $Y=y_j$라는 조건일 때, 조건부 확률분포는 다음과 같습니다.

$$P(X=x_i \mid Y=y_j) = \frac{P(X=x_i, Y=y_j)}{P(Y=y_j)}$$

식 4-42

조건부 확률분포는 $P(X \mid Y)$로 표기할 수도 있습니다. 또한 다음과 같이 식을 변형한 형태도 자주 사용합니다.

$$P(X=x_i, Y=y_j) = P(X=x_i \mid Y=y_j) \cdot P(Y=y_j)$$

식 4-43

4.2.20 확률변수의 독립

이산형 확률변수 X와 Y가 서로 독립일 때 다음 식이 성립합니다.

$$P(X=x_i, Y=y_j) = P(X=x_i) \cdot P(Y=y_j)$$

식 4–44

조건부 확률의 정의에서 확률변수의 독립은 다음과 같은 의미입니다.

$$P(X=x_i \mid Y=y_j) = P(X=x_i)$$

식 4–45

$Y=y_j$라는 조건이 있든 없든 확률변수 X의 분포가 전혀 변하지 않을 때 두 확률변수는 서로 독립이라고 말합니다.

4.2.21 2차원 확률분포의 예

구체적인 예를 통해 지금까지의 배운 내용을 확인해보겠습니다. 대학 강의에 대해 학점을 취득했는지 여부와 시험 공부를 했는지 여부라는 두 가지 확률변수의 관계를 생각해봅시다.

확률변수 X에 대해 학점을 취득할 때를 1, 취득하지 못할 때를 0으로 하겠습니다. 확률변수 Y에 대해 시험 공부했을 때를 1, 공부하지 않았을 때를 0으로 합시다. 이때의 2차원 확률분포가 다음 표와 같다고 합시다.

		시험 공부 Y		합계
		공부함 1	공부 안 함 0	
학점 X	취득	$P(X=1, Y=1)=0.4$	$P(X=1, Y=0)=0.2$	$P(X=1)=0.6$
	낙제	$P(X=0, Y=1)=0.1$	$P(X=0, Y=0)=0.3$	$P(X=0)=0.4$
합계		$P(Y=1)=0.5$	$P(Y=0)=0.5$	1

주변분포는 이름 그대로 표 주변에 붙어 있습니다. $P(X=x_i)$를 보면 60%의 사람은 학점을 취득했고 40%의 사람은 떨어진 것을 알 수 있습니다.

다음으로 동시확률분포 $P(X=x_i, Y=y_j)$에 주목합니다. '학점을 취득했고 공부도 했다'는 확률인

$P(X=1, Y=1)=0.4$가 있습니다. 표의 중심에 있는 네 개의 칸에 있는 값이 동시확률입니다.

또한 $P(X=1, Y=1)+P(X=1, Y=0)=P(X=1)$이며 $P(X=0, Y=1)+P(X=0, Y=0)=P(X=0)$인 점에도 주목합시다. 이처럼 동시분포에서 주변분포를 구할 수 있으며 이렇게 계산하는 것을 주변화라고 부릅니다.

이제 조건부 확률분포를 계산해봅시다. 여기에서는 공부했다는 조건이 있을 때 학점 취득 여부의 확률분포 $P(X=x_i \mid Y=1)$을 검토합니다. 이는 다음과 같이 계산할 수 있습니다.

$$\text{학점 취득: } P(X=1 \mid Y=1)=\frac{P(X=1, Y=1)}{P(Y=1)}=\frac{0.4}{0.5}=0.8 \qquad \text{식 4-46}$$

$$\text{학점 낙제: } P(X=0 \mid Y=1)=\frac{P(X=0, Y=1)}{P(Y=1)}=\frac{0.1}{0.5}=0.2 \qquad \text{식 4-47}$$

공부했던 사람은 80%가 학점을 취득할 수 있다는 것을 알 수 있습니다. 여기서 학점을 취득할 확률 $P(X=1)=0.6$과 시험 공부를 한 확률 $P(Y=1)=0.5$를 곱해도 $P(X=1, Y=1)=0.4$는 되지 않습니다. 따라서 학점 취득 여부와 시험 공부 여부는 독립이 아닌 것을 알 수 있습니다. 공부한 사람이 학점을 얻기 쉬운 것 같습니다.

4.2.22 확률변수의 공분산과 상관계수

두 변수의 관계를 조사하는 데 자주 이용하는 지표는 3.5절에서 소개한 공분산과 상관계수입니다. 이러한 지표를 확률분포에서도 계산해봅시다.

확률변수의 공분산 정의는 다음과 같습니다. 단 μ_X는 확률변수 X의 기댓값이고 μ_Y는 확률변수 Y의 기댓값입니다.

$$C(X,Y)=E\left[(X-\mu_X)\cdot(Y-\mu_Y)\right] \qquad \text{식 4-48}$$

확률변수의 상관계수 정의는 다음과 같습니다.

$$\rho(X,Y) = \frac{C(X,Y)}{\sqrt{V(X) \cdot V(Y)}}$$

식 4–49

상관계수의 해석은 3.5절과 동일합니다. 확률변수 X, Y가 서로 독립이면 $C(X,Y) = \rho(X,Y) = 0$인 것으로 알려져 있습니다. 단 $C(X,Y) = 0$이라고 해서 독립인 것은 아니므로 주의해야 합니다.

4.2.23 독립동일분포

통계분석 시 흔히 가정하는 독립동일분포 가정에 대해 알아봅시다.

n개의 확률변수의 열 $X_1, X_2 \cdots X_n$을 생각해보겠습니다. 이러한 확률변수가 따르는 확률분포가 모두 동일하고 확률변수가 서로 독립일 때 $X_1, X_2 \cdots X_n$이 **독립동일분포**를 따른다고 합니다. 독립동일분포는 independently and identically distributed의 머리글자를 따서 i.i.d로 줄여 부릅니다.

n개의 데이터를 얻었을 때 이를 i.i.d를 따르는 확률변수 열이라고 가정하고 분석하는 경우가 많습니다. 계산을 간단하게 하기 위해 어쩔 수 없는 경우도 있지만 이러한 가정이 암묵적으로 깔려 있다는 점을 알아야 합니다.

예를 들어 연속형 확률변수의 열 $X_1, X_2 \cdots X_n$이 서로 독립이고 모두 같은 균등분포 $U(X \mid \alpha, \beta)$를 따르고 있다고 합시다. 이때 $X_1, X_2 \cdots X_n$의 동시확률분포는 독립인 점을 이용하면 다음과 같이 계산할 수 있습니다.

$$
\begin{aligned}
P(X_1, X_2 \cdots X_n) &= P(X_1) \cdot P(X_2) \cdots P(X_n) \\
&= \prod_{k=1}^{n} P(X_k) \\
&= \prod_{k=1}^{n} \frac{1}{\beta - \alpha}
\end{aligned}
$$

식 4–50

여기서 $\prod$는 곱하기 기호입니다. 세 번째 줄에서는 균등분포의 확률밀도를 대입했습니다. 독립동일분포를 따른다고 가정하면 n개의 확률변수에 대한 동시확률분포를 매우 간단히 평가할 수 있습니다.

간단한 계산을 위해 i.i.d를 따르는 것으로 가정하는 경우가 많습니다. 하지만 이 가정에 문제가 있을 수도 있습니다. 자주 지적되는 것이 바로 시계열 데이터입니다.

예를 들어 매시간 집 베란다의 기온을 측정했다고 가정합니다. 이때 아침 시간대는 훨씬 시원하고 낮이 되면 기온이 높아질 것으로 예상할 수 있습니다. 이 경우 '비슷한 시간대에 측정한 기온은 비슷한 값으로 나오기 쉽다'고 가정합니다. 또는 일별 매출 추이를 기록한 시계열 데이터에서도 '어제의 매출과 오늘의 매출이 비슷하다'는 것은 쉽게 상상할 수 있습니다. 확률변수가 서로 독립이지 않기 때문에 확률변수 열이 i.i.d를 따르는 것으로 간주하지 않습니다.

시계열 데이터를 분석할 때는 시계열 분석이라는 특별한 기술을 활용하는 것이 좋습니다. 이 내용은 이 책에서 다루는 범위를 벗어나므로 관련 문헌을 참고하기 바랍니다.

4.3 이항분포

4.3절에서는 대표적 이산형 확률분포인 **이항분포**를 소개합니다.

먼저 **베르누이 분포**라고 불리는 기본적인 확률분포를 파이썬을 이용한 난수 생성 시뮬레이션을 활용해 설명합니다. 그리고 베르누이 분포에 이어 이항분포를 소개합니다. 이항분포에서도 시뮬레이션을 사용하여 가능한 한 직관적으로 이해할 수 있도록 설명합니다. 마지막으로 이항분포의 특징을 정리합니다.

4.3.1 시행

이항분포에 앞서 더 간단한 베르누이 분포라는 확률분포를 소개하겠습니다. 먼저 베르누이 분포를 이해하는 데 필요한 용어부터 정리합니다.

1회의 조사를 수행한 것을 **시행**이라고 합니다. 완전히 똑같은 조건으로 한다면 시행을 반복하는 것도 가능합니다. 예를 들어 완전히 똑같은 호수에서 똑같은 장비로 낚시를 두 번 한다면 시행을 두 번 반복하는 것입니다. 동전을 던져 앞면과 뒷면을 기록하거나 제비뽑기를 통해 당첨 여부를 기록하는 것도 마찬가지입니다. 몇 번이고 시행을 반복하는 게 가능할 때 반복한 횟수를 **시행횟수**라고 합니다.

4.3.2 이항확률변수

이항확률변수는 두 개의 값만 가지는 확률변수입니다. 예를 들어 '있다, 없다' 또는 '앞, 뒤', '당첨, 꽝' 같은 것들이 있습니다.

4.3.3 베르누이 시행

두 종류의 결과 중 하나만을 발생시키는 시행을 **베르누이 시행**이라고 합니다. 예를 들어 동전을 한 번 던져 앞면이 나오는지 뒷면이 나오는지 기록하는 시행이나 복권을 한 장 뽑아서 당첨 여부를 기록하는 시행은 베르누이 시행에 해당합니다.

4.3.4 성공확률

두 종류의 결과 중 어느 한쪽의 결과를 얻을 확률을 편의상 **성공확률**이라고 부르겠습니다. 성공확률은 0 이상 1 이하라는 점에 주의해야 합니다. 예를 들어 동전을 던져 앞면이 나올 확률이나 복권을 뽑아서 당첨될 확률이 성공확률입니다. 성공이라는 말을 사용하고 있지만 긍정적인 의미는 없습니다. 병에 걸릴지 아닐지 두 종류의 결과에 대해서 걸릴 확률을 성공확률이라고 부르는 경우도 있습니다.

4.3.5 베르누이 분포

한 번의 베르누이 시행이 일어날 때 이항확률변수가 따르는 확률분포를 **베르누이 분포**라고 합니다. 예를 들어 동전을 한 번만 던진다고 할 때 표본공간은 $\Omega = \{앞, 뒤\}$ 입니다. 여기서 표본공간의 요소에 실숫값을 대응시킵니다. 이번에는 앞을 1, 뒤를 0으로 표기하기로 합니다. 동전을 던지기 전에는 1이 나오는지 0이 나오는지 모릅니다. 하지만 속임수가 아닌 동전이라면 1이 나올 확률과 0이 나올 확률은 모두 0.5라고 볼 수 있습니다.

이제 동전이 속임수 동전일 가능성을 고려해봅시다. 즉 동전을 한 번 던져 앞면이 나올 확률을 0 이상 1 이하인 성공확률 p로 표현합니다. 이때의 확률분포를 베르누이 분포라고 하며 다음과 같이 표기합니다. 여기서 X는 이항확률변수입니다.

$$P(X=1)=p$$
$$P(X=0)=1-p$$

식 4-51

베르누이 분포는 속임수 동전뿐만 아니라 제비뽑기 등에도 적용할 수 있습니다. 제비뽑기로 당첨될 확률을 성공확률 p로 놓으면 속임수 동전과 같은 논리를 적용할 수 있습니다.

4.3.6 복권 시뮬레이션

시뮬레이션의 개념을 이해하기 위해 베르누이 분포를 따르는 확률변수를 시뮬레이션으로 생성하는 방법을 설명합니다. 또한 컴퓨터로 생성되는 확률변수를 난수라고 부를 수 있습니다. 이 책에서는 확률변수와 난수라는 용어를 거의 같은 의미로 사용합니다. 앞으로 소개하는 방법은 베르누이 분포를 따르는 난수를 생성하는 시뮬레이션이라고 할 수 있습니다.

컴퓨터에서 가상으로 추첨을 수행해볼 것입니다. 당첨이 2장, 꽝이 8장 들어간 검은 상자에서 무작위로 복권을 1장 뽑습니다. 그리고 복권이 당첨인지 여부를 기록합니다. 무작위로 추첨하므로 0.2 확률로 당첨이 나온다고 가정합니다. 따라서 이 추첨 시뮬레이션은 성공확률 $p=0.2$인 베르누이 시행으로 생각할 수 있습니다.

4.3.7 분석 준비

필요한 라이브러리를 불러옵니다.

```python
# 수치 계산에 사용하는 라이브러리
import numpy as np
import pandas as pd
from scipy import stats

# 그래프를 그리는 라이브러리
from matplotlib import pyplot as plt
import seaborn as sns
sns.set()

# 그래프의 한글 표기
from matplotlib import rcParams
rcParams['font.family'] = "Malgun Gothic"
```

4.3.8 복권 1장 시뮬레이션

복권을 1장 뽑는 시뮬레이션을 실행합니다. 간단하지만 파이썬으로 시뮬레이션하는 방법은 다른 분야에도 응용할 수 있으니 꼭 익혀두기 바랍니다.

넘파이 배열로 10장짜리 복권 변수 lottery를 준비합니다. 숫자 1이 당첨이고 0이 꽝입니다.

```
In    lottery = np.array([1,1,0,0,0,0,0,0,0,0])
      lottery
```

```
Out   array([1, 1, 0, 0, 0, 0, 0, 0, 0, 0])
```

당첨 수를 전체 복권의 매수로 나누어 성공확률을 구할 수 있습니다. 이번에는 10장 중 2장이 당첨이므로 성공확률은 0.2입니다.

```
In    sum(lottery) / len(lottery)
```

```
Out   0.2
```

이제 복권을 1장 뽑습니다. 넘파이 배열에서 모든 요소를 동일한 확률로 추출하려면 다음과 같이 np.random.choice 함수를 사용합니다. 함수의 인수로 추출할 대상이 되는 복권 lottery와 복권을 뽑는 횟수인 size를 지정합니다. replace=True는 한 번 뽑은 복권을 다시 상자로 되돌리는 인수 지정입니다. 이를 **복원추출**이라고 합니다. 뽑은 복권을 되돌리지 않으면 **비복원추출**이라고 합니다. 이번에는 복권을 1장만 뽑으므로 설정할 필요는 없지만 참고하기 위해서 설정해 둡니다.

```
In    np.random.choice(lottery, size=1, replace=True)
```

```
Out   array([0])
```

결과는 넘파이 배열입니다. 이번에는 꽝 복권이 나왔습니다. 복권을 한 번 뽑는 시도를 세 번 반복해봅시다.

```
In    print(np.random.choice(lottery, size=1, replace=True))
      print(np.random.choice(lottery, size=1, replace=True))
      print(np.random.choice(lottery, size=1, replace=True))
```

```
Out   [0]
      [1]
      [0]
```

첫 번째와 세 번째는 꽝이었지만 두 번째는 당첨입니다. 같은 코드를 실행하고 있지만 실행할 때마다 확률적으로 결과가 바뀝니다. 여러분이 앞의 코드를 실행하면 첫 번째 시도에서 당첨이 나오거나 세 번 다 꽝이거나 등 실행할 때마다 다른 결과가 나타날 것입니다. 이처럼 파이썬 시뮬레이션을 활용하면 확률적 변동을 이해하는 데 매우 유용합니다.

4.3.9 복권 10장 시뮬레이션

다음으로 베르누이 시행을 넘어 10장의 복권 뽑기 결과를 확인하는 시뮬레이션을 실행합니다. 성공확률이 0.2인 복권을 10장 뽑았을 때 모두 꽝인 확률이나 1장만 당첨이 나올 확률은 얼마일까요. 이는 나중에 소개할 이항분포라는 확률분포에 해당합니다.

우선 복권을 10장 뽑는 방법을 설명합니다. np.random.choice 함수의 인수에 size=10이라고 설정하기만 하면 복권을 10장 뽑을 수 있습니다.

```
In    print(np.random.choice(lottery, size=10, replace=True))
      print(np.random.choice(lottery, size=10, replace=True))
      print(np.random.choice(lottery, size=10, replace=True))
```

```
Out   [0 0 0 0 0 0 0 0 0 0]
      [0 0 0 0 1 0 0 0 0 0]
      [0 0 0 0 0 1 0 0 1 0]
```

세 번 실행했지만 결과는 무작위로 바뀝니다. 첫 번째는 10장 모두가 꽝이었습니다. 두 번째는 당첨이 1장, 세 번째는 당첨이 2장입니다.

난수 생성 시뮬레이션은 확률적으로 결과가 바뀝니다. 그러나 **난수 시드**^{random seed}를 지정하여 결과를 고정할 수 있습니다. 이 책에 기재한 내용과 같은 결과를 여러분이 재현할 수 있도록 여기에서 난수 시드를 소개합니다.

난수 시드를 설정하려면 np.random.seed 함수를 사용합니다. 인수에는 원하는 숫자를 넣습니다. 같은 숫자를 지정하면 같은 결과가 나옵니다. 이번에는 인수에 1을 설정했습니다.

```
In    np.random.seed(1)
      print(np.random.choice(lottery, size=10, replace=True))
      np.random.seed(1)
      print(np.random.choice(lottery, size=10, replace=True))
      np.random.seed(1)
      print(np.random.choice(lottery, size=10, replace=True))
```

```
Out   [0 0 0 0 1 1 1 0 0 0]
      [0 0 0 0 1 1 1 0 0 0]
      [0 0 0 0 1 1 1 0 0 0]
```

np.random.seed 함수와 np.random.choice 함수를 번갈아 실행하면 확실히 3장의 당첨이 나옵니다. 앞의 코드를 여러 번 실행해도 마찬가지입니다.

np.random.seed 함수를 한 번 실행한 후 np.random.choice 함수를 연속으로 실행하면 결과는 무작위로 바뀝니다.

```
In    np.random.seed(1)
      print(np.random.choice(lottery, size=10, replace=True))
      print(np.random.choice(lottery, size=10, replace=True))
      print(np.random.choice(lottery, size=10, replace=True))
```

```
Out   [0 0 0 0 1 1 1 0 0 0]
      [0 0 0 0 0 0 0 0 0 0]
      [1 0 1 0 0 0 0 0 0 1]
```

첫 번째는 당첨 3장, 두 번째는 당첨 0장, 세 번째는 당첨 3장입니다. 이러한 변화의 패턴은 난수 시드를 지정하는 것으로 고정됩니다. 즉 앞의 코드를 다시 실행해도 '첫 번째는 당첨 3장, 두 번째는 당첨 0장, 세 번째는 당첨 3장'이 되는 것은 변하지 않습니다.

```
In    np.random.seed(1)
      print(np.random.choice(lottery, size=10, replace=True))
      print(np.random.choice(lottery, size=10, replace=True))
      print(np.random.choice(lottery, size=10, replace=True))
```

```
Out   [0 0 0 0 1 1 1 0 0 0]
      [0 0 0 0 0 0 0 0 0 0]
      [1 0 1 0 0 0 0 0 0 1]
```

np.sum 함수를 사용하면 추첨 결과를 합산하여 당첨 매수를 알 수 있습니다.

```
In    np.random.seed(1)
      sample_1 = np.random.choice(lottery, size=10, replace=True)
      print('당첨 결과:', sample_1)
      print('당첨 매수:', np.sum(sample_1))
```

```
Out   당첨 결과: [0 0 0 0 1 1 1 0 0 0]
      당첨 매수: 3
```

4.3.10 복권 10장 시행을 1만 회 반복하는 시뮬레이션

복권을 10장 뽑고 당첨 매수를 기록하는 시행을 1만 회 반복 실행해봅시다. 우선 시뮬레이션을
준비합니다. 시행횟수인 n_trial을 10000으로 설정했습니다. 또한 1만 회의 결과를 저장하기
위해 binomial_result_array를 준비했습니다.

```
In    # 시행횟수
      n_trial = 10000
      # 결과물을 담을 변수
      binomial_result_array = np.zeros(n_trial)
```

이어서 시뮬레이션을 시행합니다. 첫 번째 줄에서 난수 시드를 설정합니다. 두 번째 줄은 for

반복문입니다. 인덱스 i를 0에서 n_trial까지 늘리면서 아래 두 줄의 코드를 반복해서 실행합니다.

for 문에서 np.random.choice 함수를 사용하여 복권을 뽑아 결과를 sample에 저장합니다. size=10으로 지정하여 복권은 10장 뽑습니다. 그리고 당첨 수를 binomial_result_array에 저장합니다.

```python
np.random.seed(1)
for i in range(0, n_trial):
    sample = np.random.choice(lottery, size=10, replace=True)
    binomial_result_array[i] = np.sum(sample)
```

binomial_result_array의 처음 10개를 가져옵니다. 당첨이 3장 나오거나, 1장 나오거나, 전혀 나오지 않는 등, 무작위로 결과가 바뀌고 있는 것을 알 수 있습니다.

```python
binomial_result_array[0:10]
```

```
array([3., 0., 3., 2., 3., 1., 0., 2., 3., 0.])
```

이제 시뮬레이션 결과의 상대도수분포를 얻습니다. 계급은 0에서 10까지 1씩 변화시켰습니다.

```python
np.histogram(binomial_result_array,
             bins=np.arange(0, 11, 1), density=True)
```

```
(array([1.118e-01, 2.711e-01, 2.992e-01, 1.977e-01,
        8.890e-02, 2.430e-02, 5.800e-03, 1.100e-03,
        1.000e-04, 0.000e+00]),
 array([ 0,  1,  2,  3,  4,  5,  6,  7,  8,  9, 10]))
```

이어서 히스토그램을 그립니다. 예상할 수 있듯이 당첨 매수가 2장인 부근에 사람이 많은 것을 알 수 있습니다(그림 4-8).

```python
sns.histplot(binomial_result_array,
             bins=np.arange(0, 11, 1))
             stat='density', color='gray')
```

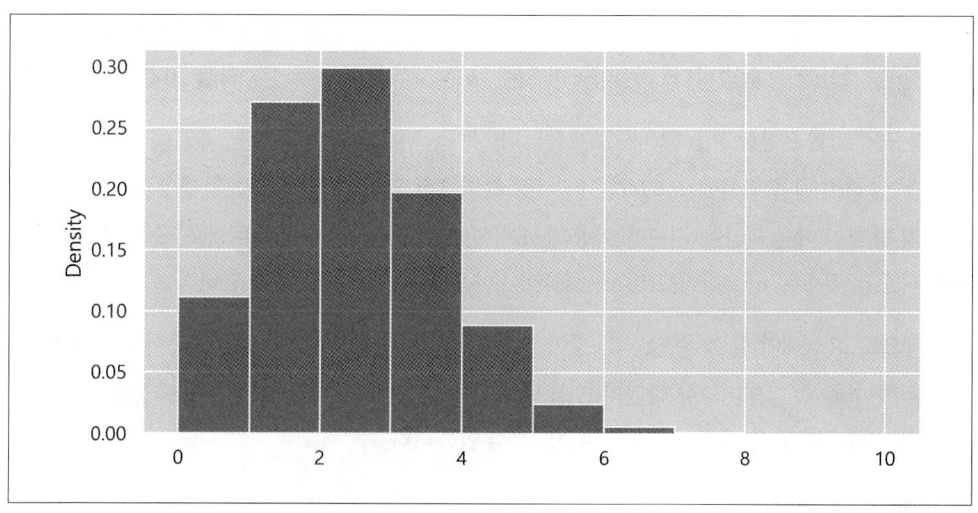

그림 4-8 복권을 10장 뽑을 때 당첨 횟수에 대한 히스토그램

지금까지 추첨 시뮬레이션을 실행해봤습니다. 다음으로 당첨 매수와 같이 확률적으로 변화하는 결과를 잘 표현할 수 있는 확률분포를 알아보겠습니다.

4.3.11 이항분포

이항분포를 살펴보겠습니다. 성공확률 p의 독립 베르누이 시행을 n번 반복할 때 성공한 횟수가 따르는 확률분포를 **이항분포**라고 합니다. 이항분포의 파라미터인 p와 n을 변화시킴으로써 다양한 형상의 확률분포를 생성할 수 있습니다.

당첨률이 0.2인 복권을 10장 뽑았을 때 당첨 매수가 따르는 확률분포는 $p=0.2$, $n=10$의 이항분포라고 간주할 수 있습니다. 지금까지 복권 시뮬레이션은 이항분포에 따른 확률변수를 생성하는 시뮬레이션이었다고 할 수 있습니다.

성공확률 p의 독립 베르누이 시행을 n번 반복할 때 성공한 횟수를 확률변수 X라고 합시다. 이때 이항분포의 확률질량함수는 다음과 같습니다.

$$\mathrm{Bin}(X \mid n,p) = {}_n\mathrm{C}_x \cdot p^x \cdot (1-p)^{n-x}$$

식 4-52

이항분포의 확률질량함수를 사용하면 '앞이 나올 확률이 p인 동전을 n회 던졌을 때 앞이 x회 나올 확률'을 계산할 수 있습니다. x는 성공한 횟수, n은 시행횟수, p는 성공확률입니다.

이항분포의 확률질량함수를 해석해보겠습니다. 복권을 예로 설명합니다. 복권을 2장 뽑아서 2장 모두 당첨이 나올 확률은 $p \times p$입니다. 3장 뽑아 3장 모두 당첨이 나올 확률은 $p \times p \times p$입니다. x회 당첨이 나올 확률은 지수를 이용해 표기하면 p^x이 됩니다. 꽝이 나올 확률은 $(1-p)$이고 꽝이 나오는 횟수는 $n-x$회이므로 $n-x$회 꽝이 나올 확률은 $(1-p)^{n-x}$이 됩니다.

마지막으로 고려해야 할 것은 당첨과 꽝이 섞여 있을 때 '당첨과 꽝이 나오는 순서'입니다. 복권을 4장 뽑아($n=4$) 당첨이 2장 나왔다고 합시다($x=2$). 이때 4장의 복권 결과는 당첨을 1, 꽝을 0으로 하면 다음과 같은 여섯 가지 패턴이 있을 수 있습니다.

- **패턴 1**: 1, 1, 0, 0
- **패턴 2**: 1, 0, 0, 1
- **패턴 3**: 1, 0, 1, 0
- **패턴 4**: 0, 1, 0, 1
- **패턴 5**: 0, 1, 1, 0
- **패턴 6**: 0, 0, 1, 1

이를 순열 조합의 공식을 이용하여 계산하면 다음과 같습니다.

$$_n\mathrm{C}_x = \frac{n!}{x! \cdot (n-x)!}$$

식 4–53

이렇게 p^x과 $(1-p)^{n-x}$, $_n\mathrm{C}_x$의 세 요소를 사용하여 이항분포의 확률질량함수를 얻을 수 있습니다.

4.3.12 이항분포(실습)

파이썬을 사용하여 이항분포의 확률질량함수를 구현합니다. `stats.binom.pmf` 함수를 사용합니다. pmf는 확률질량함수 probability mass function의 머리글자입니다.

먼저 속임수가 아닌 동전을 두 번 던져 앞면이 한 번만 나올 확률을 계산합니다. 이는 Bin(1 | 2, 0.5)에 해당하며 결과는 0.5가 됩니다.

```
In    round(stats.binom.pmf(k=1, n=2, p=0.5), 3)
```

```
Out   0.5
```

이어서 당첨 확률이 0.2인 복권을 10장 뽑고 모두 꽝일 확률을 계산합니다. 이는 Bin(0 | 10, 0.2)에 해당하며 결과는 대략 0.107입니다.

```
In    round(stats.binom.pmf(k=0, n=10, p=0.2), 3)
```

```
Out   0.107
```

복권을 10장 뽑아도 대략 10명 중 1명은 모두 꽝인 것 같습니다.

이항분포의 확률질량함수 그래프를 그려봅시다. 먼저 당첨 확률이 0.2인 복권을 10장 뽑았을 때의 확률분포를 얻습니다. 당첨 매수를 0장에서 10장까지 변화시켜 모두 확률을 구합니다.

```
In    # 성공 횟수
      n_success = np.arange(0, 11, 1)
      # 확률
      probs = stats.binom.pmf(k=n_success, n=10, p=0.2)

      # 데이터프레임으로 정리
      probs_df = pd.DataFrame({
          'n_success': n_success,
          'probs': probs
      })
      print(probs_df)
```

```
Out      n_success         probs
      0          0  1.073742e-01
      1          1  2.684355e-01
      2          2  3.019899e-01
      3          3  2.013266e-01
      4          4  8.808038e-02
      5          5  2.642412e-02
      6          6  5.505024e-03
      7          7  7.864320e-04
```

```
         8            8  7.372800e-05
         9            9  4.096000e-06
        10           10  1.024000e-07
```

성공 횟수가 0회인 확률이 약 0.107, 1회인 확률이 약 0.268, 2회인 확률이 약 0.302임을 알 수 있습니다.

e-01은 10의 마이너스 1승을 의미합니다. e-07은 10의 마이너스 7승이므로 거의 0입니다. 결과를 꺾은선 그래프로 확인해봅시다. 또한 복권 시뮬레이션의 히스토그램도 함께 그려서 양쪽이 거의 일치하는지 확인합니다(그림 4-9).

```
In    # 히스토그램(시뮬레이션 결과)
      sns.histplot(binomial_result_array,
                   bins=np.arange(0, 11, 1))
                   stat='density', color='gray')

      # 꺾은선 그래프(이항분포의 확률질량함수)
      sns.lineplot(x=n_success, y=probs,
                   data=probs_df, color='black')
```

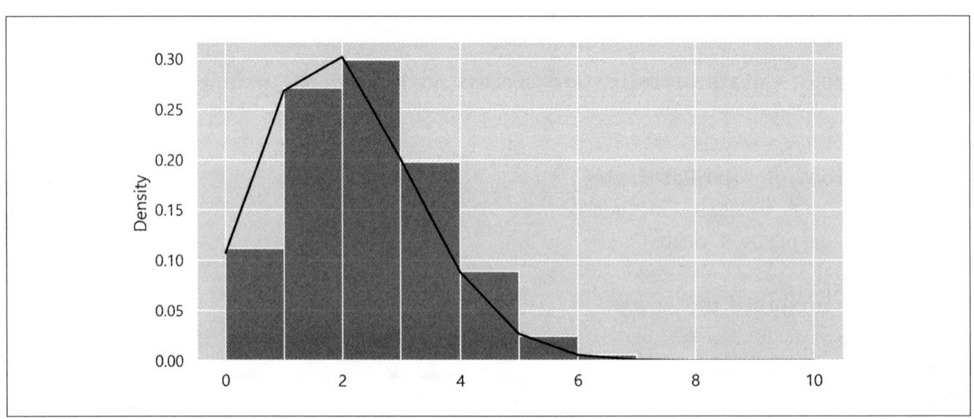

그림 4-9 시뮬레이션 결과와 이항분포의 비교

히스토그램과 꺾은선 그래프가 깨끗하게 대응하고 있습니다. 당첨률이 0.2인 복권을 10장 뽑고 당첨 매수를 기록하는 복권 시뮬레이션의 결과는 $p=0.2$, $n=10$의 이항분포를 따르는 것으로 간주할 수 있습니다. 이항분포를 사용하면 복권 시뮬레이션을 수행하지 않고도 다양한 확률을 계산할 수 있습니다. 예를 들어 성공확률이 0.2인 복권을 10장 뽑아 당첨이 1장도 나오지 않을 확률 등을 계산할 때, 시뮬레이션을 실행하기보다는 이항분포의 확률질량함수를 사용하는 편이 간단합니다.

통계학에는 이항분포를 비롯하여 다양한 확률분포가 등장합니다. 이러한 확률분포는 하늘에서 뚝 떨어진 것이 아닙니다. 통계의 기원을 이해하면 통계학에 대한 이해도 깊어질 것입니다.

이항분포는 두 개의 파라미터, 즉 성공확률 p와 시행횟수 n을 변화시킴으로써 모양이 변합니다. 참고로 성공확률을 몇 가지로 변화시켜가며 이항분포의 확률질량함수 그래프를 확인해봅시다.

[그림 4-10]에서는 X축에 성공 횟수 n_success를 놓고 성공확률을 0.1, 0.2, 0.5로 변화시켜 확률질량함수의 꺾은선 그래프를 그렸습니다. 이것을 보면 성공확률이 낮은 쪽이 성공 횟수가 적을 확률이 높은 것을 알 수 있습니다. 직관과도 맞는 결과라고 생각합니다.

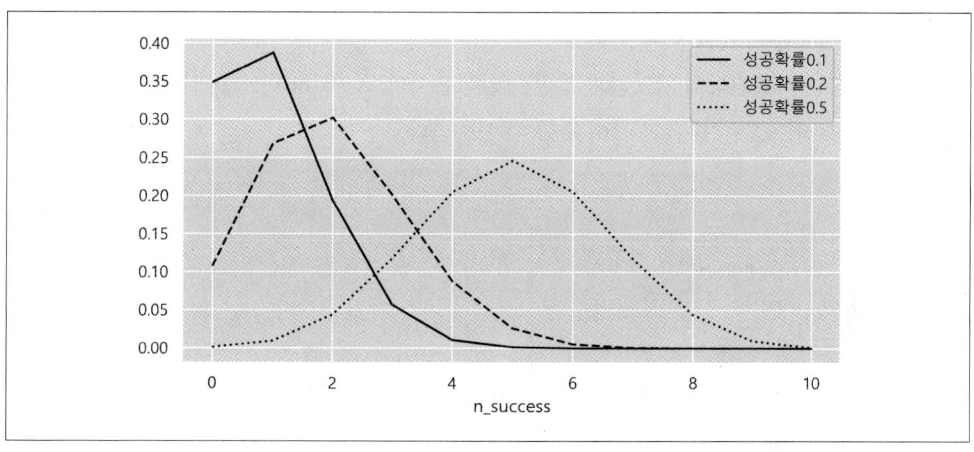

그림 4-10 여러 가지 이항분포

4.3.13 이항분포를 따르는 난수 생성

지금까지는 np.random.choice 함수를 사용하여 이항분포를 따르는 난수를 생성했습니다. 그러나 더 쉽게 난수를 생성하는 방법이 있습니다. 바로 stats.binom.rvs 함수를 사용하는 방법입니다. rvs는 random variates의 머리글자입니다.

당첨 확률이 0.2인 복권을 10장 뽑고 당첨 매수를 기록하는 시행을 5회 실시한 결과를 얻습니다.

```
In    np.random.seed(1)
      stats.binom.rvs(n=10, p=0.2, size=5)
```

```
Out   array([2, 3, 0, 1, 1])
```

stats.binom.rvs 함수를 이용하여 n=10, p=0.2로 설정하면 [그림 4-9]의 그래프나 4.3.12
절의 probs_df와 마찬가지로 0이 나올 확률이 약 0.107, 1이 나올 확률이 약 0.268, 2가 나올
확률이 약 0.302라는 확률분포에 따른 난수가 생성됩니다. 인수 size를 변경하면 난수를 원하
는 개수만큼 쉽게 얻을 수 있습니다. 시뮬레이션할 때는 이 함수를 사용하는 편이 작업하기 편리
합니다.

4.3.14 이항분포의 기댓값과 분산

이항분포에 따른 확률변수의 기댓값과 분산을 알아봅시다. $X \sim \mathrm{Bin}(X \mid n, p)$인 확률변수 X의 기
댓값 $E(X)$와 분산 $V(X)$는 다음과 같이 구할 수 있습니다.

$$E(X) = np \qquad \qquad \text{식 4-54}$$

$$V(X) = np(1-p) \qquad \qquad \text{식 4-55}$$

수식의 결과를 파이썬으로 확인해봅시다. $n=10, p=0.2$의 이항분포를 따르는 복권 시뮬레이션
을 대상으로 하여 당첨 매수의 평균값을 계산해봅시다. 이론적 기댓값과 비교하면 거의 일치하
는 것을 알 수 있습니다.

```
In    n = 10
      p = 0.2
      x_bar = np.mean(binomial_result_array)
      print('난수의 평균:', round(x_bar, 1))
      print('이론적 기댓값:', n * p)
```

```
Out   난수의 평균: 2.0
      이론적 기댓값: 2.0
```

덧붙여 이항분포의 이론적 기댓값은 stats.binom.mean 함수를 사용하여 구할 수도 있습니다.

```
In    stats.binom.mean(n=10, p=0.2)
```

```
Out    2.0
```

마찬가지로 분산도 시뮬레이션 결과와 이론적 결과를 함께 계산합니다. 이쪽도 거의 같은 결과임을 알 수 있습니다.

```
In    u2 = np.var(binomial_result_array, ddof=1)
      print('난수의 분산:', round(u2, 1))
      print('이론적 분산:', n * p * (1 - p))
```

```
Out    난수의 분산: 1.6
       이론적 분산: 1.6
```

또한 이항분포의 이론적 분산은 stats.binom.var 함수를 사용하여 구할 수도 있습니다.

```
In    stats.binom.var(n=10, p=0.2)
```

```
Out    1.6
```

4.3.15 이항분포의 누적분포함수

이항분포의 누적분포함수를 구현해봅시다. 4.2절에서 다뤘듯이 확률변수 X를 대상으로 $P(X \leq x)$를 구하는 함수 $F(x)$를 누적분포함수라고 부릅니다. 여기서는 $X \sim \mathrm{Bin}(X \mid 10, 0.2)$인 X에서 $P(X \leq 2)$를 구합니다. 이때 stats.binom.cdf 함수를 사용합니다. cdf는 cumulative density function의 머리글자입니다.

```
In    round(stats.binom.cdf(k=2, n=10, p=0.2), 3)
```

확률질량함수와 누적분포함수의 대응 관계를 확인해봅시다. 먼저 성공 횟수가 최소, 즉 0일 때는(아주 작은 수치 오차가 들어갈 수 있지만) 둘이 일치합니다.

```
In   print('확률질량함수:', round(stats.binom.pmf(k=0, n=10, p=0.2), 3))
     print('누적분포함수:', round(stats.binom.cdf(k=0, n=10, p=0.2), 3))
```

```
Out  확률질량함수: 0.107
     누적분포함수: 0.107
```

성공 횟수를 1로 했을 때는 서로 엇갈립니다.

```
In   print('확률질량함수:', round(stats.binom.pmf(k=1, n=10, p=0.2), 3))
     print('누적분포함수:', round(stats.binom.cdf(k=1, n=10, p=0.2), 3))
```

```
Out  확률질량함수: 0.268
     누적분포함수: 0.376
```

$P(X \le 1)$을 구하려면 $P(X=0)+P(X=1)$을 계산합니다. 확률질량함수의 누적값을 구하면 누적분포함수를 얻을 수 있습니다.

```
In   pmf_0 = stats.binom.pmf(k=0, n=10, p=0.2)
     pmf_1 = stats.binom.pmf(k=1, n=10, p=0.2)
     round(pmf_0 + pmf_1, 3)
```

```
Out  0.376
```

4.3.16 이항분포의 백분위수

$n=10, p=0.2$인 이항분포의 백분위수를 구해봅시다. 이때 stats.binom.ppf 함수를 사용합니

다. ppf는 percent point function의 머리글자입니다.

```
# 성공확률 p = 0.2, 베르누이 시행횟수 n = 10
print('10%점:', stats.binom.ppf(q=0.1, n=10, p=0.2))
print('20%점:', stats.binom.ppf(q=0.2, n=10, p=0.2))
print('50%점:', stats.binom.ppf(q=0.5, n=10, p=0.2))
print('80%점:', stats.binom.ppf(q=0.8, n=10, p=0.2))
print('95%점:', stats.binom.ppf(q=0.95, n=10, p=0.2))
```

```
10%점: 0.0
20%점: 1.0
50%점: 2.0
80%점: 3.0
95%점: 4.0
```

전체의 95% 정도가 당첨 매수 4장 이하인 것을 알 수 있습니다. 당첨 매수가 5장을 넘는 것은 매우 드문 것 같습니다.

4.3.17 이항분포의 초과확률

확률변수 X가 대상일 때 $P(X \leq x)$를 **누적확률** 또는 **하측확률**이라고 합니다. 반대로 $P(X > x)$를 **초과확률** 또는 **상측확률**이라고 부릅니다.

초과확률은 누적분포함수 $F(x)$를 사용하여 $1 - F(x)$로 구할 수 있습니다. 여기서는 $X \sim \mathrm{Bin}(X \mid 10, 0.2)$인 X에서 $P(X > 4)$를 구합니다.

```
round(1 - stats.binom.cdf(k=4, n=10, p=0.2), 3)
```

```
0.033
```

stats.binom.sf 함수를 사용할 수도 있습니다. 이 함수를 사용해도 거의 결과는 바뀌지 않지만 계산 정밀도가 높아질 때가 있습니다. sf는 survival function의 머리글자입니다.

```
In    round(stats.binom.sf(k=4, n=10, p=0.2), 3)
```

```
Out   0.033
```

4.4 정규분포

이번에는 자주 사용되는 확률분포 중 하나인 **정규분포**에 대해 설명합니다. 정규분포의 개요를 살펴보고 이어서 오차가 누적된 결과로 정규분포가 나타나는 모습을 시뮬레이션을 통해 직관적으로 설명합니다. 마지막으로 정규분포의 특성을 정리합니다.

4.4.1 분석 준비

필요한 라이브러리를 불러옵니다.

```
In    # 수치 계산에 사용하는 라이브러리
      import numpy as np
      import pandas as pd
      from scipy import stats

      # 그래프를 그리는 라이브러리
      from matplotlib import pyplot as plt
      import seaborn as sns
      sns.set()

      # 그래프의 한글 표기
      from matplotlib import rcParams
      rcParams['font.family'] = "Malgun Gothic"
```

4.4.2 정규분포

정규분포의 기본적인 내용을 정리해봅시다. **정규분포**는 연속형 확률분포 중 하나입니다. 수학자

가우스의 이름을 따서 **가우스분포**라고도 합니다. 덧붙여 '정규'라는 말은 '일반적인' 정도의 의미입니다. 올바른 확률분포라는 뜻이 아닙니다.

정규분포는 뒤에서 이야기할 중심극한정리 때문에 자주 등장합니다. 예를 들어 사람의 키나 물고기의 몸길이, 시험 점수의 편차 등은 정규분포를 따르는 경우가 많습니다. 또한 기댓값이 0이고 분산이 1인 정규분포를 특별히 **표준정규분포**라고 부릅니다. 정규분포는 다음과 같은 특징이 있습니다.

1 확률 변수는 $-\infty$에서 ∞의 실숫값을 취한다.
2 평균값 부근의 확률밀도가 크다(평균값 주변에 데이터 수가 많다).
3 평균값에서 멀어질수록 확률밀도가 작다.
4 확률밀도의 크기는 평균값을 중심으로 좌우대칭이다.

평균값(기댓값) μ, 분산 σ^2인 정규분포의 확률밀도함수를 다음과 같이 표시합니다.

$$\mathcal{N}(X \mid \mu, \sigma^2) = \frac{1}{\sqrt{2\pi\sigma^2}} e^{\left\{-\frac{(x-\mu)^2}{2\sigma^2}\right\}}$$

식 4-56

정규분포는 두 개의 파라미터 μ, σ^2에 따라 모양이 달라집니다. 파라미터 μ는 확률분포의 평균값(기댓값)과 일치하고 파라미터 σ^2은 분산과 일치합니다. 또한 $\mathcal{N}(X \mid \mu, \sigma^2)$은 확률변수 X를 생략하고 $\mathcal{N}(\mu, \sigma^2)$으로 표기할 수도 있습니다.

조금 복잡한 수식이지만 계산은 파이썬으로 하면 되니까 걱정하지 맙시다. 몇 줄의 코드로 계산할 수 있습니다.

4.4.3 정규분포의 확률밀도함수

파이썬에서 정규분포의 확률밀도함수를 구해봅시다. 평균 4, 표준편차 1(분산도 1)인 정규분포에서 확률변수가 3일 때의 확률밀도를 계산해봅시다. 이때 stats.norm.pdf 함수를 사용합니다. pdf는 probability density function의 머리글자입니다. loc로 평균값을, scale로 표준편차를 지정합니다.

```
In    round(stats.norm.pdf(loc=4, scale=1, x=3), 3)
```

```
Out    0.242
```


다음과 같이 평균 4, 표준편차 1의 정규분포 인스턴스를 생성한 후 각종 계산을 수행할 수도 있습니다.

```
In    norm_dist = stats.norm(loc=4, scale=1)
      round(norm_dist.pdf(x = 3), 3)
```

```
Out    0.242
```

확률변수를 0에서 8까지 변화시켰을 때 확률밀도의 변화를 꺾은선 그래프로 확인해봅시다. 먼저 평균 4, 표준편차 1인 정규분포의 확률밀도를 계산하여 데이터프레임에 정리합니다.

```
In    # 확률변수
      x = np.arange(start=0, stop=8, step=0.1)
      # 확률밀도
      density = stats.norm.pdf(x=x, loc=4, scale=1)

      # 데이터프레임으로 정리
      density_df = pd.DataFrame({
          'x': x,
          'density': density
      })

      print(density_df.head(3))
```

```
Out         x   density
      0   0.0  0.000134
      1   0.1  0.000199
      2   0.2  0.000292
```

꺾은선 그래프를 그립니다. 이 그래프 형태를 **가우스곡선** 또는 **종 모양**이라고 합니다(그림 4–11).

```
In    sns.lineplot(x=x, y=density,
                   data=density_df, color='black')
```

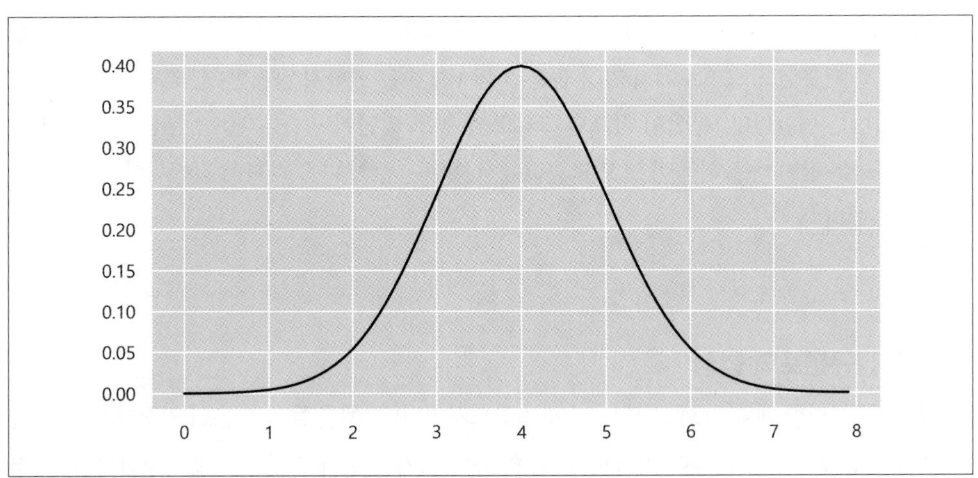

그림 4-11 정규분포의 확률밀도 그래프

정규분포는 두 가지 매개변수, 즉 평균값 μ와 분산 σ^2을 변화시킴으로써 모양을 바꿀 수 있습니다. 매개변수를 몇 가지로 바꿔가며 정규분포의 확률밀도 그래프를 확인해봅시다.

[그림 4-12]에서는 평균값과 분산을 변경한 정규분포의 확률밀도를 나타내고 있습니다. 왼쪽의 실선과 점선 그래프는 모두 분산이 1이지만 평균값이 4와 2로 서로 다릅니다. 평균값이 다르면 확률밀도는 옆으로 이동합니다.

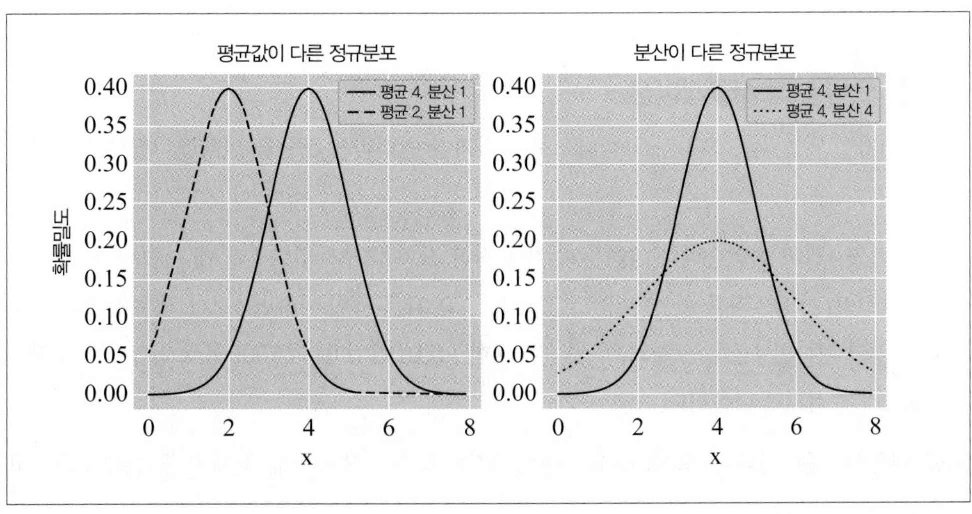

그림 4-12 여러 가지 정규분포

[그림 4-12] 오른쪽의 실선과 점선 그래프는 모두 평균이 4이지만 분산이 1과 4로 다릅니다. 분산이 다르면 확률밀도 그래프에서 가장 높은 곳의 x축 값은 변하지 않지만, 산의 높이(y축 값)와 밑단의 너비는 변합니다. 분산이 작으면 그래프가 높고 밑단이 좁습니다. 즉 분산이 작으면 평균값에 가까운 값이 나올 확률이 크고 평균값에서 벗어난 값이 나올 확률이 작습니다. 분산이 크면 그 반대입니다.

4.4.4 정규분포의 형성

정규분포를 설명할 때 흔히 예로 드는 것이 측정오차입니다. 예를 들어 실온이 일정한 방에서 금속 구의 직경을 측정하고 있다고 합시다. 금속 구의 크기는 변하지 않는다고 가정합니다. 그러나 구의 직경을 측정하는 것은 조금 어렵습니다. 눈금자의 눈금을 맞추는 각도에 따라 미묘하게 측정값이 어긋나는 것을 가정할 수 있습니다. 이러한 측정의 어긋남을 **측정오차**라고 부릅니다.

여기에서 가정하는 측정오차는 실젯값보다 크게 측정되는 오차도 있으며 실젯값보다 작게 측정되는 오차도 있어 오차의 크기를 평균하면 0이 됩니다. 참고로 평균값 자체가 어긋나는 오차를 **계통오차**라고 부릅니다. 이번에는 평균값이 0이지만 무작위로 위아래로 발생하는 **우연오차**를 생각해봅시다. 평균하면 0이 되는 작은 오차가 쌓여 확률적으로 결과가 변화한다고 가정합니다. 이런 식으로 가정하면 이 결과는 종종 정규분포를 따르는 것으로 간주됩니다.

4.4.5 오차 누적 시뮬레이션

평균하면 0이 되는 작은 오차가 누적됨으로써 결과가 변화하는 모습을 시뮬레이션으로 확인해봅시다.

올바른 값을 4라고 하겠습니다. 4라는 수치에 작은 오차를 무작위로 1만 개 더합니다. 오차는 −0.01과 0.01이 1/2 확률로 선택된다고 합시다. −0.01을 많이 더하면 4보다 작은 결과가 되고 0.01을 많이 더하면 4를 넘는 결과가 됩니다. 또한 −0.01과 0.01이 5000회씩 똑같이 더해지면 정확히 4라는 결과가 나옵니다.

시뮬레이션을 준비합니다. 오차(노이즈)가 더해지는 횟수와 오차가 없을 때의 중심 위치 그리고 작은 오차를 준비합니다.

```python
# 노이즈가 더해지는 횟수
n_noise = 10000
# 중심 위치
location = 4
# 작은 오차
noise = np.array([-0.01, 0.01])
```

여기서 location에 대해 noise에서 무작위로 n_noise개를 선택하여 추가합니다. 이번은 우연히 3.52라는 결과가 되었습니다.

```python
np.random.seed(5)
location + np.sum(np.random.choice(noise, size = n_noise,
                                   replace = True)
```

```
3.52
```

확률적인 시뮬레이션이므로 실행할 때마다 결과가 바뀝니다. 두 번째 실행하니 결과가 2.62가 되었습니다.

```python
location + np.sum(np.random.choice(noise, size = n_noise,
                                   replace = True)
```

```
2.62
```

앞의 시뮬레이션을 5만 회 반복하고 결과를 observation_result라는 배열에 저장합니다. \는 개행 표시입니다. 컴퓨터 설정에 따라 개행 기호가 ₩로 보일 수 있습니다.

```python
# 시행횟수
n_trial = 50000
# 노이즈 누적으로 얻은 관측치
observation_result = np.zeros(n_trial)

# location에 n_noise개의 오차를 임의로 추가하는 시도를 n_trial번 수행
np.random.seed(1)
for i in range(0, n_trial):
```

```
        observation_result[i] = location + \
        np.sum(np.random.choice(noise, size = n_noise,
                                replace = True))
```

시뮬레이션 결과를 확인해봅시다. 시뮬레이션 결과의 평균과 분산을 계산합니다.

```
x_bar = np.mean(observation_result)
u2 = np.var(observation_result, ddof=1)
print('평균:', round(x_bar, 1))
print('분산:', round(u2, 1))
```

```
평균: 4.0
분산: 1.0
```

시뮬레이션 결과를 히스토그램으로 그려봅시다(그림 4-13). 히스토그램은 4를 중심으로 한 좌우대칭의 종 모양입니다. 평균 4, 분산 1인 정규분포 확률밀도함수의 꺾은선 그래프로 덮어쓰면 깔끔하게 일치하는 것을 알 수 있습니다.

```
# 오차 누적 시뮬레이션 결과의 히스토그램
sns.histplot(observation_result, bins=20,
             stat='density', color='gray')

# 평균 4, 분산 1인 정규분포 확률밀도함수의 꺾은선 그래프
sns.lineplot(x=x, y=density,
             data=density_df, color='black')
```

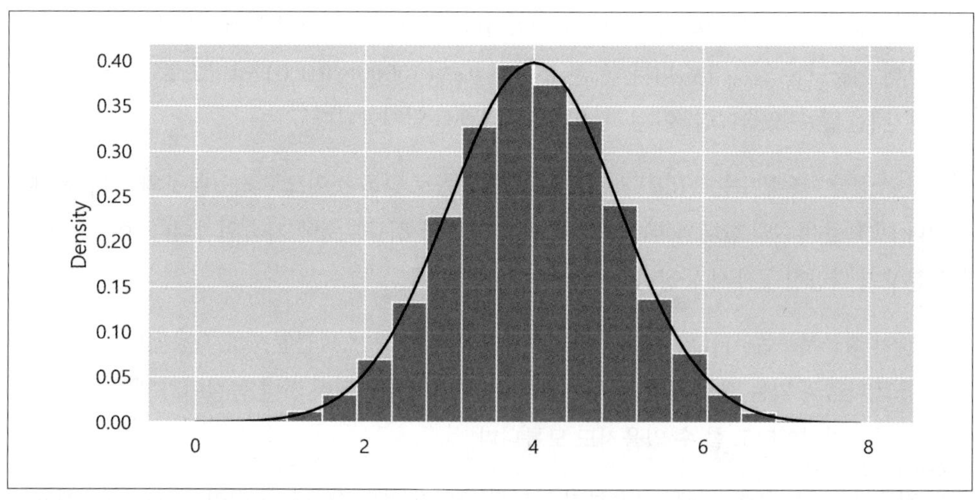

그림 4-13 오차 누적 시뮬레이션의 결과

4.4.6 중심극한정리

오차 누적 시뮬레이션의 히스토그램은 정규분포와 매우 유사합니다. 이것을 중심극한정리로 설명합니다.

n개의 확률변수 $X_1, X_2 \cdots X_n$을 독립동일분포에 따른 확률변수의 열이라고 합시다. 원래 확률변수가 따르는 확률분포의 평균값 μ와 분산 σ^2이 있다고 가정합니다. 이때 확률변수의 합계 $\sum_{i=1}^{n} X_i$가 따르는 확률분포는 n이 커지면 정규분포 $\mathcal{N}(n\mu, n\sigma^2)$에 가까워집니다. 이를 **중심극한정리**라고 합니다.

방금 전의 오차 누적 시뮬레이션에서는 독립적인 시행인 오차를 1만 개 합했으므로 $n = 10000$입니다. 또한 오차로서 -0.01과 0.01을 $1/2$ 확률로 얻는다고 했으므로 기댓값과 분산은 다음과 같이 계산됩니다.

$$\mu = \frac{-0.01 + 0.01}{2} = 0$$

식 4-57

$$\sigma^2 = \frac{(-0.01 - 0)^2 + (0.01 - 0)^2}{2} = \frac{0.0002}{2} = 0.0001$$

식 4-58

오차 누적값의 기댓값은 $n\mu = 10000 \times 0 = 0$입니다. 그러므로 오차가 더해져도 원래의 중심 위치로부터 어긋나는 일은 없습니다. 한편 분산은 $n\sigma^2 = 10000 \times 0.0001 = 1$이므로 분산 1의 편차를 갖는 것을 알 수 있습니다. 이는 시뮬레이션 결과와 일치합니다.

오차로 가정한 확률변수는 -0.01과 0.01을 1/2 확률로 얻은 것이므로 정규분포와는 다릅니다. 그러나 이 확률변수의 합계를 취하면 n이 커짐에 따라 정규분포에 가까워집니다. 이것이 바로 정규분포가 다양한 곳에서 등장하는 이유 중 하나입니다.

예를 들어 정규분포는 사람의 키나 물고기의 몸길이가 따르는 확률분포로 사용됩니다. 이는 환경의 좋고 나쁨과 먹는 것의 영향 등 무수한 작은 영향이 누적되어 키나 몸길이가 변했다고 생각하면 타당한 가정이라고 할 수 있을지도 모릅니다.

한편 정규분포라는 확률분포를 오용하지 않도록 주의가 필요합니다. 독립인 확률변수의 합으로 볼 수 없는 경우에는 정규분포 이외의 확률분포를 이용하는 것이 데이터 변동을 더 잘 설명할 수 있습니다. 4.3절에서 소개한 이항분포나 9장에 등장하는 푸아송 분포 등을 사용하는 것도 검토하면 좋습니다.

중심극한정리는 n이 커지면 확률변수의 합계가 정규분포에 가까워진다는 주장입니다. '합계'가 정규분포에 가까워진다는 점에 주의합시다.

'표본크기를 늘리면 어떤 표본이라도 정규분포로 간주한 수 있다'는 잘못된 해석을 할 수도 있습니다. 확률변수가 따르는 분포 자체가 정규분포에 접근하지는 않습니다. 확률변수의 합계가 따르는 분포가 정규분포에 가까워집니다. 이 점을 실수하지 않도록 주의하기 바랍니다.

정규분포는 결코 만능의 확률분포가 아닙니다. 정규분포 이외의 확률분포가 대상이라면 7장 이후에 소개하는 일반화선형모델을 이용하는 것도 검토해보기 바랍니다.

4.4.7 정규분포의 특성

정규분포의 편리한 특징을 몇 가지 소개합니다.

$X \sim \mathcal{N}(\mu, \sigma^2)$인 확률변수 X를 생각해보겠습니다. X를 $aX + b$로 변환한 결과를 프라임 기호(')를 붙여 X'이라고 하겠습니다. 이때 X'도 역시 정규분포가 되어 $X' \sim \mathcal{N}(a\mu+b, a^2\sigma^2)$이 됩니다. 정규분포에 따른 확률변수에 수치를 곱하거나 더해도 역시 정규분포가 된다는 뜻입니다.

이번에는 $X \sim \mathcal{N}(\mu, \sigma^2)$인 확률변수 X를 다음과 같이 표준화한 확률변수 Z를 생각해보겠습니다.

$$Z = \frac{X - \mu}{\sigma}$$

식 4-59

앞의 변환 공식을 이용하면 $Z \sim \mathcal{N}(0,1)$이 됩니다. 확률변수 X가 정규분포를 따르는 경우 이러한 변환을 통해 표준정규분포를 따르는 확률변수로 만들 수 있습니다.

두 개의 확률변수 X_1, X_2를 생각해보겠습니다. $X_1 \sim \mathcal{N}(\mu_1, \sigma_1^2)$이고, $X_2 \sim \mathcal{N}(\mu_2, \sigma_2^2)$이라고 합시다. 이때 두 확률변수의 합 $X_1 + X_2$는 $(\mu_1 + \mu_2, \sigma_1^2 + \sigma_2^2)$을 따릅니다.

기댓값과 분산이 다른 정규분포를 따르는 확률변수끼리 합계를 내도 결과는 역시 정규분포를 따릅니다. 평균값도 분산도 원래 확률분포의 합계가 되니 기억하기 쉽습니다. 이는 정규분포에 따른 다양한 오차를 합한 결과도 역시 정규분포를 따른다는 것입니다. 이것을 정규분포의 재생성이라고 합니다.

4.4.8 정규분포를 따르는 난수 생성

파이썬에서 정규분포를 다루는 방법을 알아봅시다. 오차 누적 시뮬레이션을 수행하지 않고도 stats.norm.rvs 함수를 사용하여 정규분포를 따르는 난수를 생성할 수 있습니다. 다음 예에서는 평균 4, 표준편차 1(분산도 1)의 정규분포를 따르는 난수를 8개 생성했습니다.

```
In    np.random.seed(1)
      simulated_sample = stats.norm.rvs(
          loc=4, scale=1, size=8)
      simulated_sample
```

```
Out   array([5.62434536, 3.38824359, 3.47182825, 2.92703138,
             4.86540763, 1.6984613 , 5.74481176, 3.2387931 ])
```

4.4.9 정규분포의 누적분포함수

정규분포의 누적분포함수는 stats.norm.cdf 함수로 얻을 수 있습니다. 다음 예에서는 $\mathcal{N}(4,1)$에서 $P(X \le 3)$을 계산했습니다.

```
In    round(stats.norm.cdf(loc=4, scale=1, x=3), 3)
```

```
Out   0.159
```

또한 정규분포는 평균값에 대해 좌우대칭이기 때문에 평균값보다 낮을 확률은 정확히 0.5가 됩니다.

```
In    round(stats.norm.cdf(loc=4, scale=1, x=4), 3)
```

```
Out   0.5
```

4.4.10 정규분포의 백분위수

정규분포의 백분위수는 `stats.norm.ppf` 함수로 얻습니다. 다음 예에서는 $\mathcal{N}(4,1)$에서 $P(X \le x)=0.025$가 되는 점 x를 계산했습니다.

```
In    round(stats.norm.ppf(loc=4, scale=1, q=0.025), 3)
```

```
Out   2.04
```

덧붙여 50%점은 기댓값과 같습니다.

```
In    round(stats.norm.ppf(loc=4, scale=1, q=0.5), 3)
```

```
Out   4.0
```

4.4.11 정규분포의 초과확률

정규분포의 초과확률은 `stats.norm.sf` 함수로 얻습니다. 다음 예에서는 $\mathcal{N}(X\,|\,4,1)$에서 $P(X>3)$을 계산했습니다.

```
In    round(stats.norm.sf(loc=4, scale=1, x=3), 3)
```

```
Out   0.841
```

## CHAPTER 5

통계적 추정

5.1 통계적 추론의 개념

표본에서 모집단을 추정하는 것을 통계적 추론이라고 합니다. 이 장에서는 표본이 어떤 과정을 거쳐 우리 손에 들어오는지 그리고 표본을 이용하여 모집단을 어떻게 추정하는지 관련 흐름을 정리합니다. 확률변수와 확률분포라는 언뜻 추상적으로 보이는 이 두 용어의 필요성을 이해하는 것이 중요합니다.

우선 모집단으로부터 표본추출이라는 개념을 정리합니다. 그런 다음 확률모델을 사용하여 모집단으로부터 표본추출이라는 작업을 추상화합니다. 마지막으로 모델을 사용하여 모집단을 추정하는 방법을 설명합니다.

5.1.1 표본추출

모집단에서 표본을 얻는 것을 **표본추출** 또는 **샘플링**이라고 합니다. 호수에서 낚은 물고기의 몸길이 데이터를 얻는 것이 표본추출입니다. 또한 설문조사에서 조사결과를 얻는 것과 주사위를 굴려서 나온 눈을 기록하는 것도 표본추출입니다.

5.1.2 단순무작위추출

모집단의 요소를 하나하나 무작위로, 다시 말하면 모두 같은 확률로 선택하는 선택 방법을 **단순무작위추출** 또는 **단순랜덤샘플링**이라고 부릅니다. 이 책에서는 항상 단순무작위추출을 사용하여 표본을 얻는다고 가정합니다. 단순무작위추출로 얻은 표본을 **무작위표본**이라고도 합니다.

5.1.3 호수와 낚시의 예

이야기를 쉽게 하기 위해 한 작은 호수에서 낚시를 하고 물고기의 몸길이를 기록한 결과를 예로 들어 설명하겠습니다. 이 작은 호수에는 물고기가 한 종류만 살고 있고 다른 강이나 호수에서 또 물고기가 유입되지 않는다고 합시다. 물고기를 낚는 데 물고기에 따라 쉽고 어려운 차이는 없다고 가정합니다.

이때 모집단은 '관측될 수 있는 모든 물고기의 몸길이'입니다. 그리고 호수 안에 있는 모든 물고기 중에서 한 마리를 낚고 몸길이를 기록하는 것이 표본추출입니다. 여기에서는 단순무작위추출로 표본을 얻을 수 있다고 생각합니다. 즉 관측될 수 있는 호수 안에 있는 모든 물고기의 몸길이가 5개라면 이들은 모두 1/5 확률로 표본으로 추출될 수 있습니다. 만약 대상이 되는 물고기의 몸길이가 1만 개라면, 모두 1만 분의 1의 확률로 표본으로서 추출될 가능성이 있습니다.

5.1.4 표본과 확률변수

방금 전의 호수에서 한 마리만 낚는다고 해보겠습니다. 이때 물고기의 몸길이는 몇 센티미터일까요? 여기서 호수에 대한 것이라면 무엇이든 알고 있는 박사가 등장합니다. 이 사람은 호수에 있는 모든 물고기의 몸길이를 파악하고 있습니다. 이는 모집단이 완전히 분명하다는 것을 의미합니다.

호수 안에는 물고기가 모두 다섯 마리 있고 다음과 같이 몸길이를 알고 있습니다(크기는 소수점 이하를 반올림한 것입니다).

    2cm: 1마리

    3cm: 1마리

    4cm: 1마리

5cm: 1마리

6cm: 1마리

중요한 사항이기 때문에 다시 한번 강조하지만 호수 안에는 (조금 적지만) 다섯 마리의 물고기만 있습니다. 낚시를 해서 한 마리를 낚아 올린다는 것은 다섯 마리 중 한 마리를 무작위로 고르는 것과 같습니다. 모집단을 완전히 알고 있어도 낚아 올릴 물고기가 다섯 마리 중 어떤 것이 될지는 알 수 없습니다.

- 2cm짜리 물고기가 낚일 확률은 20%다.
- 5cm짜리 물고기가 낚일 확률 역시 20%다.

낚일 물고기의 크기를 예측해보라고 한다면 '2cm일 확률이 20%입니다'라고 대답할 수 있습니다. 하지만 틀림없이 2cm라고 주장하는 것은 불가능합니다. 몸길이가 다른 물고기 다섯 마리가 호수를 헤엄치고 있는 건 알고 있습니다. 하지만 얻을 데이터 값은 확률적으로 변합니다. 20% 확률로 2cm짜리 물고기가 낚이고 20% 확률로 3cm짜리 물고기가 낚입니다. 이처럼 확률적으로 변화하는 값이기 때문에 내일 낚일 물고기의 크기는 확률변수라고 볼 수 있습니다. 즉 표본을 확률변수로 간주하는 것입니다.

5.1.5 표본을 얻는 과정의 추상화

단순무작위추출에 의한 표본추출과 확률변수의 관계를 알아봅시다.

모집단이 따르는 확률분포를 **모집단분포**라고 합니다. 우리는 호수 박사 덕분에 모집단을 완전히 알고 있습니다. 모집단 중 20%는 몸길이가 2cm의 물고기이며, 20%는 3cm, 20%는 4cm, 20%는 5cm, 20%는 6cm의 물고기가 차지하고 있습니다. 이것이 모집단분포입니다.

다음 ①과 ②의 대응이 중요합니다(크기는 소수점 이하를 반올림한 것입니다).

① 다음 모집단에서 단순무작위추출로 표본을 1개 획득

2cm: 1마리

3cm: 1마리

4cm: 1마리

5cm: 1마리

6cm: 1마리

② 다음 확률분포에 따른 확률변수 X를 1개 취하여 실현값 획득

$P(X=2)=0.2$

$P(X=3)=0.2$

$P(X=4)=0.2$

$P(X=5)=0.2$

$P(X=6)=0.2$

어떤 모집단에서 단순무작위추출을 시행하는 것은 모집단분포에 따른 확률변수를 얻는 것으로 간주합니다. 표본크기가 2 이상인 경우 단순무작위추출로 얻은 샘플은 모집단분포를 따르는 독립적인 확률변수 열로 간주됩니다.

5.1.6 모집단에서 표본추출을 바꿔 말하기

A: 호수에서 낚시를 해서 3cm짜리 물고기를 낚았다.

이 조건을 통계학의 전문용어를 사용해서 바꿔 말할 수 있습니다. 덧붙여 모든 물고기는 모두 같은 확률로 낚을 수 있다고 가정합니다.

우선 모집단과 표본의 관계를 배웠습니다. 호수 안에서 관측될 수 있는 모든 물고기의 몸길이를 모집단으로 합니다. 이때 잡힌 물고기의 몸길이가 표본입니다. 또한 모집단의 각 요소가 모두 동일한 확률로 선택되는 방법을 단순무작위추출이라고 했습니다. 이 용어를 사용하면 다음과 같이 바꿀 수 있습니다.

B: 모집단으로부터 단순무작위추출로 표본을 얻는다. 그 결과는 3cm였다.

또한 표본을 확률변수로 볼 수 있다고 배웠습니다. 따라서 B를 다음과 같이 바꿀 수 있습니다.

C: 모집단분포에 따른 확률변수로서 표본을 얻는다. 그 결과 3cm라는 실현값을 얻었다.

3cm라는 실현값을 얻어도 다시 낚시를 하고 표본을 취득하면 2cm나 5cm 등 다른 실현값을 얻을 수 있을지도 모릅니다. 이는 표본을 확률변수로 간주한다는 뜻입니다. '모집단에서 단순무작위추출로 표본을 얻는' 행위를 '모집단분포에 따른 독립 확률변수 열을 얻는' 행위로 간주한다는 점은 반드시 이해해야 합니다. 이것이 통계적 추론의 근간이 되는 사고방식입니다.

5.1.7 모델 사용

여기에서는 표본을 얻는 과정을 모델이라는 관점에서 검토합니다. 지난 절까지 다룬 내용을 다른 방식으로 다시 한번 설명합니다.

1.3절에서 소개했듯이 **모델**이란 **모형**이라는 의미입니다. 현실 세계의 모형을 만들어 표본을 얻는 과정을 보다 간단하고 다루기 쉬운 형식으로 표현합니다. 통계학에서 모델은 '관측된 데이터를 생성하는 확률적인 과정을 간결하게 기술한 것'으로 정의합니다.

5.1.8 항아리 모델

모델로서 자주 이용되는 것이 **항아리 모델**입니다. 항아리 모델에서는 항아리에서 공을 꺼내는 행동으로 여러 가지 현상을 표현합니다. 예를 들어 다섯 마리의 물고기밖에 없는 호수에서 낚시를 하는 예는 다섯 개 공이 들어간 항아리에서 무작위로 한 개를 꺼내는 항아리 모델로 표현할 수 있습니다.

호수에서 헤엄치는 물고기와 항아리에 들어 있는 공은 완전히 다릅니다. 한쪽은 생물이지만 다른 한쪽은 인공물입니다. 그러나 표본을 얻는 과정의 모형으로는 충분합니다.

5.1.9 표본을 얻는 과정의 추상화로서의 모델

특정 모집단에서 단순무작위추출을 시행하는 것은 모집단분포에 따라 독립적인 확률변수 열을 얻는 것과 동일한 의미를 갖습니다. 이는 다음과 같은 예를 보면 효용성을 잘 알 수 있습니다.

① 다음 모집단에서 단순무작위추출로 표본을 1개 획득한다.

    2cm: 1마리

    3cm: 1마리

    4cm: 1마리

    5cm: 1마리

    6cm: 1마리

② {2, 3, 4, 5, 6}이라는 숫자가 적힌 공이 들어간 항아리에서 무작위로 공을 하나 꺼낸다.

③ 항아리 모델은 다음과 같은 확률분포로 표현할 수 있다. 다음 확률분포에 따른 확률변수 X를 1개 취하여 실현값을 얻는다.

$$P(X=2)=0.2$$
$$P(X=3)=0.2$$
$$P(X=4)=0.2$$
$$P(X=5)=0.2$$
$$P(X=6)=0.2$$

여기서 ③의 확률분포는 5.1.5절과 같습니다. 물고기의 몸길이를 기록하는 시행이든, 항아리로부터 공을 꺼내는 시행이든, 같은 확률분포로 표현할 수 있습니다. 이와 같이 표본을 얻는 과정을 추상화, 단순화한 것을 모델이라고 합니다. 이번 예에서는 호수에서 낚시로 표본을 얻는 과정도 항아리 모델을 가정해 숫자가 쓰여진 공을 꺼내는 과정도 모두 ③의 확률분포로 모델화했습니다.

이것이 통계 특유의 추상화입니다. 모집단 안에 무엇이 들어 있는 것인지(물고기인지 항아리로부터 꺼낸 공인지)는 무시하고 모집단의 확률분포에 주목하는 것입니다. 덧붙여 항아리 모델은 직관적으로 이해하기 쉬운 것이 이점이지만 연속형 확률변수를 대상으로 하는 경우에는 다소 사용하기 어렵습니다. 앞으로는 항아리 모델을 생략하고 처음부터 ③과 같이 확률분포를 이용한 모델을 사용합니다.

앞의 예에서는 확률변수와 확률의 대응 목록을 준비하는 것으로 확률분포를 표현했습니다. 그러나 4.2절에서 소개한 것처럼 확률질량함수와 확률밀도함수를 이용하여 확률분포를 표현하는 경우도 많습니다. 나중에 예를 들어 살펴보겠습니다.

5.1.10 모집단분포와 모집단의 상대도수분포

모집단분포를 추정하는 방법을 살펴봅시다. 먼저 소박한 방식으로 모집단분포를 구합니다. 모집단을 전부 세어서 상대도수분포를 구하는 것입니다.

호수 물고기의 몸길이 예를 한 번 더 사용하겠습니다. 우리는 호수 박사 덕분에 모집단을 완전히 알고 있습니다. 호수 안에는 다섯 마리의 물고기가 있고 다음과 같은 몸길이를 가지고 있습니다. 이것이 바로 도수분포입니다.

2cm: 1마리

3cm: 1마리

4cm: 1마리

5cm: 1마리

6cm: 1마리

상대도수분포는 다음과 같습니다.

2cm: 0.2

3cm: 0.2

4cm: 0.2

5cm: 0.2

6cm: 0.2

모집단의 상대도수분포는 정확하게 알고 있습니다. 이를 모집단분포로 간주한다고 생각해봅시다. 이 호수에서 무작위로 한 마리 표본을 추출하면 모집단분포에 따라 표본을 얻는 게 됩니다. 하지만 모집단 전체를 완전히 알지 못한다면 이런 방법은 사용할 수 없습니다. 다음 절부터는 드디어 일부 표본으로부터 모집단을 추정하는 작업으로 넘어갑니다.

5.1.11 좀 더 현실적인 호수와 낚시 예

모집단을 완전히 알고 있다면 모집단분포도 알 수 있습니다. 이제부터 모집단이 완전히 알려지지 않은 상태에서 모집단분포를 찾는 문제를 다룹니다. 호수의 낚시 예를 좀 더 현실적으로 만들어보겠습니다. 우선 모든 것을 아는 박사는 없습니다. 이제 모집단이 완전히 분명하다는 상황이 사라졌습니다.

그리고 호수 안에는 무수히 많은 물고기가 있습니다. 물고기는 한 종류뿐이더라도 숫자가 많기 때문에 다양한 몸길이의 물고기를 전부 다 잰다는 것은 불가능합니다. 무한한 크기의 모집단을 **무한모집단**이라고 합니다. 물고기의 수는 무한하다고는 할 수 없지만 표본크기와 비교하면 매우 큽니다. 통계학에서는 종종 무한모집단이라고 가정하여 분석을 수행합니다. 이 책에서도 무한모집단이라 가정하고 분석을 진행합니다.

덧붙여 모집단이 작으면 전수조사가 가능할 때도 있습니다. 예를 들어 직원 수가 20명인 회사에서 직원 만족도 설문조사를 하는 경우입니다. 이때는 직원 전원에게 설문조사가 가능하기 때문에 통계적 추정은 필요하지 않습니다.

여기서는 모집단이 크다고 가정하고 무한모집단이라고 생각합시다. 낚시를 하고 표본을 얻었습니다. 이번에는 10마리를 낚았습니다. 낚은 물고기의 몸길이는 다음과 같습니다(소숫점 이하 첫째 자리에서 반올림).

$$\{2, 3, 3, 4, 4, 4, 4, 5, 5, 6\}$$

이러한 예에서 모집단을 추정하는 과정을 살펴보겠습니다.

5.1.12 가정하기

통계학에선 가정을 함으로써 계산을 단순하게 만듭니다. 예를 들어 휴일 계획을 짠다고 생각해봅시다. 이것만으로는 하이킹을 갈 것인지 쇼핑을 갈 것인지 선택지가 너무 많아 계획을 세우기 어렵습니다. 이때 '휴일에 비가 내린다'라고 가정을 한다면 하이킹을 가는 건 그만둔다고 결정할 수 있게 됩니다. 지붕이 있는 장소에 간다는 방향성이 생기므로 후보를 좁힐 수 있습니다.

통계학에서도 모집단분포에 가정을 합니다. 이때 구체적으로 잘 알려진 분포를 고르는 경우가 많습니다. 물론 이때는 계산이 간단하다는 것뿐만 아니라 실제 데이터와 대응하는 것이 중요합니다.

5.1.13 모집단분포를 정규분포로 가정하기

물고기의 몸길이와 같은 연속형 확률변수를 대상으로 할 때는 계산이 간단하고 데이터에 잘 대응하는 확률분포로서 종종 정규분포를 사용합니다. 여기서 모집단분포를 정규분포로 가정해보겠습니다. 어디까지나 가정이기는 하지만 이 가정 덕분에 모집단분포에 관해 추정하기가 굉장히 쉬워집니다.

모집단분포가 정규분포임을 가정하면 모집단분포에 대한 통계적 추정 절차가 어떻게 달라질까요?

5.1.14 확률분포의 파라미터(모수)

여기서는 앞으로 설명을 위해 몇 가지 용어를 소개합니다.

확률분포의 모양을 특징 짓는 상수를 **확률분포 파라미터** 또는 **모수**라고 합니다. 대부분의 책에서는 모수라는 용어를 사용합니다. 하지만 모수를 분모의 수나 다른 수로 착각하는 사람이 많기 때문에 이 책에서는 확률분포의 파라미터라고 부르는 방법을 중심으로 사용합니다.

이항분포의 확률질량함수 $\mathrm{Bin}(X|n, p)$는 시행횟수 n과 성공확률 p에 따라 확률분포의 모양이 달라집니다. 따라서 이항분포의 파라미터는 n과 p입니다.

정규분포의 확률밀도함수 $\mathcal{N}(X|\mu, \sigma^2)$은 평균 μ와 분산 σ^2에 따라 확률분포의 모양이 변합니다. 따라서 정규분포의 파라미터는 μ와 σ^2입니다.

5.1.15 모수모델과 비모수모델

가능한 한 현상을 단순화하고 적은 수의 파라미터만 사용하는 모델을 **모수모델**parametric model(**파라메트릭 모델**)이라고 합니다. 반면에 적은 수의 파라미터만 사용한다는 방침을 취하지 않는 모델을 **비모수모델**non-parametric model(**논파라메트릭 모델**)이라고 합니다.

일반적인 모수모델은 $f(x|\theta)$라는 수식으로 표현할 수 있습니다. 확률질량함수와 확률밀도함수를 구별하지 않고 일반적으로 $f(x|\theta)$로 표기합니다. θ(세타)는 확률분포 파라미터입니다. 모집단분포가 정규분포임을 가정하여 모델링하는 이번 예는 전형적인 모수모델입니다. 모델 $f(x|\theta)$에는 $\mathcal{N}(X|\mu, \sigma^2)$이 대응합니다.

5.1.16 통계적 추정

표본으로서 n개의 확률변수 $X_1, X_2 \cdots X_n$을 얻었다고 합시다. 표본 $X_1, X_2 \cdots X_n$을 이용하여 모집단분포를 특징짓는 파라미터 θ를 구하는 시도를 **통계적 추정** 또는 **추정**이라고 합니다.

5.1.17 모집단분포를 정규분포로 가정하는 절차

용어에 대한 설명을 마쳤으니 다시 호수의 물고기 몸길이의 모집단분포를 추정하는 문제로 돌아갑니다. 여기서 우리는 호수의 물고기 몸길이의 모집단분포로서 정규분포를 가정해보겠습니다. 이때 정규분포의 파라미터인 μ와 σ^2을 알아내면 모집단분포가 밝혀집니다.

정규분포를 가정한 후에는 정규분포의 매개변수인 μ와 σ^2, 즉 모집단의 평균값과 모집단의 분산, 두 가지를 추정하는 것이 핵심적인 주제가 됩니다. 예를 들어 낚시를 해서 {2, 3, 3, 4, 4, 4, 4, 5, 5, 6}이라는 표본을 얻었다고 합시다. 이 표본으로부터 정규분포의 파라미터인 μ와 σ^2을 추정하는 작업을 수행합니다.

5.1.18 정리: 통계적 추론의 개념

데이터를 분석할 때 확률변수, 확률분포, 정규분포와 같은 용어가 왜 나오는지 그 이유를 알면 이해도가 크게 높아집니다. 통계적 추론에 대한 설명을 정리하면 다음과 같습니다.

1 통계적 추론

  1.1 표본(일부)에서 모집단(전체)을 추정한다.

2 표본을 얻는 과정과 모집단분포의 관계

  2.1 모집단에서 단순무작위추출로 표본을 얻을 수 있다고 생각한다.

  2.2 표본을 모집단분포를 따르는 독립적인 확률변수로 간주한다.

    2.2.1 모집단이 다섯 마리 물고기의 몸길이라면 표본은 다섯 마리의 물고기에서 무작위로 한 마리를 선택한 결과가 된다.

    2.2.2 어떤 물고기가 선택되는지는 확률적으로 결정된다.

3 모수모델 사용

  3.1 모집단분포는 모집단의 상대도수분포로 얻는다.

    3.1.1 그러나 이 방법은 전수조사를 할 수 없으면 사용할 수 없다.

  3.2 모집단분포의 형태를 (결정적으로) 가정하는 경우가 많다.

    3.2.1 정규분포가 자주 사용된다.

  3.3 확률분포는 확률질량함수나 확률밀도함수로 표현하는 경우가 많다.

    3.3.1 모수모델은 확률분포를 특징짓는 적은 수의 파라미터로 구성된다.

    3.3.2 정규분포를 가정한 모델링은 전형적인 모수모델이다.

      3.3.2.1 정규분포의 확률밀도함수에서 μ와 σ^2이 파라미터에 해당한다.

5.1.19 앞으로 배울 내용

모집단분포의 파라미터인 μ와 σ^2을 추정하는 방법론에 대한 설명이 이어지는 절의 주요 주제입니다.

5.2절에서는 이번 절의 복습으로 파이썬 시뮬레이션을 통해 모집단에서 표본을 추출하는 방법을 다시 한번 확인합니다.

5.3절부터는 모집단분포가 정규분포임을 가정하고 파라미터 μ와 σ^2의 추정을 시도합니다. 파라미터를 한 점의 값으로 추정하는 방법과 오차가 있음을 인정하고 폭을 두고 추정하는 방법을 설명합니다.

5.1.20 가정하기의 장단점

많은 통계학 입문서에서 정규분포를 모집단분포로 가정합니다. 그러나 어디까지나 가정일 뿐입니다. 이 가정의 찬반에 대해 너무 조심스러울 필요는 없습니다.

대부분의 통계학 입문서에서는 두 가지 강력한 가정하에 분석이 이루어지는 경우가 많습니다. 첫 번째는 모집단분포에 대해 정규분포를 가정하는 것이고 두 번째는 표본이 독립적이고 동일한 확률분포를 따른다고 가정하는 것입니다.

이 책은 통계학 입문서이면서도 가능한 한 독자에게 도움이 되는 정보를 제공할 수 있도록 신경 쓰고 있습니다. 6장까지는 정규분포를 가정한 분석을 중심으로 진행하지만 7장 이후부터는 모집단분포에 정규분포 이외의 확률분포를 이용한 모델링 기법으로 일반화선형모형을 소개합니다. 일반화선형모델을 이해하면 분석할 수 있는 데이터 대상이 비약적으로 늘어납니다. 이 책을 끝까지 읽고 정규분포라는 가정을 벗어난 분석 절차에 대해서도 알아보기 바랍니다.

이 책에서는 표본이 서로 독립적이라는 가정을 벗어난 분석 기법은 소개하지 않습니다. 이는 시계열 분석과 같은 고급 기술이 필요하기 때문입니다. 다만 7장 이후에서는 모델의 잔차 진단을 통해 이러한 가정을 만족하는지 여부를 평가하는 절차를 설명합니다.

5.2 모집단에서 표본추출 시뮬레이션

이 절에서는 모집단을 완전히 알고 있다는 가정 하에 '모집단에서 표본추출'을 시뮬레이션합니다. 어떤 과정을 통해 데이터를 얻게 되는지, 파이썬을 이용해 어떻게 시뮬레이션하는지 5.1절의 내용을 복습하면서 설명합니다.

5.2.1 분석 준비

필요한 라이브러리를 불러오겠습니다.

```
In    # 수치 계산에 사용하는 라이브러리
      import numpy as np
      import pandas as pd
      from scipy import stats

      # 그래프를 그리는 라이브러리
      from matplotlib import pyplot as plt
      import seaborn as sns
      sns.set()

      # 그래프의 한글 표기
      from matplotlib import rcParams
      rcParams['font.family'] = "Malgun Gothic"
```


5.2.2 데이터를 얻는 과정

데이터는 확률변수로 취급됩니다. 예를 들어 호수에 물고기가 다섯 마리 있다고 해보겠습니다. 모집단은 다섯 마리 물고기의 몸길이입니다. 여기서 낚시를 해서 무작위로 물고기를 한 마리 낚아 올려서 몸길이를 계측하여 표본으로 한다고 하겠습니다.

호수에 다음과 같은 몸길이를 가진 물고기들이 있다고 합시다(소수점 이하는 반올림).

$$\{2, 3, 4, 5, 6\}$$

낚아 올린 물고기의 몸길이가 우연히 4cm라고 합시다. 이건 어디까지나 '우연히' 4cm 물고기가 실현값으로서 얻어진 것이며, 2cm인 물고기가 낚였을 수도 6cm인 물고기가 낚였을 수도 있습니다.

실제로 호수에서 낚은 물고기라면 실현값은 한 번밖에 얻을 수 없습니다. 하지만 이를 파이썬으로 시뮬레이션하면 몇 번이고 같은 결과를 샘플링할 수 있기에 여러 가지 실현값을 실제로 보고 확인할 수 있습니다.

5.2.3 다섯 마리의 물고기만 있는 호수에서 표본추출

다섯 마리밖에 물고기가 없는 호수를 대상으로 모집단을 준비합니다. 물고기의 몸길이 데이터를 넘파이의 배열을 이용해서 만들겠습니다.

```
In    fish_5 = np.array([2,3,4,5,6])
      fish_5
```

```
Out   array([2, 3, 4, 5, 6])
```

다섯 마리 중에서 무작위로 세 마리를 추출합니다. replace=False는 복원 추출을 하지 않겠다는 파라미터 지정입니다. 현실 세계의 표본조사에서는 복원 추출을 하지 않는 경우가 많기 때문에 이렇게 설정했습니다.

```
In    # 난수 시드
      np.random.seed(1)
      # 표본추출
      sample_1 = np.random.choice(fish_5, size=3,
                                  replace=False)
      sample_1
```

```
Out   array([4, 3, 6])
```

골라낸 표본의 평균값을 계산해보면 다음과 같습니다.

```
In    round(np.mean(sample_1), 3)
```

```
Out   4.333
```

5.2.4 더 많은 물고기가 있는 호수에서 표본추출

앞서 예에서는 물고기가 다섯 마리밖에 없는 호수를 대상으로 했습니다. 하지만 지금부터는 더 많은 물고기가 있는 호수를 대상으로 하겠습니다. 5-2-1-fish_length_100000.csv라는 파일의 데이터를 사용합니다. 가상 물고기들의 몸길이 데이터입니다.

원래라면 호수 안의 모든 물고기 몸길이를 알고 있을 수 없습니다. 그러나 통계적 추정의 개념을 잡기 위해서 일부러 '모집단이 완전히 분명하다'는 가정으로 진행합니다.

처음부터 한 개의 열밖에 없는 데이터기에 팬더스 데이터프레임으로 취급할 이유가 없습니다. 명시적으로 열을 지정해서 시리즈 형식으로 읽어 들이겠습니다.

```
In    # 데이터 로드
      fish_100000 = pd.read_csv(
          '5-2-1-fish_length_100000.csv')['length']
      # 앞부분 얻기
      fish_100000.head(3)
```

```
Out   0    5.297442
      1    3.505566
      2    3.572546
      Name: length, dtype: float64
```

호수에 있는 물고기의 숫자는 10만 마리입니다.

```
In    len(fish_100000)
```

```
Out   100000
```

이렇게 잔뜩 있는 물고기 중에서 표본을 추출하는 경우에도 방법은 같습니다. 이번에는 500마리를 샘플링해보겠습니다.

```python
# 난수 시드
np.random.seed(2)
# 표본추출
sample_2 = np.random.choice(fish_100000, size=500,
                            replace=False)
```

표본평균을 계산해보겠습니다.

```python
round(np.mean(sample_2), 3)
```

```
3.962
```

표본의 히스토그램을 그립니다(그림 5-1).

```python
sns.histplot(sample_2, color='gray', bins=10)
```

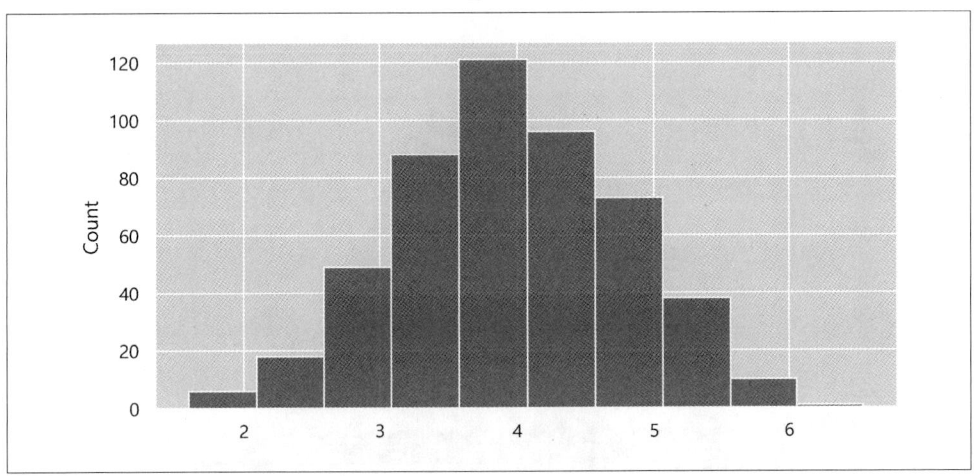

그림 5-1 표본의 히스토그램

표본의 히스토그램을 보면 좌우대칭의 종 모양으로 되어 있는 것처럼 보입니다. 표본은 모집단에서 단순무작위추출을 통해 얻은 것입니다. 그렇기 때문에 모집단분포에 대해서도 역시 좌우대칭의 종 모양이 아닐까 추측할 수 있습니다.

5.2.5 모집단분포의 시각화

여기에서는 표본이 아닌 모집단을 대상으로 합니다. 모집단의 내용을 확인합시다. 우선 모집단
의 평균값과 분산, 표준편차를 구합니다.

```
print('평균:', round(np.mean(fish_100000), 3))
print('분산:', round(np.var(fish_100000, ddof=0), 3))
print('표준편차:', round(np.std(fish_100000, ddof=0), 3))
```

```
평균: 4.0
분산: 0.64
표준편차: 0.8
```

모집단의 히스토그램을 그립니다(그림 5-2).

```
sns.histplot(fish_100000, color='gray')
```

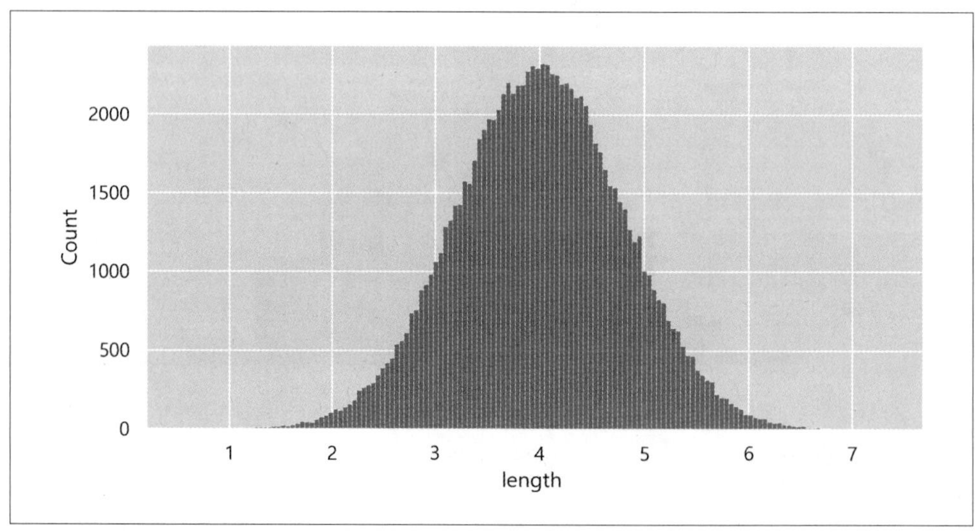

그림 5-2 모집단을 전수조사한 결과의 히스토그램

모집단의 히스토그램은 몸길이의 평균값(4cm)을 중심으로 좌우대칭으로 되어 있습니다. 표본을 통해 추측할 수 있었던 부분입니다.

여기서 조금 상상력을 발휘해보겠습니다. 즉 모집단분포를 평균 $\mu=4$, 분산 $\sigma^2=0.64$인 정규분포로 표현할 수 있지 않을까 생각해봅시다. 원래는 아주 좋은 조건이 아니라면 모집단이 완전히 밝혀진 상황이 될 수 없다는 점에 유의해야 합니다. 모집단을 모르기 때문에 통계학 지식을 사용하여 추측해야 합니다.

모집단분포가 정규분포라는 가정을 만족한다면 통계적 추정이 매우 간단해진다는 점이 중요한 포인트입니다.

5.2.6 모집단분포와 정규분포 간 확률밀도함수 비교

모집단분포와 평균 4, 분산 0.64인 정규분포의 확률밀도를 비교해봅시다. 이를 위해 평균 4, 분산 0.64인 정규분포의 확률밀도를 0에서 8 범위로 계산하여 데이터프레임에 정리합니다. 4.4절에서 설명한 대로 정규분포의 확률밀도는 stats.norm.pdf 함수를 사용하여 계산할 수 있습니다.

```python
# 확률변수
np.arange(start=0, stop=8.1, step=0.1)
# 확률밀도
density = stats.norm.pdf(x=x, loc=4, scale=0.8)

# 데이터프레임으로 정리
density_df = pd.DataFrame({
    'x': x,
    'density': density
})

# 앞부분 얻기
print(density_df.head(3))
```

```
     x   density
0  0.0  0.000002
1  0.1  0.000003
2  0.2  0.000006
```

정규분포의 확률밀도와 모집단의 상대도수분포 그래프를 겹쳐보겠습니다(그림 5-3).

```
In    # 모집단분포의 히스토그램
      sns.histplot(fish_100000,
                   stat='density', color='gray')
      # 꺾은선 그래프(정규분포의 확률밀도함수)
      sns.lineplot(x=x, y=density,
                   data=density_df, color='black', linewidth=2.0)
```

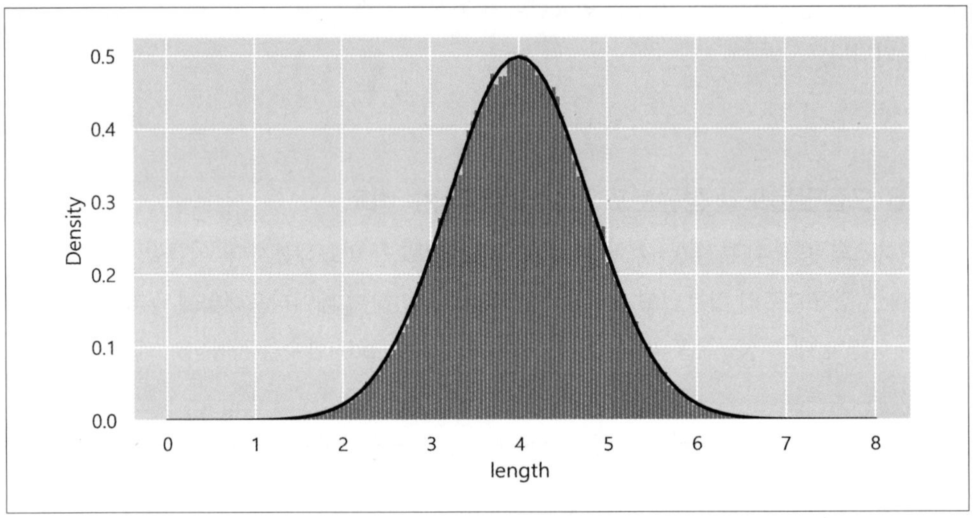

그림 5-3 모집단의 히스토그램과 정규분포의 확률밀도함수

sns.histplot 함수의 인수에 stat='density'를 지정하면 히스토그램의 면적이 확률을 나타내게 됩니다. sns.lineplot에서 linewidth로 선 두께를 지정했습니다. 정규분포의 확률밀도와 모집단의 히스토그램이 깔끔하게 대응하고 있음을 알 수 있습니다. 모집단분포는 평균 4, 분산 0.64인 정규분포라고 생각해도 지장이 없는 것 같습니다.

5.2.7 데이터를 얻는 절차의 추상화

모집단분포를 평균 4, 분산 0.64인 정규분포로 간주하면 모집단의 단순무작위추출은 평균 4, 분산 0.64인 정규분포에 따라 독립적인 확률변수를 생성하는 것으로 간주됩니다.

지금까지는 모든 모집단을 포함하는 fish_100000에서 np.random.choice 함수를 사용하여 표본을 추출했습니다.

이제부터는 이렇게 하지 않고 처음부터 정규분포를 따르는 독립 확률변수를 생성하는 함수를 사용합니다. 그 함수가 바로 stats.norm.rvs 함수입니다. stats.norm.rvs 함수의 파라미터로 평균 loc, 표준편차 scale, 얻을 표본크기 size 세 가지를 지정합니다. 여기에서는 확률변수를 10개 생성했습니다.

```
# 난수 시드
np.random.seed(1)
# 정규분포에 따른 난수 생성
sampling_norm = stats.norm.rvs(loc=4, scale=0.8, size=10)
sampling_norm
```

```
array([5.29947629, 3.51059487, 3.5774626, 3.1416251,
       4.6923261 , 2.15876904, 5.39584941, 3.39103448,
       4.25523128, 3.8005037 ])
```

표본평균을 구하는 것도 간단합니다.

```
round(np.mean(sampling_norm), 3)
```

```
3.922
```

앞으로는 stats.norm.rvs 함수를 사용하여 정규분포를 따르는 독립 확률변수를 생성하는 시뮬레이션을 자주 수행할 것입니다. 이 방법이 모집단에서 표본을 추출하는 시뮬레이션이라고 이해하면 됩니다.

모집단 fish_100000은 '몸길이 4cm 전후의 물고기 수가 많다'고 하는 특징이 히스토그램에서 나타납니다. 여기에서 단순무작위추출을 실시하여 표본을 얻으면 역시 4cm 전후의 표본을 얻을 수 있을 것입니다. 이것을 '4cm 전후의 확률밀도가 높은 정규분포를 따르는 확률분포'라고 나타내자는 의미입니다.

5.2.8 논의 보충

방금 전 논의에는 두 가지 비약이 있습니다.

첫 번째는 모집단의 히스토그램과 정규분포의 확률밀도가 같다는 점입니다. 히스토그램은 계급으로 도수를 표시하기 때문에 당연히 각진 형태입니다. 하지만 정규분포의 확률밀도는 매끄럽게 변화하고 있습니다. 때문에 정규분포의 확률밀도와 히스토그램은 완전히 일치하지 않습니다.

모집단분포가 정규분포임을 가정한다는 것은 '모집단이 무한모집단이고 계급 수를 무한히 늘려나가 무한히 좁은 히스토그램을 그리면 정규분포의 확률밀도함수와 일치한다'고 생각한다는 뜻입니다.

여기서 나오는 또다른 문제는 fish_100000이 다루는 물고기가 10만 마리라는 점입니다. 10만 마리라는 숫자는 결코 작은 숫자가 아니지만 그렇다고 무한한 숫자도 아닙니다. stats.norm.rvs 함수를 이용해서 난수 생성 시뮬레이션을 하면 무한모집단에서 무작위로 추출했다고 가정할 수 있습니다.

다음 절에서 시뮬레이션을 이용한 표본의 특징에 대해 설명하겠습니다. 하지만 이 특징은 무한모집단인 경우에만 성립합니다. 모집단이 유한한 경우 정확하게는 유한모집단으로 보정해야 합니다.

하지만 표본과 비교해서 모집단이 클 경우에는 이러한 유한모집단 보정을 할 필요가 크지 않습니다. 10만 마리의 물고기가 있는 호수에서 10마리의 표본을 추출하는 경우 유한모집단 보정을 하는 의미가 거의 없다시피 합니다. 이 책에서는 모집단은 충분히 크다고 가정하고 진행하겠습니다.

5.2.9 모집단분포를 정규분포로 가정해도 좋은가

모집단분포가 정규분포라고 가정할 수 있다면 표본추출 시뮬레이션이 매우 간단해집니다. 표본추출 시뮬레이션을 통해서 얻은 표본의 특징을 살펴볼 수도 있습니다(다음 절에서 표본의 특징을 살펴보겠습니다). 정말 대단하죠. 여기서 당연히 나오는 문제가 있습니다. 모집단분포를 정규분포라고 가정해도 좋은가라는 문제입니다. 대답은 아마 정확하게 정규분포에 들어맞지는 않겠지만 정규분포라고 보고 계산하는 경우가 많다고 할 수 있습니다.

몸길이 데이터가 마이너스가 되는 경우는 없습니다. 하지만 정규분포는 이론상 마이너스를 가질 수 있습니다. 이번에는 몸길이가 마이너스가 되는 이론상의 확률이 무한히 작기에 정규분포를 사용해도 문제는 없을 거라고 생각해서 사용했습니다.

또한 데이터에 로그를 취한 결과가 정규분포에 근사한다거나 일반화선형모델처럼 정규분포 이외의 모집단분포를 가정하고 계산하는 방법도 있습니다. 하지만 모집단분포는 어떠한 분포일 것이라고 결정해서 가정하고 있다는 점을 기억해야 합니다. 모집단의 히스토그램을 그리는 것은 보통 모집단을 모르므로 불가능하지만, 표본의 히스토그램을 그리는 것으로 가정한 확률분포와 크게 다르지 않은지를 확인하는 경우도 있습니다.

5.3절과 5.4절에서는 모집단분포가 정규분포 이외의 확률분포여도 성립하는 결과를 중심으로 설명합니다. 다만 5.5절과 5.6절 그리고 6장에서는 모집단분포가 정규분포를 따른다고 가정한 논의가 중심이 됩니다.

5.3 모평균 추정

표본추출은 보통 한 번밖에 할 수 없습니다. 하지만 시뮬레이션을 사용하면 표본추출을 몇 번이고 반복할 수 있습니다. 이 절에서는 시뮬레이션을 통해 표본평균의 특성을 조사합니다. 거기에 더해 모집단의 평균값을 추정하는 문제를 다룹니다.

5.3.1 분석 준비

필요한 라이브러리를 불러오겠습니다.

In
```python
# 수치 계산에 사용하는 라이브러리
import numpy as np
import pandas as pd
from scipy import stats

# 그래프를 그리는 라이브러리
from matplotlib import pyplot as plt
import seaborn as sns
```

```python
sns.set()

# 그래프의 한글 표기
from matplotlib import rcParams
rcParams['font.family'] = "Malgun Gothic"
```

5.3.2 모평균과 모분산, 모표준편차

모집단의 평균값을 **모평균**이라고 하고 표본의 평균값을 표본평균이라고 합니다. 표본평균이 모평균과 같다는 보장은 없습니다.

마찬가지로 모집단의 분산을 **모분산**, 모집단의 표준편차를 **모표준편차**라고 하며 표본에서 계산된 분산이나 표준편차와 구별합니다.

5.3.3 추정량과 추정값

추정에 사용하는 통계량을 **추정량**이라고 합니다. 표본은 확률변수이므로 추정량도 확률변수입니다. 이때 추정량의 실현값을 **추정값**이라고 합니다.

모집단의 파라미터를 θ로 표기할 때 θ의 추정량을 $\hat{\theta}$으로 표기합니다. 머리에 붙은 기호는 모자[hat] 기호라고 하며 '세타 햇'이라고 읽습니다. 마찬가지로 모평균을 μ라고 하면 모평균의 추정량은 $\hat{\mu}$(뮤 햇)이 됩니다.

5.3.4 모평균의 추정량으로서 표본평균

이 절에서는 모평균의 추정량으로 표본평균을 사용하는 것을 고려합니다. 즉 $\hat{\mu} = \bar{x}$입니다. 확률변수는 대문자로 표기하는 것이 보기 쉽기 때문에 표본평균은 확률변수임을 강조하기 위해 대문자 $\bar{X}$로 표기하는 경우가 있습니다.

그리고 모평균 μ와 표본평균 $\bar{X}$는 달라야 합니다. 이 차이를 어떻게 다루는지가 이 절의 중요한 포인트입니다. 또한 추정량은 확률적으로 변합니다. 이 절에서는 표본평균의 편차 크기를 평가하는 문제도 다룹니다.

5.3.5 시뮬레이션 개요

이 절에서는 시뮬레이션을 이용하여 표본평균과 모평균의 관계를 조사합니다. 조사는 보통 1회 밖에 실시하지 않습니다. 낚시를 해서 물고기의 몸길이를 측정하는 것을 조사라고 할 때 열 마리의 물고기 몸길이를 조사했다고 해봅시다. 이때 몸길이의 평균값, 즉 표본평균은 1회밖에 계산할 수 없습니다.

표본크기를 열 개로 해도 백 개로 해도 표본은 한 개밖에 없습니다. 1회의 조사로 얻을 수 있는 표본은 한 개뿐입니다. 이것이 한 번의 시행입니다(그림 5-4).

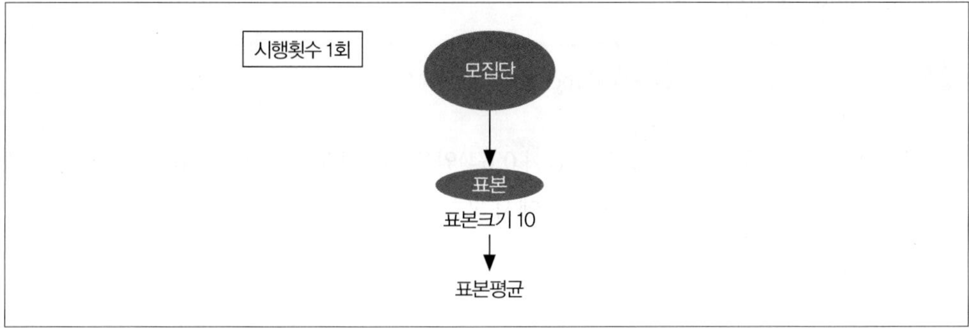

그림 5-4 시행횟수가 1회일 경우

이 절에서는 동일한 조사를 여러 번 반복하는 것을 고려합니다. 같은 조사를 3회 반복했다면, 즉 시행횟수가 3회라면 표본평균은 세 개 얻을 수 있습니다. 물론 시행횟수를 늘려 표본평균을 백 개, 1만 개, 10만 개 얻을 수도 있습니다(그림 5-5).

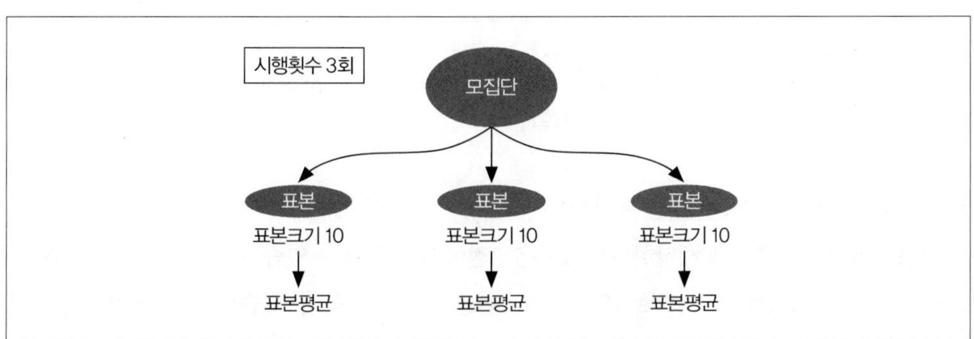

그림 5-5 시행횟수가 3회일 경우

보통은 정확히 동일한 조사를 정확히 동일한 조건으로 여러 번 반복하지는 않습니다. 시간적으로도 비용적으로도 무리가 있습니다. 그러나 컴퓨터 시뮬레이션을 사용하면 쉽게 구현할 수 있습니다. 이 절에서는 시뮬레이션을 통해 표본평균과 모평균의 관계를 조사합니다.

5.3.6 모집단 준비

이제 시뮬레이션을 준비합니다. 이 절에서 모집단은 언제나 평균 4, 표준편차 0.8(분산 0.64)인 정규분포입니다. 이를 미리 population으로 정의해 사용하겠습니다(모집단을 뜻하는 영어 단어가 population입니다).

```
In     population = stats.norm(loc=4, scale=0.8)
```

모평균이 4이고 모표준편차가 0.8(모분산이 0.64)임을 기억해둡시다. 이번에는 모평균을 알고 있지만 보통은 알지 못합니다. 따라서 표본에서 모평균을 추정해야 합니다.

5.3.7 표본평균 계산하기

모집단에서 난수를 생성합니다.

```
In     np.random.seed(2)
       sample = population.rvs(size=10)
       sample
```

```
Out    array([3.66659372, 3.95498654, 2.29104312, 5.31221665,
              2.56525153 , 3.32660211, 4.40230513, 3.00376953,
              3.15363822, 3.27279391])
```

population.rvs(size=10)을 이용해 모집단분포를 따르는 난수를 10개 생성합니다. 이것이 모집단에서 표본추출에 해당한다는 것은 5.2절에서 설명한 바 있습니다. 또한 stats.norm.rvs(loc=4, scale=0.8, size=10)을 해도 같은 결과를 얻을 수 있습니다. 표본평균을 계산해보겠습니다.

```
In    round(np.mean(sample), 3)
```

```
Out    3.495
```

모평균은 4였지만 표본평균은 약 3.5가 나왔습니다. 물론 시뮬레이션을 실행할 때마다 결과가 확률적으로 변경되지만 일반적으로 표본평균과 모평균은 약간의 차이가 있음을 알 수 있습니다.

5.3.8 표본평균을 여러 번 계산하기

표본평균을 계산하는 작업을 여러 번 반복해보겠습니다. 이번에는 시행횟수를 1만 회로 해보겠습니다. 한 번의 시행에서 표본크기 10의 표본을 얻고 표본평균을 계산합니다. 이 시뮬레이션의 결과로 표본평균을 1만 개 얻습니다.

평균값들을 저장할 준비를 하겠습니다. 길이가 10000인 배열입니다.

```
In    sample_mean_array = np.zeros(10000)
```

이 배열에 1만 개의 표본평균을 저장합니다.

```
In    np.random.seed(1)
      for i in range(0, 10000):
          sample_loop = population.rvs(size=10)
          sample_mean_array[i] = np.mean(sample_loop)
```

첫 번째 줄은 난수 시드 설정입니다. 두 번째 줄에서 for 문을 사용해서 10000회 반복하라고 지정했습니다. 세 번째 줄부터 모집단에서 표본을 추출하는 시뮬레이션입니다.

세 번째 줄에서 population.rvs 함수를 이용하여 표본추출을 시행합니다. 표본크기는 10으로 합니다. 네 번째 줄에서 표본평균을 계산하고 sample_mean_array의 i번째에 저장합니다.

10000개의 표본평균은 다음과 같습니다. 양이 많으므로 일부만 표시합니다. 표본평균은 3.9가 되기도 하고 4.5가 되기도 하는 등 확률적으로 변화하는 것을 알 수 있습니다.

```
In    sample_mean_array
```

```
Out    array([3.92228729, 3.86432929, 4.06953003, ..., 4.13616562,
              4.57489661, 4.09896685])
```

5.3.9 표본평균의 평균값

다음으로 '표본평균의 평균값'을 계산해보겠습니다. 시뮬레이션으로 10000개의 표본평균을 얻었습니다. 이제 '10000개의 표본평균'의 평균값을 구해봅시다.

sample_mean_array의 평균값을 구합니다.

```
In    round(np.mean(sample_mean_array), 3)
```

```
Out    4.004
```

본래의 모평균 4와 상당히 근접한 값이 되었다는 것을 알 수 있습니다.

5.3.10 불편성과 불편추정량

추정량의 기댓값이 모집단의 파라미터와 동일해지는 특성을 **불편성**이라고 부릅니다. 불편성을 갖는 추정량을 **불편추정량**이라고 합니다. 불편성이 있다는 것은 다시 말해 '추정량의 평균을 내면 과대도 과소도 되지 않는다'는 뜻이며 이는 곧 편향이 없는 추정량이라고 할 수 있습니다.

덧붙여 불편성을 만족하면 다루기가 쉽지만 필수라고 할 정도는 아닙니다. 반면에 불편성을 가지고 있어도 취급하기 어려운 추정량을 생각해볼 수 있습니다. 불편성은 어디까지나 추정량의 바람직한 성질 중 하나입니다.

5.3.11 모평균의 불편추정량으로서 표본평균

표본평균은 모평균의 불편추정량입니다. 이는 시뮬레이션을 이용하여 확인하는 것이 가장 간단하지만 수식도 섞어서 간단히 설명해보겠습니다.

5.3.7절에서 표본평균을 한 번만 계산한 경우 모평균과 약간 다른 값이 되었습니다. 그러나 5.3.9절에서 확인한 바와 같이 표본평균의 평균값은 모평균과 매우 가깝습니다.

표본평균은 모평균 추정값으로서 과대하거나 과소하지 않은 편향이 없는 추정량임을 알 수 있습니다. 이는 모평균의 추정량으로 표본평균을 사용하는 근거의 하나가 됩니다.

불편성은 시뮬레이션을 사용하여 쉽게 확인할 수 있지만 관심 있는 독자를 위해 수식을 사용하여 간단히 설명해보겠습니다. 다만 여기의 설명을 읽지 않아도 이후의 책 내용을 이해하는 데는 상관없습니다. 그러므로 어렵다고 느껴지면 건너뛰어도 괜찮습니다.

몇 가지 정리를 소개한 후 본론으로 넘어가겠습니다.

첫 번째 정리입니다. 두 개의 확률변수 X, Y에 대하여 확률변수 합의 기댓값은 각 기댓값의 합이 됩니다. 수식으로 쓰면 $E(X+Y)=E(X)+E(Y)$입니다. 직관적으로 받아들이기 쉬운 정리라고 생각합니다.

일반적으로 확률변수 $X_1, X_2 \cdots X_n$에서 다음이 성립합니다.

$$E(X_1+X_2+\cdots+X_n)=E(X_1)+E(X_2)+\cdots+E(X_n)$$

식 5-1

확률변수 $X_1, X_2 \cdots X_n$이 기댓값 μ의 독립적이고 동일한 확률분포를 따른다고 가정하면 $E(X_1+X_2+\cdots+X_n)=E(\sum_{i=1}^{n}X_i)=n\mu$가 됩니다.

두 번째 정리입니다. 확률변수 X에 대하여 확률변수를 정수배한 것의 기댓값은 원래 기댓값의 정수배가 됩니다. 수식으로 쓰면 다음과 같습니다. 여기서 a는 상수입니다.

$$E(aX)=a \cdot E(X)$$

식 5-2

앞의 두 정리를 이용하여 표본평균의 기댓값을 구합니다.

표본크기가 n인 표본을 확률변수 $X_1, X_2 \cdots X_n$이라고 하겠습니다. $X_1, X_2 \cdots X_n$은 기댓값 μ의 독립적이고 동일한 확률분포를 따른다고 가정합니다. μ는 모평균에 해당합니다. 표본평균은 다음과 같이 계산합니다.

$$\bar{X} = \frac{1}{n}\sum_{i=1}^{n} X_i \qquad\qquad \text{식 5-3}$$

표본평균 $\bar{X}$의 기댓값 $E(\bar{X})$는 다음과 같이 모평균 μ와 일치하는 것을 알 수 있습니다.

$$E(\bar{X}) = E\left(\frac{1}{n}\sum_{i=1}^{n} X_i\right) = \frac{1}{n}E\left(\sum_{i=1}^{n} X_i\right) = \frac{1}{n}n\mu = \mu \qquad\qquad \text{식 5-4}$$

위에서 알 수 있듯이 모집단분포가 정규분포가 아니더라도 표본평균은 모평균에 대한 불편추정량입니다. 모집단에 대한 가정이 거의 없어도 성립하는 법칙이기 때문에 폭넓게 적용할 수 있습니다.

5.3.12 표본평균을 몇 번이고 계산하는 함수 만들기

이제 시뮬레이션을 쉽게 하기 위해 표본평균을 여러 번 계산하는 함수인 calc_sample_mean 함수를 만듭니다.

```
def calc_sample_mean(size, n_trial):
    sample_mean_array = np.zeros(n_trial)
    for i in range(0, n_trial):
        sample_loop = population.rvs(size=size)
        sample_mean_array[i] = np.mean(sample_loop)
    return sample_mean_array
```

이 함수의 인수로 표본크기 size와 시행횟수 n_trial을 지정할 수 있습니다. 이 함수를 사용하면 표본크기와 시행횟수를 자유롭게 변경하며 표본평균을 여러 번 계산할 수 있습니다. 또한 표본평균은 시행횟수의 숫자(n_trial개)만큼 얻을 수 있습니다. 코드를 설명하겠습니다.

두 번째 줄에서는 시행횟수만큼 표본평균을 저장할 변수를 준비합니다. 세 번째 줄은 반복문입니다. 시행횟수만큼 반복합니다. 네 번째 줄에서는 평균 4, 표준편차가 0.8인 정규분포를 따르는 모집단에서 표본을 추출합니다. 다섯 번째 줄에서는 sample_mean_array에 표본평균을 저장합니다. 여섯 번째 줄에서 시행횟수의 표본평균을 반환합니다.

동작을 확인해봅시다. 데이터를 10개 선택해서 표본평균을 얻는 시행을 10000회 반복해보겠습니다. 그리고 표본평균의 평균값을 구해보겠습니다. 5.3.9절과 같은 결과가 나오는지 확인합니다.

```python
In    np.random.seed(1)
      round(np.mean(calc_sample_mean(size=10, n_trial=10000)), 3)
```

```
Out   4.004
```

5.3.13 표본크기별 표본평균의 분포

표본크기별로 표본평균의 편차를 구해봅시다. 표본크기를 10, 20, 30으로 변경할 때의 표본평균 분포를 바이올린플롯으로 확인합니다.

먼저 표본크기를 10, 20, 30으로 변경할 때의 표본평균을 팬더스 데이터프레임에 정리합니다. 시행횟수는 각각 10000회로 하겠습니다.

```python
In    np.random.seed(1)
      # 표본크기 10
      size_10 = calc_sample_mean(size=10, n_trial=10000)
      size_10_df = pd.DataFrame({
          'sample_mean':size_10,
          'sample_size':np.tile('size 10', 10000)
      })
      # 표본크기 20
      size_20 = calc_sample_mean(size=20, n_trial=10000)
      size_20_df = pd.DataFrame({
          'sample_mean':size_20,
          'sample_size':np.tile('size 20', 10000)
      })
      # 표본크기 30
      size_30 = calc_sample_mean(size=30, n_trial=10000)
      size_30_df = pd.DataFrame({
          'sample_mean':size_30,
          'sample_size':np.tile('size 30', 10000)
      })
      # 종합
```

```python
sim_result = pd.concat(
    [size_10_df, size_20_df, size_30_df]
# 결과 표시
print(sim_result.head(3))
```



```
       sample_mean sample_size
0        3.922287      size 10
1        3.864329      size 10
2        4.069530      size 10
```

각각의 표본크기로 size_10_df, size_20_df, size_30_df라는 세 개의 데이터프레임을 작성했습니다. 하나하나의 데이터프레임은 시행횟수가 10000번이므로 10000행의 데이터가 들어 있습니다. 그런 다음 세 개의 데이터프레임을 pd.concat 함수를 사용하여 결합했습니다. sim_result는 30000행의 데이터프레임이 됩니다.

이 데이터를 사용하여 세 가지 표본크기 각각에 대해 표본평균 분포를 조사하여 바이올린플롯을 그립니다.


```python
sns.violinplot(x='sample_size', y='sample_mean',
               data=sim_result, color='gray')
```

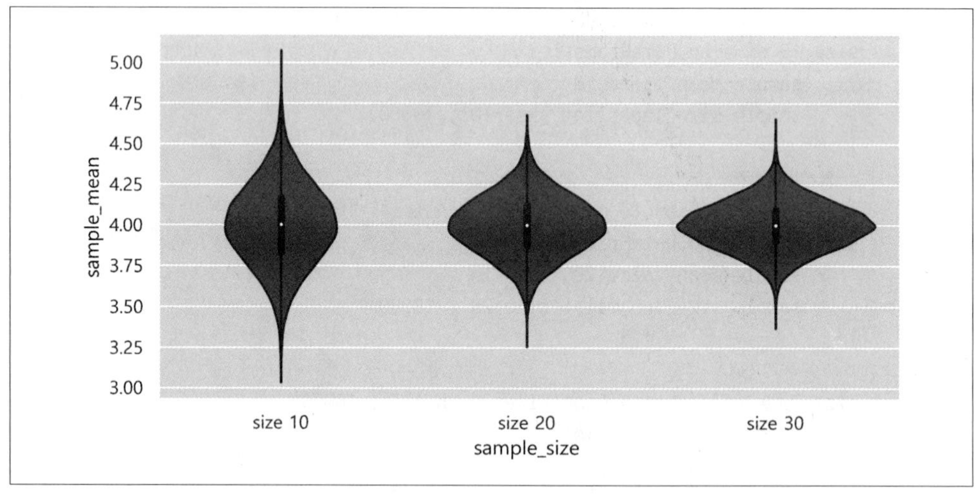

그림 5-6 표본크기별 표본평균 분포

[그림 5-6]을 보면 표본크기가 커지면 표본평균의 편차가 줄어들고 모평균(4) 근처에 집중되는 것을 볼 수 있습니다.

표본평균과 모평균이 크게 차이가 나면 좋지 않습니다. 표본크기가 클수록 표본평균과 모평균이 크게 멀어지는 사태는 잘 일어나지 않습니다. 쉽게 말하면 표본크기가 큰 쪽이 모평균 추정의 정밀도가 높아진다고 할 수 있습니다.

이는 표본평균의 표준편차를 계산하여 수치로 확인할 수 있습니다. 표본크기별로 '표본평균의 표준편차'와 '표본평균의 평균값'을 계산합니다. 데이터프레임에 .round 함수를 적용하면 모든 요소를 반올림할 수 있습니다.

```
group = sim_result.groupby('sample_size')
print(group.agg([np.std, np.mean]).round(3))
```

```
             sample_mean
                     std    mean
sample_size
size 10            0.251   4.004
size 20            0.180   4.001
size 30            0.146   4.001
```

표본크기에 관계없이 표본평균의 평균은 모평균과 매우 가깝습니다. 단 표본평균의 표준편차는 표본크기가 큰 쪽이 작아집니다. 표본크기가 큰 편이 바람직한 이유 중 하나입니다.

그런데 모표준편차는 0.8이었습니다. 표본평균의 표준편차는 모표준편차보다 작다는 것을 알 수 있습니다. 이러한 이유는 다음 절에서 설명하겠습니다.

5.3.14 표본평균의 표준편차 계산

이번에는 표본평균의 표준편차를 계산하는 방법을 알아봅시다.

표본크기가 n인 표본을 확률변수 $X_1, X_2 \cdots X_n$이라고 하겠습니다. $X_1, X_2 \cdots X_n$은 기댓값 μ, 분산 σ^2인 독립적이고 동일한 확률분포를 따른다고 가정합니다. μ는 모평균, σ^2은 모분산, σ는 모표준편차입니다. 표본평균 $\bar{X}$의 표준편차는 다음과 같이 계산합니다.

$$\sqrt{V(\bar{X})} = \sqrt{\frac{\sigma^2}{n}} = \frac{\sigma}{\sqrt{n}}$$

식 5-5

표본크기를 10, 20, 30으로 변경해가며 표본평균의 표준편차를 계산해봅시다. 모표준편차는 0.8입니다. 시뮬레이션 결과와 거의 일치하는 것을 볼 수 있습니다.

```
In    print('표준편차(size 10):', round(0.8 / np.sqrt(10), 3))
      print('표준편차(size 20):', round(0.8 / np.sqrt(20), 3))
      print('표준편차(size 30):', round(0.8 / np.sqrt(30), 3))
```

```
Out   표준편차(size 10): 0.253
      표준편차(size 20): 0.179
      표준편차(size 30): 0.146
```

표본평균의 표준편차는 모표준편차보다 작습니다. 표본크기가 클수록 표본평균의 표준편차가 작아집니다. 이러한 이유를 직관적으로 설명해보겠습니다.

엘리베이터에 탄다고 생각해봅시다. 엘리베이터는 10명이 정원입니다. 키가 작은 사람도 타고 키가 큰 사람도 타는 등 다양한 사람이 탈 수 있습니다. 이때 탄 사람이 모두 키가 작고 가벼운 사람인 경우는 그다지 흔하지 않은 일입니다. 반대로 모두 키가 크고 무거운 사람이 10명 타는 일도 그다지 있을 것 같지는 않습니다.

다양한 사람이 무작위로 엘리베이터에 타는 것을 생각해보면 키가 작은 사람, 큰 사람이 섞여서 탄다고 생각하는 편이 자연스럽습니다. 작은 사람의 체중과 큰 사람의 체중을 평균 내면 중간 즈음의 체중이 될 것입니다. 체중의 평균값이 극단적으로 크거나 작거나 하는 경우가 거의 없기에 체중의 합이 흩어진 정도는 작아지게 됩니다.

이번에는 더 큰 탈것, 예를 들어 100명이 타는 비행기를 상상해보겠습니다. 탑승한 사람 100명이 모두 키가 크고 체중이 무거운 사람이어서 어느 좌석 하나 빠짐없이 덩치 큰 사람이 앉아 있는 상황은 조금 무섭기까지 합니다. 탑승한 사람 수가 많아지면 많아질수록 작은 사람이 섞여 있을 확률도 높아지므로 탑승객의 평균 체중을 살펴볼 때 극단적인 값이 나오기 어려워집니다.

탑승객 수를 한 번 조사할 때의 표본크기라고 생각한다면 표본평균에도 같은 방법을 적용해서 생각할 수 있습니다. 표본평균의 편차는 개인차가 초래하는 편차보다 작습니다.

관심 있는 독자를 위해 수식을 사용하여 간단히 설명해보겠습니다. 다만 여기의 설명을 읽지 않아도 이후의 책 내용을 이해하는 데는 상관없습니다. 그러므로 어렵다고 느껴지면 건너뛰어도 괜찮습니다.

몇 가지 정리를 소개한 후 본론으로 넘어가겠습니다.

첫 번째 정리입니다. 두 개의 독립인 확률변수 X, Y에 대하여 확률변수 합의 분산은 분산의 합입니다. 수식으로 쓰면 $V(X+Y)=V(X)+V(Y)$입니다. 이는 반드시 서로 독립적인 확률변수여야만 성립합니다.

일반적으로 독립 확률변수의 열 X_1, $X_2 \cdots X_n$에 대해서 다음이 성립합니다.

$$V(X_1+X_2+\cdots+X_n)=V(X_1)+V(X_2)+\cdots+V(X_n) \qquad \text{식 5-6}$$

확률변수 X_1, $X_2 \cdots X_n$이 분산 σ^2의 독립적이고 동일한 확률분포를 따른다고 가정하면 $V(X_1+X_2+\cdots+X_n)=n\sigma^2$이 됩니다.

두 번째 정리입니다. 확률변수 X에 대하여 확률변수를 정수배한 것의 분산은 원래 분산의 정수 제곱배가 됩니다. 수식으로 쓰면 다음과 같습니다. 여기서 a는 상수입니다. 분산은 제곱한다는 계산이 들어가므로 단순한 정수배가 아니라 정수의 제곱배가 되는 것에 주의해야 합니다.

$$V(aX)=a^2 \cdot V(X) \qquad \text{식 5-7}$$

위의 두 정리를 이용하여 표본평균의 분산을 구합니다.

표본크기가 n인 표본을 확률변수 X_1, $X_2 \cdots X_n$이라고 하겠습니다. X_1, $X_2 \cdots X_n$은 분산 σ^2인 독립적이고 동일한 확률분포를 따른다고 가정합니다. σ^2이 모분산에 해당합니다.

표본평균 $\bar{X}$의 분산 $V(\bar{X})$는 다음과 같이 모분산 σ^2을 n으로 나눈 값으로 나타낼 수 있습니다.

$$V(\bar{X})=V\left(\frac{1}{n}\sum_{i=1}^{n}X_i\right)=\frac{1}{n^2}V\left(\sum_{i=1}^{n}X_i\right)=\frac{1}{n^2}n\sigma^2=\frac{\sigma^2}{n} \qquad \text{식 5-8}$$

$V(\bar{X})$의 제곱근을 구하면 표본평균의 표준편차가 $\sigma/\sqrt{n}$인 것을 알 수 있습니다.

위에서 알 수 있듯이 모집단분포가 정규분포가 아니어도 표본이 독립적이고 동일한 확률분포를 따르는 것으로 간주할 수 있다면 표본평균의 표준편차는 $\sigma/\sqrt{n}$로 계산할 수 있습니다. 모집단에 대한 가정이 거의 없어도 성립하는 법칙이기 때문에 폭넓게 적용할 수 있습니다. 그러나 표본이 서로 독립적이라고 가정한다는 점에 주의합시다. 또한 지금까지의 결론은 기댓값이 존재하지 않는 특수한 확률분포 등에서는 성립하지 않습니다.

5.3.15 표준오차

표준오차에 대해 알아봅시다. 추정량의 표준편차를 추정한 것을 **표준오차**[standard error]라고 합니다. 파라미터 θ의 추정량을 $\hat{\theta}$이라 할 때 표준오차는 $SE(\hat{\theta})$이나 SE라고 표기합니다. 예를 들어 모평균의 추정량으로 표본평균을 사용한다고 가정합시다. 이때 표본평균의 표준편차를 계산한 것은 표준오차라고 할 수 있습니다.

일반적으로 추정량이 크게 차이가 나면 사용하기 어렵습니다. 같은 조건에서 표본을 추출하여 모평균을 추정했는데 조사할 때마다 추정값이 전혀 다른 값이 된다면 곤란합니다. 추정량의 편차, 즉 표준오차가 작다는 것은 그만큼 정확하게 추정할 수 있다는 의미입니다. 따라서 추정량과 표준오차를 함께 구하는 것이 좋습니다.

표본평균을 모평균의 추정량으로 할 때의 표준오차는 다음과 같이 계산할 수 있습니다. 이때 U는 표본에서 계산된 표준편차(여기서는 불편분산의 제곱근)이고 n은 표본크기입니다.

$$SE = \frac{U}{\sqrt{n}}$$

식 5–9

모표준편차는 보통 모르기 때문에 [식 5–5]에서 모표준편차 σ를 불편분산의 제곱근 U로 대신 사용한 것이 표준오차가 됩니다.

참고로 3.7절에서 막대 그래프를 소개한 바 있습니다. 막대 그래프에 있는 에러바는 표준오차를 나타냅니다. 막대 그래프의 Y축은 데이터의 평균값입니다. 평균값뿐만 아니라 평균값의 편차를 계산한 표준오차도 동시에 시각화하는 것이 에러바를 표시한 막대 그래프라고 할 수 있습니다.

5.3.16 표본크기를 크게 할 때의 표본평균

표본크기를 더욱 크게 만들어 표본크기와 표본평균, 모평균의 관계를 보다 자세하게 살펴보겠습니다. 이번에는 표본크기당 한 번의 시행만 수행합니다. 표본크기를 10에서부터 100010까지 변경해가며 표본크기와 표본평균의 관계를 확인합니다.

우선 10에서 100010까지 100 간격으로 변화시킨 표본크기를 준비합니다.

```
In    size_array =  np.arange(start=10, stop=100100, step=100)
      size_array
```

```
Out   array([    10,    110,    210, ...,  99810,  99910, 100010])
```

다음은 표본평균을 저장할 변수를 준비합니다.

```
In    sample_mean_array_size = np.zeros(len(size_array))
```

시뮬레이션을 시행합니다. 표본평균을 구하는 시행을 표본크기를 변경하면서 여러 번 수행합니다.

```
In    np.random.seed(1)
      for i in range(0, len(size_array)):
          sample_loop = population.rvs(size=size_array[i])
          sample_mean_array_size[i] = np.mean(sample_loop)
```

결과를 데이터프레임으로 요약합니다.

```
In    size_mean_df = pd.DataFrame({
          'sample_size': size_array,
          'sample_mean': sample_mean_array_size
      })

      print(size_mean_df.head(3))
```

```
Out      sample_size  sample_mean
      0           10     3.922287
```

1	110	4.038361
2	210	4.091853

X축에 표본크기, Y축에 표본평균을 지정하여 꺾은선 그래프를 그립니다(그림 5-7).

```
In    sns.lineplot(x='sample_size', y='sample_mean',
                   data=size_mean_df, color='black')
```

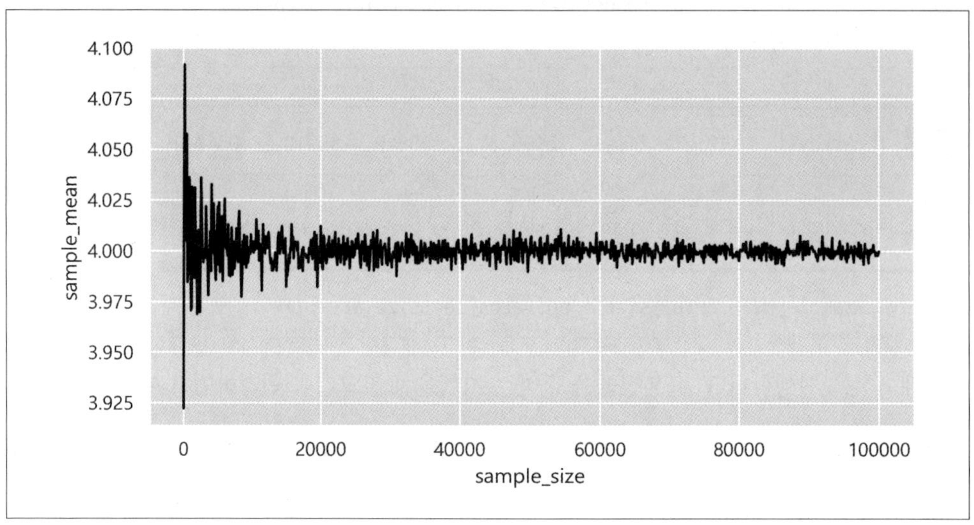

그림 5-7 표본크기와 표본평균의 관계

이 그래프를 보면 표본크기가 커질수록 표본평균이 모평균(4)에 가까워진다는 것을 알 수 있습니다.

5.3.17 일치성과 일치추정량

표본크기가 커지면 추정량이 진짜 파라미터에 접근하는 특성을 **일치성**이라고 합니다. 또한 일치성을 가진 추정량을 **일치추정량**이라고 합니다.

일치성이 있다는 것은 다시 말하면 '표본크기가 무한한 경우에는 추정량과 모집단의 파라미터가 일치한다'는 뜻입니다.

시뮬레이션 결과를 보면 표본평균이 모평균의 일치추정량임을 추측할 수 있습니다. 또한 [식 5-5]로부터 알 수 있듯이 표본크기가 무한에 가까워지면 표본평균의 편차(표준편차)는 0에 가까워집니다. 따라서 직관적으로도 받아들이기 쉽습니다.

5.3.18 큰 수의 법칙

큰 수의 법칙은 표본의 크기가 커짐에 따라 표본평균이 모평균에 가까워지는 현상을 표현한 법칙입니다. 큰 수의 법칙에는 약법칙과 강법칙이 있지만 여기에서는 약법칙을 대상으로 합니다.

큰 수의 약법칙은 [그림 5-7]의 시뮬레이션 결과를 정확하게 표현한 것이라고 생각하면 쉽게 이해할 수 있습니다. 다시 말해 표본크기가 클수록 표본평균은 모평균에 가까워진다는 뜻입니다. 그러나 표본평균은 확률변수이므로 확률 용어를 사용하여 이 내용을 공식화해야 합니다.

여기서 확률변수 $X_1, X_2 \cdots X_n$이 평균 μ, 분산 σ^2인 독립적이고 동일한 확률분포를 따른다고 가정합니다. 0보다 큰 임의의 ε(엡실론)에 대해 다음이 성립하는 것을 큰 수의 약법칙이라고 부릅니다.

$$\lim_{n \to \infty} P(|\bar{X} - \mu| > \varepsilon) = 0 \qquad \text{식 5-10}$$

이는 표본평균과 모평균 차이의 절댓값 $|\bar{X} - \mu|$가 ε보다 커질 확률이 0이라는 것입니다. 즉 표본평균과 모평균의 차이는 확실히 ε 이하라는 뜻입니다. 표본크기가 ∞에 가까워지면 ε에 예를 들어 0.0000000001과 같이 매우 작은 값을 설정해도 위 내용은 성립합니다. 이를 '표본평균이 모평균 μ에 확률 수렴한다'라고 말하기도 합니다.

모평균을 정밀하게 추정하기 위해서는 표본크기가 큰 것이 중요하다는 것을 명확하게 나타낸 것이 큰 수의 법칙이라고 할 수 있습니다.

그런데 큰 수의 법칙의 전제인 확률변수가 독립적이고 동일한 확률분포를 따른다는 점도 중요합니다. 조사 방법이 매번 다르고 평균과 분산이 제각각인 상황에서는 데이터를 많이 수집하고 표본크기를 키워도 별 소용이 없을 수 있습니다. 큰 수의 법칙의 전제조건을 항상 기억해둡시다.

5.3.19 추론통계의 개념

통계를 배운다는 것은 데이터 분석 절차를 외우는 것이 아닙니다. '왜 이런 분석 절차를 밟는가'
에 대한 이유를 이해하는 것이 바로 통계를 공부하는 것입니다.

모평균의 추정량으로 표본평균을 사용하는 방법은 자주 사용됩니다. 이때 '왜 모평균의 추정량
으로 표본평균을 사용하는가'라는 질문에 자신의 말로 대답할 수 있게 합시다.

다음 절에서는 유사한 흐름으로 모분산 추정이라는 문제를 다루겠습니다.

5.4 모분산 추정

5.3절에 이어 **모분산 추정**이라는 문제를 다룹니다. 표본에서 계산된 분산에는 표본분산과 불편
분산이 있습니다. 이 둘의 차이와 모분산과의 대응에 대해 시뮬레이션을 통해 확인합니다.

5.4.1 분석 준비

필요한 라이브러리를 불러오겠습니다.

```
In   # 수치 계산에 사용하는 라이브러리
     import numpy as np
     import pandas as pd
     from scipy import stats

     # 그래프를 그리는 라이브러리
     from matplotlib import pyplot as plt
     import seaborn as sns
     sns.set()

     # 그래프의 한글 표기
     from matplotlib import rcParams
     rcParams['font.family'] = "Malgun Gothic"
```

5.4.2 모집단의 준비

5.3절과 마찬가지로 시뮬레이션을 준비합니다. 이 절에서도 모집단은 항상 평균 4, 표준편차 0.8(분산 0.64)인 정규분포로 합니다. 미리 이들 파라미터로 설정한 population을 정의해 사용합니다.

```
In      population = stats.norm(loc=4, scale=0.8)
```

모평균이 4이고 모표준편차가 0.8(모분산이 0.64)임을 기억해둡시다.

5.4.3 모분산의 추정량으로서 표본분산과 불편분산

이 책에서는 정확한 모분산이 0.64라는 것을 이미 알고 있지만 실제 문제에서는 모분산을 알 수 없습니다. 따라서 표본에서 모분산을 추정해야 합니다.

모분산의 추정량으로서 표본분산과 불편분산을 이용하는 것을 생각해봅시다. 추정량과 정확한 모분산의 차이 등을 시뮬레이션을 통해 확인해보겠습니다.

5.4.4 표본분산과 불편분산 계산

모집단에서 난수를 생성합니다.

```
In      np.random.seed(2)
        sample = population.rvs(size=10)
        sample
```

```
Out     array([3.66659372, 3.95498654, 2.29104312, 5.31221665,
               2.56525153 , 3.32660211, 4.40230513, 3.00376953,
               3.15363822, 3.27279391])
```

표본분산과 불편분산을 계산합니다. 복습도 할 겸 3.4절에서 다룬 표본분산 s^2의 계산식을 다시 살펴보겠습니다. x_i는 표본, $\bar{x}$는 표본평균, n은 표본크기입니다.

$$s^2 = \frac{1}{n} \sum_{i=1}^{n} (x_i - \bar{x})^2$$

식 5-11

불편분산 u^2의 계산식도 다시 살펴보겠습니다.

$$u^2 = \frac{1}{n-1} \sum_{i=1}^{n} (x_i - \bar{x})^2$$

식 5-12

불편분산은 $n-1$로 나누는 점이 표본분산과의 차이점입니다. 따라서 불편분산은 표본분산보다 약간 큰 값입니다.

파이썬을 사용하여 표본분산과 불편분산을 계산합니다. np.var 함수의 인수에 ddof=0을 지정하면 표본분산을, ddof=1을 지정하면 불편분산을 계산할 수 있습니다.

```
In    print('표본분산', round(np.var(sample, ddof=0), 3))
      print('불편분산', round(np.var(sample, ddof=1), 3))
```

```
Out   표본분산 0.712
      불편분산 0.791
```

모분산은 0.64였지만 표본분산과 불편분산 모두 모분산과는 조금 다른 값이 되었습니다. 물론 시뮬레이션을 실행할 때마다 결과는 확률적으로 바뀌지만 일반적으로 표본분산이든 불편분산 이든 모분산과 약간의 차이가 있습니다.

다음 절에서는 표본분산과 불편분산의 평균값을 확인해보겠습니다.

5.4.5 표본분산의 평균값

표본분산을 대상으로 시뮬레이션을 실행합니다. 표본분산을 1만 회 계산하여 표본분산의 평균 값을 구합니다.

먼저 표본분산을 저장할 변수를 준비합니다.

```
In   sample_var_array = np.zeros(10000)
```

시뮬레이션을 실행합니다. 데이터를 10개 취하고 표본분산을 구하는 시행을 1만 번 반복합니다.

```
In   np.random.seed(1)
     for i in range(0, 10000):
         sample_loop = population.rvs(size=10)
         sample_var_array[i] = np.var(sample_loop, ddof=0)
```

표본분산의 평균값은 다음과 같습니다.

```
In   round(np.mean(sample_var_array), 3)
```

```
Out  0.575
```

모분산은 0.64지만 표본분산의 평균값은 0.575입니다. 표본평균의 경우 표본평균의 평균값은 모평균과 거의 동일합니다. 그러나 표본분산은 표본분산의 평균값을 취하더라도 여전히 모분산에서 크게 떨어져 있습니다. 표본분산은 분산을 과소평가하고 있음을 알 수 있습니다.

5.4.6 불편분산의 평균값

이어서 불편분산을 대상으로 시뮬레이션을 실행합니다. 인수로 ddof=1을 지정해서 넘기는 것을 제외하면 방금 전과 거의 똑같은 코드입니다.

```
In   # 불편분산을 담는 변수
     unbias_var_array = np.zeros(10000)
     # 데이터를 10개 선택하여 불편분산을 구하는 시행을 10000회 반복
     np.random.seed(1)
     for i in range(0, 10000):
         sample_loop = population.rvs(size=10)
         unbias_var_array[i] = np.var(sample_loop, ddof=1)
     # 불편분산의 평균값
     round(np.mean(unbias_var_array), 3)
```

이번에는 제대로 0.64에 가까운 값이 나온 것을 알 수 있습니다. 따라서 불편분산의 평균값은 모분산이라고 간주해도 좋습니다.

5.4.7 모분산의 불편추정량으로서 불편분산

불편분산은 모분산의 불편추정량입니다. 이는 시뮬레이션을 이용해 확인하는 것이 가장 간단하지만 보충 설명도 섞어 가며 살펴보겠습니다.

5.4.6절의 결과에서 알 수 있듯이 불편분산은 모분산의 추정량으로서 과대도 과소도 되지 않은 편향이 없는 추정량인 것을 알 수 있습니다. 이것이 모분산의 추정량으로 불편분산을 사용하는 근거가 됩니다. 덧붙여 모집단분포가 정규분포가 아니어도 표본이 독립적이고 동일한 확률분포에 따르는 등 몇 가지 가정을 하면 불편분산은 모분산에 대한 불편추정량이 됩니다. 모집단에 대한 가정이 거의 없어도 성립하는 법칙이기 때문에 폭넓게 적용할 수 있습니다.

한편 표본분산은 모분산을 과소평가하는 편향이 있습니다. 불편분산을 계산할 때 $n-1$로 나눈다는 공식을 보고 혼란스러워하는 사람들이 많은 것 같습니다. $n-1$로 나누는 것이 편향을 없애는 것을 시뮬레이션으로 확인하면 납득하기 쉬울 것입니다.

표본분산을 그대로 사용하면 왜 분산을 과소평가하는 것일까요? 정확하지 않지만 그 이유를 직관적으로 설명해보겠습니다. 표본은 전체 중 일부라는 것에 주의해야 합니다. 편의상 매우 작은 모집단의 표본추출을 예로 들겠습니다. 호수 안에 7마리의 물고기가 있다고 해봅시다. 7마리의 물고기 몸길이는 다음과 같습니다.

$$\{1, 2, 3, 4, 5, 6, 7\}$$

이때 모평균은 4입니다. 호수에서 표본추출을 해서 3마리를 낚았습니다. 표본은 다음과 같습니다.

$$\{1, 2, 3\}$$

표본평균은 2입니다.

이때 분산은 데이터와 평균값의 차이의 크기이므로 본래는 모평균과 차이를 계산하게 됩니다.

하지만 모평균은 알 수 없으므로 표본평균과 차이를 계산하는 것 말고는 방법이 없습니다. 그렇게 되면 [그림 5-8]과 같이 분산을 과소평가하게 됩니다. 이 문제를 피하기 위해 불편분산은 표본분산보다 약간 큰 값이 되도록 수정합니다.

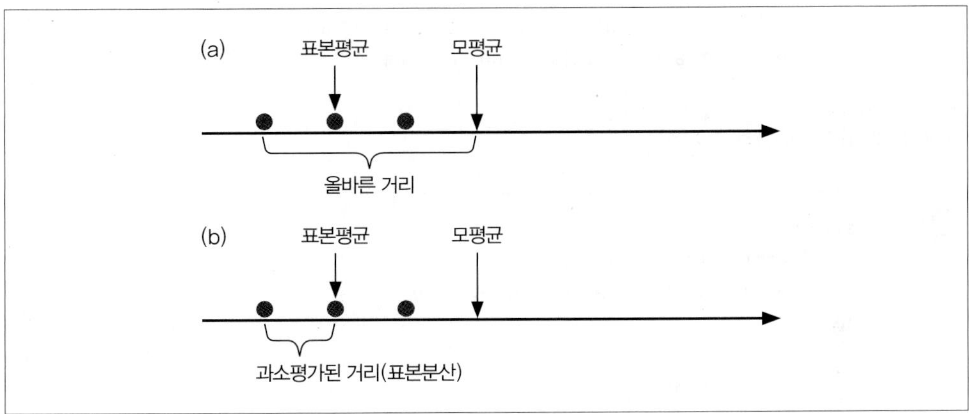

그림 5-8 표본분산의 편향 이미지

5.4.8 표본크기를 크게 할 때의 불편분산

마지막으로 표본크기와 불편분산, 모분산의 관계를 살펴보도록 하겠습니다. 표본크기를 10에서부터 100010까지 변경해가며 표본크기와 불편분산의 관계를 확인합니다. 또한 각 표본크기마다 추출은 1회만 시행하겠습니다.

먼저 10에서 100010까지 100단위로 변하는 표본크기를 준비합니다.

```
In    size_array = np.arange(start=10, stop=100100, step=100)
      size_array
```

```
Out   array([    10,    110,    210, ...,  99810,  99910, 100010])
```

다음으로 불편분산을 저장하는 변수를 준비합니다.

```
In    unbias_var_array_size = np.zeros(len(size_array))
```

시뮬레이션을 실행합니다. 불편분산을 구하는 시행을 표본크기를 변화시켜가면서 몇 번이고 시행합니다.

```
In    np.random.seed(1)
      for i in range(0, len(size_array)):
          sample_loop = population.rvs(size=size_array[i])
          unbias_var_array_size[i] = np.var(sample_loop, ddof=1)
```

결과를 데이터프레임으로 정리합니다.

```
In    size_var_df = pd.DataFrame({
          'sample_size': size_array,
          'unbias_var': unbias_var_array_size
      })

      print(size_var_df.head(3))
```

```
Out      sample_size   unbias_var
      0           10     1.008526
      1          110     0.460805
      2          210     0.631723
```

X축에 표본크기를, Y축에 불편분산을 지정한 꺾은선 그래프를 그립니다.

```
In    sns.lineplot(x='sample_size', y='unbias_var',
                   data=size_var_df, color='black')
```

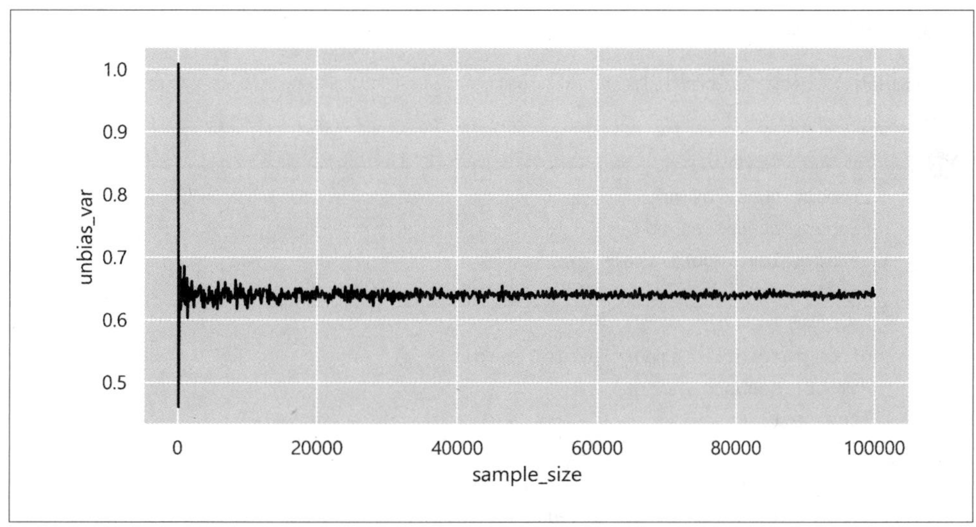

그림 5-9 표본크기와 불편분산의 관계

[그림 5-9]의 그래프를 보면 표본크기가 커질수록 불편분산은 모분산(0.64)에 접근해가는 것을 알 수 있습니다. 덧붙여 결과는 생략하지만 표본분산도 같은 결과가 됩니다. 불편분산과 표본분산은 모두 일치성을 만족하는 것으로 알려져 있습니다.

모분산의 추정량으로는 불편추정량인 불편분산을 자주 사용합니다. 이 책에서도 불편분산을 사용합니다.

5.5 정규모집단에서 파생된 확률분포

모집단분포가 정규분포임을 가정한 후 표본평균이나 표본으로부터 계산된 불편분산이 따르는 확률분포를 살펴봅시다. 시뮬레이션을 활용하면서 χ^2분포, t분포, F분포를 설명합니다. 이 절의 결과는 5.6절이나 6장, 8장 등에서 이용합니다.

5.5.1 분석 준비

필요한 라이브러리를 불러옵니다.

```python
# 수치 계산에 사용하는 라이브러리
import numpy as np
import pandas as pd
from scipy import stats

# 그래프를 그리는 라이브러리
from matplotlib import pyplot as plt
import seaborn as sns
sns.set()

# 그래프의 한글 표기
from matplotlib import rcParams
rcParams['font.family'] = "Malgun Gothic"
```

5.5.2 표본분포

표본분포는 표본의 통계량이 따르는 확률분포입니다. 예를 들어 모집단으로부터의 표본추출 시뮬레이션을 1만 회 실시했다고 합니다. 그러면 1만 개의 표본을 얻을 수 있고 표본에서 각각 표본평균을 계산할 수 있습니다. 이 경우 표본평균이 1만 개가 됩니다. 이 1만 개의 표본평균이 따르는 확률분포가 표본분포입니다.

5.5.3 정규분포의 활용

5.3절과 5.4절에서는 표본평균의 평균값이나 불편분산의 평균값 등을 대상으로 했습니다. 이번에는 여기서 한 단계 더 나아가 표본평균의 표본분포나 불편분산의 표본분포 등을 알아봅니다.

그러나 표본분포를 이론적으로 찾기란 쉽지 않습니다. 따라서 이 절에서는 모집단분포가 정규분포를 따른다는 것을 적극적으로 이용할 것입니다. 5.3절과 5.4절에서는 모집단분포가 정규분포가 아니어도 성립하는 일반적인 논의를 전개했지만 이번에는 모집단분포가 정규분포인 경우에만 성립하는 이야기를 할 것입니다.

또한 다음부터는 정규분포 $\mathcal{N}(X|\mu,\sigma^2)$을 읽기 쉽도록 $\mathcal{N}(\mu,\sigma^2)$이라고 줄여서 표시합니다. 평균 μ, 분산 σ^2인 정규분포 $\mathcal{N}(\mu,\sigma^2)$을 따르는 모집단을 '정규모집단 $\mathcal{N}(\mu,\sigma^2)$'이라고 부릅니다. $\mathcal{N}(\mu,\sigma^2)$에 따른 n개의 독립 확률변수 $X_1, X_2 \cdots X_n$은 '정규모집단 $\mathcal{N}(\mu,\sigma^2)$의 무작위표본'이라고 부르기로 합니다.

5.5.4 χ^2분포

χ^2(카이제곱)분포를 소개합니다. 평균이 0이고 분산 1인 정규분포를 표준정규분포라고 하고 $\mathcal{N}(0,1)$이라고 표기합니다. 여기서 $\mathcal{N}(0,1)$을 따르는 k개의 독립 확률변수 $X_1, X_2 \cdots X_n$의 제곱합이 따르는 확률분포를 '자유도 k의 χ^2분포'라고 부르고 $\chi^2(k)$라고 표기합니다. χ^2분포의 파라미터는 자유도라고 하는 파라미터 k뿐입니다. χ^2분포의 확률밀도함수는 다소 복잡하므로 이 책에서는 생략합니다.

제곱합은 분산의 계산식에 등장합니다. 여기서 정규모집단 $\mathcal{N}(\mu,\sigma^2)$의 무작위표본 $X_1, X_2 \cdots X_n$에서 계산되는 값 χ^2은 '자유도 $n-1$의 χ^2분포', 즉 $\chi^2(n-1)$을 따르는 것으로 알려져 있습니다. 단 U^2은 불편분산이며 $\bar{X}$는 표본평균입니다. 또한 $\bar{X}$는 U^2과 독립적으로 분포합니다.

$$
\begin{aligned}
\chi^2 &= \frac{n-1}{\sigma^2} U^2 \\
&= \frac{n-1}{\sigma^2} \left\{ \frac{1}{n-1} \sum_{i=1}^{n} (X_i - \bar{X})^2 \right\} \\
&= \frac{1}{\sigma^2} \sum_{i=1}^{n} (X_i - \bar{X})^2
\end{aligned}
$$

식 5–13

위의 결과를 시뮬레이션에서 확인해보겠습니다.

5.5.5 시뮬레이션 준비

정규모집단으로 $\mu=4$, $\sigma=0.8$인 $\mathcal{N}(4, 0.8^2)$을 대상으로 합니다. 또한 μ, σ의 값을 변경해도 이후에 다루는 내용에는 지장이 없습니다. 관심 있는 독자는 실제로 시뮬레이션을 수행하고 숫자를 바꿔도 결과가 바뀌지 않는지 확인해도 좋습니다.

```
In      mu = 4
        sigma = 0.8
        population = stats.norm(loc=mu, scale=sigma)
```

먼저 다음과 같이 5개의 표본을 추출합니다.

```
In      # 표본크기
        n = 5
        # 표본추출
        np.random.seed(1)
        sample = population.rvs(size=n)
        sample
```

```
Out     array([5.29947629, 3.51059487, 3.5774626, 3.1416251, 4.6923261])
```

5.5.6 χ^2분포(실습)

χ^2분포를 파이썬에서 구해봅시다. χ^2분포의 확률밀도는 stats.chi2.pdf 함수로 계산할 수 있습니다. $\chi^2(n-1)$에서 확률변수가 2일 때의 확률밀도는 다음과 같이 구할 수 있습니다. 또한 다음 코드에서 n은 표본크기이므로 $n=5$입니다.

```
In      round(stats.chi2.pdf(x=2, df=n - 1), 3)
```

```
Out     0.184
```

χ^2분포의 누적분포함수는 stats.chi2.cdf로 구합니다. 다음 예에서는 $\chi^2(n-1)$을 따르는 확률변수가 2 이하가 될 확률을 계산했습니다.

```
In      round(stats.chi2.cdf(x=2, df=n - 1), 3)
```

```
Out     0.264
```

χ^2분포의 백분위수는 stats.chi2.ppf 함수로 구합니다. 다음 예에서는 $\chi^2(n-1)$을 따르는 확률변수 X가 있을 때 $P(X \leq x)=0.5$가 되는 점 x를 계산했습니다.

```
round(stats.chi2.ppf(q=0.5, df=n - 1), 3)
```

```
3.357
```

3.357 이하일 확률이 50%라는 결과를 얻었습니다.

[식 5-13]으로 계산한 값이 $\chi^2(n-1)$을 따르는지 시뮬레이션으로 확인하겠습니다. [식 5-13]으로 계산한 값을 1만 회 계산합니다.

```python
# 표본크기
n = 5
# 난수 시드
np.random.seed(1)
# χ^2 값을 저장하는 변수
chi2_value_array = np.zeros(10000)
# 시뮬레이션 실행
for i in range(0, 10000):
    sample = population.rvs(size=n)
    u2 = np.var(sample, ddof=1)         # 불편분산
    chi2 = (n - 1) * u2 / sigma**2   # χ^2값
    chi2_value_array[i] = chi2
```

표본크기를 n으로 할 때 chi2_value_array는 $\chi^2(n-1)$을 따라야 합니다. $\chi^2(n-1)$의 확률밀도를 0에서 20 범위로 계산합니다.

```python
# 확률변수
x = np.arange(start=0, stop=20.1, step=0.1)
# χ^2 분포의 확률밀도
chi2_distribution = stats.chi2.pdf(x=x, df=n - 1)
# 데이터프레임으로 정리
chi2_df = pd.DataFrame({
    'x': x,
    'chi2_distribution': chi2_distribution
})
print(chi2_df.head(3))
```

```
Out        x  chi2_distribution
    0  0.0           0.000000
    1  0.1           0.023781
    2  0.2           0.045242
```

시뮬레이션에서 얻은 chi2_value_array와 확률분포 $\chi^2(n-1)$의 확률밀도를 비교하면 깔끔하게 대응하고 있는 것을 알 수 있습니다(그림 5-10).

```
In    # 히스토그램
      sns.histplot(chi2_value_array, color='gray', stat='density')
      # χ^2 분포
      sns.lineplot(x='x', y='chi2_distribution',
                   data=chi2_df, color='black',
                   label=' χ^2분포')
```

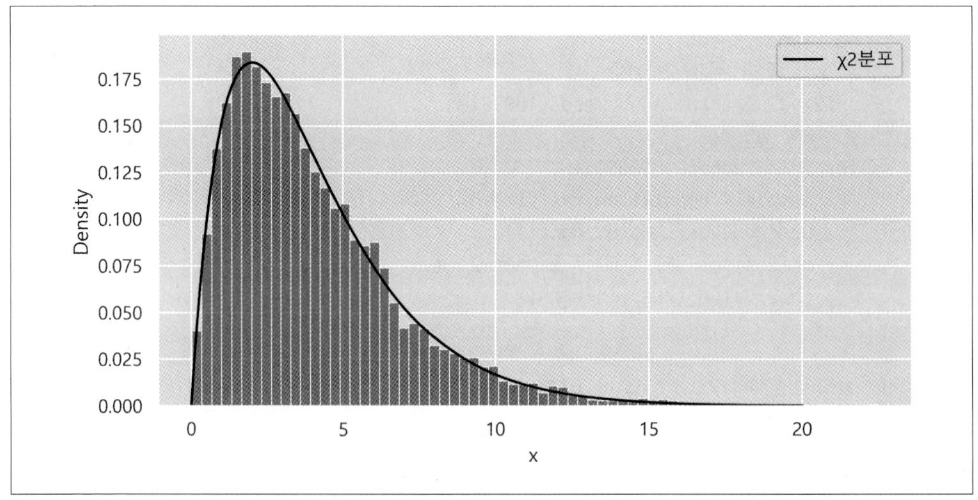

그림 5-10 χ^2분포

χ^2분포는 정규모집단의 무작위표본에서 계산된 불편분산을 다룰 때 유용하게 사용할 수 있습니다. 실제 활용에 대해서는 5.6절에서 설명하겠습니다.

5.5.7 표본평균이 따르는 확률분포

표본평균이 따르는 확률분포에 대해 알아봅시다. 정규모집단 $\mathcal{N}(\mu, \sigma^2)$의 무작위표본 X_1, X_2 $\cdots X_n$에서 표본평균이 따르는 확률분포는 다음과 같다고 알려져 있습니다.

$$\bar{X} \sim \mathcal{N}\left(\mu, \frac{\sigma^2}{n}\right)$$

식 5-14

5.3절에서 표본평균의 평균값은 μ이며 표본평균의 표준편차는 $\sigma/\sqrt{n}$가 되는 것을 확인했습니다. 그러나 표본평균이 따르는 확률분포까지는 알 수 없습니다.

이때 정규모집단의 무작위표본이라는 점을 이용하면 표본평균이 따르는 분포가 정규분포를 따르는 것을 이용할 수 있습니다.

4.4절에서도 설명했듯이 $X \sim \mathcal{N}(\mu, \sigma^2)$인 확률변수 X를 다음과 같이 표준화한 확률변수 Z는 표준정규분포를 따릅니다.

$$Z = \frac{X-\mu}{\sigma}$$

식 5-15

여기에서 유추할 수 있듯이 표본평균 $\bar{X}$에 대해서도 표준화한 결과는 역시 표준정규분포를 따릅니다.

$$Z = \frac{\bar{X}-\mu}{\sigma/\sqrt{n}}$$

식 5-16

이 내용을 시뮬레이션으로 확인해봅시다.

5.5.8 표본평균의 표준화

표본평균을 표준화한 결과를 1만 회 계산합니다. 이번에는 표본크기를 3으로 했습니다.

```
In    # 표본크기
      n = 3
      # 난수 시드
      np.random.seed(1)
```

```python
# z 값을 저장하는 변수
z_value_array = np.zeros(10000)
# 시뮬레이션 실행
for i in range(0, 10000):
    sample = population.rvs(size=n)
    x_bar = np.mean(sample)                # 표본평균
    bar_sigma = sigma / np.sqrt(n)         # 표본평균의 표준편차
    z_value_array[i] = (x_bar - mu) / bar_sigma     # z값
```

z_value_array는 표준정규분포를 따라야 합니다. 표준정규분포의 확률밀도를 $-6 \sim 6$ 범위에서 계산합니다.

In

```python
# 확률변수
x = np.arange(start=-6, stop=6.1, step=0.1)
# 표준정규분포의 확률밀도
z_distribution = stats.norm.pdf(x=x, loc=0, scale=1)
# 데이터프레임으로 정리
z_df = pd.DataFrame({
    'x': x,
    'z_distribution': z_distribution
})
print(z_df.head(3))
```

Out

```
     x  z_distribution
0 -6.0    6.075883e-09
1 -5.9    1.101576e-08
2 -5.8    1.977320e-08
```

시뮬레이션에서 얻은 z_value_array와 표준정규분포의 확률밀도를 비교하면 깔끔하게 대응하는 것을 볼 수 있습니다(그림 5-11).

In

```python
# z값의 히스토그램
sns.histplot(z_value_array, color='gray', stat='density')
# 표준정규분포
sns.lineplot(x='x', y='z_distribution', data=z_df,
             color='black', linestyle='dashed',
             label='표준정규분포')
# X축 범위
plt.xlim(-6, 6)
```

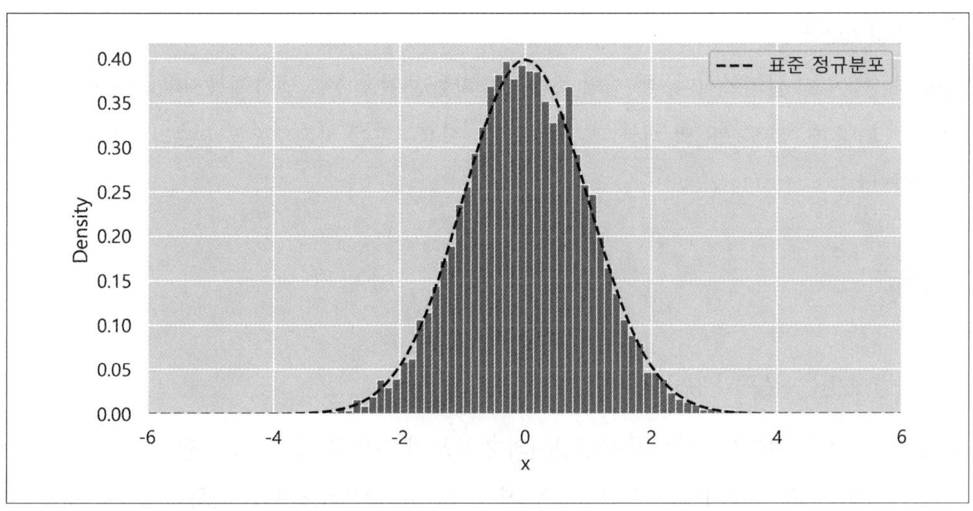

그림 5-11 표본평균을 표준화한 표준정규분포

5.5.9 *t*값

표본평균을 표준화할 때 모표준편차 σ를 이용했습니다. 그러나 모표준편차는 모르는 것이 일반적입니다. 그래서 표본평균의 표준편차 대신 표준오차를 사용하려고 합니다. 다음과 같이 계산되는 값을 *t*값이라고 합니다.

$$t\text{값} = \frac{\bar{X} - \mu}{SE} = \frac{\bar{X} - \mu}{U/\sqrt{n}} = \frac{\bar{X} - \mu}{\sqrt{U^2/n}}$$

식 5-17

계산식을 보면 표본평균의 표준화에서 모표준편차 σ 대신 불편분산 제곱근 U를 이용하고 있습니다.

어쨌든 *t*값도 표준정규분포를 따를 것 같지만 실제로는 표본크기가 작은 경우에는 표준정규분포와 다른 분포가 됩니다. 표본에서 계산된 (확률적으로 변동하는) U를 사용하고 있기 때문에 표준정규분포보다 변동이 큰 확률분포가 됩니다.

5.5.10 t분포

t분포의 정의부터 살펴봅시다. 두 개의 독립적인 확률변수 X, Y를 생각해봅시다. $X \sim \mathcal{N}(0,1)$이고 $Y \sim \chi^2(k)$일 때 [식 5–18]의 계산 결과가 따르는 확률분포를 자유도 k의 **t분포**라고 하며 $t(k)$로 표기합니다.

$$\frac{X}{\sqrt{Y/k}}$$

식 5–18

또한 이렇게 얻은 t분포의 평균값은 0입니다.

[식 5–18]이 t값과 매우 유사하며 불편분산과 χ^2분포의 대응 관계에서 유추할 수 있듯이, 정규모집단 $\mathcal{N}(\mu, \sigma^2)$의 무작위표본 $X_1, X_2 \cdots X_n$에서 계산된 t값은 $t(n-1)$을 따릅니다. 이것을 시뮬레이션으로 확인해봅시다.

5.5.11 t분포(실습)

t분포를 구해보겠습니다. t분포의 확률밀도는 stats.t.pdf 함수로 구하며 누적분포는 stats.t.cdf 함수로 구하고 백분위수는 stats.t.ppf 함수로 계산할 수 있습니다.

t분포의 파라미터는 자유도만 있습니다. 예를 들어 $t(n-1)$일 때 확률변수가 2인 확률밀도는 stats.t.pdf(x=2, df=n-1)로 얻을 수 있습니다.

t값을 1만 회 계산합니다. 표본크기는 3으로 이전과 바뀌지 않았습니다.

```
# 난수 시드
np.random.seed(1)
# t값을 저장하는 변수
t_value_array = np.zeros(10000)
# 시뮬레이션 실행
for i in range(0, 10000):
    sample = population.rvs(size=n)
    x_bar = np.mean(sample)          # 표본평균
    u = np.std(sample, ddof=1)       # 표준편차
    se = u / np.sqrt(n)              # 표준오차
    t_value_array[i] = (x_bar - mu) / se # t값
```

표본크기를 n으로 할 때 t_value_array는 $t(n-1)$을 따라야 합니다. $t(n-1)$의 확률밀도를 계산합니다.

```
# t분포의 확률밀도
t_distribution = stats.t.pdf(x=x, df=n - 1)
# 데이터프레임으로 정리
t_df = pd.DataFrame({
    'x': x,
    't_distribution': t_distribution
})

print(t_df.head(3))
```

```
     x  t_distribution
0 -6.0        0.004269
1 -5.9        0.004478
2 -5.8        0.004700
```

시뮬레이션에서 얻은 t_value_array와 확률분포 $t(n-1)$의 확률밀도를 비교하면 깔끔하게 대응하는 것을 알 수 있습니다(그림 5-12). 참고로 표준정규분포의 확률밀도도 함께 살펴봤지만 이쪽과는 크게 다릅니다.

```
# t값의 히스토그램
sns.histplot(t_value_array, color='gray', stat='density')
# t분포
sns.lineplot(x='x', y='t_distribution',
             data=t_df, color='black',
             label='t분포')
# 표준정규분포
sns.lineplot(x='x', y='z_distribution', data=z_df,
             color='black', linestyle='dashed',
             label='표준정규분포')
# X축 범위
plt.xlim(-6, 6)
```

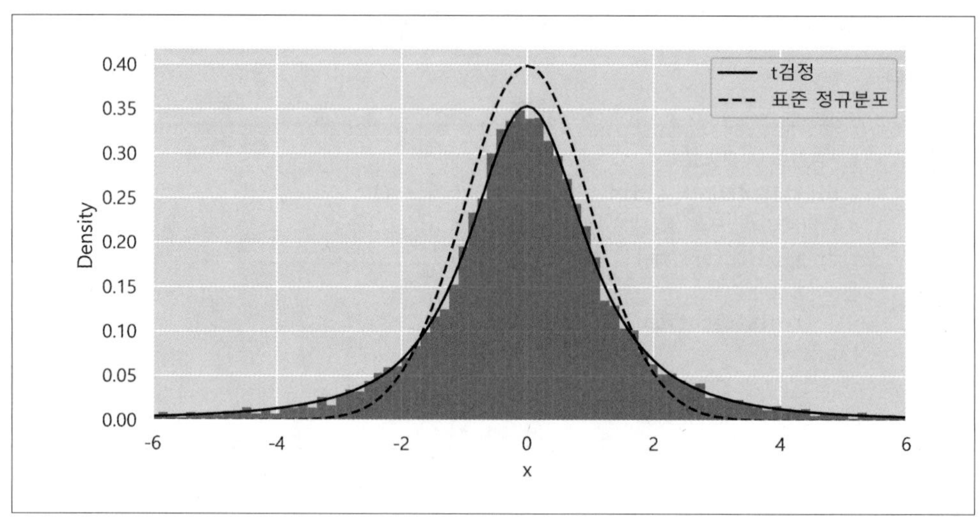

그림 5-12 t분포와 표준정규분포의 비교

일반적으로 t분포는 표준정규분포보다 밑단이 넓은 확률분포입니다. 즉 평균값(0)으로부터 떨어진 데이터가 출현하기 쉽다고 볼 수 있습니다. t분포의 분산은 표준정규분포의 분산보다 커집니다.

t분포는 평균값을 중심으로 좌우대칭인 확률분포입니다. 또한 표본크기 n이 충분히 크면 t분포와 표준정규분포가 일치합니다. 그러나 표본크기가 작고 표본평균의 편차에 대해 다룰 때는 t분포를 사용하는 것이 좋습니다.

t분포는 정규모집단의 무작위표본에서 계산된 표본평균의 변동에 대해 논의할 때 유용합니다. 실제 활용에 대해서는 5.6절에서 다루겠습니다.

5.5.12 F분포

F분포의 정의부터 살펴봅시다. 두 개의 독립적인 확률변수 X, Y를 생각해봅시다. $X \sim \chi^2(m)$이고 $Y \sim \chi^2(n)$일 때 [식 5-19]의 계산 결과가 따르는 확률분포를 자유도 (m, n)의 **F분포**라고 하며 $F(m, n)$이라고 표기합니다.

$$\frac{X/m}{Y/n}$$

식 5-19

χ^2분포는 불편분산과 관련이 있는 확률분포입니다. 'χ^2분포를 따르는 확률변수의 비율'이 따르는 F분포는 '불편분산의 비율'과 밀접한 관계가 있습니다.

실제로 다음과 같이 계산되는 F 통계량은 자유도 $(m-1, n-1)$의 F분포를 따르는 것으로 알려져 있습니다. 단 $X_1, X_2 \cdots X_m$과 $Y_1, Y_2 \cdots Y_n$은 서로 독립이며 정규모집단 $\mathcal{N}(\mu_X, \sigma_X^2)$과 $\mathcal{N}(\mu_Y, \sigma_Y^2)$에서 무작위표본을 추출하여 각각의 불편분산을 u_X^2, u_Y^2으로 가정합니다.

$$F = \frac{u_X^2/\sigma_X^2}{u_Y^2/\sigma_Y^2} \qquad\qquad \text{식 5-20}$$

여기서 두 표본의 모분산이 같다, 즉 $\sigma_X^2 = \sigma_Y^2 = \sigma^2$이라고 가정합니다. 그러면 F 통계량은 단순히 불편분산의 비율이 됩니다.

$$F = \frac{u_X^2/\sigma^2}{u_Y^2/\sigma^2} = \frac{u_X^2}{u_Y^2} \qquad\qquad \text{식 5-21}$$

'모분산이 같다고 가정할 때 불편분산의 비율'이 따르는 확률분포로 F분포를 이용할 수 있습니다. 불편분산의 비율은 **F비**라고도 합니다.

5.5.13 F분포(실습)

F분포를 구해봅시다. F분포의 확률밀도는 stats.f.pdf 함수로 구하고 누적분포는 stats.f.cdf 함수로 구하며 백분위수는 stats.f.ppf 함수로 계산할 수 있습니다.

F분포의 파라미터는 자유도 두 개입니다. 예를 들어 $F(m-1, n-1)$에서 확률변수가 2일 때의 확률밀도는 stats.f.pdf(x=2, dfn=m-1, dfd=n-1)로 구할 수 있습니다.

F비를 1만 회 계산합니다. 이번에는 $X_1, X_2 \cdots X_m$과 $Y_1, Y_2 \cdots Y_n$은 서로 독립인 정규모집단 $\mathcal{N}(4, 0.8^2)$의 무작위표본이라고 생각합니다. 표본크기는 $m=5$와 $n=10$으로 합니다.

```
In   # 표본크기
     m = 5
     n = 10
     # 난수 시드
```

```python
np.random.seed(1)
# F비를 저장하는 변수
f_value_array = np.zeros(10000)
# 시뮬레이션 실행
for i in range(0, 10000):
    sample_x = population.rvs(size=m) # 표본 X 얻기
    sample_y = population.rvs(size=n) # 표본 Y 얻기
    u2_x = np.var(sample_x, ddof=1)   # X의 불편분산
    u2_y = np.var(sample_y, ddof=1)   # Y의 불편분산
    f_value_array[i] = u2_x / u2_y    # F비
```

표본크기를 m, n이라 할 때 f_value_array는 $F(m-1, n-1)$을 따라야 합니다. $F(m-1, n-1)$의 확률밀도를 계산합니다.

```python
# 확률변수
x = np.arange(start=0, stop=6.1, step=0.1)
# F분포의 확률밀도
f_distribution = stats.f.pdf(x=x, dfn=m - 1,dfd=n - 1)
# 데이터프레임으로 정리
f_df = pd.DataFrame({
    'x': x,
    'f_distribution': f_distribution
})


print(f_df.head(3))
```

```
     x  f_distribution
0  0.0        0.000000
1  0.1        0.368515
2  0.2        0.562143
```

시뮬레이션에서 얻은 f_value_array와 확률분포 $F(m-1, n-1)$의 확률밀도를 비교하면 깔끔하게 대응하고 있는 것을 알 수 있습니다(그림 5-13).

```python
# F비의 히스토그램
sns.histplot(z_value_array, color='gray', stat='density')
# F분포
sns.lineplot(x='x', y='f_distribution',
             data=f_df, color='black',
```

```python
          label='F분포')
# X축 범위
plt.xlim(0, 6)
```

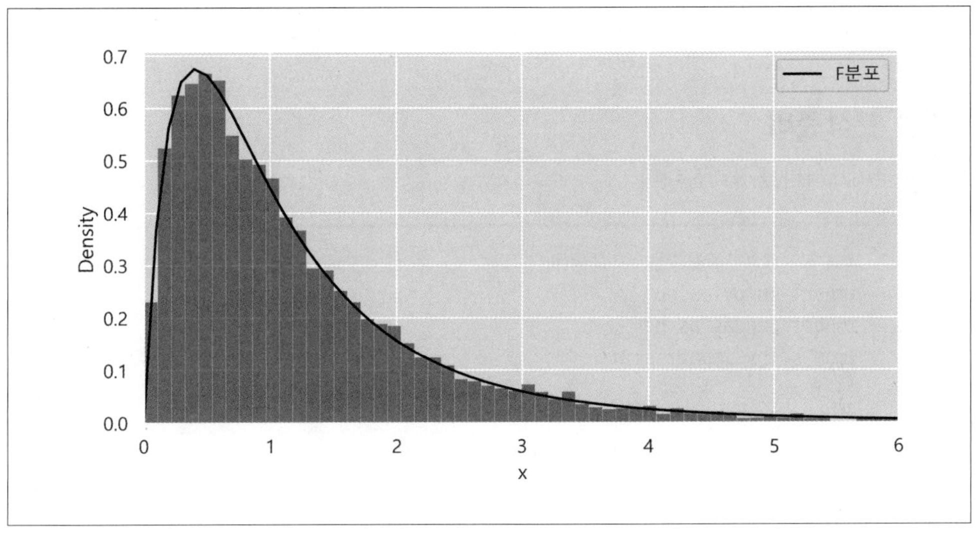

그림 5-13 *F*분포

표본 $X_1, X_2 \cdots X_m$과 $Y_1, Y_2 \cdots Y_n$은 모두 모분산이 0.8^2이라고 가정하여 시뮬레이션했습니다. 표본에서 계산된 불편분산은 모두 0.8^2에 가까운 값이어야 하지만 얻은 표본에 따라 역시 불편분산의 결과도 달라질 수 있습니다.

모분산이 동일한 두 개의 표본이라도 표본에서 계산된 불편분산의 비율이 딱 1이 되는 것은 아닙니다. 덧붙여 이번은 표본크기가 작기 때문에 변동도 커졌지만 일반적으로 m, n이 커지면 F분포는 1의 주위에 가까워집니다.

두 표본의 분산을 비교할 때 F분포는 그 힘을 발휘합니다. 이 책에서는 8장에서 분산분석을 수행할 때 등장합니다.

5.6 구간추정

이 절에서는 구간추정이라고 하는 추정 방법을 설명합니다. 표본이 정규모집단에서 무작위추출에 의해 얻어졌다고 가정하고 5.5절에서 설명한 표본분포를 이용합니다.

먼저 추정에 관한 용어를 소개합니다. 이어서 모평균의 구간추정, 마지막으로 모분산의 구간추정을 수행합니다.

5.6.1 분석 준비

필요한 라이브러리를 불러옵니다.

```
In    # 수치 계산에 사용하는 라이브러리
      import numpy as np
      import pandas as pd
      from scipy import stats

      # 그래프를 그리는 라이브러리
      from matplotlib import pyplot as plt
      import seaborn as sns
      sns.set()

      # 그래프의 한글 표기
      from matplotlib import rcParams
      rcParams['font.family'] = "Malgun Gothic"
```

그리고 이번 분석에 사용할 데이터를 불러옵니다. 물고기 몸길이를 추정한 가공의 데이터로 표본크기는 10입니다. 이번에는 이 데이터가 정규모집단의 무작위표본이라고 가정합니다.

```
In    fish = pd.read_csv('5-6-1-fish_length.csv')['length']
      fish
```

```
Out   0    4.352982
      1    3.735304
      2    5.944617
      3    3.798326
      4    4.087688
      5    5.265985
      6    3.272614
      7    3.526691
```

```
8    4.150083
9    3.736104
Name: length, dtype: float64
```

5.6.2 점추정과 구간추정

구간추정과 대비되는 의미로 점추정이라는 용어를 살펴봅시다. **점추정**은 모집단분포의 파라미터를 어느 하나의 값으로 추정하는 방법입니다.

구간추정은 추정값이 폭을 가지게 추정하는 방법입니다. 추정값의 폭 계산에는 확률의 개념을 사용합니다. 폭을 가지기에 추정오차를 가미할 수 있습니다. 모평균 구간추정의 경우 데이터 편차가 작으면 구간추정의 폭이 좁아집니다. 표본크기가 커져도 구간추정의 폭은 좁아집니다.

5.6.3 점추정(실습)

파이썬을 사용하여 점추정을 구현해봅시다. 모평균을 추정한다면 표본평균, 모분산을 추정한다면 불편분산을 추정량으로 사용합니다.

```
In    # 점추정
      x_bar = np.mean(fish)
      u2 = np.var(fish, ddof=1)

      print('표본평균:', round(x_bar, 3))
      print('불편분산:', round(u2, 3))
```

```
Out   표본평균: 4.187
      불편분산: 0.68
```

표본평균이 4.187이기 때문에 모평균도 4.187일 것으로 추정합니다. 불편분산이 0.68이기 때문에 모분산도 0.68일 것으로 추정합니다. 이것이 점추정입니다.

5.6.4 신뢰계수와 신뢰구간

구간추정을 이해하기 위한 용어를 알아보겠습니다.

신뢰계수란 구간추정의 폭에 대한 신뢰 정도를 확률로 표현한 것입니다. 예를 들어 95%나 99% 라는 수치가 자주 사용됩니다. **신뢰구간**이란 특정 신뢰계수를 만족하는 구간입니다.

똑같은 데이터를 대상으로 할 때 신뢰계수가 클수록 신뢰구간의 폭이 넓어집니다. 신뢰할 수 있는 정도가 올라간다고 생각하면 아무래도 폭이 넓어질 수밖에 없습니다.

5.6.5 신뢰한계

신뢰한계는 신뢰구간의 하한값, 상한값입니다. 각각 하측신뢰한계, 상측신뢰한계라고 합니다.

5.6.6 모평균의 구간추정

신뢰계수를 95%로 하여 모평균의 구간추정을 시행해봅시다. 모분산이 분명하다면 표준정규분포를 이용할 수 있지만 일반적으로 모분산은 알지 못합니다. 따라서 이 책에서는 모평균 구간추정에서 t분포를 활용합니다.

다음 단계를 따라 신뢰구간을 계산합니다.

1 표본평균 $\bar{X}$와 표준오차 SE를 계산한다.

2 표본크기를 n으로 할 때 자유도 $n-1$의 t분포에서 2.5%점과 97.5%점을 계산한다.

    2.1 t분포에서 2.5%점을 $t_{0.025}$로 표기한다.

    2.2 t분포에서 97.5%점을 $t_{0.975}$로 표기한다.

    2.3 t분포에 따른 확률변수가 $t_{0.025}$이상 $t_{0.975}$이하가 될 확률은 95%이다.

        2.3.1 이때의 95%가 신뢰계수가 된다.

3 $\bar{X} - t_{0.975} \cdot SE$가 하측신뢰한계가 된다.

4 $\bar{X} - t_{0.025} \cdot SE$가 상측신뢰한계가 된다.

수식을 사용해서 계산 각 단계의 의미를 확인해보겠습니다.

t값의 계산식을 다시 살펴보겠습니다. 여기서 $\bar{X}$는 표본평균, μ는 모평균, SE는 표본에서 계산되는 표준오차입니다. U는 불편분산의 제곱근이고 n은 표본크기입니다.

$$t\text{값} = \frac{\bar{X}-\mu}{SE} = \frac{\bar{X}-\mu}{U/\sqrt{n}}$$

식 5-22

t값은 t분포를 따르므로 t값이 $t_{0.025}$ 이상 $t_{0.975}$ 이하가 될 확률은 95%입니다.

$$P\left(t_{0.025} \leq \frac{\bar{X}-\mu}{SE} \leq t_{0.975}\right) = 0.95$$

식 5-23

$t_{0.025} \leq (\bar{X}-\mu)/SE \leq t_{0.975}$를 모평균 μ에 대해 풀면 다음과 같이 됩니다.

$$\bar{X} - t_{0.975} \cdot SE \leq \mu$$

식 5-24

$$\mu \leq \bar{X} - t_{0.025} \cdot SE$$

이때의 $\bar{X} - t_{0.975} \cdot SE$가 하측신뢰한계가 되고 $\bar{X} - t_{0.025} \cdot SE$가 상측신뢰한계가 됩니다. 또한 t분포가 0을 중심으로 좌우대칭인 점을 이용하여 상측신뢰한계를 $\bar{X} + t_{0.975} \cdot SE$로 표현하기도 합니다.

5.6.7 모평균의 구간추정(실습)

모평균의 구간추정을 수행해봅시다. 구간추정에 필요한 정보는 자유도 (표본크기 − 1), 표본평균, 표준오차 세 가지입니다. 표본평균은 이미 계산했으므로 나머지를 계산합니다.

```
In    # 통계량 계산
      n = len(fish)              # 표본크기
      df = n - 1                 # 자유도
      u = np.std(fish, ddof=1)   # 표준편차
      se = u / np.sqrt(n)        # 표준오차

      print('표본크기:', n)
      print('자유도:', df)
```

```python
print('표준편차:', round(u, 3))
print('표준오차:', round(se, 3))
print('표본평균:', round(x_bar, 3))
```

```
표본크기: 10
자유도: 9
표준편차: 0.825
표준오차: 0.261
표본평균: 4.187
```

이어서 자유도 $n-1$의 t분포에서 2.5%점과 97.5%점을 계산합니다.

```python
# 2.5%점과 97.5%점
t_025 = stats.t.ppf(q=0.025, df=df)
t_975 = stats.t.ppf(q=0.975, df=df)

print('t분포의 2.5%점:', round(t_025, 3))
print('t분포의 97.5%점:', round(t_975, 3))
```

```
t분포의 2.5%점: -2.262
t분포의 97.5%점: 2.262
```

t분포는 좌우대칭이므로 $t_{0.025} = -t_{0.975}$가 됩니다. 이러한 결과를 사용하여 신뢰구간을 계산합니다.

```python
# 모평균 구간추정
lower_mu = x_bar - t_975 * se
upper_mu = x_bar - t_025 * se

print('하측신뢰한계:', round(lower_mu, 3))
print('상측신뢰한계:', round(upper_mu, 3))
```

```
하측신뢰한계: 3.597
상측신뢰한계: 4.777
```

모평균의 95% 신뢰구간은 3.597에서 4.777입니다.

이번에는 모평균 구간추정을 효율적으로 수행하는 방법을 소개합니다. 바로 `stats.t.interval` 함수를 사용하는 것입니다. 인수로는 신뢰계수 alpha, 자유도 df, 표본평균 loc, 표준오차 scale을 지정합니다.

변수명 res는 result의 약자입니다. 출력은 첫 번째가 하측신뢰한계, 두 번째가 상측신뢰한계입니다. 결과는 정의대로 계산한 경우와 다르지 않습니다.

```python
res_1 = stats.t.interval(alpha=0.95, df=df, loc=x_bar, scale=se)
np.round(res_1, 3)
```

```
array([3.597, 4.777])
```

5.6.8 신뢰구간의 폭을 결정하는 요소

표본의 분산 크기가 크면 데이터가 평균값에서 흩어져 있다, 즉 평균값을 신뢰할 수 없게 된다는 뜻이므로 신뢰구간의 폭이 넓어집니다.

표본표준편차를 10배로 늘려서 95% 신뢰구간을 계산해보겠습니다. 꽤 폭이 넓어집니다.

```python
se_2 = (u * 10) / np.sqrt(n)
res_2 = stats.t.interval(alpha=0.95, df=df, loc=x_bar, scale=se_2)
np.round(res_2, 3)
```

```
array([-1.713, 10.087])
```

신뢰구간의 폭이 넓다는 것은 '모평균이 어디에 위치하고 있는지 잘 모른다'라고 해석하면 직관에 잘 들어맞습니다. 반대로 표본크기가 커진다면 표본평균을 신뢰할 수 있게 되므로 신뢰구간의 폭이 좁아집니다.

이를 파이썬으로 확인해보겠습니다. 표본크기를 10배로 늘렸습니다. 표본크기가 커지면 자유도가 커지고 표준오차가 작아지는 점에 주의합시다.

```python
n_2 = n * 10
```

```python
df_2 = n_2 - 1
se_3 = u / np.sqrt(n_2)
res_3 = stats.t.interval(alpha=0.95, df=df_2, loc=x_bar, scale=se_3)
np.round(res_3, 3)
```

Out
```
array([4.023, 4.351])
```

완전히 똑같은 데이터라고 해도 신뢰계수가 커질수록 안전하다고 볼 수 있고 신뢰구간의 폭은 넓어집니다. 99% 신뢰구간은 다음과 같이 계산할 수 있습니다. 95% 신뢰구간보다 폭이 넓어지는 점에 주의합시다.

In
```python
res_4 = stats.t.interval(alpha=0.99, df=df, loc=x_bar, scale=se)
np.round(res_4, 3)
```

Out
```
array([3.339, 5.035])
```

5.6.9 구간추정 결과의 해석

신뢰계수 95%에서 95%라는 의미를 지금까지는 신뢰 정도라고 애매하게 표현했습니다. 이 절에서는 시뮬레이션을 통해 구간추정 결과를 해석해봅니다(그림 5-14).

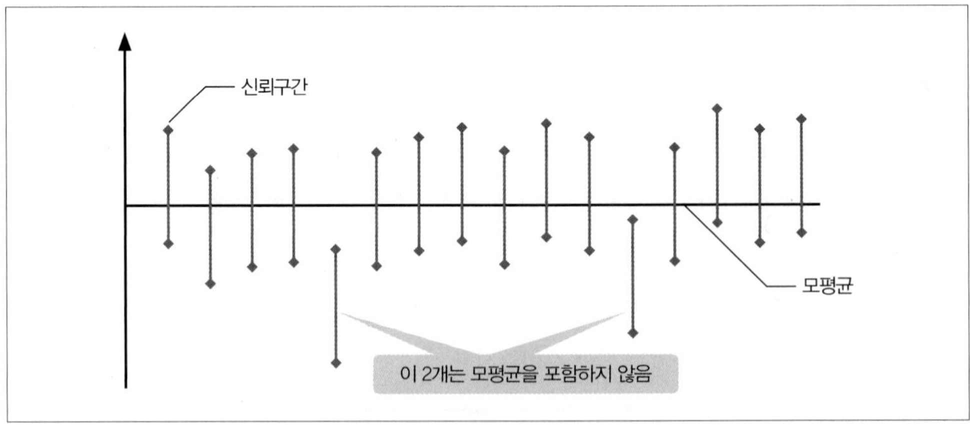

그림 5-14 신뢰구간 해석

신뢰계수 95%에서 95%는 다음과 같이 확인할 수 있습니다.

1 정규모집단에서 무작위표본을 얻는다.

2 이번에도 같은 방법으로 95% 신뢰구간을 계산한다.

3 이러한 시행을 많이 반복한다.

4 모든 시도 중에서 모평균이 신뢰구간에 포함되는 비율이 95%이다.

따라서 95% 신뢰계수로 계산된 신뢰구간은 다음과 같이 해석할 수 있습니다.

- 같은 모집단의 무작위표본을 사용하여 여러 번 구간추정을 수행한다면, 계산된 신뢰구간의 95%가 올바른 값을 포함할 것으로 기대할 수 있다.

시뮬레이션을 통해서 확인해보겠습니다. 다음 코드는 사이파이 공식문서[1]를 참고했습니다. 먼저 시뮬레이션을 설정합니다. 모집단분포는 모평균이 4인 정규분포로 합니다. 모표준편차는 0.8로 했지만 다른 수치를 넣어도 거의 같은 결과가 나옵니다.

```
In    norm_dist = stats.norm(loc=4, scale=0.8)
```

시행횟수 num_trials는 2만 회입니다. 신뢰구간이 모평균(4)을 포함한 횟수를 included_num으로 저장합니다.

```
In    num_trials = 20000 # 시뮬레이션 반복 횟수
      included_num = 0     # 신뢰구간이 모평균(4)을 포함한 횟수
```

시뮬레이션을 실행해봅시다.

```
In    # 데이터 10개를 선택하여 95% 신뢰구간을 구하는 시행을 20000회 반복
      np.random.seed(1) # 난수 시드
      for i in range(0, num_trials):
          # 표본추출
          sample = norm_dist.rvs(size=n)
          # 신뢰구간 계산
          df = n - 1 # 자유도
          x_bar = np.mean(sample) # 표본평균
```

---

1 https://docs.scipy.org/doc/scipy/reference/generated/scipy.stats.bootstrap.html

```python
u = np.std(sample, ddof=1) # 표준편차
se = u / np.sqrt(n) # 표준오차
interval = stats.t.interval(0.95, df, x_bar, se)
# 신뢰구간이 모평균(4)을 포함하는 횟수
if(interval[0] <= 4 <= interval[1]):
    included_num = included_num + 1
```

신뢰구간이 모평균(4)을 포함한 비율을 구해보겠습니다. 대략 0.95가 됩니다.

In	

```python
include_num / num_trials
```

Out	

```
0.948
```

5.6.10 모분산의 구간추정

신뢰계수를 95%로 하여 모분산의 구간추정을 수행해봅시다. 모분산의 구간추정에서는 χ^2분포를 활용합니다.

다음 단계를 따라 신뢰구간을 계산합니다.

1 불편분산 U^2을 계산한다.

2 표본크기를 n으로 할 때 자유도 $n-1$의 t분포에서 2.5%점과 97.5%점을 계산한다.

   2.1 χ^2분포에서 2.5%점을 $\chi^2_{0.025}$로 표기한다.

   2.2 χ^2분포에서 97.5%점을 $\chi^2_{0.975}$로 표기한다.

   2.3 χ^2분포에 따른 확률변수가 $\chi^2_{0.025}$ 이상 $\chi^2_{0.975}$ 이하가 될 확률은 95%이다.

      2.3.1 이때의 95%가 신뢰계수가 된다.

3 $(n-1)U^2/\chi^2_{0.975}$가 하측신뢰한계가 된다.

4 $(n-1)U^2/\chi^2_{0.025}$가 상측신뢰한계가 된다.

수식을 사용해서 계산 각 단계의 의미를 확인해보겠습니다.

다음과 같이 계산된 χ^2값은 자유도 $n-1$인 χ^2분포를 따릅니다. 여기서 U^2은 불편분산이고 n은 표본크기입니다.

$$\chi^2 = \frac{n-1}{\sigma^2}U^2$$

식 5-25

χ^2값이 $\chi^2_{0.025}$ 이상 $\chi^2_{0.975}$ 이하가 될 확률은 95%입니다.

$$P\left(\chi^2_{0.025} \leq \frac{n-1}{\sigma^2}U^2 \leq \chi^2_{0.975}\right) = 0.95$$

식 5-26

$\chi^2_{0.025} \leq (n-1)U^2/\sigma^2 \leq \chi^2_{0.975}$를 모분산 σ^2에 대해 풀면 다음과 같습니다.

$$\frac{(n-1)U^2}{\chi^2_{0.975}} \leq \sigma^2$$
$$\sigma^2 \leq \frac{(n-1)U^2}{\chi^2_{0.025}}$$

식 5-27

이때의 $(n-1)U^2/\chi^2_{0.975}$가 하측신뢰한계, $(n-1)U^2/\chi^2_{0.025}$가 상측신뢰한계가 됩니다.

5.6.11 모분산의 구간추정(실습)

모분산의 구간추정을 수행해봅시다. 자유도 $n-1$인 χ^2분포에서 2.5%점과 97.5%점을 계산합니다.

```
#2.5%점과 97.5%점
chi2_025 = stats.chi2.ppf(q=0.025, df=df)
chi2_975 = stats.chi2.ppf(q=0.975, df=df)

print(' χ^2분포의 2.5%점:', round(chi2_025, 3))
print(' χ^2분포의 97.5%점:', round(chi2_975, 3))
```

```
χ^2분포의 2.5%점: 2.7
χ^2분포의 97.5%점: 19.023
```

이러한 결과를 사용하여 신뢰구간을 계산합니다.


```python
# 모분산의 구간추정
upper_sigma = (n - 1) * u2 / chi2_025
lower_sigma = (n - 1) * u2 / chi2_975

print('하측신뢰한계:', round(lower_sigma, 3))
print('상측신뢰한계:', round(upper_sigma, 3))
```



```
하측신뢰한계: 0.322
상측신뢰한계: 2.267
```

모분산의 95% 신뢰구간은 0.322에서 2.267입니다.

통계적 가설검정

6.1 모평균에 대한 단일표본 t검정

6장에서는 통계적 가설검정을 다룹니다. 통계적 가설검정에는 많은 종류가 있지만 독자의 혼란을 막기 위해 이용 빈도가 높은 것만 설명합니다.

이 절에서는 통계적 가설검정의 기초를 모평균에 대한 단일표본 t검정을 통해 설명합니다. 통계적 가설검정을 접할 기회는 매우 많습니다. 직접 분석할 때 사용하는 경우도 있고 다른 사람의 검정 결과를 보고 내용을 해석해야 하는 경우도 있습니다.

통계적 가설검정을 언제 사용해야 하는지에 대해서는 6.4절에서 다루겠지만 적어도 검정 결과를 해석할 수 있는 능력은 갖추는 것이 좋습니다.

6.1.1 통계적 가설검정 소개

통계적 가설검정은 데이터를 통해 무언가를 판단하고 싶을 때 사용하는 방법 중 하나입니다. 단순히 **검정**이라고도 합니다. 통계적 가설검정에는 여러 가지 종류가 있으며 판단하는 대상 역시 방법에 따라 다양합니다.

5장에서는 통계적 추정을 설명했습니다. 추정은 모집단분포의 파라미터를 알아내려는 시도라고 할 수 있습니다. 예를 들어 모평균이라는 파라미터를 표본평균이라는 추정량을 사용하여 알아내려 했습니다.

한편 검정은 모집단의 파라미터에 대한 판단을 내립니다. 예를 들어 모평균이 50인지 50이 아닌지를 판단하는 문제 등에 검정을 이용할 수 있습니다.

6.1.2 모평균에 대한 단일표본 t검정

검정의 일반론을 다루면 아무래도 추상적으로 설명할 수밖에 없습니다. 따라서 이 절에서는 구체적인 검정 절차를 다루면서 용어와 구조를 설명합니다.

검정 방법에는 여러 가지가 있지만 우선 모평균에 대한 **단일표본 t검정**부터 설명합니다. 1군 t검정이라고 부르기도 합니다. 이 기법은 데이터가 정규모집단의 무작위표본이라고 가정합니다. 이후로는 이 가정이 성립한다는 것을 기본 전제로 설명을 진행합니다.

모평균에 대한 단일표본 t검정에서는 평균값이 '특정값'과 다르다고 말할 수 있을지를 판단합니다. 예를 들어 내용량이 50g이라 쓰여 있는 과자가 있다고 해봅시다. 하지만 49g이 들어가 있을 수도 있고 51g이 들어가 있을 수도 있습니다. 모든 상품에 완벽하게 50g이 들어가게 하는 건 어렵습니다.

내용량이 들어가 있는 정도는 다소 흩어져 있을 수 있지만 내용량의 평균값은 대개 50g일 것입니다. 50g과 다른 경우에는 과자를 포장하는 기계에 문제가 있는지 검사해야 합니다. 이때가 검정을 사용해야 할 때입니다. 모평균에 대한 단일표본 t검정을 통해 '과자 무게의 모평균이 50g과 다르다고 말할 수 있는지'를 판단할 수 있습니다.

t검정이라고 하는 가설검정은 다양한 대상에 적용할 수 있습니다. 예를 들어 8장에서는 평균값과 다른 대상에 t검정을 적용합니다. 그러나 이 절에서는 1변량 데이터의 평균값만을 대상으로 하기 때문에 단순히 t검정이라고 합니다.

6.1.3 귀무가설과 대립가설

통계적 가설검정에서는 어떤 가설을 세우고 그 가설을 기각할 것인지 아닌지를 판단함으로써 데이터에 기반한 판단을 시도합니다.

이때 기각되는 대상이 되는 첫 번째 가설을 **귀무가설**이라고 합니다. 전통적으로 H_0으로 표기합니다. H는 가설을 의미하는 Hypothesis의 머리글자입니다. 귀무가설과 대립되는 가설을 **대립가설**이라고 합니다. 전통적으로 H_1로 표기합니다.

과자 무게의 평균값이 50g인지 판단하려는 경우 다음과 같이 가설을 세워 검정합니다.

- **귀무가설** H_0 : 과자의 모평균은 50g이다.
- **대립가설** H_1 : 과자의 모평균은 50g과 다르다.

귀무가설이 기각되었다면 유의미한 차이가 있다, 즉 '과자의 모평균은 50g과 다르다'고 판단합니다. 약간 우회적으로 판단하는 것이지만 엄밀함을 중시하는 방법을 따른 결과입니다.

6.1.4 유의미한 차이

통계학에서 **유의미한 차이**라는 말은 문자 그대로 의미가 있는 차이를 말합니다. **유의차**라고도 합니다. 통계적 가설검정에서는 유의성의 유무를 판단하기 위해 **유의성 검정**이라 부르는 방법도 사용합니다.

과자의 예를 따라 유의차의 개념을 소개합니다. 과자의 평균중량이 50g인지 아닌지를 판정하고 싶다는 문제였습니다. 예를 들어 과자를 20봉지 개봉했을 때 봉투 포장하는 기계에 이상이 없었다고 해도 과자의 평균중량이 딱 50g이라고는 생각하기 어렵습니다. 작은 조각이 조금 여분으로 들어가거나 중량을 계측할 때 오차가 더해질 수 있습니다.

이러한 관찰의 오차가 아니라 유의미한 차이가 있다고 볼 수 있는지를 판단하는 것이 검정의 목적입니다. 유의차가 있다고 판단되면 귀무가설을 기각합니다.

덧붙여 이번 예에서는 평균값의 차이를 대상으로 하기 때문에 유의차라는 표현을 받아들이기 쉽습니다. 그러나 차이라는 개념을 떠올리기 어려운 예가 있을지도 모릅니다. 이 경우에는 유의차라는 표현에 구애받지 않고 유의성이라고 표현합니다.

또한 유의미한 차이를 얻었다고 해서 과신해서는 안 됩니다. 가설검정을 활용하는 내용은 6.4절에서 다룹니다.

6.1.5 t검정의 직관적 사고방식

검정에서 유의미한 차이에 대해 직관적으로 살펴보겠습니다. 예를 들어 과자 두 봉지를 열었다고 해보겠습니다. 집에 있는 저울로 과자의 내용량을 측정했습니다. 첫 번째 봉지는 55g이었고 두 번째 봉지는 44g이었으며 평균 용량은 49.5g이었습니다. 50g은 아니었는데 이를 의미 있는 차이라고 할 수 있을까요?

우선 신경 쓰이는 것은 두 봉지밖에 열지 않았다는 점입니다. 더 많은 표본을 사용해서 조사해야 할 겁니다. 거기에 측정방법도 신경 쓰입니다. 가정용 저울로 정확한 중량을 얻기는 어렵습니다. 또한 49.5g이라는 결과도 50g과 꽤 가깝습니다. 이러한 조사결과로는 유의미한 차이가 있다고 주장하기는 어려울 것 같습니다.

반면에 다음 조건이 있다면 50g과 의미 있는 차이, 즉 유의차가 있다고 생각할 수 있습니다.

- **큰 샘플에서 조사**: 표본크기가 크다.
- **정밀한 저울로 측정**: 데이터의 흩어짐(분산)이 작다.
- **중량의 평균값이 50g에서 크게 벗어남**: 평균값의 차이가 크다.

t검정에서 이 세 개의 조건을 만족할 때 유의미한 차이가 있다고 판단할 수 있습니다.

6.1.6 평균값의 차이와 유의차 판단

검정의 유의차를 판단하는 논리에서 매우 중요한 교훈을 얻을 수 있습니다. 바로 평균값의 차이가 큰 것만으로는 유의차를 얻을 수 없다는 것입니다. 이는 매우 중요하므로 반드시 기억해두기 바랍니다.

극단적인 예를 들어 설명해보겠습니다. 오래된 저울이 있습니다. 저울 안에 있는 스프링이 망가져서 똑같은 물건의 무게를 재도 매번 측정값이 바뀝니다. 50g 정도의 추를 올려놓아도 30g을 표시하기도 하고 70g을 표시하기도 합니다.

이 저울을 사용해서 과자 두 봉지의 중량을 측정했습니다. 첫 번째가 10g이고 두 번째가 60g이었습니다. 평균은 35g이고 50g에서 꽤 멀어 보입니다. 하지만 이 결과를 보고 유의미한 차이가 있다고 생각하는 사람은 없을 것입니다. 이 저울의 측정값은 흩어진 정도(분산)가 꽤 크고 표본크기는 매우 작기 때문입니다.

평균값만 가지고 크고 작음을 비교하는 것은 추천하지 않습니다. 표본크기와 데이터 흩어짐(분산)의 크기를 함께 고려해야 합니다.

통계적 가설검정이라는 형식을 넘어서 이러한 의미 있는 차이에 대해서 생각해보는 것은 데이터를 읽어내는 능력으로 매우 중요합니다.

6.1.7 검정 통계량

검정에 사용되는 통계량을 **검정 통계량**이라고 합니다. 6.1절에서는 모평균에 대한 t검정을 수행합니다. 그러나 평균값의 차이가 크다고 해서 유의차가 있다고는 볼 수 없다는 중요한 시사점을 얻을 수 있었습니다.

그렇다면 유의성을 검증하려면 어떤 검정 통계를 사용해야 할까요? t검정은 t값을 검정 통계량으로 사용합니다.

6.1.8 t값 복습

t검정에서 유의차가 있다고 간주하는 조건은 다음 세 가지입니다.

- **큰 샘플에서 조사**: 표본크기가 크다.
- **정밀한 저울로 측정**: 데이터의 흩어짐(분산)이 작다.
- **중량의 평균값이 50g에서 크게 벗어남**: 평균값의 차이가 크다.

5.5절과 5.6절에서 소개한 t값은 앞의 조건을 모두 합친 검정 통계량으로 활용할 수 있습니다. t값의 정의를 다시 살펴보겠습니다. 여기서 $\bar{X}$는 표본평균, μ는 모평균, SE는 표준오차, U는 표준편차(불편분산의 제곱근), n은 표본크기입니다.

$$t\text{값} = \frac{\bar{X} - \mu}{SE} = \frac{\bar{X} - \mu}{U/\sqrt{n}}$$

식 6-1

여기서 모평균 μ가 50g과 다른지 여부를 검정하는 과자의 예에서는 $\mu = 50$을 대입하여 다음과 같이 t값을 계산할 수 있습니다.

$$t\text{값} = \frac{\bar{X} - 50}{SE}$$

식 6-2

이 t값이 크면 50g으로부터 유의차가 있다고 판단합니다. 덧붙여 표본평균이 비교 대상(50)에 비해 매우 작을 경우에는 t값이 음수여서 작은 값이 됩니다. 하지만 t값은 절댓값에 의미가 있다고 할 수 있습니다.

6.1.9 통계적 가설검정 용어 정리 ①

통계적 가설검정은 기억해야 할 용어가 많습니다. 지금까지 내용을 정리합니다.

귀무가설, 대립가설

먼저 귀무가설과 대립가설을 제시합니다. 귀무가설을 기각할지 여부를 판단하여 모집단에 대한 판단을 내립니다. 예를 들어 귀무가설은 '모집단의 파라미터는 ○○이다' 그리고 대립가설은 '모집단의 파라미터는 ○○와 다르다'와 같은 형태로 제시됩니다.

유의차, 유의성

얻은 차이가 의미 있는 차이라고 판단하는 경우에 유의차가 있다고 주장합니다. 유의성이라는 표현도 자주 사용합니다. 유의차가 있다고 판단되면 귀무가설을 기각합니다.

검정 통계량

유의차는 단순히 평균값 차이와 같은 간단한 지표로 판단하기는 어렵습니다. 따라서 검정 목적에 따라 검정 통계량을 계산합니다. t검정에서는 t값을 검정 통계량으로 하며 검정 유형에 따라 검정 통계량이 다릅니다.

지금까지는 문제의 정리에 힘썼습니다. 이제부터는 구체적으로 유의차가 있는지 여부를 판단하는 절차를 설명합니다. 이어서 이러한 절차를 이해하는 데 필요한 용어를 살펴봅시다.

6.1.10 제1종 오류와 제2종 오류

귀무가설이 올바르지만 실수로 귀무가설을 기각하는 경우를 **제1종 오류**라고 합니다. 반대로 귀무가설이 틀렸는데 실수로 귀무가설을 채택하는 경우를 **제2종 오류**라고 합니다.

통계적 가설검정은 제1종 오류가 발생할 확률을 제어하는 것을 목표로 합니다. 제1종 오류와 제2종 오류는 서로 다루는 법이 다르다는 점에 주의합시다. 이 문제는 6.4절에서 살펴보겠습니다.

6.1.11 유의수준

제1종 오류를 허용할 수 있는 확률을 **유의수준** 또는 **위험률**이라고 합니다. 유의수준은 전통적으로 α라고 표기하는 경우가 많습니다. 유의수준은 귀무가설을 기각하는 기준입니다. 유의수준으로는 5%나 1%를 사용하는 경우가 많습니다. 이 책에서는 특별한 언급이 없는 한 항상 5%를 사용합니다.

6.1.12 기각역과 채택역

기각역과 채택역은 귀무가설을 기각할지 여부를 결정하는 데 사용하는 검정 통계량의 범위입니다. 계산된 검정 통계량의 값이 **기각역**에 포함되면 귀무가설을 기각합니다. 한편 계산된 검정 통계량의 값이 **채택역**에 포함되는 경우에는 귀무가설을 기각하지 않습니다.

검정 통계량이 특정값 c 이하인지 혹은 c보다 큰지 여부로 기각역인지 아닌지를 구별할 경우 경계가 되는 점 c를 **기각점** 또는 **기각한계**라고 부릅니다. 기각역은 유의수준을 달성할 수 있도록 계산합니다.

6.1.13 p값

비슷한 절차로 p값을 이용한 판단 방법도 소개합니다. 어느 쪽을 사용해도 상관없지만 이 책에서는 p값을 사용해서 판단하는 경우가 많습니다.

p값은 대략적으로 특정 통계모델 하에서 데이터의 통계적 요약(예를 들어 두 그룹 비교에서 표본평균의 차이)이 관찰된 값과 같거나 그보다 극단적인 값을 가질 확률로 해석됩니다. 조금 어

려운 해석이므로 나중에 실제 예를 사용해서 보충 설명하겠습니다.

p값이 유의수준 이하가 되는 경우에 귀무가설을 기각합니다.

6.1.14 통계적 가설검정 용어 정리 ②

앞서 언급된 용어를 정리합니다.

제1종 오류, 제2종 오류

귀무가설을 기각할지 여부를 결정할 때 두 가지 유형의 오류가 있습니다. 실수로 귀무가설을 기각하는 제1종 오류와 실수로 귀무가설을 채택하는 제2종 오류입니다.

유의수준

제1종 오류를 허용할 확률을 유의수준이라고 합니다. 유의수준은 검정을 수행하는 사람이 결정합니다. 이 책에서는 전통적으로 자주 사용하는 5%라는 유의수준을 사용합니다.

검정은 제1종 오류를 범할 확률을 조정한 후에 판단을 내리기 위해 노력한 기술이라고 할 수 있습니다.

기각역, p값

유의차의 유무를 판단할 때 기각역을 이용하는 방법과 p값을 이용하는 방법이 있습니다. 어느 쪽을 사용해도 상관없지만 이 책에서는 p값을 자주 사용합니다.

계산된 검정 통계량 값이 기각역에 포함되면 귀무가설을 기각합니다. 기각역은 유의수준을 달성할 수 있도록 계산합니다. p값을 계산하고 판단할 수도 있습니다. p값이 유의수준 이하가 되면 귀무가설을 기각합니다.

지금까지 기각역이라고 하는 범위 또는 p값이라는 지표를 계산할 수 있으면 가설검정을 수행할 수 있을 것이라는 내용까지 설명했습니다.

이제부터 기각역과 p값의 계산 방법을 설명합니다. 만약 앞의 과자 예에서 표본크기 20의 표본으로부터 계산된 t값을 t_{sample}이라고 표기하고 $t_{sample}=2.75$였다고 합시다. 이때 t값은 양수이므로 표본평균은 비교 대상인 50g보다 크다는 것을 알 수 있습니다. 이때 귀무가설을 기각할 수 있을까요?

6.1.15 t값과 t분포의 관계

이 절에서는 데이터를 정규모집단의 무작위표본이라고 가정합니다. 이 가정을 만족하면 표본크기가 n일 때 t값은 자유도가 $n-1$인 t분포를 따릅니다. 이 결과를 이용하여 기각역과 p값을 계산합니다.

t분포는 0을 중심으로 좌우대칭인 확률분포입니다. 자유도가 $n-1$인 t분포에서 2.5%점을 $t_{0.025}$로, 97.5%점을 $t_{0.975}$로 표기하면 $-t_{0.025}=t_{0.975}$가 성립합니다.

6.1.16 단측검정과 양측검정

양측검정은 과자의 평균중량이 50g과 **다르다**는 것을 알아보는 검정 방법입니다. 50g보다 작을지도 모르고 50g보다 클지도 모릅니다. **단측검정**이란 과자의 평균중량이 50g보다 작다는 것을 알아보는 검정 방법입니다. 50g보다 큰지는 상정하지 않습니다. 편의상 이를 왼쪽 단측검정이라고 합니다. 단측검정의 역패턴으로 과자의 평균중량이 50g보다 크다는 것만을 알아보아서 50g보다 작다는 것을 전혀 상정하지 않는 것도 있습니다. 편의상 이를 오른쪽 단측검정이라고 합니다.

기각역과 p값을 계산할 때 양측검정인지 단측검정인지에 따라 차이가 있습니다. 무엇을 사용하는지는 문제 설정에 따라 다릅니다. 특별히 이유가 없다면 한쪽만 상정하는 것은 부자연스럽기 때문에 양측검정을 시행하는 경우가 많습니다.

6.1.17 기각역 계산

모평균에 대한 단일표본 t검정에서 기각역을 구해봅시다. 자유도가 $n-1$인 t분포를 따르는 확률변수를 X라고 할 때 백분위수의 정의에 따라 $P(X < t_{0.025})=0.025$입니다. 여기서 t분포가 0을 중

심으로 좌우대칭인 점을 이용하면 $P(-t_{0.025} < |X|) = 0.05$가 됩니다.

표본에서 계산된 t값을 t_{sample}이라고 표시합니다. 정규모집단의 무작위표본에서 계산된 t값은 t 분포를 따릅니다. 유의수준 $\alpha = 0.05$로 하는 경우 t_{sample}의 절댓값이 $-t_{0.025}$보다 커질 경우에 귀무가설을 기각합니다. 즉 $-t_{0.025} < |t_{sample}|$이 기각역입니다. [그림 6-1]에서 $t_{0.025}$ 미만과 $-t_{0.025}$보다 큰 범위가 기각역이 됩니다.

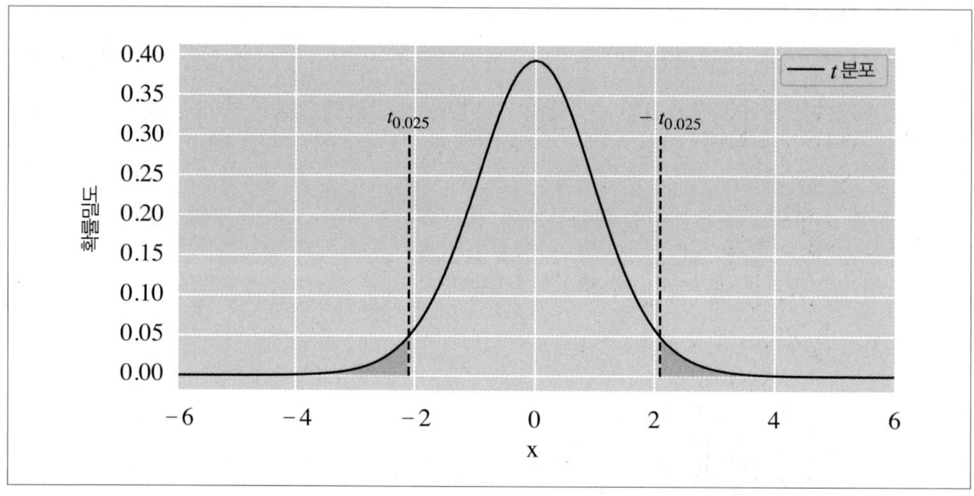

그림 6-1 양측검정의 기각역

귀무가설이 옳을 때 위의 규칙으로 귀무가설을 기각한다면 제1종 오류를 범할 확률은 0.05라고 간주할 수 있습니다.

또한 자유도가 19인 t분포에서는 $t_{0.025} \approx -2.09$입니다($\approx$는 거의 같다는 기호입니다). 표본크기가 20인 표본에서 계산된 t값의 절댓값이 약 2.09 이상인 경우 귀무가설을 기각합니다. 만약 표본크기 20의 표본에서 계산된 t값이 $t_{sample} = 2.75$이면 귀무가설은 기각됩니다.

단측검정인 경우의 기각역을 구해봅시다. 과자의 평균중량이 50g보다 작다는 것을 검정한다면 $t_{sample} < t_{0.05}$가 기각역이 됩니다. 또한 과자의 평균중량이 50g보다 크다는 것을 검정한다면 $t_{0.95} = -t_{0.05}$이기 때문에 $-t_{0.05} < t_{sample}$이 기각역이 됩니다.

유의수준을 α라고 할 때 양측검정에서는 $t_{\alpha/2}$를 이용하여 $-t_{\alpha/2} < |t_{sample}|$이 기각역이 됩니다. $\alpha/2$의 백분위수가 중요한 역할을 합니다. 단측검정은 α의 백분위수를 사용합니다. 왼쪽 단측검

정에서는 $t_{sample} < t_\alpha$가 기각역이 되고 오른쪽 단측검정에서는 $-t_\alpha < t_{sample}$이 기각역이 됩니다.

양측검정에서는 작은 경우와 큰 경우 양쪽을 따지므로 $\alpha/2$의 백분위수를 사용하는 점에 주의합시다.

6.1.18 p값 계산

$t_{sample} = 2.75$로 계산되었다고 가정하고 p값을 구해봅시다. p값은 쉽게 말해 검정 통계량이 실현값(즉, 표본)과 같거나 그보다 극단적인 값일 확률이라고 할 수 있습니다. 단 양측검정을 할 때는 조금 요령이 필요합니다.

확률을 계산할 때 표본이 정규모집단의 무작위표본이라는 모델을 이용합니다. 배후에 숨은 모델에 대해서도 의식해두는 것이 좋습니다.

이번에는 2.75라는 양의 t값을 얻었습니다. 그리고 이 값이 유의미한 차이가 있다고 주장할 수 있을 정도로 큰지 여부를 판단합니다. 그래서 검정 통계량이 실현값(즉, $t_{sample} = 2.75$와 같거나 그보다 극단적인 값일 확률을 p값으로 계산합니다. p값이 유의수준 이하로 충분히 작으면 유의차가 있다고 주장합니다.

p값은 다음과 같이 계산합니다. 단 $P(t_{sample} \leq X)$는 자유도가 $n-1$인 t분포를 따르는 확률변수를 X라고 할 때 확률변수 X가 t_{sample} 이상이 될 확률입니다.

$$p\text{값} = P(t_{sample} \leq X) \times 2 \qquad \text{식 6-3}$$

마지막에 $\times 2$를 붙인 것은 양측검정이기 때문입니다. 과자의 평균중량이 50g과 다르다는 확률을 계산하려면 클 때와 작을 때 두 가지 경우을 고려해야 하므로 2배를 해야 합니다(좌우 비대칭 확률분포라면 2배 이외의 방법을 사용할 수도 있지만 번거롭기 때문에 생략합니다). 파이썬으로 구현해보며 보충해서 설명합니다. 어렵다고 느껴지면 건너뛰어도 괜찮습니다.

p값 계산은 t분포의 누적분포함수를 사용합니다. 이를 통해 자유도가 $n-1$인 t분포를 따르는 확률변수를 X라고 할 때 $P(X \leq t_{sample})$, 즉 확률변수 X가 t_{sample} 이하가 될 확률을 계산할 수 있습니다.

이번에 구하고자 하는 것은 부등호가 반대인 $P(t_{sample} \leq X)$입니다. 따라서 t분포가 0을 중심으

로 좌우대칭인 점을 이용하여 $P(X \leq -|t_{sample}|)$을 계산합니다. $P(X \leq -|t_{sample}|) \times 2$가 양측검정에서 p값이 됩니다.

또한 자유도가 19인 t분포에서는 $P(X \leq -2.75) \times 2 \approx 0.013$입니다. 유의수준이 0.05 미만이기 때문에 귀무가설은 기각됩니다.

단측검정의 경우 2를 곱하는 처리가 필요하지 않습니다. 다음은 오른쪽 단측검정의 예입니다.

$$p\text{값} = P(t_{sample} \leq X) \tag{식 6-4}$$

p값이 유의수준 이하가 되면 귀무가설을 기각합니다. 따라서 큰 p값이 나오기 쉬운 양측검정일수록 귀무가설이 기각되기 어렵습니다.

6.1.19 수식을 사용한 정리

양측검정을 전제로 모평균에 대한 단일표본 t검정을 수식으로 정리해봅시다. 이 절을 건너뛰고 먼저 파이썬 구현으로 넘어가도 괜찮습니다.

데이터 $X_1, X_2 \cdots X_n$을 정규모집단 $\mathcal{N}(\mu, \sigma^2)$의 무작위표본으로 가정합니다. 이때 모평균 μ에 대해 다음 두 가지 가설을 설정합니다. μ_0은 임의의 상수이고 유의수준은 α로 합니다.

$$\begin{aligned} \textbf{귀무가설 } H_0 &: \mu = \mu_0 \\ \textbf{대립가설 } H_1 &: \mu \neq \mu_0 \end{aligned} \tag{식 6-5}$$

과자의 예에서는 $\mu_0 = 50$으로 설정하고 있습니다.

검정 통계량은 다음과 같이 계산되는 t값입니다. 여기서 $\bar{X}$는 표본평균, μ는 모평균, SE는 표준오차, U는 표준편차(불편분산의 제곱근), n은 표본크기입니다.

$$t\text{값} = \frac{\bar{X} - \mu}{SE} = \frac{\bar{X} - \mu}{U/\sqrt{n}} \tag{식 6-6}$$

귀무가설이 옳다고 가정하면 $\mu = \mu_0$이므로 이를 대입합니다.

$$t\text{값} = \frac{\bar{X} - \mu_0}{SE} = \frac{\bar{X} - \mu_0}{U/\sqrt{n}}$$

식 6-7

표본에서 계산된 t값을 t_{sample}로 표시합니다. 데이터가 정규모집단의 무작위표본이고 귀무가설이 정확하다고 가정하면 t값은 자유도가 $n-1$인 t분포를 따릅니다. 이를 이용하여 기각역과 p값을 구합니다.

자유도가 $n-1$인 t분포에서 $\alpha \times 100\%$점을 t_α로 표기하면 $-t_{\alpha/2} \leq |t_{sample}|$의 범위가 기각역이 됩니다.

자유도가 $n-1$인 t분포에 따른 확률변수를 X로 했을 때 $P(t_{sample} \leq X)$를 확률변수 X가 t_{sample} 이상이 될 확률이라고 합니다. 0보다 큰 t_{sample}을 얻으면 $P(t_{sample} \leq X) \times 2$가 p값이 됩니다. 일반적으로는 $P(X \leq -|t_{sample}|) \times 2$가 p값이 됩니다. t_{sample}이 기각역에 포함되거나 p값이 유의수준 이하가 될 때 귀무가설을 기각합니다.

6.1.20 분석 준비

파이썬을 사용하여 계산 흐름을 다시 살펴봅시다. 먼저 필요한 라이브러리를 불러옵니다.

```
# 수치 계산에 사용하는 라이브러리
import numpy as np
import pandas as pd
from scipy import stats
```

그리고 이번 분석에 사용할 데이터를 읽어 들입니다. 과자의 중량을 추정한 가공의 데이터로 표본크기는 20입니다. 시리즈 형태로 읽어 들이겠습니다.

```
junk_food = pd.read_csv('6-1-1-junk-food-weight.csv')['weight']
junk_food.head()
```

```
0    58.529820
1    52.353039
2    74.446169
3    52.983263
```

```
4    55.876879
Name: weight, dtype: float64
```

이 데이터를 대상으로 단일표본 t검정을 시행합니다. 다음과 같이 검정을 수행하겠습니다.

- **귀무가설**: 과자의 모평균은 50g이다.
- **대립가설**: 과자의 모평균은 50g과 다르다.

유의수준은 5%로 하겠습니다.

6.1.21 t값 계산(실습)

t값을 계산해보겠습니다. 이를 위해 먼저 표본평균을 구합니다.

```
In     x_bar = np.mean(junk_food)
       round(x_bar, 3)
```

```
Out    55.385
```

이어서 자유도를 구하겠습니다. 표본크기에서 1을 뺍니다.

```
In     n = len(junk_food)
       df = n - 1
       df
```

```
Out    19
```

다음으로 표준오차를 구합니다. 표준오차는 '표준편차÷표본크기의 제곱근'으로 구할 수 있습니다.

```
In     u = np.std(junk_food, ddof = 1)
       se = u / np.sqrt(n)
       round(se, 3)
```

```
Out    1.958
```

마지막으로 t값을 계산합니다. 약 2.75가 되었습니다.

```
In     t_sample = (x_bar - 50) / se
       round(t_sample, 3)
```

```
Out    2.75
```

6.1.22 기각역 계산(실습)

기각역을 구해 귀무가설을 기각할지 말지를 판단해봅시다. 자유도가 $n-1$인 t분포에서 2.5%점을 $t_{0.025}$로 합니다. $t_{0.025}$를 구합니다.

```
In     round(stats.t.ppf(q=0.025, df=df), 3)
```

```
Out    -2.093
```

$-t_{0.025} < |t_{sample}|$의 범위가 기각역이 됩니다. $|t_{sample}|=2.75$가 $-t_{0.025}$보다 크므로 귀무가설은 기각됩니다.

6.1.23 p값 계산(실습)

이제 p값을 계산해봅시다. stats.t.cdf는 누적분포함수이고 np.abs는 절댓값을 구하는 함수입니다.

```
In     p_value = stats.t.cdf(-np.abs(t_sample), df=df) * 2
       round(p_value, 3)
```

```
Out    0.013
```

p값이 유의수준인 0.05 미만이기 때문에 귀무가설은 기각됩니다. 과자의 평균중량은 50g과 유의미하게 차이가 있다는 판단이 가능합니다.

또한 stats.ttest_1samp 함수를 사용하면 더욱 간단하게 단일표본 t검정을 할 수 있습니다(출력 결과의 자릿수는 조금 다를 수 있습니다).

```
In    stats.ttest_1samp(junk_food, 50)
```

```
Out   Ttest_1sampResult(statistic=2.7503, pvalue=0.0127)
```

statistic이 t값이고 pvalue가 p값입니다.

6.1.24 시뮬레이션을 이용한 p값 계산

p값의 의미를 해석하기 위해 시뮬레이션에서 p값을 구합니다. 이번처럼 모집단분포로 모수모델을 가정하고 시뮬레이션을 통해 p값을 구하는 방법을 **파라메트릭 부트스트랩 검정**이라고 합니다.

p값은 모집단에 대한 가정(모델)을 세운 후 귀무가설이 옳다고 가정하고 표본추출에서 t값 계산을 여러 번 반복할 때 t_{sample}과 같거나 더 극단적인 t값을 얻을 확률로 해석할 수 있습니다. 양측검정의 경우는 이 확률에 2배한 것이 p값입니다.

p값이 작다고 가정합니다. 그렇다면 귀무가설이 옳을 때 t_{sample}을 초과하는 t값을 얻을 확률이 작습니다. 이때는 t_{sample}이 충분히 크다, 즉 유의차가 있다고 판단합니다.

먼저 이번 표본의 정보를 변수에 저장합니다(일부는 재사용). 표본크기와 표준편차(불편분산의 제곱근)를 저장했습니다.

```
In    n = len(junk_food)
      u = np.std(junk_food, ddof = 1)
```

시뮬레이션을 해서 5만 번 값을 계산하겠습니다. 따라서 5만 번 계산한 값을 저장할 준비를 합니다.

```
In      t_value_array = np.zeros(50000)
```

귀무가설이 정확하다고 가정하고 5만 회 표본추출에서 t값 계산을 반복합니다.

```
np.random.seed(1)
norm_dist = stats.norm(loc=50, scale=u)
for i in range(0, 50000):
    # 표본추출
    sample = norm_dist.rvs(size=n)
    # t값 계산
    sample_x_bar = np.mean(sample)        # 표본평균
    sample_u = np.std(sample, ddof=1)    # 표준편차
    sample_se = sample_u / np.sqrt(n)    # 표준오차
    t_value_array[i] = (sample_x_bar - 50) / sample_se # t값
```

5만 개의 t값 중 t_{sample} 이상인 비율을 구합니다. 이 값에 2를 곱하면 p값이 됩니다.

```
In      p_sim = (sum(t_value_array >= t_sample) / 50000) * 2
        round(p_sim, 3)
```

```
Out     0.013
```

이론으로 계산한 값과 거의 일치하는 것을 확인할 수 있습니다.

6.2 평균값 차이 검정

6.2절에서는 실제로 분석할 때도 쓰이는 일이 많은 평균값 차이에 대한 검정 이론과 실행 방법을 설명하겠습니다. 6.1절과 마찬가지로 모집단분포로서 정규분포를 가정합니다. 또한 모분산을 알 수 없다는 전제하에 t검정을 이용합니다.

먼저 대응표본 t검정을 설명한 다음, 독립표본 t검정을 설명합니다. 마지막으로 통계적 가설검정의 결과를 왜곡시킬 위험성에 대해 알아봅니다.

6.2.1 2집단 데이터에 대한 검정

지금까지는 한 종류 과자의 중량 등 1변량 데이터만 대상으로 했습니다. 이제부터 두 개의 변수 사이에서 평균값의 차이가 있는지를 판단하겠습니다.

예를 들어 약을 마시기 전과 마신 후에 체온에 차이가 있는지를 조사하는 경우 또는 큰 바늘로 잡은 물고기와 작은 바늘로 잡은 물고기의 몸길이에 차이가 있는지를 알아보는 경우 등에 해당합니다.

6.2.2 대응표본 t검정

약을 먹기 전과 후에 체온 차이가 얼마나 되는지를 조사하는 것과 같이 동일한 대상을 다른 조건으로 두 번 측정해서 차이를 살핀다에 해당한다면 **대응표본 t검정**을 사용할 수 있습니다.

대응표본 검정의 예로서 다음과 같은 가공의 조사 데이터를 사용하겠습니다(설명의 편의를 위해 깔끔한 데이터 형식으로 하지 않았습니다).

피험자	약 복용 전 체온	약 복용 후 체온	체온 차이
A	36.2	36.8	0.6
B	36.2	36.1	−0.1
C	35.3	36.8	1.5
D	36.1	37.1	1.0
E	36.1	36.9	0.8

여기서 가장 오른쪽 열의 약을 먹기 전과 후의 체온 차이에 주목합시다. 혹시 약이 체온에 아무런 영향을 끼치지 않는다고 하면 이 차잇값은 0이 될 것입니다. 반대로 차잇값 열의 평균이 0과 다르다면 약을 먹기 전과 후의 체온이 다르다고 주장할 수 있습니다.

대응표본 검정에서는 이와 같이 차잇값을 구한 후 차잇값이 0과 유의미한 차이가 있는가를 가지고 단일표본 t검정을 시행합니다.

6.2.3 분석 준비

필요한 라이브러리를 불러옵니다.

```
In   # 수치 계산에 사용하는 라이브러리
     import numpy as np
     import pandas as pd
     from scipy import stats
```

그리고 이번 분석에 사용할 데이터를 읽어 들입니다. 약을 먹기 전과 후의 체온을 측정한 가공의
데이터입니다. 표본크기는 10입니다. 데이터프레임 형식으로 읽어 들이겠습니다.

```
In   paired_test_data = pd.read_csv('6-2-1-paired-t-test.csv')
     print(paired_test_data)
```

```
Out     person medicine  body_temperature
     0      A    before              36.2
     1      B    before              36.2
     2      C    before              35.3
     3      D    before              36.1
     4      E    before              36.1
     5      A     after              36.8
     6      B     after              36.1
     7      C     after              36.8
     8      D     after              37.1
     9      E     after              36.9
```

이 데이터를 대상으로 대응표본 t검정을 시행하겠습니다. 다음과 같이 검정을 수행합니다.

- **귀무가설**: 약을 먹기 전과 후의 체온이 변하지 않는다.
- **대립가설**: 약을 먹기 전과 후의 체온이 다르다.

유의수준은 5%로 하겠습니다. 값이 0.05보다 작으면 귀무가설은 기각되고 약을 먹으면 체온이
유의미한 수준으로 변화한다고 볼 수 있다고 주장할 수 있습니다.

6.2.4 대응표본 *t*검정(실습)

약을 먹기 전과 후의 체온 차이를 계산합니다. 시리즈 형식인 상태로 계산하기는 어려우므로 약을 먹기 전과 후로 추출한 뒤 배열 형식으로 변환하겠습니다.

```python
# 약을 먹기 전과 후 표본평균
before = paired_test_data.query(
    'medicine == "before"')['body_temperature']
after = paired_test_data.query(
    'medicine == "after"')['body_temperature']
# 배열로 변환
before = np.array(before)
after = np.array(after)
# 차이 계산
diff = after - before
diff
```

```
array([ 0.6, -0.1,  1.5,  1. ,  0.8])
```

남은 건 차잇값의 평균값이 0과 다른지 단일표본 *t*검정으로 알아보는 것뿐입니다.

```python
stats.ttest_1samp(diff, 0)
```

```
Ttest_1sampResult(statistic=2.90169, pvalue=0.04404)
```

stats.ttest_rel 함수를 사용하면 쉽게 검정을 시행할 수 있습니다.

```python
stats.ttest_rel(after, before)
```

```
Ttest_1sampResult(statistic=2.90169, pvalue=0.04404)
```

*p*값이 0.05 미만이기 때문에 약을 먹기 전과 후의 체온은 유의하게 다르다고 주장할 수 있습니다.

6.2.5 독립표본 t검정(불편분산)

다음으로 **독립표본 t검정**에 대해 살펴봅시다. 독립표본 t검정은 평균값의 차이에 주목합니다. 대응표본 t검정이라면 '데이터의 차이'를 구하여 모평균에 대한 단일표본 t검정을 시행합니다. 이 차이에 주목합시다.

평균값의 차이에 따라 t값을 계산하는 경우 계산식이 약간 복잡해집니다. 단일표본 t검정에서 t값의 계산식을 다시 살펴봅시다. 여기서 $\bar{X}$는 표본평균, μ는 모평균, SE는 표준오차, U는 표준편차(불편분산의 제곱근), n은 표본크기입니다.

$$t \text{값} = \frac{\bar{X} - \mu}{SE} = \frac{\bar{X} - \mu}{U/\sqrt{n}} \qquad \text{식 6–8}$$

변수 X와 Y의 평균값 차이를 검정한다고 가정합시다. 변수 X는 예를 들어 큰 바늘로 낚은 물고기의 몸길이로, 변수 Y는 작은 바늘로 낚은 물고기의 몸길이로 할 수 있습니다.

독립표본 t검정에서 t값은 다음과 같이 계산됩니다.

$$t \text{값} = \frac{\bar{X} - \bar{Y}}{\sqrt{U_x^2/m + U_y^2/n}} \qquad \text{식 6–9}$$

여기서는 $\bar{X}$는 X의 평균값이고 $\bar{Y}$는 Y의 평균값입니다. m은 X의 표본크기이고 n은 Y의 표본크기입니다. 또한 U_x^2은 X의 불편분산이고 U_y^2은 Y의 불편분산입니다. 대부분은 단일표본 t검정에서 t값과 비슷한 느낌입니다. 하지만 변수가 두 개라서 분산에 차이가 있다고 가정하여 계산하기 때문에 분모의 표준오차가 약간 복잡합니다.

이어서 자유도(t분포의 파라미터)를 계산합니다. 이 방법으로 계산된 자유도는 소수점 이하의 값이 나올 수 있습니다.

$$\text{자유도} = \frac{\left(U_x^2/m + U_y^2/n \right)^2}{\dfrac{\left(U_x^2/m \right)^2}{m-1} + \dfrac{\left(U_y^2/n \right)^2}{n-1}} \qquad \text{식 6–10}$$

위 방법은 웰치^{Welch}의 근사법이라 불리는 방법을 이용해서 p값을 계산합니다. 따라서 이 방법을 **웰치 검정**이라고 합니다.

6.2.6 독립표본 t검정(실습)

검정을 시행해봅시다. 데이터는 대응표본 t검정과 같은 것을 사용하기로 합니다. 물론 여기서는 학습을 위해 그렇습니다. 본래는 데이터에 맞춰 최적의 검정 방법을 선택해야 하므로 독립표본 t검정은 독립표본 데이터에 적용해야 합니다.

t값을 계산합니다. \(백슬래시)는 개행 표시입니다.

```
In
     # 평균값
     x_bar_bef = np.mean(before)
     x_bar_aft = np.mean(after)

     # 분산
     u2_bef = np.var(before, ddof=1)
     u2_aft = np.var(after, ddof=1)

     # 표본크기
     m = len(before)
     n = len(after)

     # t값
     t_value = (x_bar_aft - x_bar_bef) / \
         np.sqrt((u2_bef/m + u2_aft/n))
     round(t_value, 3)
```

```
Out
     3.156
```

자유도를 계산합니다.

```
In
     df = (u2_bef / m + u2_aft / n)**2 / \
        ((u2_bef / m)**2 / (m-1) + (u2_aft / n)**2 / (n-1))
     round(df, 3)
```

    7.998

p값을 계산합니다.

```
In    p_value = stats.t.cdf(-np.abs(t_value), df=df) * 2
      round(p_value, 5)
```

Out   0.01348

독립표본 t검정은 stats.ttest_ind 함수를 사용하여 쉽게 계산할 수 있습니다.

```
In    stats.ttest_ind(after, before, equal_var=False)
```

Out   Ttest_indResult(statistic=3.1557, pvalue=0.01348)

p값이 0.05보다 낮기 때문에 유의차가 있다고 판단할 수 있는 결과가 나왔습니다. 하지만 값이 대응표본 t검정의 결과(0.04 정도)와 차이가 있습니다. 당연하지만 같은 데이터에 대해 같은 목적의 검정을 시행해도 검정 방법이 달라지면 값도 달라집니다.

6.2.7 독립표본 t검정(등분산)

일부 통계학 입문서에서는 데이터의 등분산성을 검정한 뒤 분산이 다르다고 가정한 t검정과 분산이 같다고 가정한 t검정은 구별한다고 쓰여 있는 경우가 있습니다. 그러나 일부러 등분산인지를 조사할 필요도 없고 항상 웰치 검정을 사용해도 대부분 지장이 없습니다. 일부 문헌에서는 웰치 검정을 적극적으로 사용도록 권장하기도 합니다.

stats.ttest_ind 함수에 equal_var=False를 지정해서 넘깁니다. 분산이 다르다고 가정한 검정을 시행하겠다고 지정하는 것입니다. 이렇게 하면 웰치 검정을 채택하는 게 됩니다.

6.2.8 p해킹

평균값 차이를 검정한다는 하나의 목적을 위한 여러 가지 검정 방법이 있습니다. 대응표본 t검정과 독립표본 t검정은 서로 p값에 차이가 있습니다. 이 외에도 평균값의 차이를 검정하는 방법은 몇 가지가 더 있습니다(맨−휘트니 U 검정 등). 물론 유의미한 차이가 나오기 쉬운 정도나 p값은 각 검정 방법에 따라 달라집니다.

유의미한 차가 나오면 기쁜 경우가 있습니다. 예를 들어 물고기의 덩치를 키우기 위한 새로운 먹이를 개발하고 있다고 해봅시다. 새로 개발한 먹이를 준 경우와 보통 먹이를 준 경우의 물고기 크기를 비교합니다. 여기서 유의미한 차이가 나온다면 상품 개발은 대성공입니다.

하지만 분산이 다르다고 가정한 t검정에서 값이 0.053이 되어 아슬아슬하게 유의미한 차이를 얻지 못하게 된다고 해봅시다. 이때 유의미한 차이를 얻을 때까지 몇 번이고 반복해서 검정 방법을 바꾸는 사람이 있습니다. 예를 들어 U 검정을 사용하거나, 데이터를 변환하고 검정하려고 하거나, 데이터의 일부를 제거하고 검정하거나, 유의미한 차이를 얻을 때까지 조사를 계속해가면서 데이터를 늘려가거나 합니다.

그렇게 해서 값이 0.049가 되어 유의미한 차이를 얻었다고 합시다. 이 결과를 논문에 실어도 검정 방법을 여러 번 바꿔가며 유의미한 차이를 내는 방법을 선택했다는 것이 들키는 경우는 거의 없습니다. 하지만 이런 방법으로 얻은 유의미한 차이에 과연 의미가 있다고 할 수 있을까요. 유의미한 차이는 표본크기나 데이터의 차이 등 다양한 특징을 포괄적으로 정리하여 의미가 있는지를 판단하기 위한 방법입니다. 그것을 p값이라는 수치에만 매달려서 자신이 원하는 결과를 얻기 위한 분석을 하지는 말아야 합니다.

p값을 자의적으로 변화시키는 것을 **p해킹**이라고 합니다. 데이터 조작이나 변조 등을 할 필요도 없이 분석 방법을 뒤섞는 것만으로도 의외로 간단하게 p값을 변화시킬 수 있습니다. p해킹이 이루어지는 각각의 안건들을 전부 고발하기란 어렵습니다. 예방을 위한 효과적인 틀도 없습니다. 애시당초 통계적 가설검정이라는 방법을 금지해야 한다는 의견도 있습니다.

데이터 분석은 원하는 결과를 얻기 위해 하는 것이 아닙니다. 데이터 분석은 현실을 알기 위해 하는 것입니다. 다른 사람들도 모두 p해킹을 하고 있다거나 p값에 불만이 있다는 얘기를 들어도 p해킹을 하지 않는 용기를 내야 합니다. **분석가라면 다른 것들은 아무렇게나 대한다고 해도 최소한 한 가지, 데이터만큼은 성실하게 대해달라고 부탁하고 싶습니다.**

6.3 분할표 검정

이 절에서는 통계적 가설검정의 중요한 응용법 중 하나인 분할표에 대한 독립성 검정을 다루겠습니다. 이 검정 방법은 χ^2검정이라고도 합니다. 먼저 분할표에 대해 설명합니다. 이어서 분할표의 독립성 검정에 대해 알아보겠습니다.

6.3.1 분할표를 사용할 때의 장점

분할표 검정을 배우기 전에 분할표를 사용할 때의 장점부터 알아보겠습니다. 분할표를 올바로 이해하는 것만으로도 데이터 분석의 질이 크게 올라갑니다.

예를 들어 웹사이트를 운영한다고 가정해봅시다. 상품 구입이나 문의 버튼 등의 클릭률이 버튼 색에 따라 달라지는지를 조사하고 있다고 합시다. 이때 다음과 같은 데이터를 얻었습니다.

버튼 색	클릭
파란 버튼	20
빨간 버튼	10

이 데이터만 봤을 때 파란 버튼 쪽이 더 클릭한 숫자가 많아 보입니다. 그럼 버튼 색을 파란색으로 해야겠다고 생각할지도 모르겠습니다. 하지만 이 데이터에는 치명적인 문제가 있습니다. 바로 버튼을 클릭하지 않았을 때의 데이터가 없다는 것입니다. 다음은 버튼을 클릭하지 않았을 때의 데이터를 추가한 것입니다. 이러한 형식을 **분할표** 또는 **교차집계표**라고 합니다.

버튼 색	클릭	클릭 안 함
파란 버튼	20	180
빨간 버튼	10	90

분할표를 보면 파란 버튼도 빨간 버튼도 똑같이 클릭 수와 클릭하지 않은 수의 비율이 1:9임을 알 수 있습니다. 즉 파란 버튼 쪽이 많이 노출되었기 때문에 파란 버튼이 많이 클릭되었을 뿐, 클릭률은 둘 다 다르지 않다고 얘기할 수 있습니다.

이번에는 다음과 같은 데이터를 얻었다고 해보겠습니다.

- **파란 버튼**: 클릭률 50%
- **빨간 버튼**: 클릭률 10%

이걸 보면 파란색 버튼을 채택해야 한다고 생각할 수도 있습니다. 하지만 이 클릭률이 다음 분할표에서 계산한 것이라고 하면 어떨까요.

버튼 색	클릭	클릭 안 함
파란 버튼	1	1
빨간 버튼	10	90

파란 버튼의 조사 횟수가 매우 적습니다. 표본크기를 크게 하면 파란 버튼의 클릭 비율 역시 낮아질지도 모릅니다. 이러한 문제를 살펴볼 때 분할표는 매우 큰 효과를 발휘합니다.

6.3.2 이 절의 예제

앞에서와 마찬가지로 버튼 클릭 데이터에 대해 분석해보겠습니다. [표 6-1]에 표시된 가상의 버튼 클릭 데이터를 대상으로 합니다.

표 6-1 버튼 클릭 데이터

		결과		합계
		클릭	클릭 안 함	
색	파란 버튼	20	230	250
	빨간 버튼	10	40	50
합계		30	270	300

실제 관측된 데이터를 **관측도수**라고합니다. 클릭률로 보면 파란색 버튼이 20÷250=0.08, 빨간 버튼이 10÷50=0.2로 빨간 버튼이 더 높은 것을 알 수 있습니다. 이게 의미 있는 차이인지 아닌지를 통계적 가설검정을 사용하여 판단해보겠습니다.

6.3.3 기대도수 구하기

버튼 색에 따라 클릭률이 변하는지 알아보는 것이 이번 목표입니다. 그 전에 버튼 색에 따라 클릭률이 변하지 않는다면 어떤 결과가 될지 생각해봅시다. 이때 기대되는 도수를 **기대도수**라고 합니다.

[표 6-1]의 가장 아래쪽을 보면 버튼 색을 무시했을 때 클릭한 사람과 클릭하지 않은 사람의 비율이 30:270, 즉 1:9라는 것을 알 수 있습니다. 색을 무시하면 전체에서 10%만이 버튼을 클릭하는 것입니다.

여기서 실험 대상이 된 사람의 숫자를 확인해보겠습니다.

- 파란 버튼 250명
- 빨간 버튼 50명

이 중 10%만이 버튼을 클릭한다고 했을 때 버튼을 클릭한 사람의 기대도수는 다음과 같습니다.

- 파란 버튼 클릭 기대도수 25명
- 빨간 버튼 클릭 기대도수 5명

버튼을 클릭하지 않은 사람 수는 전체에서 클릭한 사람 수를 빼면 되므로 기대도수는 [표 6-2]와 같이 구할 수 있습니다.

표 6-2 버튼 클릭 기대도수

버튼 색	클릭	클릭 안 함
파란 버튼	25	225
빨간 버튼	5	45

다음에 기대도수와 실제로 관측된 도수를 서로 비교해보겠습니다. 차이가 크면 버튼 색에 따라 클릭률이 달라진다고 볼 수 있습니다.

6.3.4 기대도수와의 차이 구하기

다음 식을 살펴보겠습니다. 단 O_{ij}는 i행 j열의 관측도수이고 E_{ij}는 기대도수입니다. 이것을 χ^2 **통계량**이라고 합니다.

$$\chi^2 = \sum_{i=1}^{2} \sum_{j=1}^{2} \frac{(O_{ij} - E_{ij})^2}{E_{ij}}$$

식 6-11

이를 실제로 계산해봅시다. [표 6-1]과 [표 6-2]의 수치와 비교해봅시다.

$$\chi^2 = \frac{(20-25)^2}{25} + \frac{(230-225)^2}{225} + \frac{(10-5)^2}{5} + \frac{(40-45)^2}{45}$$
$$= 1 + \frac{1}{9} + 5 + \frac{5}{9}$$

식 6-12

계산결과는 약 6.667입니다.

이번 데이터와 같은 2행 2열 분할표의 경우 χ^2 통계량의 표본분포는 자유도 1인 χ^2분포에 점근적으로 따른다고 알려져 있습니다. 이후에는 t검정과 거의 같습니다. χ^2분포의 누적분포함수는 파이썬을 사용하여 쉽게 구할 수 있습니다.

6.3.5 분석 준비

필요한 라이브러리를 불러옵니다.

```
In    # 수치 계산에 사용하는 라이브러리
      import numpy as np
      import pandas as pd
      from scipy import stats
```

6.3.6 p값 계산(실습)

p값을 계산해봅시다. 자유도 1인 χ^2분포의 누적분포함수를 사용하여 p값을 계산합니다.

```
In    1 - stats.chi2.cdf(x=6.667, df=1)
```

```
Out   0.009821437357809604
```

0.05보다 작습니다. 따라서 색에 따라 버튼을 클릭하는 것이 유의미하게 변한다고 판단할 수 있습니다.

6.3.7 분할표 검정(실습)

분할표 검정은 파이썬을 사용해서 간단하게 계산할 수 있습니다. 먼저 데이터를 읽어 들이는 것부터 시작하겠습니다. 이 데이터는 깔끔한 데이터 형식입니다.

```
In    click_data = pd.read_csv('6-3-1-click_data.csv')
      print(click_data)
```

```
Out       color  click  freq
      0   blue  click    20
      1   blue    not   230
      2    red  click    10
      3    red    not    40
```

분할표로 변환합니다.

```
In    cross = pd.pivot_table(
          data=click_data,
          values='freq',
          aggfunc='sum',
          index='color',
          columns='click'
      )
      print(cross)
```

```
Out   click  click  not
      color
      blue      20  230
      red       10   40
```

검정을 시행해보겠습니다. stats.chi2_contingency 함수를 사용합니다. 이 함수를 기본으로 사용하면 불필요한 보정이 들어가므로 correction=False로 설정하여 보정하지 않도록 했습니다.

```
In    stats.chi2_contingency(cross, correction=False)
```

```
Out   (6.666666666666666,
       0.009823274507519247,
       1,
       array([[ 25., 225.],
              [  5.,  45.]]))
```

결과는 χ^2 통계량, p값, 자유도, 기대도수 표 순서대로 출력됩니다. 앞서 계산한 결과와 일치하는지 확인해봅시다.

6.4 검정 결과 해석

이 절에서는 검정 결과를 해석하는 방법을 설명합니다. 검정은 익숙해지면 간단하게 계산할 수 있기 때문에 판단할 때는 편리하지만, 오히려 너무 편리해서 잘못 사용하는 경우가 많습니다. 따라서 검정 결과의 해석 방법을 제대로 배워야 합니다.

6.4.1 p값이 0.05 이하일 때의 결과 작성법

우선 형식적인 결과 기록법을 기억하도록 합시다. 기억하기만 하면 됩니다.

p값이 0.05 이하이면 유의차가 있습니다. 과자의 중량이 50g과 차이가 나는지 검정하는 경우 '과자의 평균중량은 50g과 유의미한 차이가 있다'라고 기재합니다. 즉 '○○은 ××와 유의미한 차이가 있다'라고 기재하는 것입니다.

6.4.2 p값이 0.05보다 클 때의 결과 작성법

p값이 0.05보다 크면 귀무가설을 기각할 수 없습니다. 이때 결과를 작성하는 법은 독특합니다.

p값이 0.05보다 클 때는 '과자의 평균중량은 50g과 유의미하게 차이가 있다고 말할 수 없다'라고 기재합니다. 즉 'ㅇㅇ은 ××와 유의미한 차이가 있다고 말할 수 없다'라고 기재하는 것입니다.

가끔 'ㅇㅇ은 ××와 같다'라고 쓰는 사람이 있지만 이렇게 쓰는 방법은 틀린 표현이므로 주의해야 합니다. 왜 이렇게 쓰는 것이 틀린 표현인지는 차근차근 알아보겠습니다.

6.4.3 가설검정을 할 때 자주 하는 실수

통계적 가설검정을 할 때 다음과 같은 생각은 잘못 해석한 것입니다.

- p값이 작을수록 차이가 크다고 말할 수 있다.
- p값이 0.05보다 크기 때문에 차이가 없다고 말할 수 있다.
- $1 - p$값은 대립가설이 올바를 확률이다.

이러한 생각들이 왜 잘못되었는지 차례대로 알아보겠습니다.

6.4.4 p값이 작아도 차이가 크다고는 할 수 없다

첫 번째 해석 'p값이 작을수록 차이가 크다고 말할 수 있다'가 잘못된 해석인 이유를 생각해봅시다. 이건 p값의 계산 방법을 떠올려보면 이유를 알 수 있습니다.

단일표본 t검정을 할 때 p값을 계산하기 전에 t값을 계산했습니다. t값이 크면 p값은 작아져서 '유의미한 차이가 있다'고 주장하기 쉽습니다. 단일표본 t검정에서 t값의 계산식을 다시 살펴봅시다.

$$t값 = \frac{\bar{X} - \mu}{SE} = \frac{\bar{X} - \mu}{U/\sqrt{n}}$$

식 6-13

분자에 있는 '표본평균 − 비교대상값'이 커질수록 차이가 크다고 볼 수 있습니다. 하지만 t값은 이외의 요소도 포함하고 있습니다. 데이터가 흩어진 정도, 즉 표준편차(분산)가 작으면 t값이 크게 됩니다. 또한 표본크기도 영향을 끼칩니다. 표본크기가 크면 t값도 커집니다.

유의미한 차이가 있는지를 결정하는 요소는 차이의 크기 이외에도 여러 가지가 있습니다. 그런 것들을 포괄적으로 정리해서 확률의 표현으로 고쳐 쓴 것이 p값입니다.

예를 들어 어떤 다이어트 약을 마시면 체중이 유의미하게 감소한다는 것을 알고 있다고 합시다. p값은 0.00001로 매우 작다고 하겠습니다. 그러나 p값이 작기 때문에 이 다이어트 약을 마시면 단번에 살이 빠진다는 생각은 속단입니다. 예를 들어 표본크기가 매우 컸을 수도 있습니다 (1000명을 대상으로 조사했다든가). 또는 매우 정밀한 체중계를 사용해서 0.1g단위까지 계측했을지도 모릅니다. 체중이 0.5g 감소하는 약을 마셨다고 해서 스마트한 체형이 된다고는 생각하기 어렵습니다.

p값만 보고 실험 결과를 해석하는 것은 위험합니다. 원래 데이터의 평균값을 확인하거나 상자그림이나 바이올린플롯을 활용하거나 하는 방법을 이용해서 실제와 해석의 차이를 줄일 수 있습니다.

6.4.5 p값이 0.05보다 크더라도 차이가 없다고는 말할 수 없다

두 번째 해석 'p값이 0.05보다 크기 때문에 차이가 없다고 말할 수 있다'가 잘못된 이유는 귀무가설이 틀릴 확률은 유의수준으로서 조절할 수 있지만 귀무가설이 맞을 확률은 제어할 수 없기 때문입니다.

세 번째 해석 '$1-p$값은 대립가설이 올바를 확률이다'도 앞서 말한 것과 비슷한 맥락에서 틀렸습니다.

이러한 것이 통계적 가설검정이라는 방식의 한계를 나타낸다고도 할 수 있습니다.

6.4.6 검정의 비대칭성

제1종 오류에 대해서는 그 확률을 조절할 수 있지만 제2종 오류에 대해서는 조절할 수 없기에 발생하는 것이 **검정의 비대칭성**입니다.

제2종 오류가 일어날 확률, 즉 귀무가설이 틀렸는데 실수로 귀무가설을 채택할 확률은 통계적 가설검정으로는 조절할 수 없습니다. 통계적 가설검정에서는 제1종 오류밖에 조절할 수 없다는 점을 주의합시다.

6.4.7 검정하기 전에 유의수준 정하기

이 외의 세세한 주의사항으로 유의수준은 검정을 하기 전에 정해야 한다는 규칙이 있습니다. 예를 들어 유의수준을 1%로 해서 검정을 했는데 p값이 0.037이 나와서 유의미한 차이를 얻지 못했다고 해봅시다. 이때 다시 유의수준을 5%로 해서 검정하여 유의미한 차이를 얻는 것은 반칙입니다.

유의수준으로서 5%나 1%가 자주 쓰이지만 이 수치를 사용하는 근거는 딱히 없습니다. 저는 생물학 연구실에 있을 때 5% 유의수준을 주로 사용했습니다. 이 책에서도 마찬가지로 5%를 사용하고 있습니다. 분야에 따라 유의수준은 달라질 수 있으므로 기존 연구 등을 참고하는 것이 좋습니다.

6.4.8 통계적 가설검정이 필요한가

통계적 가설검정을 배우는 것이 필요한지 질문을 받았을 때 저는 '언젠가는 필요 없게 될지도 모르지만 그게 오늘은 아니다'라고 대답합니다.

앞으로 어떻게 될지 모르겠지만 적어도 현재에는 통계적 가설검정없이 분석하는 것은 곤란하기도 하고 효율도 나쁘다고 할 수 있습니다. 데이터 분석을 할 때 통계적 가설검정을 이해하지 못하고 있다면 큰 문제가 있습니다. 이는 말이 통하지 않는 수준의 큰 문제라고 할 수 있습니다. 가설검정의 오용에 대해 건설적인 비판을 하기 위해서라도 가설검정에 대해 이해해야 합니다. 적극적으로 사용할지 어떨지는 몰라도 최소한 통계적 가설검정에 대한 이론은 알아두는 것이 좋습니다.

6.4.9 가정이 올바른가

t검정에서는 데이터를 정규모집단에서 추출한 무작위표본이라고 가정합니다. 몇 번이나 같은 말을 하는데 아무리 강조해도 지나치지 않습니다. 이 가정을 만족하지 않으면 p값을 계산할 수 없습니다.

시뮬레이션을 이용하여 t분포를 도출했는데 가정이 잘못되어 있다는 것은 시뮬레이션을 하는 방법이 틀렸다는 것과 같습니다. 표본분포가 t분포라는 근거가 사라지게 되는 것입니다.

데이터 분석은 데이터를 다듬는 작업이라고 생각할 수도 있지만 실제로는 매우 다릅니다. 표본이 지닌 가정과의 차이를 어떻게 줄일지 항상 생각해야 합니다. 그리고 이러한 분석의 밑에 깔려 있는 가정에 대해 진지하게 고민하면 기존의 '평균값 차이 검정'과 같은 틀로는 문제를 해결하기에 역부족이라는 것을 깨닫게 될 것입니다.

다음에 배울 내용은 통계모델입니다. 현상을 보다 유연하게 분석할 수 있는 통계학의 새로운 표준이라고 할 수 있습니다.

## CHAPTER 7

통계모델

7.1 통계모델 기본

통계모델에 대해 기본적인 내용을 설명합니다. 통계모델이란 무엇인지, 데이터 분석을 할 때 왜 통계모델이 필요한지 알아봅시다.

7.1.1 모델

이 책에서 얘기하는 **모델**은 프라모델의 모델, 즉 모형이라고 할 수 있습니다. 단순히 모델이라고 말할 경우 현실 세계의 모형이라고 해석할 수 있습니다.

7.1.2 모델링

모델을 만드는 것을 **모델링**이라고 합니다. 통계모델을 만드는 것은 **통계모델링**이라고 합니다.

7.1.3 모델은 무엇에 도움이 되나

비행기 형태를 한 작은 모형을 만들면 진짜 비행기를 사용하지 않고도 비행기의 특성을 알아볼 수 있습니다. 예를 들어 그 비행기가 날 수 있는지, 바람이 불면 어떻게 흔들리는지 등을 알 수 있습니다. 실세계의 모형(모델)을 이용하여 현실 세계의 이해와 예측에 활용할 수 있습니다.

7.1.4 정규모집단의 무작위표본이라는 모델

5.1절과 5.2절에서는 '모집단의 단순무작위추출'과 '독립적이고 동일한 확률분포를 따르는 확률변수'의 대응 관계를 설명했습니다. 독립적이고 동일한 확률분포를 따르는 확률변수는 통계학 이론을 바탕으로 추상화된 개념이며 이것이 바로 모델이라고 할 수 있습니다.

5장과 6장에서는 데이터를 정규모집단의 무작위표본으로 가정하여 분석을 시행했습니다. 이러한 데이터를 확률변수 X로 표기하면 $X \sim \mathcal{N}(\mu, \sigma^2)$이라고 표기할 수 있습니다.

통계학에서는 모델을 '관찰된 데이터를 생성하는 확률적 과정을 간결하게 기술한 것'으로 활용합니다. 다음에 다시 데이터를 수집한다면 어떤 규칙으로 데이터를 얻을 수 있을까요? 이에 대한 답으로 $X \sim \mathcal{N}(\mu, \sigma^2)$이라는 모델을 제시하며 다음에 얻을 수 있는 데이터는 평균 μ, 분산 σ^2인 정규분포를 따를 거라고 대답합니다.

$X \sim \mathcal{N}(\mu, \sigma^2)$이라는 모델에 따라 데이터가 확률적으로 생성된다고 가정하면 5.5절에서 소개한 t분포 등 다양한 표본분포가 수학적으로 또는 시뮬레이션으로 도출됩니다. 그리고 t분포와 같은 표본분포를 이용하여 구간추정과 가설검정을 수행합니다.

6장까지 설명한 추론통계 이론은 모두 모델을 기반으로 한 이론이라고 할 수 있습니다. 그리고 7장 이후에도 모델을 이용합니다. 다만 7장 이후에는 $X \sim \mathcal{N}(\mu, \sigma^2)$이라는 모델과 비교하면 훨씬 복잡성을 더한 실천적인 모델을 다룹니다.

7.1.5 수리모델

복잡성을 늘린 모델을 용어와 함께 설명하겠습니다. 이 책에서는 여러 변수의 관계를 모델링하는 사례를 중심으로 소개합니다.

수리모델은 현상을 수식으로 표현한 모델을 말합니다.

예를 들어 '맥주의 매출은 기온에 의해 변한다'라는 모델을 가정해보겠습니다. 말만으로는 기온이 오르면 맥주의 매출이 늘어난다는 것인지 혹은 그 반대로 기온이 내려가면 맥주의 매출이 늘어난다는 것인지 알기 어렵습니다.

이 모델을 수리모델로 표현해보겠습니다. 예를 들어 다음 수식으로 맥주의 매출이 결정된다고 해보겠습니다.

$$\text{맥주 매출(만 원)} = 20 + 4 \times \text{기온}(℃)$$ 식 7-1

기온이 1℃ 올라가면 맥주의 매출은 4만 원 증가합니다. 기온이 0℃일 때 맥주 매출은 20만 원입니다. 기온이 20℃라면 맥주의 매출은 20+80=100만 원이 됩니다. 이처럼 수식으로 표현하는 것으로 맥주와 기온의 관계가 보다 명확해졌습니다.

7.1.6 확률모델

수리모델 중에서도 특히 확률적인 표현이 있는 모델을 **확률모델**이라고 합니다.

기온이 20℃라고 가정할 때 맥주 매출이 딱 100만 원이라는 것은 현실적이지 않습니다. 기온이 20℃라도 맥주가 많이 팔리는 날도 있고 팔리지 않는 날도 있겠지만 평균은 약 100만 원이 될 것입니다. 이런 식으로 생각하는 경우에 확률모델을 사용합니다.

확률적인 표현을 하기 위해서 확률분포를 사용합니다. 확률분포로는 정규분포 등을 사용합니다. 물론 데이터에 따라 정규분포 이외의 분포를 사용하는 경우도 있습니다. 일반화선형모델에서는 이항분포, 푸아송 분포 등도 사용합니다.

예를 들어 정규분포로 가정할 때 맥주 매출을 기온으로 설명하는 확률모델이 다음과 같다고 해보겠습니다.

$$\text{맥주 매출} \sim \mathcal{N}(20 + 4 \times \text{기온}, \sigma^2)$$ 식 7-2

이는 '맥주 매출이 평균이 20+4×기온, 분산이 σ^2인 정규분포를 따른다'는 생각을 표현한 것입니다. [식 7-2]는 다음과 같이 쓸 수도 있습니다.

$$\text{맥주 매출} = 20 + 4 \times \text{기온} + \varepsilon, \qquad \varepsilon \sim \mathcal{N}(0, \sigma^2)$$ 식 7-3

이 공식은 '맥주 매출은 20+4×기온에 평균 0, 분산 σ^2의 정규분포를 따르는 노이즈를 더해 얻는다'는 생각을 표현한 것입니다. 정규분포를 가정할 경우 이 두 가지 방식의 식 작성 방법은 같은 의미를 갖고 있습니다.

7.1.7 모델 추정

그런 다음 확률모델을 데이터에 맞춥니다. 예를 들어 기온이 20℃인 날을 30일간 조사하고 매출의 평균값이 110만 원, 분산이 2라는 것을 알게 되었다고 합시다. 이는 기온이 20℃도일 때 매출은 평균해서 100만 원이 된다는 확률모델의 결과와 달라졌습니다. 이것은 문제입니다. 마찬가지 방식으로 기온이 30℃인 날을 며칠간 조사해서 매출의 평균이 160만 원이 되었습니다. 그렇다면 다음 확률모델이 테이터에 적합하다고 생각해볼 수 있습니다.

$$맥주\ 매출 \sim \mathcal{N}(10+5\times 기온, \sigma^2)$$

식 7-4

이와 같이 확률모델의 구조를 생각하면서 데이터에 적합하게 파라미터를 조정해가며 통계모델을 구축합니다.

7.1.8 모델 개발

6장까지는 $X \sim \mathcal{N}(\mu, \sigma^2)$이라는 비교적 단순한 모델을 대상으로 했습니다. 7장부터는 $X \sim \mathcal{N}(10+5\times 기온, \sigma^2)$이라는 모델처럼 확률분포의 기댓값이 다른 변수에 따라 달라지는 다소 복잡한 구조를 대상으로 합니다.

복잡한 통계모델을 사용하는 것으로 확률분포 파라미터의 변화 패턴을 명확하게 할 수 있습니다. 예를 들어 기온이 올라가면 맥주 매출의 평균값이 늘어난다와 같은 구조입니다. 이것이 복잡한 통계모델을 사용할 때의 큰 장점입니다.

7.1.9 모델을 이용한 예측

다음과 같이 통계모델을 추정할 수 있습니다.

$$맥주\ 매출 \sim \mathcal{N}(10 + 5 \times 기온\,,\,\sigma^2)$$

기온이 10℃일 때 매출 예측은 '기댓값이 60, 분산이 σ^2인 정규분포를 따르는 매출 데이터를 얻을 수 있을 것이다'라는 주장이 됩니다. 매출 예측에 대한 대푯값을 하나 고르라면 매출의 기댓값 60만 원이 될 것입니다.

통계모델에 의한 예측은 기온이라는 독립변수를 얻는 것이 조건인 매출의 확률분포, 즉 **조건부 확률분포**라는 형태로 얻을 수 있습니다. 그리고 예측값의 대푯값을 한 개 고르는 경우에는 조건부 기댓값이 사용됩니다.

7.1.10 복잡한 세계 단순화하기

맥주 판매 데이터의 모델링에 대해 생각해봅시다. 맥주의 매출은 그날의 기온이나 습도, 프로야구팀의 승패나 경제 상황, 맥주를 좋아하는 사람의 많고 적음, 맥주에 잘 어울리는 안주에 쓰이는 재료의 어획량을 결정하는 바닷물의 수온을 좌우하는 1년 3개월 전의 쿠로시오 해류 등 무수한 요인에 의해서 변화할 것입니다. 하지만 그런 요인들을 모두 고려하는 것은 비효율적입니다. 모든 요인을 계산에 집어넣으면 인간은 이해할 수 없는 수수께끼 같은 모델이 튀어나올 것입니다. 쿠로시오 해류의 흐름이 바뀌면 1년 3개월 후의 맥주 매출이 평균 0.5원 늘어난다는 것에서는 가치를 찾기 어려울 것입니다.

여러 가지 요소를 과감히 무시하고 맥주 매출은 기온이 올라가면 늘어난다는 측면만 주목하는 쪽이 간단합니다. 더우니까 맥주가 마시고 싶어지는구나 하고 이해하기도 쉽습니다. 그러나 너무 간단하게 하면 현실과 맞지 않는 모델이 될 수도 있습니다. 인간이 이해할 수 있을 만큼 단순하고 그러면서도 복잡한 현실상을 어느 정도 잘 설명할 수 있는 **복잡한 세계를 위한 단순한 모델**을 구축합시다.

7.1.11 복잡한 현상을 특정 관점에서 다시 보기

모델은 실제 현상을 어떤 측면에서 바라본 결과라고 얘기할 수 있습니다. 기온과 맥주 매출의 관계라는 '그 날의 기온이라는 관점'에서 바라본 모델 구축을 생각해볼 수 있습니다. 맥주를 자주 마시는 사람 수와 맥주 매출이라는 '장기적 소비자 수 추이에 따른 관점'에서 바라본 모델을 구축하는 것 또한 생각해볼 수 있습니다. 어느 쪽이 올바르다고 말하려는 것이 아닙니다. **분석 목적에 맞춰서 작성하는 모델과 주목하는 관점을 바꾸는 것이 가능하다**는 얘기입니다.

7.1.12 통계모델과 고전적인 분석 절차의 비교

고전적인 평균값 차이 검정 등은 통계모델의 활용 방법 중 한 가지에 불과합니다.

예를 들어 상품 가격과 매출의 관계를 조사한다고 해봅시다. 완전히 똑같은 상품을 가지고 가격이 쌀 때와 비쌀 때 매출의 평균값을 비교하여 매출에 유의미한 차이가 있는지를 검정해보겠습니다. 이는 평균값 차이 검정으로 대응할 수 있을 것입니다. 이때의 평균값 차이 검정은 다음 두 가지의 모델 중 어느 쪽이 더 잘 들어맞는지 평가하는 작업이라고 할 수 있습니다.

- **모델 1**: 가격이 쌀 때와 비쌀 때 매출의 평균값은 변하지 않는다.
- **모델 2**: 가격이 쌀 때와 비쌀 때 매출의 평균값은 변한다.

즉, 평균값 차이 검정은 '1단계: 두 가지 모델 작성'과 '2단계: 어느 모델이 더 들어맞는지 판단'이라는 두 가지 작업이며 그중 2단계의 판단만 사람들에게 보이게 되는 것입니다.

또한 모델 작성 단계에 초점을 맞추면 더 복잡한 현상에 대해서도 분석할 수 있게 됩니다. 예를 들어 세일을 하는 날 중 많은 날이 비가 오는 날이었다고 해보겠습니다. 맑은 날과 비교해서 비오는 날이 상품 판매가 좋지 않을 것입니다. 따라서 비가 오는 것 영향과 세일의 영향이란 두 가지를 동시에 조사해야 합니다. 이러한 경우에 대해 한 가지 요인만을 대상으로 단순히 평균값 차이 검정을 수행하게 되면 잘못된 결과를 얻게 됩니다.

하지만 날씨와 세일이라는 두 가지 영향을 동시에 반영하는 통계모델을 만든다면 세일의 올바른 효과를 분석할 수 있습니다. 이게 바로 모델을 만드는 작업, 즉 모델링에 초점을 맞출 때의 큰 장점입니다.

7.1.13 통계모델의 활용

모델을 구축하고 그 결과를 곱씹음으로써 다양한 결과를 얻을 수 있습니다. 이렇게 얻는 것은 '기온이 올라가면 맥주 매출이 늘어난다'라는 현상의 해석이라든가 '기온이라는 변수로 맥주 매출을 예측한다'라는 예측이 될 수도 있습니다. 하지만 이는 추정된 모델 안에서만 성립하는 결과라는 점에 주의해야 합니다.

통계모델을 구축할 때 파라미터 추정을 완전히 틀리게 했다면 제대로 해석할 수 없게 됩니다. 기온이 올라가면 맥주 판매량이 줄어든다고 해석하게 될지도 모릅니다. 분석가 혼자서는 모델을 구축할 때 생기는 문제들에 대처할 수 없을 수도 있습니다. 예를 들어 분석에 사용되는 데이터에 문제가 있을 때에도 역시나 올바른 모델을 만들 수 없습니다. 통계모델은 어디까지나 잠정적인 세계의 모형일 뿐입니다.

그럼에도 불구하고 모델을 사용함으로써 데이터 분석은 큰 진보를 달성할 수 있었습니다. 통계모델은 현대 데이터 분석의 표준 도구라고 할 수 있습니다. 통계모델을 사용하는 의의, 모델 구축 방법, 모델 평가 방법을 포괄적으로 배워서 모델을 효과적으로 활용하기 바랍니다.

7.2 선형모델을 만드는 방법

통계모델을 구축하는 흐름에 대해서 설명하겠습니다. 이 책에서는 주로 선형모델 위주로 설명합니다. 먼저 작업의 전체적인 밑그림을 그리고 이어서 구체적인 방법을 살펴보겠습니다.

7.2.1 이 절의 예제

7.1절과 마찬가지로 맥주 매출 예측 모델을 구축하는 예를 사용하여 설명을 진행하겠습니다. 맥주 매출에 영향을 준다고 생각되는 것은 기온, 날씨(맑음, 비, 흐림), 맥주 가격 세 가지가 있다고 가정하겠습니다.

7.2.2 종속변수와 독립변수

먼저 모델 구축과 관련된 용어를 소개합니다. **종속변수**란 어떤 요인에 종속된 변수, 다시 말해 무언가의 변화에 응답하는 변수입니다. 앞서 모델에서는 맥주 매출이 종속변수가 됩니다. 종속변수는 **응답변수**라고도 합니다.

독립변수는 흥미 있는 대상의 변화를 설명하는 변수이며 모델 내의 다른 대상에 영향을 받지 않는(독립적인) 변수입니다. 앞서 모델에서는 기온, 날씨, 맥주 가격 이렇게 세 가지가 독립변수입니다. 독립변수는 **설명변수**라고도 합니다.

독립변수를 사용해서 종속변수를 모델링한다고 기억해둡시다. 여기서 방향성이 있다는 것에 주의해야 합니다. 독립변수에는 여러 변수를 사용할 수 있습니다. 예를 들어 기온과 날씨, 두 개의 독립변수를 사용해서 맥주 매출을 모델링할 수 있습니다. 확률모델에서는 '종속변수 ~ 독립변수'로 표기하는 경우가 많습니다. 물결표 기호(~)를 두고 왼쪽에 종속변수가, 오른쪽에 독립변수가 위치합니다.

7.2.3 선형모델

선형모델은 종속변수와 독립변수의 관계를 선형으로만 바라보는 모델입니다. 가능한 한 현상을 단순화하고 적은 수의 파라미터만 사용하는 모델을 **모수모델**이라고 합니다. 선형모델은 모수모델입니다.

이 책에서는 추정과 해석이 간단하고 실제 데이터 분석에도 자주 이용하는 실용적 기법인 선형모델에 한정하여 설명합니다. 맥주 매출과 온도의 관계가 선형이라고 가정하고 다음과 같이 모델링합니다.

$$맥주\ 매출(만\ 원) = 20 + 4 \times 기온(℃)$$ 식 7-6

이 모델에서는 기온이 1℃ 오르면 매출이 4만 원 오른다고 여깁니다. 지금의 기온이 20℃이든 35℃이든 기온이 1℃ 오르면 매출이 4만 원 오른다는 관계가 변하지 않는다고 가정하고 있습니다. 이 모델 식은 선형입니다. 하지만 얼핏 선형으로 보이지 않는 현상이라고 해도 변환해서 선형이 되는 경우에는 선형모델이라고 간주합니다. 구체적인 예는 9장에서 소개하겠습니다(그림 7-1).

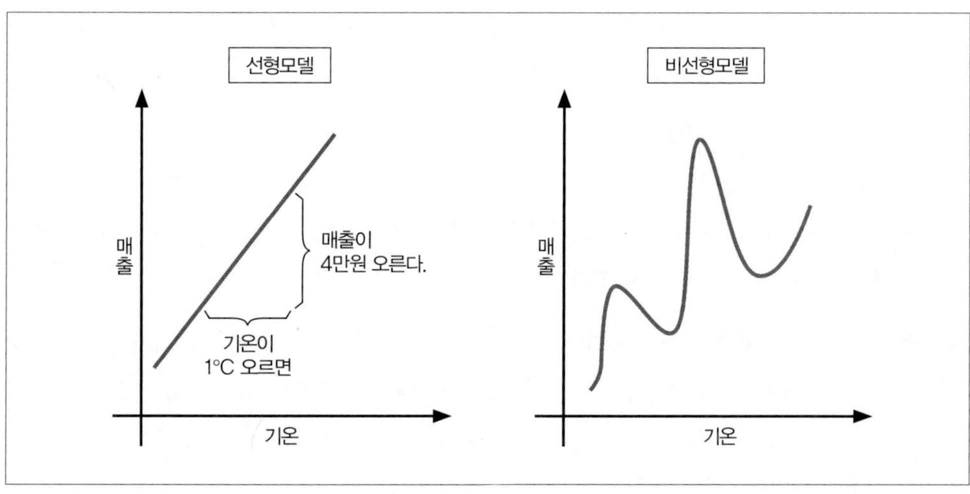

그림 7-1 선형모델과 비선형모델

7.2.4 계수와 가중치

통계모델에 사용되는 파라미터를 **계수**라고 합니다. 영어로는 coefficient입니다. 기온만을 사용해서 맥주 매출을 예측하는 모델의 경우 다음과 같이 표시할 수 있습니다.

$$\text{맥주 매출} \sim \mathcal{N}(\beta_0 + \beta_1 \times \text{기온}, \sigma^2) \qquad \text{식 7-7}$$

이때 β_0과 β_1이 계수입니다. 이러한 계수와 독립변수(여기서는 기온)가 있으면 종속변수의 평균 값을 예측할 수 있습니다. 또한 β_0을 **절편**, β_1을 **기울기**라고 부르기도 합니다. 통계학에서는 계수라고 부르지만 머신러닝에서는 같은 내용을 나타내더라도 **가중치**라고 부르기도 합니다.

7.2.5 선형모델을 만드는 방법

지금부터 모델을 만드는 방법을 설명하겠습니다. 모델 구축 작업은 크게 두 가지로 나눌 수 있습니다. 하나는 모델 구조를 수식으로 표현하는 것으로 **모델의 특정**이라고 부릅니다. 다른 하나는 **파라미터를 추정**하는 것입니다.

모델 구조는 예를 들어 '기온이 변화하면 맥주 매출이 증가하거나 감소한다'와 같은 구조입니다. 이러한 구조를 사람이 상상해야 모델을 만들 수 있습니다.

그다음은 파라미터, 다시 말해서 계수를 측정합니다. '기온이 1℃ 올라가면 맥주 매출이 β_1만 원 증가한다'에서 β_1 부분을 추정하는 것입니다. 파라미터를 추정할 수 있게 되면 기온과 맥주 매출의 관계(양의 관계가 있는지, 음의 관계가 있는지)를 알 수 있게 될 뿐만 아니라 기온 데이터를 이용해서 맥주 매출을 예측할 수도 있게 됩니다.

모델을 구축할 때는 모델 구조와 파라미터, 이 두 가지를 결정해야 합니다. 우리가 결정하는 것 (또는 데이터를 기반으로 추정하는 것)은 반대로 말하자면 틀릴 수도 있다는 말이 됩니다. 예를 들어 예측 정확도가 좋지 않을 때, 원래 구조가 좋지 않았던 것인지 아니면 구조는 올바른데 파라미터 추정이 틀렸던 것인지 잘 생각해야 할 필요가 있습니다.

단순한 확률분포를 이용해서 선형모델을 구축할 때는 파라미터 추정에 실패하는 경우가 별로 없습니다. 모델 구조를 검토하는 데 주력할 수 있으므로 선형모델은 통계모델의 입문으로서 적절한 주제라고 할 수 있습니다.

반대로 복잡한 머신러닝, 예를 들어 심층학습 등을 이용하는 경우에는 파라미터 추정에 실패하는 경우가 많습니다. 모델 구조를 배우는 것뿐만이 아니라 파라미터 추정에 대한 다양한 노하우를 기억해둬야 할 필요가 있습니다.

7.2.6 선형모델 특정

이 책에서 설명하는 간단한 선형모델에서 모델 구축의 두 가지 작업 중 파라미터 추정은 파이썬을 이용해서 대부분 자동으로 수행합니다(하지만 그 구조를 이해하는 것은 중요합니다). 또한 선형모델임을 가정할 때 모델 구조를 바꾸는 방법은 대부분 다음 두 가지입니다.

- 모델에 사용되는 독립변수를 변경한다.
- 종속변수가 따르는 확률분포를 변경한다.

7.2.7 변수 선택

모델에 사용할 독립변수를 고르는 작업을 **변수 선택**이라고 합니다. 변수 선택을 위해서는 먼저 다양한 변수 조합으로 모델을 구축해봐야 합니다. 예를 들어 독립변수에 A, B, C 세 가지가 있다면 다음과 같은 변수 조합을 생각해볼 수 있습니다.

- 종속변수 ~ 독립변수 없음
- 종속변수 ~ A
- 종속변수 ~ B
- 종속변수 ~ C
- 종속변수 ~ A+B
- 종속변수 ~ A+C
- 종속변수 ~ B+C
- 종속변수 ~ A+B+C

종속변수가 맥주 매출이라면 독립변수는 예를 들어 기온, 날씨, 맥주 가격 등이 될 수 있습니다. 독립변수가 없는 모델은 '맥주 매출의 평균값은 항상 일정하다'고 가정한 모델이라고 해석할 수 있습니다.

이렇게 가능한 변수 조합에서 가장 좋은 변수 조합을 가진 모델을 선택하는 것이 변수 선택입니다. 가장 좋은 변수 조합을 선택하는 방법으로 이 책에서는 주로 통계적 가설검정을 이용하는 방법과 정보 기준을 이용하는 방법을 설명합니다.

7.2.8 Null 모델

독립변수가 없는 모델을 Null 모델(널 모델)이라고 합니다. Null은 아무것도 없다는 의미입니다.

7.2.9 검정을 이용한 변수 선택

다음 맥주 매출 모델을 사용해서 설명하겠습니다.

$$맥주\ 매출 \sim \mathcal{N}(\beta_0 + \beta_1 \times 기온, \sigma^2)$$

식 7-8

통계적 가설검정을 이용하는 경우에는 예를 들어 다음과 같은 가설을 세웁니다.

- **귀무가설**: 독립변수의 계수 β_1은 0이다.
- **대립가설**: 독립변수의 계수 β_1은 0이 아니다.

귀무가설이 기각되는 경우에 기온에 곱하는 계수가 0이 아니라고 판단할 수 있기 때문에 모델에 기온이라는 독립변수는 필요하다고 판단할 수 있습니다. 귀무가설을 기각할 수 없으면 모델은 단순한 것이 더 낫다는 원칙에 따라 모델에서 독립변수를 제거합니다. 이 모델에서는 유일한 독립변수가 제거되므로 Null 모델이 됩니다.

또한 분산분석이라는 검정 방법도 있습니다. 8장에서 파이썬을 이용한 구현을 다룰 때 함께 알아보겠습니다.

7.2.10 정보 기준을 이용한 변수 선택

모델 선택의 또 다른 방법 하나는 정보 기준을 사용하는 것입니다. 정보 기준이란 추정한 모델의 좋은 정도(의 일면)를 정량화한 지표입니다. **아카이케 정보 기준**^{Akaike's Information Criterion}(AIC) 등이 자주 사용됩니다.

AIC가 작을수록 좋은 모델이라고 판단할 수 있습니다. 가능한 변수의 패턴을 망라하여 모델을 구축하고 각 모델의 AIC를 비교합니다. AIC가 가장 작은 모델을 채택함으로써 변수 선택을 수행합니다.

7.2.11 모델 평가

추정한 모델을 무조건 신뢰하는 것은 위험합니다. 변수 선택 결과도 믿어서는 안 됩니다. 따라서 추정된 모델을 평가해야 할 필요가 있습니다.

이때 몇 가지 평가 관점이 있습니다. 첫 번째는 예측 정확도 평가입니다. 정확도가 높은 쪽이 좋은 예측이라고 할 수 있습니다. 또 하나는 모델을 구축할 때 가정한 전제조건을 만족하는지를 확인하는 것입니다.

맥주 매출을 다음과 같이 모델링했다고 합시다.

$$맥주\ 매출 = 20 + 4 \times 기온 + \varepsilon, \qquad \varepsilon \sim \mathcal{N}(0, \sigma^2) \qquad \text{식 7-9}$$

이때 모델의 전제조건이 만족되었다면 매출의 예측값과 실젯값의 차이 ε은 평균이 0인 정규분포를 따르게 될 것입니다. 이러한 부분을 확인하는 작업이 필요합니다. 확인 과정은 다소 복잡할 수 있으므로 8장 이후 파이썬으로 구현하면서 설명하겠습니다.

7.2.12 통계모델을 만들기 전에 분석의 목적을 정하기

실제로 파이썬 코드를 작성하기 전에 **분석의 목적을 결정하고 데이터를 수집하여 모델링하는 것이 중요**합니다.

매출을 늘리는 것이 목적이라면 기온과 맥주의 관계를 모델링하는 것은 무의미합니다. 기온을 직접 변화시키는 것은 불가능하기 때문입니다. 반면 기온을 바탕으로 매출을 예측하여 재고관리에 활용하려는 목적이라면 이 모델은 분명 도움이 될 것입니다.

매출을 늘리기 위한 분석이라면 예를 들어 광고 효과를 조사하는 모델을 만들거나 가격과 매출의 관계를 조사하는 모델을 만드는 것을 생각해볼 수 있습니다. 물론 이때 모델의 정확도를 높이기 위해 기온과 같은 다른 변수를 모델에 사용할 수도 있습니다.

데이터 분석(혹은 모델링) 절차와 데이터 분석을 바탕으로 사회를 더 좋게 만드는 작업 사이에는 약간의 간극이 있다는 점에 유의해야 합니다. 하지만 데이터 분석(혹은 모델링) 절차가 가장 기본이 되는 것은 틀림없습니다. 이 책에서 모델링 기술을 익히고 이를 실제 사회에 적용하는 방법에 대해 고민해보기 바랍니다.

7.3 데이터 표현과 모델 명칭

통계모델이라는 틀이 등장하기 전에는 다양한 분석 방법을 제각각 다루고 있었습니다. 이 절에서는 그러한 개별 분석 방법을 통계모델이라는 틀로 다시 살펴보겠습니다.

7.3.1 일반화선형모델의 관점에서 모델의 분류

이 책에서는 선형 구조를 가지는 통계모델로서 **일반화선형모델**generalized linear model(GLM)을 중심으로 설명합니다. 7.3절에서는 일반화선형모델을 간략하게 소개하고 일반화선형모델이라는 관점에서 모델을 다양하게 분류해봅니다.

일반화선형모델은 정규분포 외에도 이항분포와 푸아송 분포 등 다양한 확률분포를 이용할 수 있는 것이 특징입니다. 8장에서 정규분포를 적용한 일반화선형모델을 설명하고 9장에서 정규분포 이외의 확률분포를 이용한 일반화선형모델을 설명합니다.

7.3.2 정규선형모델

종속변수가 정규분포를 따른다고 가정한 일반화선형모델을 **정규선형모델** 또는 **일반선형모델**general linear model이라고 합니다(자세한 내용은 9장에서 설명하지만 링크함수에는 항등함수를 사용합니다). 종속변수가 정규분포를 따른다고 가정하기 때문에 종속변수는 $-\infty$에서 $+\infty$의 범위를 취하는 연속형의 확률변수가 됩니다.

8장에서는 정규선형모델에 초점을 맞춰 설명합니다. 확률분포를 정규분포라고 정해두었기 때문에 비교적 간단하게 모델을 구축할 수 있습니다. 간단하지만 '확률분포를 정규분포로 가정한다'가 올바른 것인지 평가할 필요가 있습니다.

7.3.3 회귀분석

정규선형모델 중 독립변수가 수치형 데이터인 모델을 이용한 분석 기법을 **회귀분석**이라고 합니다. 이때 사용하는 모델을 **회귀모델**이라고 합니다.

또한 회귀모델이라는 용어는 분야와 사용법에 따라 약간 다른 의미를 가질 수 있습니다. 그럴 때는 적절히 보충 설명하겠습니다.

7.3.4 다중회귀분석

회귀분석 중에서도 독립변수가 여러 개 있는 것을 **다중회귀분석**이라고 합니다. 다중회귀분석과 대비하는 의미에서 독립변수가 한 개인 회귀분석을 **단일회귀분석**이라고도 합니다.

7.3.5 분산분석

정규선형모델 중 독립변수가 범주형 데이터인 모델을 이용한 분석 기법을 **분산분석**이라고 합
니다.

한편 분산분석은 검정 방법의 명칭이기도 합니다. 이 둘을 구별하는 것은 까다롭기 때문에 이 책
에서는 분산분석 모델이라는 명칭은 사용하지 않겠습니다. 이 책에서 분산분석은 항상 검정 방
법을 가리키는 이름이라고 가정합니다.

독립변수가 한 종류일 때를 **일원배치 분산분석**이라고 부르기도 합니다. 독립변수가 두 종류 있으
면 **이원배치 분산분석**이라고 합니다. 이러한 용어들을 자주 접하게 되는데 가급적 정규선형모델
이라는 틀 안에서 통일성 있게 다루는 것이 좋습니다.

7.3.6 공분산분석

정규선형모델 중 독립변수가 수치형 데이터와 범주형 데이터의 조합인 모델을 이용한 분석 기
법을 **공분산분석**이라고 합니다. 덧붙여 이 책에서는 특별한 사정이 없는 한 공분산분석이라는 용
어는 사용하지 않고 정규선형모델이라고 부르기로 합니다.

9장에서는 로지스틱 회귀분석과 푸아송 회귀분석을 추가로 소개합니다. 통계학 책을 보면 'ㅇㅇ
분석'이라고 적힌 무수히 많은 분석 기법이 소개되어 있는 것을 볼 수 있습니다. 이들을 통합한
모델이 일반화선형모델이라고 할 수 있습니다. 일반화선형모델을 배우면 통일적인 관점에서 이
러한 분석 기법을 이해할 수 있습니다.

7.3.7 머신러닝에서 쓰이는 명칭

머신러닝 분야에서 회귀란 종속변수가 수치형 데이터인 모델이라는 의미입니다. 이 경우에 정
규선형모델은 넓은 의미에서 회귀가 됩니다. 한편 종속변수가 범주형 데이터인 모델을 분류모
델 혹은 식별모델이라고 부릅니다.

일반화선형모델은 다루는 확률분포에 따라서 회귀모델이라고 하거나 식별모델이라고도 합니
다. 예를 들어 확률분포를 이항분포로 가정한 경우는 식별모델이 되고 정규분포나 푸아송 분포
로 가정한 경우는 회귀모델이 됩니다. 분야에 따라 용어가 다를 수 있으므로 주의해야 합니다.

7.4 파라미터 추정: 가능도 최대화

여기서는 파라미터 추정 방법을 설명하겠습니다. 파라미터 추정은 이 책에서 다루는 간단한 모델에서는 파이썬 함수를 사용하여 순식간에 끝납니다. 계산식의 구조와 방법보다는 계산의 의미와 해석에 중점을 두고 알아보겠습니다.

후반에 수식이 좀 있지만 나중에 파이썬으로 같은 계산을 복습하므로 어렵다면 수식 부분은 건너뛰어도 괜찮습니다.

7.4.1 파라미터 추정 방법을 배우는 의미

텔레비전 구조를 몰라도 텔레비전 시청은 할 수 있습니다. 마찬가지로 파라미터 추정의 원리를 몰라도 파이썬을 사용해서 통계모델을 구축하고 예측이나 현상 해석에 이용할 수 있습니다.

하지만 텔레비전을 고칠 수 있는 사람은 텔리비전 구조를 알고 있는 사람뿐입니다. 계산을 실행하면서 에러나 경고가 나왔을 때 원인을 찾을 수 있는 사람은 파라미터 추정의 원리를 아는 사람뿐입니다. 그리고 무엇보다도 새로운 기술이 나타났을 때 그것을 빨리 활용할 수 있는 사람은 원래부터 기술 원리를 알고 있던 사람뿐입니다.

세세한 알고리즘까지 이해할 필요는 없으므로 이 책에서도 설명하지는 않습니다. 하지만 파라미터 추정의 원리와 계산의 의미를 이해하는 것은 큰 장점이 될 것입니다.

7.4.2 가능도

파라미터 추정과 관련된 용어를 알아봅시다. 파라미터를 추정할 때 그 파라미터의 가능성을 **가능도**^{likelihood}라는 지표를 사용하여 표현합니다. 책에 따라 다를 수 있지만 가능도는 영어로 Likelihood이므로 머리글자 $\mathcal{L}$로 표기합니다.

가능도는 '있을 법함'이라는 뜻으로 어디까지나 지표 중 하나입니다. 그럼에도 불구하고 적용 범위가 매우 넓으며 다양한 분야에서 사용됩니다. 가능도를 예를 들어 알아봅시다. 가능도는 표본을 얻을 확률을 계산하여 얻습니다.

파라미터를 θ로 표기하기로 합니다. 예를 들어 앞이 나올 확률이 1/2인 동전을 살펴봅시다. 이때 1/2이 파라미터이며 θ=1/2입니다. 뒤가 나올 확률은 $(1-\theta)$로 구합니다. 이 동전을 두 번 던져서 첫 번째는 앞면, 두 번째는 뒷면이 나왔다고 합시다. 이것이 표본입니다.

표본을 얻을 확률은 $1/2 \times (1-1/2)$=1/4입니다. 이 경우 θ=1/2일 때의 가능도가 1/4이 됩니다. 파라미터를 θ=1/3이라고 생각해봅시다. 표본을 얻을 확률은 $1/3 \times (1-1/3) = 1/3 \times 2/3 = 2/9$입니다. 이 경우 θ=1/3일 때의 가능도는 2/9가 됩니다.

7.4.3 가능도함수

파라미터를 지정하여 가능도를 계산하는 함수를 **가능도함수**라고 합니다. 다시 동전던지기의 예를 들어 설명하겠습니다. 동전을 던져 앞이 나올 확률을 파라미터로서 θ로 놓습니다. θ를 함수의 인수로 지정하여 가능도를 계산하는 가능도함수를 $\mathcal{L}(\theta)$로 표기합니다. 이때 가능도함수 $\mathcal{L}(\theta)$는 다음과 같습니다.

$$\mathcal{L}(\theta) = \theta \times (1 - \theta)$$

식 7-10

이때 파라미터 θ는 0에서 1까지 실숫값을 취할 수 있지만 $0 \leq \theta \leq 1$의 범위에서 $\mathcal{L}(\theta)$를 적분해도 결과는 1이 되지 않습니다. 일반적으로 가능도함수의 합계 또는 적분값은 1이 아닙니다. 따라서 가능도함수는 확률질량함수 또는 확률밀도함수로 간주되지 않습니다.

7.4.4 로그가능도

가능도에 로그를 취한 것을 **로그가능도**라고 합니다. 로그를 취하면 나중에 계산이 편해지는 경우가 많습니다.

7.4.5 로그의 성질

로그를 취하는 이유를 이해하려면 로그의 성질을 이해해야 합니다. 여기서는 간단하게 로그의 성질을 알아보겠습니다. 로그에 대해 이미 알고 있다면 이 부분은 건너뛰어도 좋습니다.

지수

로그에 대해 얘기하기 전에 **지수**를 먼저 알아보겠습니다. 지수는 예를 들어 2^3이라고 쓰고 2의 3 승이라고 읽습니다. 이는 $2 \times 2 \times 2$라는 의미입니다. 계산 결과는 8이 됩니다. X의 Y승은 X를 Y 번 곱한 것이라고 생각하면 됩니다.

로그

로그는 'X의 Y승 $= Z$'라는 관계에서 X와 Z를 고정해서 Y를 구하는 계산을 말합니다. log라는 기 호를 사용해서 표현합니다. 예를 들어 $\log_2 8 = 3$입니다. 이는 '2의 3승 $= 8$'이라는 말과 비교하면 의미를 이해하기 쉽습니다.

$\log_2 8$에서 2는 로그의 밑이라고 합니다. 로그의 밑으로는 자연로그의 밑 e를 자주 사용합니다. e는 약 2.7입니다. 자연로그의 밑 e를 사용하는 이유는 계산이 간단해지기 때문입니다. 이 책에 서는 로그의 밑이 e이면 밑을 생략합니다.

로그의 성질 ①: 단조 증가

로그의 특징은 단조 증가를 한다는 것입니다. $f(x) = \log x$라는 함수가 있다고 가정하고 함수 안 의 x를 변화시킨다고 가정해보겠습니다. 이때 x가 커지면 $\log x$값도 반드시 커집니다. 예를 들어 $\log_2 8 > \log_2 2$라는 것은 바로 알 수 있습니다. 이런 성질이 있어서 가능도를 최대로 하는 파라미 터를 찾은 결과는 로그가능도를 최대로 하는 파라미터를 찾은 결과와 일치하게 됩니다.

로그의 성질 ②: 곱셈이 덧셈으로 바뀐다

로그를 취하면 곱셈이 덧셈으로 바뀌게 됩니다. 구체적인 예를 들어 살펴보겠습니다. 먼저 단순 한 곱셈을 해봅시다.

$$2 \times 4 = 8 \tag{식 7-11}$$

좌변과 우변에 로그를 취해도 등식은 성립합니다.

$$\log_2(2 \times 4) = \log_2 8 \tag{식 7-12}$$

좌변의 곱셈을 로그 밖으로 빼내면 덧셈으로 변하게 됩니다.

$$\log_2(2)+\log_2(4)=\log_2 8 \qquad \text{식 7-13}$$

$\log_2(2)+\log_2(4)=1+2=3$이 되므로 $\log_2 8$과 같아지는 것을 알 수 있습니다. 일반적으로 다음과 같은 관계가 성립합니다.

$$\log(xy)=\log(x)+\log(y) \qquad \text{식 7-14}$$

이번에는 조금 어려운 계산에 도전해보겠습니다. Σ 기호부터 복습합시다. Σ는 더하기 연산이었습니다.

$$\sum_{i=1}^{5} i = 1+2+3+4+5 \qquad \text{식 7-15}$$

다음으로 Π 기호를 살펴봅시다. 이는 곱셈을 하라는 연산입니다.

$$\prod_{i=1}^{5} i = 1 \times 2 \times 3 \times 4 \times 5 \qquad \text{식 7-16}$$

Π 연산에 로그를 취하면 Σ로 바뀝니다.

$$
\begin{aligned}
\log\left(\prod_{i=1}^{5} i\right) &= \log(1 \times 2 \times 3 \times 4 \times 5)\\
&= \log(1)+\log(2)+\log(3)+\log(4)+\log(5)\\
&= \sum_{i=1}^{5} \log i
\end{aligned}
\qquad \text{식 7-17}
$$

곱셈이 덧셈이 되면 꽤 편리합니다. 덧셈이 계산하기 편하기 때문입니다. 로그를 사용하면 계산이 편해진다는 것은 이 때문입니다.

로그의 성질 ③: 절댓값이 극단적으로 작은 값이 되기 어렵다

로그를 취하면 절댓값이 극단적으로 작은 값이 되기 어렵다는 장점이 있습니다. 이러한 점은 컴퓨터로 계산할 때 매우 중요합니다. 보통 컴퓨터로 계산할 때 0.000000000000000001과 같은 수치는 0으로 간주하는 경우가 종종 있기 때문입니다.

예를 들어 약 0.001 정도의 절댓값을 갖는 수치가 있다고 합시다.

$$\frac{1}{1024}$$

식 7-18

이 값에 로그를 취하겠습니다. 로그의 밑은 2로 합니다.

$$\log_2\left(\frac{1}{1024}\right) = -10$$

식 7-19

$2^{10} = 1024$이므로 결과는 -10입니다. 절댓값이 크게 나왔습니다. 이 정도라면 실수로 0이라고 간주하지 않을까 걱정하지 않아도 됩니다. 가능도는 확률을 점점 곱해 나가면서 계산하므로 0에 가까운 값이 되는 일도 자주 있습니다. 로그를 취하면 컴퓨터가 계산하기 좋은 숫자로 변환할 수 있습니다.

7.4.6 최대가능도법

최대가능도법은 가능도와 로그가능도를 최대화하는 파라미터를 추정할 때 사용하는 방법입니다. 앞서 본 동전던지기의 예를 다시 살펴봅시다.

- 파라미터 $\theta = 1/2$일 때의 가능도는 $1/4$이다.
- 파라미터 $\theta = 1/3$일 때의 가능도는 $2/9$이다.

이때 $1/4$과 $2/9$ 중에서 $1/4$이 크기 때문에 θ는 $1/2$이 바람직하다고 말할 수 있습니다. 또한 증명은 하지 않지만 $\theta = 1/2$일 때 가능도가 최대가 됩니다. 따라서 최대가능도법을 사용하면 파라미터를 $\theta = 1/2$로 추정할 수 있습니다.

7.4.7 최대가능도 추정량

최대가능도법에 의해 추정한 파라미터를 **최대가능도 추정량**이라고 합니다. 추정량임을 나타내기 위해 모자^{hat} 기호를 붙여 $\hat{\theta}$이라고 표기합니다.

7.4.8 최대로그가능도

최대가능도 추정량을 채택할 때의 로그가능도 $\log \mathcal{L}(\hat{\theta})$을 **최대로그가능도**라고 합니다.

7.4.9 정규분포를 따르는 데이터의 가능도 계산

확률분포로서 정규분포를 사용할 때의 최대가능도법 계산 예를 살펴봅시다. 먼저 독립변수가 없는 Null 모델의 파라미터를 추정하는 방법을 알아봅니다. 맥주 매출을 변수 y로 표기하기로 합시다. y는 평균 μ, 분산 σ^2인 정규분포를 따른다고 가정합니다. 덧붙여 7장 이후에는 확률변수와 실현값을 구별하지 않고 모두 소문자로 표기합니다.

$$y \sim \mathcal{N}(\mu, \sigma^2) \qquad \text{식 7-20}$$

표본크기가 클수록 좋지만 계산을 간단하게 하기 위해 표본크기가 2인 표본으로 계산 방식을 설명하겠습니다.

- y_1을 얻을 때의 확률밀도는 $\mathcal{N}(y_1 \mid \mu, \sigma^2)$으로 계산한다.
- y_2를 얻을 때의 확률밀도는 $\mathcal{N}(y_2 \mid \mu, \sigma^2)$으로 계산한다.

이때 가능도는 다음과 같이 계산됩니다. 이를 최대화하는 파라미터 μ, σ^2을 계산하여 최대가능도 추정량을 얻을 수 있습니다. 두 번째 줄에서는 정규분포의 확률밀도함수를 적용했습니다.

$$
\begin{aligned}
\mathcal{L} &= \mathcal{N}(y_1 \mid \mu, \sigma^2) \times \mathcal{N}(y_2 \mid \mu, \sigma^2) \\
&= \frac{1}{\sqrt{2\pi\sigma^2}} e^{\left\{-\frac{(y_1-\mu)^2}{2\sigma^2}\right\}} \times \frac{1}{\sqrt{2\pi\sigma^2}} e^{\left\{-\frac{(y_2-\mu)^2}{2\sigma^2}\right\}}
\end{aligned}
\qquad \text{식 7-21}
$$

7.4.10 장애모수

직접적인 관심이 없는 파라미터를 **장애모수**라고 합니다. 정규분포의 파라미터는 평균과 분산 두 가지입니다. 그런데 분산은 평균값에서 계산할 수 있습니다. 즉, 평균값을 추정할 수 있다면 분산도 덩달아 계산할 수 있습니다. 따라서 분산이라는 파라미터에는 관심을 기울이지 않습니다.

정규분포로 가정할 때의 최대가능도법에서는 분산 σ^2을 종종 장애모수로 취급합니다. Null 모델의 경우에는 평균 μ만 추정하면 됩니다.

7.4.11 정규선형모델의 가능도 계산

최대가능도법에 의한 파라미터 추정을 맥주 매출 모델을 예로 살펴봅시다. 확률분포로 정규분포를 사용하므로 정규선형모델로 간주됩니다.

$$\text{맥주 매출} \sim \mathcal{N}(\beta_0 + \beta_1 \times \text{기온}, \sigma^2) \qquad \text{식 7-22}$$

계수 β_0, β_1을 결정했을 때의 가능도를 계산해봅시다. 표본크기가 2인 표본이라고 하겠습니다. 맥주 매출을 y로 표기하고 그날의 기온을 x로 표기합니다. 이때 가능도는 다음과 같이 계산할 수 있습니다. 여기서 σ^2은 장애모수입니다.

$$\mathcal{L} = \mathcal{N}(y_1 | \beta_0 + \beta_1 x_1, \sigma^2) \times \mathcal{N}(y_2 | \beta_0 + \beta_1 x_2, \sigma^2) \qquad \text{식 7-23}$$

좀 더 일반적인 표본크기 n인 표본에서 가능도를 생각해봅시다.

$$\mathcal{L} = \prod_{i=1}^{n} \mathcal{N}(y_i | \beta_0 + \beta_1 x_i, \sigma^2) \qquad \text{식 7-24}$$

로그를 취하면 Π가 Σ로 바뀝니다.

$$\log \mathcal{L} = \sum_{i=1}^{n} \log[\mathcal{N}(y_i | \beta_0 + \beta_1 x_i, \sigma^2)] \qquad \text{식 7-25}$$

로그가능도를 최대로 하는 파라미터 β_0, β_1을 추정량으로서 채택하는 것이 최대가능도법입니다. 함수의 결괏값을 최대로 하는 파라미터를 구하는 것을 arg max라고 표기하며 최종적으로 다음과 같이 정리할 수 있습니다.

$$\underset{\beta_0,\beta_1}{\arg\max}\,\log\mathcal{L} = \underset{\beta_0,\beta_1}{\arg\max}\sum_{i=1}^{n}\log[\mathcal{N}(y_i\,|\,\beta_0+\beta_1 x_i,\sigma^2)] \qquad \text{식 7–26}$$

$\mathcal{N}()$ 대신 정규분포의 확률밀도함수를 넣어 로그가능도를 계산할 수 있습니다. 계산 과정은 다음과 같습니다. 어렵다고 느낀다면 중간 과정은 무시하고 결과만 살펴봐도 괜찮습니다. e^x은 보기 힘들기 때문에 $\exp(x)$로 표기했습니다.

$$\begin{aligned}
&\underset{\beta_0,\beta_1}{\arg\max}\,\log\mathcal{L} \\
&= \underset{\beta_0,\beta_1}{\arg\max}\sum_{i=1}^{n}\left[\log\left[\frac{1}{\sqrt{2\pi\sigma^2}}\exp\left\{-\frac{(y_i-(\beta_0+\beta_1 x_i))^2}{2\sigma^2}\right\}\right]\right] \\
&= \underset{\beta_0,\beta_1}{\arg\max}\sum_{i=1}^{n}\left[\log\left(\frac{1}{\sqrt{2\pi\sigma^2}}\right)+\log\left[\exp\left\{-\frac{(y_i-(\beta_0+\beta_1 x_i))^2}{2\sigma^2}\right\}\right]\right] \\
&= \underset{\beta_0,\beta_1}{\arg\max}\sum_{i=1}^{n}\left[\log\left(\frac{1}{\sqrt{2\pi\sigma^2}}\right)-\frac{(y_i-(\beta_0+\beta_1 x_i))^2}{2\sigma^2}\right]
\end{aligned} \qquad \text{식 7–27}$$

두 번째 줄에서 세 번째 줄로 변형할 때는 로그의 곱셈은 밖으로 내보내면 덧셈이 된다는 규칙을 사용한 것입니다. 세 번째 줄에서 네 번째 줄로 변형할 때는 로그의 밑과 지수 모두에 e가 사용되므로 서로 상쇄되어 exp가 없어진 것입니다.

물론 이 식을 외울 필요는 없습니다. 파이썬의 `stats.norm.pdf` 함수를 사용하면 가능도를 쉽게 구할 수 있습니다. 계산의 개념만 잡으면 그것으로 충분합니다. 이번에는 모집단분포가 정규분포임을 가정했지만 최대가능도법은 정규분포 이외의 확률분포에도 적용할 수 있습니다. 9장에서 예를 살펴보며 설명하겠습니다.

7.4.12 최대가능도법 계산

미분을 사용해서 해석적으로 값을 얻을 수 있으므로 여기서 확인해보겠습니다. 하지만 이후에는 다루지 않는 계산이기 때문에 어렵다면 건너뛰어도 괜찮습니다.

독립변수가 있으면 수식이 복잡해지므로 Null 모델을 대상으로 하겠습니다. 이번 목적은 파라미터 μ를 추정하는 것입니다.

$$\text{맥주 매출} \sim \mathcal{N}(\mu, \sigma^2) \tag{식 7-28}$$

로그가능도를 정리해보겠습니다.

$$
\begin{aligned}
&\arg\max_{\mu} \log \mathcal{L} \\
&= \arg\max_{\mu} \sum_{i=1}^{n} \log[\mathcal{N}(y_i \mid \mu, \sigma^2)] \\
&= \arg\max_{\mu} \sum_{i=1}^{n} \left[\log\left(\frac{1}{\sqrt{2\pi\sigma^2}}\right) - \frac{(y_i - \mu)^2}{2\sigma^2} \right]
\end{aligned}
\tag{식 7-29}
$$

최댓값을 구할 때는 미분한 값이 0이 되는 점을 찾는 것이 정석입니다. 이번에는 μ를 변화시켜 로그가능도함수가 최대가 되는 지점을 찾습니다. μ로 로그가능도함수를 미분할 때 이 값이 0이 되는 μ를 찾습니다. μ로 미분하면 관련 없는 항이 사라져서 깔끔해집니다.

$$\sum_{i=1}^{n} \left[\frac{2(y_i - \mu)}{2\sigma^2} \right] = 0 \tag{식 7-30}$$

식을 여기서 더 정리해보겠습니다. σ^2은 장애모수이므로 상수로 취급하여 지울 수 있습니다.

$$\sum_{i=1}^{n} [y_i - \mu] = 0 \tag{식 7-31}$$

μ를 시그마 기호 밖으로 빼냅니다.

$$\sum_{i=1}^{n} [y_i] - n\mu = 0 \qquad\qquad \text{식 7-32}$$

그러면 다음과 같이 정리할 수 있습니다.

$$\mu = \frac{1}{n} \sum_{i=1}^{n} y_i \qquad\qquad \text{식 7-33}$$

이는 Null 모델의 로그가능도를 최대화하는 파라미터 μ는 종속변수의 표본평균과 같다는 것을 의미합니다. 따라서 표본평균은 모평균에 대한 최대가능도 추정량으로 간주할 수 있습니다.

7.4.13 최대가능도 추정량의 성질

최대가능도 추정량은 추정오차라는 관점에서 보면 매우 바람직한 성질을 지니고 있습니다. 첫째, 최대가능도 추정량은 $n \to \infty$, 즉 표본크기가 무한히 클 때 추정량의 표본분포가 점근적으로 정규분포를 따르는 것으로 알려져 있습니다. 이를 점근적 정규성이라고 합니다. 이것 자체도 유용한 성질로 통계적 가설검정을 할 때 활용됩니다.

또한 최대가능도 추정량은 표본크기가 무한히 클 때 점근 분산이 최소가 되는 추정량인 것으로 알려져 있습니다. 즉, 최대가능도 추정량은 점근 유효추정량입니다. 표본분산의 분산이 작다는 것은 추정량의 편차가 작고 추정 오차가 작다는 의미이므로, 최대가능도 추정량은 바람직한 성질을 가진 추정량이라고 할 수 있습니다. 그리고 최대가능도 추정량은 일치추정량입니다. 단, 최대가능도 추정량이 불편추정량은 아닙니다.

7.5 파라미터 추정: 손실 최소화

파라미터 추정의 기본적인 개념은 모델에 잘 들어맞는 파라미터를 채택한다는 것입니다. 최대가능도법은 모델에 들어맞는 정도를 가능도로 수치화해서 최대가 되는 파라미터를 추정합니다.

이 절에서는 머신러닝에서 자주 사용하는 개념인 손실 최소화라는 측면에서 파라미터를 추정하는 방법을 살펴보겠습니다. 이 둘은 파라미터 추정의 앞면과 뒷면 같은 것입니다. 둘 간의 관계도 함께 설명하겠습니다.

7.5.1 손실함수

손실함수는 파라미터 추정을 할 때 손실을 최소화하는 목적으로 사용됩니다. 이때 손실을 어떻게 정의하느냐가 문제입니다. 적당히 정해서는 좋은 모델을 추정할 수 없습니다. 손실을 어떻게 정해야 좋을까요.

7.5.2 적합값과 예측값

다시 맥주 매출 모델을 예로 들어보겠습니다.

$$맥주\ 매출 \sim \mathcal{N}(\beta_0 + \beta_1 \times 기온\, , \sigma^2)$$

식 7-34

예를 들어 기온이 20℃일 때 맥주 매출의 기댓값은 $\beta_0 + \beta_1 \times 20$으로 계산됩니다. 여기서 파라미터 추정의 대상이 되는 데이터에 대해 다음과 같이 계산한 값을 **적합값**이라고 부릅니다.

$$\hat{y} = \beta_0 + \beta_1 \times 기온$$

식 7-35

이제 파라미터 추정이 끝나 모델을 추정할 수 있다고 가정합시다. 이때 모델을 사용하여 알 수 없는 데이터를 예측한 결과를 **예측값**이라고 합니다.

7.5.3 잔차

실제 종속변수의 값과 모델을 이용해 계산한 종속변수의 추정값의 차이를 **잔차**라고 부릅니다. 잔차는 영어로 residuals라고 하며 error의 머리글자 e로 표시할 수도 있습니다.

종속변수(여기서는 맥주 매출)의 실현값을 y라고 합시다. 또한 모델에 의한 종속변수의 적합값을 $\hat{y}$이라 합시다. 그러면 잔차는 다음과 같이 계산할 수 있습니다.

$$residuals = y - \hat{y}$$

식 7-36

7.5.4 잔차의 합을 그대로 손실 지표로 사용할 수 없는 이유

잔차의 합계를 손실로 정의하는 것이 제일 먼저 떠오른 아이디어지만 이는 잘 통하지 않습니다.
예를 들어 종속변수 y와 독립변수 x의 쌍이 다음과 같다고 가정해보겠습니다.

$$y_1 = 2, \ y_2 = 4$$

$$x_1 = 1, \ x_2 = 2$$

식 7-37

이때 계수를 $\beta_0 = 0$, $\beta_1 = 2$로 설정하겠습니다. 적합값은 $\beta_0 + \beta_1 x$로 계산됩니다.

$$\hat{y}_1 = 0 + 1 \times 2 = 2$$
$$\hat{y}_2 = 0 + 2 \times 2 = 4$$

이 결과는 종속변수의 값과 일치합니다. 물론 잔차의 합계도 0입니다.

$$y_1 - \hat{y}_1 = 2 - 2 = 0$$
$$y_2 - \hat{y}_2 = 4 - 4 = 0$$

하지만 계수를 $\beta_0 = 3$, $\beta_1 = 0$으로 설정해도 잔차의 합계는 0이 됩니다. 우선 적합값을 구합니다.

$$\hat{y}_1 = 3 + 0 \times 2 = 3$$
$$\hat{y}_2 = 3 + 0 \times 2 = 3$$

이 경우의 잔차는 다음과 같습니다.

$$y_1 - \hat{y}_1 = 2 - 3 = -1$$
$$y_2 - \hat{y}_2 = 4 - 3 = 1$$

이로써 잔차의 합계가 0이 되는 걸 알 수 있습니다.

[그림 7-2]을 보면 알 수 있듯이 전자를 적용할 때가 더 나은 것은 분명합니다. 잔차의 합계를 손실함수로 사용하기엔 적합하지 않습니다.

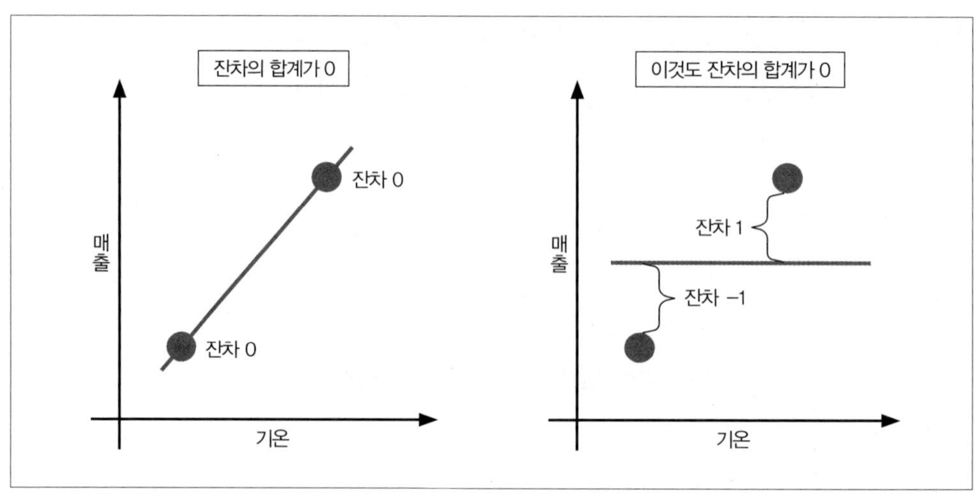

그림 7-2 잔차의 합계가 지닌 문제점

7.5.5 잔차제곱합

제곱은 거듭하여 곱하는 계산을 의미합니다. 잔차를 제곱해서 합계를 구한 것을 **잔차제곱합**이라고 합니다. 잔차제곱합을 사용하면 잔차의 합계가 지닌 문제를 해결할 수 있습니다.

- $\beta_0 = 0$, $\beta_1 = 2$로 계수를 지정할 때 잔차제곱합은 $(0)^2 + (0)^2 = 0$이다.
- $\beta_0 = 3$, $\beta_1 = 0$으로 계수를 지정할 때 잔차제곱합은 $(-1)^2 + (1)^2 = 2$이다.

이때 후자는 잘 들어맞지 않는다고 표현할 수 있습니다. 표본크기 n의 표본에서 잔차제곱합은 다음과 같이 나타냅니다. 여기서 RSS는 Residuals Sum of Squares의 약자입니다.

$$\text{RSS} = \sum_{i=1}^{n} (y_i - \hat{y}_i)^2 \qquad \text{식 7-38}$$

7.5.6 최소제곱법

잔차제곱합을 최소로 하는 파라미터를 채택하는 방법을 **최소제곱법**이라고 부릅니다. 최소제곱법에 의해 추정된 추정량을 최소제곱 추정량이라고 합니다. 최소제곱법은 손실함수로서 잔차제곱합을 사용하여 손실을 최소로 하는 파라미터를 추정값으로 하는 방법이라고도 말할 수 있습니다. 보통 최소제곱법은 Ordinary Least Squared의 약자로 OLS라고 씁니다.

7.5.7 최소제곱법과 최대가능도법의 관계

최소제곱 추정값은 정규분포를 확률분포로 가정할 때의 최대가능도 추정량과 일치합니다. 최대가능도법은 다음의 로그가능도를 최대화하는 것이었습니다.

$$\underset{\beta_0, \beta_1}{\arg\max} \log \mathcal{L}$$
$$= \underset{\beta_0, \beta_1}{\arg\max} \sum_{i=1}^{n} \left[\log\left(\frac{1}{\sqrt{2\pi\sigma^2}}\right) - \frac{(y_i - (\beta_0 + \beta_1 x_i))^2}{2\sigma^2} \right]$$

식 7–39

여기서 σ^2은 장애모수이므로 직접 추정하지 않도록 주의해야 합니다. 그러면 $1/\sqrt{2\pi\sigma^2}$ 부분과 $2\sigma^2$으로 나눈 부분은 무시할 수 있습니다. 또한 $\hat{y}_i = \beta_0 + \beta_1 x_i$라고 하면 결국 식은 다음과 같습니다.

$$\underset{\beta_0, \beta_1}{\arg\max} \log \mathcal{L} = \underset{\beta_0, \beta_1}{\arg\max} \sum_{i=1}^{n} \left[-(y_i - (\beta_0 + \beta_1 x_i))^2 \right]$$
$$= \underset{\beta_0, \beta_1}{\arg\max} \sum_{i=1}^{n} -(y_i - \hat{y}_i)^2$$

식 7–40

$\sum_{i=1}^{n} -(y_i - \hat{y}_i)^2$을 최대로 하므로 잔차제곱합을 최소로 하는 것과 같습니다. 최소제곱 추정량은 확률분포를 정규분포라고 가정할 때의 최대가능도 추정량과 일치하는 것으로 나타났습니다.

실제로 파라미터를 추정할 때 최소제곱법이 매우 효율적인 계산법이라고 알려져 있습니다. 그 때문에 최소제곱법을 사용할 수 있는 상황에서는 가능한 한 사용하는 것이 좋습니다. 또한 최소제곱 추정량은 확률분포로서 정규분포를 이용하지 않더라도 종종 바람직한 성질을 갖습니다. 최소제곱 추정량이 지닌 성질에 대해서는 관련 문헌을 참고하기 바랍니다.

7.5.8 오차함수

머신러닝 분야에서 로그가능도의 부호를 바꾼 것을 **오차함수**라고 부릅니다. 로그가능도의 플러스 마이너스를 바꾼 것이므로 이를 최소화하는 것은 가능도를 최대로 하는 것과 같습니다. 따라서 최소제곱법은 확률분포가 정규분포임을 가정했을 때 오차함수를 최소화하는 것이라고 해석할 수 있습니다.

7.5.9 여러 가지 손실함수

잔차제곱합을 손실로 설정하면 정규선형모델에서 최대가능도법과 동일한 파라미터를 추정할 수 있는 것으로 나타났습니다.

그러나 확률분포가 정규분포 이외의 확률분포임을 가정하면 최대가능도 추정량과 최소제곱 추정량은 일치하지 않습니다. 예를 들어 이항분포를 따르는 데이터는 남자와 여자, 앞과 뒤라는 두 가지로 분류하게 됩니다. 이때 손실로 잔차제곱합을 사용하려 하면 위화함을 느낄 수 있습니다. 데이터에 따라서 손실함수를 바꿔야 한다는 점에 주의해야 합니다.

7.6 예측 정확도 평가와 변수 선택

변수 선택 방법에는 여러 가지가 있지만 이 책에서는 주로 검정을 이용하는 방법과 정보 기준을 이용하는 방법을 설명합니다. 검정에 대해서는 6장에서 설명한 것처럼 해석할 수 있습니다. 이 절에서는 정보 기준을 사용하는 방법에 대한 개요를 살펴봅니다.

7.6.1 적합도와 예측 정확도

변수 선택을 하는 의미를 이해하려면 먼저 몇 가지 용어를 알아두어야 합니다. 제일 중요한 것은 적합도와 예측 정확도의 차이를 이해하는 것입니다.

적합도는 가지고 있는 데이터에 대해 모델을 적용할 때 얼마나 잘 들어맞는지를 의미합니다. **예측 정확도**는 아직 얻지 못한 데이터에 대해 모델을 적용할 때 얼마나 잘 들어맞는지를 의미합니다. 이때 들어맞는 정도의 지표로는 로그가능도나 잔차제곱합 등을 사용합니다.

7.6.2 과대적합

적합도는 높은데 예측 정확도가 낮아지는 경우는 **과대적합**^{over fitting}이라고 합니다. 과대적합은 가지고 있는 데이터에 지나치게 들어맞는 모델을 만들게 되면 발생합니다.

7.6.3 변수 선택의 의의

과대적합의 흔한 원인으로 독립변수를 너무 많이 늘리는 경우가 있습니다. 맥주 매출 예측 모델을 만들 때, 3년 전 쿠로시오 난류나 지구에 떨어진 유성의 수 등을 독립변수로 사용하는 것은 피해야 합니다. 올해는 유성의 수가 많았기 때문에 맥주의 매출이 늘어날 것으로 예상하는 건 무리입니다. 이렇게 필요 없는 독립변수를 제외하는 것만으로도 예측 정확도가 오를 가능성이 있습니다. 그러나 불필요한 독립변수를 추가해도 모델의 적합도는 높아지는 것으로 알려져 있습니다.

필요 없는 독립변수가 있다면 과대적합을 일으킬 수 있습니다. 따라서 신중하게 변수 선택을 수행할 필요가 있습니다.

7.6.4 일반화 오차

아직 얻지 못한 데이터에 대한 예측오차를 **일반화 오차**라고 합니다. 예측이라는 말은 여기저기서 사용하기 때문에 의미를 혼동하는 경우가 많습니다. 과대적합에 대해서 얘기할 때는 일반화 오차라는 명칭을 사용하면 오해가 생기지 않습니다.

7.6.5 훈련 데이터와 테스트 데이터

훈련 데이터는 파라미터 추정에 사용하는 데이터입니다. 훈련 데이터가 들어맞는 정도를 평가하면 적합도는 구할 수 있지만 일반화 오차를 평가하는 건 어렵습니다.

테스트 데이터는 일반화 오차를 평가하기 위해 파라미터를 추정할 때 사용하지 않고 남겨둔 데이터입니다. 파라미터 추정에 사용하지 않은 테스트 데이터로 모델의 적합도를 평가하는 것으로 일반화 오차를 어느 정도 평가할 수 있습니다.

7.6.6 교차검증

교차검증$^{\text{Cross Validation}}$(CV)은 데이터를 일정한 규칙에 따라 훈련 데이터와 테스트 데이터로 나누어 테스트 데이터에 대한 예측 정확도를 평가하는 방법입니다. 교차검증은 크게 리브-p-아웃 교차검증과 K겹 교차검증 두 종류로 나눌 수 있습니다.

리브-p-아웃 교차검증$^{\text{leave-p-out CV}}$은 가지고 있는 데이터에서 p개의 데이터를 추출하여 테스트 데이터로 사용하는 방법입니다. 예를 들어 리브-2-아웃 교차검증이라고 하면 가지고 있는 데이터에서 두 개를 제외하고 훈련 데이터로 이용합니다. 그리고 제외한 데이터로 예측 정확도를 평가합니다. 데이터를 p개 추출하는 방법에는 여러 가지 조합이 있으므로 이를 모두 시험하여 예측 정확도의 평균값을 평갓값으로 사용합니다.

K겹 교차검증$^{\text{K-fold CV}}$은 가지고 있는 데이터를 K개의 그룹으로 나눕니다. 그리고 그룹 중에서 하나를 추출하여 테스트 데이터로 사용합니다. 이것을 K번 반복하여 예측 정확도의 평균값을 평갓값으로 사용합니다.

표본크기가 100인 경우 리브-1-아웃 교차검증과 100겹 교차검증 둘 다 한 개의 데이터를 추출하여 테스트 데이터로 삼기 때문에 같은 의미가 됩니다.

변수 선택 아이디어 중 하나는 교차검증을 사용하여 테스트 데이터에 대해서 예측 정확도를 평가하고 이때의 정확도가 최대가 되는 변수 조합을 선택하는 것입니다.

7.6.7 아카이케 정보 기준(AIC)

아카이케 정보 기준(AIC)은 다음과 같이 계산할 수 있습니다.

$$\text{AIC} = -2 \times (\text{최대로그가능도} - \text{추정된 파라미터 개수}) \qquad \text{식 7-41}$$

AIC가 작을수록 좋은 모델로 간주할 수 있습니다.

로그가능도가 크면 클수록 적합도가 높다고 볼 수 있습니다. 하지만 적합도를 높이는 데만 주력하면 일반화 오차가 커져버립니다. 때문에 AIC로 추정한 파라미터 개수를 적합도에 대한 페널티로서 사용합니다. 독립변수가 많아지면 로그가능도가 커집니다. 하지만 그와 동시에 페널티도 커집니다. AIC는 페널티를 보강하고 지나치게 로그가능도가 높아지는지를 판단하는 지표로 볼 수 있습니다. 따라서 AIC를 사용하면 불필요한 변수를 제외할 수 있습니다. 교차검증과 비교해서 계산량이 적다는 것도 큰 장점입니다.

7.6.8 상대 엔트로피

AIC라는 지표를 해석해보겠습니다. 상세한 내용은 관련 문헌을 참고하길 바라며 여기서는 AIC를 도출하는 간단한 흐름을 살펴보겠습니다.

AIC는 통계모델의 예측 정도를 중요시합니다. 통계모델의 예측은 확률분포라는 점을 생각하면 진짜 분포와 통계모델로 얻은 분포의 차이는 중요한 요소가 될 수 있습니다. 우선 확률분포의 차이를 측정하는 지표를 알아봅니다. 이것이 바로 **상대 엔트로피**입니다.

상대 엔트로피는 분포 사이의 의사[pseudo]거리라고 부르며 다음과 같이 계산할 수 있습니다. 여기서 $g(x)$와 $f(x)$는 확률밀도함수입니다.

$$\text{상대 엔트로피} = \int g(x) \log \frac{g(x)}{f(x)} \, dx$$

식 7-42

이 식을 다음과 같이 변형하면 의미를 파악하기 쉽습니다. 로그의 나눗셈을 밖으로 빼면 뺄셈이 되는 것에 주의합시다.

$$\text{상대 엔트로피} = \int g(x) \{\log g(x) - \log f(x)\} dx$$

식 7-43

확률밀도함수에서 기댓값을 구하는 식을 다시 살펴봅시다.

$$E(x) = \int f(x) \cdot x \, dx$$

식 7-44

상대 엔트로피는 두 확률밀도함수의 로그 차 $\log g(x) - \log f(x)$의 기댓값이라고 생각할 수 있습니다. 따라서 상대 엔트로피가 확률분포의 차이를 측정하는 지표라는 개념을 쉽게 파악할 수 있습니다.

7.6.9 상대 엔트로피의 최소화와 평균로그가능도

진짜 분포와 예측 분포의 거리를 줄이는 방법을 생각해봅시다. 우선 상대 엔트로피를 다시 살펴보겠습니다. 여기서 y는 종속변수이며 $g(y)$가 진짜 분포, $f(y)$가 모델로 예측한 분포입니다.

$$\int g(y) \{\log g(y) - \log f(y)\} dy \qquad \text{식 7-45}$$

이 식을 다음과 같이 변형합니다.

$$\int g(y) \log g(y) - g(y) \log f(y) \, dy \qquad \text{식 7-46}$$

여기서 진짜 분포 $g(y)$는 변경할 수 없다는 것에 주의해야 합니다. 그러므로 이 거리를 줄이려면 다음 식을 최소로 하면 됩니다.

$$\int -g(y) \log f(y) \, dy \qquad \text{식 7-47}$$

[식 7-47]에 -1을 곱한 것을 **평균로그가능도**라고 부릅니다.

$\log f(y)$에서 $f(y)$는 예측된 종속변수의 확률분포입니다. 예를 들어 맥주 판매 모델에서는 $\mathcal{N}(\beta_0 + \beta_1 \times 기온, \sigma^2)$이라는 평균이 '$\beta_0 + \beta_1 \times 기온$'인 정규분포가 됩니다.

평균로그가능도는 진짜 분포에서 난수 생성 시뮬레이션을 몇 번이고 수행하여 '시뮬레이션으로 얻은 데이터'와 '모델로 예측한 분포'에서 로그가능도를 몇 번이고 계산해 평균값을 취한 것이라고 해석할 수 있습니다.

진짜 분포와 추정된 분포의 차이를 최소화하는 것은 평균로그가능도에 -1을 곱한 것을 최소화하는 것과 같은 의미입니다. 즉, 평균로그가능도를 최대화하는 것으로 진짜 분포와 예측된 분포의 차이를 최소화할 수 있습니다.

7.6.10 평균로그가능도가 지니는 편향과 AIC

평균로그가능도 자체를 계산하는 것은 어렵기 때문에 대신 최대로그가능도를 사용합니다. 하지만 문제가 있습니다. 최대로그가능도는 평균로그가능도보다 크게 편향된 값을 가진다는 것입니다. 이 편향의 크기는 추정된 파라미터의 개수라고 알려져 있습니다.

따라서 이 편향을 없앤 것이 AIC가 되며 다음과 같이 계산됩니다.

$$\text{AIC} = -2 \times (\text{최대로그가능도} - \text{추정된 파라미터 개수}) \qquad \text{식 7-48}$$

7.6.11 AIC를 이용한 변수 선택

AIC는 모델의 좋음을 평가하는 지표입니다. AIC가 작을수록 좋은 모델이라고 판단할 수 있습니다. AIC가 최소가 되는 변수의 조합을 선택하는 것으로 변수 선택을 수행합니다.

7.6.12 검정 대신 변수 선택

두 개 그룹이 평균값에 차이가 있는지를 판단하고 싶다고 해봅시다. 6장에서는 t검정을 이용하여 평균값에 유의미한 차이가 있는지를 판단했습니다. AIC에 의한 변수 선택을 평균값 차이 검정 대신에 사용할 수도 있습니다. 어느 것을 사용할지는 분석 목적에 달려 있습니다.

예를 들어 약을 먹었을 때 체온이 오른다고 볼 수 있을지를 알고 싶다고 해봅시다. 이때 다음 두 가지 모델을 구축합니다.

- **모델 1**: 체온 ~ 독립변수 없음
- **모델 2**: 체온 ~ 약의 유무

이것으로 모델 1과 모델 2를 각각 추정하여 AIC를 계산합니다. 모델 2의 AIC가 더 작다면 모델 2를 채택하게 됩니다. 그렇게 되면 약의 유무는 모델에 포함되는 쪽이 좋다고 판단할 수 있습니다.

하지만 AIC는 어디까지나 미지의 데이터에 대한 예측 정확도를 올리기 위한 목적으로 고안된 지표입니다. 검정과는 해석이 크게 다르다는 점에 주의해야 합니다.

AIC 최소 기준에 의해 모델 2를 선택하는 것은 모델 2가 체온을 보다 잘 예측하는 모델이기 때문입니다. 다시 말해 모델 2가 올바르다는 보증은 AIC가 해줄 수 없다는 것입니다. 표본크기가 크더라도 올바른 모델을 선택할 수 없으며 간단한 시뮬레이션에서는 어느 정도 비율로 '올바른 모델'을 고르는 데 실패했다는 연구 결과도 있습니다. 가지고 있는 데이터에서 미지의 데이터에 대한 평균 예측력을 최대화하기 위한 목적으로 AIC를 사용한다고 이해할 필요가 있습니다.

7.6.13 검정과 AIC 중 어느 것을 사용할 것인가

검정과 AIC중에서 어느 쪽이 더 나은지는 판별할 수 없습니다. 여기서 중요한 것은 두 가지 모두 해석할 수 있어야 한다는 점입니다. 또한 검정을 사용하면 원하는 결과를 얻을 수 없으니까 AIC로 바꾸는 일은 하면 안 됩니다. 그건 p해킹을 하는 것과 다르지 않습니다. 정보 기준에는 AIC 이외에도 BIC나 AICc 등 몇 가지가 더 알려져 있습니다. 하지만 자신이 원하는 결과를 얻을 때까지 지표를 바꾸는 일은 하지 말아야 합니다.

이 책에서는 우선 8장에서 검정과 AIC를 이용한 모델 선택을 함께 설명합니다. 두 가지 모두 해석에 익숙해지면 다른 책이나 논문 등을 읽을 때 편리하기 때문입니다. 하지만 검정은 방법의 구별이 어렵다는 점과 검정의 비대칭성 때문에 해석도 다소 복잡하다는 문제가 있습니다. 이 책에서는 AIC에 의한 모델 선택에 중점을 두겠습니다. 9장에서는 거의 모든 곳에서 AIC를 이용한 모델 선택의 결과만 채용합니다.

## CHAPTER 8

정규선형모델

8.1 연속형 독립변수가 하나인 모델: 단순회귀

정규선형모델을 파이썬에서 추정해보겠습니다. 처음에는 연속형 독립변수가 한 개만 있는 정규
선형모델을 대상으로 합니다. 이를 **단순회귀분석**이라고도 합니다.

먼저 정의대로 최소제곱법을 사용하여 계수를 추정합니다. 그런 다음 statsmodels 라이브러
리를 사용하여 추정값을 얻는 방법을 알아봅니다. 그리고 AIC를 사용하여 변수 선택을 수행하
고 결과 모델을 사용하여 예측하는 방법을 설명합니다. 마지막으로 회귀직선을 그립니다.

8.1.1 분석 준비

필요한 라이브러리를 불러옵니다. 8장부터는 화면에 표시되는 배열과 데이터프레임의 요소를
소수점 이하 세 자리까지 일괄 반올림하도록 설정합니다.

In
```python
# 수치 계산에 사용하는 라이브러리
import numpy as np
import pandas as pd
from scipy import stats
# 표시 자릿수 설정
pd.set_option('display.precision', 3)
np.set_printoptions(precision=3)
```

```python
# 그래프를 그리는 라이브러리
from matplotlib import pyplot as plt
import seaborn as sns
sns.set()

# 통계모델을 추정하는 라이브러리
import statsmodels.formula.api as smf
import statsmodels.api as sm
```

8.1.2 데이터 읽기와 표시

분석을 위한 데이터를 읽어 들입니다. 가상의 맥주 판매 데이터입니다.

```python
In    beer = pd.read_csv('8-1-1-beer.csv')
      print(beer.head(n=3))
```

```
Out       beer   temperature
      0   45.3          20.5
      1   59.3          25.0
      2   40.4          10.0
```

데이터를 읽어 들이고 나면 제일 먼저 그래프를 그려봅니다. 그래프를 그려서 데이터의 특징을 잡습니다. X축이 기온이고 Y축이 맥주 매출인 산포도를 그립니다(그림 8-1). 이 그래프를 보면 기온이 높아지면 매출도 늘어나는 것처럼 보입니다.

```python
In    sns.scatterplot(x='temperature', y='beer',
                      data=beer, color='black')
```

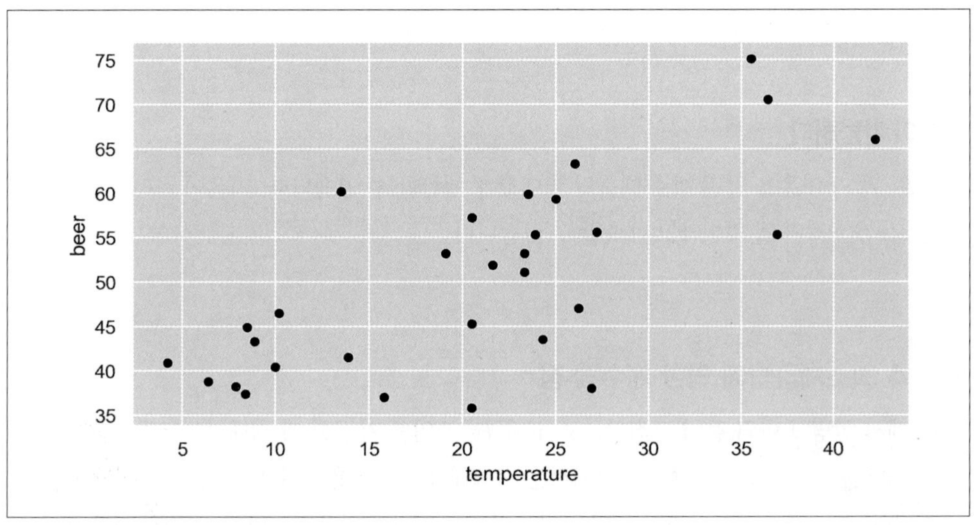

그림 8-1 기온과 맥주 매출의 관계

8.1.3 모델 구축

여기서는 다음과 같은 맥주 매출 모델을 구축합니다.

$$맥주\ 매출 \sim \mathcal{N}(\beta_0 + \beta_1 \times 기온, \sigma^2)$$

식 8-1

종속변수에 맥주의 매출, 독립변수에 기온을 사용한 정규선형모델입니다. 이 경우 독립변수가 한 개밖에 없으므로 모델의 특정은 기온이 모델에 들어가는가를 판단하는 것만으로도 좋습니다. 파라미터 추정은 식에 있는 계수 β_0, β_1을 추정합니다. σ^2은 장애모수이므로 처음에는 무시합니다.

7장의 복습도 할 겸 모델을 구축함으로서 얻는 장점을 정리해보겠습니다.

현상을 해석할 수 있게 된다

계수 β_1이 0이 아니라고 판단할 수 있다면 맥주 매출이 기온의 영향을 받는다고 판단할 수 있습니다. 계수의 검정 대신 AIC를 이용한 모델 선택을 이용해도 좋습니다. 이 경우에는 맥주의 매출을 예측하려면 기온이 필요하다는 해석을 할 수 있습니다. 이때 계수 β_1의 부호를 알면 기온이 올라가면 맥주 매출이 올라갈지 내려갈지를 판단할 수 있습니다.

예측이 가능하다

계수 β_0, β_1과 기온을 알면 맥주 매출의 기댓값을 계산할 수 있습니다. 기온이 x도일 때 맥주 매출은 $\beta_0 + \beta_1 \times x$가 될 것이라고 예측할 수 있습니다.

8.1.4 최소제곱법에 의한 계수 추정

7.5절에서 설명한 바와 같이 모집단분포가 정규분포임을 가정힐 때 최대가능도법의 결과는 최소제곱법의 결과와 일치합니다. 여기에서는 최소제곱법을 이용하여 계수 β_0, β_1을 구하는 절차를 설명합니다. 참고로 파라미터 추정을 파이썬에 맡기기로 마음먹었다면 이 절과 다음 절은 건너뛰어도 무방합니다.

최소제곱법은 다음 식으로 계산되는 잔차제곱합 RSS를 최소화합니다.

$$\text{RSS} = \sum_{i=1}^{n} (y_i - \hat{y}_i)^2 \qquad \text{식 8-2}$$

종속변수(여기서는 맥주 매출)는 y_i입니다. $\hat{y}_i$는 모델에 따른 적합값으로 다음과 같이 계산됩니다. 이때 x_i는 독립변수(여기서는 기온)입니다.

$$\hat{y}_i = \beta_0 + \beta_1 \cdot x_i \qquad \text{식 8-3}$$

데이터가 주어진 경우 RSS는 β_0과 β_1을 파라미터로 받는 함수입니다. β_0과 β_1을 변화시키면 RSS가 커지거나 작아지거나 합니다. RSS가 최소가 되는 β_0과 β_1을 조사합니다.

$$\text{RSS}(\beta_0 \cdot \beta_1) = \sum_{i=1}^{n} (y_i - \beta_0 - \beta_1 \cdot x_i)^2 \qquad \text{식 8-4}$$

최대나 최소를 구할 때는 미분하여 0이 될 때의 파라미터를 구하는 것이 정석입니다. 이를 계산하면 최종적으로 결과는 다음과 같습니다.

$$\hat{\beta}_0 = \bar{y} - \hat{\beta}_1 \bar{x} \qquad \text{식 8-5}$$

$$\hat{\beta}_1 = \frac{\text{Cov}(x,y)}{s_x^2} \qquad \text{식 8-6}$$

여기서 $\bar{x}$는 x의 평균값, $\bar{y}$는 y의 평균값, $\text{Cov}(x,y)$는 x, y의 공분산, s_x^2은 x의 표본분산입니다. 또한 $\hat{\beta}_1$을 계산할 때 $\text{Cov}(x,y)$든 s_x^2이든 표본크기 n으로 나누는 과정이 포함됩니다. 분자 분모에서 같은 n으로 나누는 계산이 들어가기 때문에 이를 생략한 형태로 다음과 같이 표기하기도 합니다. 결과는 변하지 않습니다.

$$\hat{\beta}_1 = \frac{\text{SS}_{xy}}{\text{SS}_{xx}} \qquad \text{식 8-7}$$

여기서 SS_{xy}는 공분산의 분자 부분입니다.

$$\text{SS}_{xy} = \sum_{i=1}^{n} (x_i - \bar{x})(y_i - \bar{y}) \qquad \text{식 8-8}$$

또한 SS_{xx}는 x의 표본분산의 분자 부분입니다.

$$\text{SS}_{xx} = \sum_{i=1}^{n} (x_i - \bar{x})^2 \qquad \text{식 8-9}$$

8.1.5 계수 추정

[식 8-5]와 [식 8-6]에 따라 계수를 추정해봅시다. 먼저 데이터를 정리합니다.

```
In    x = beer['temperature']
      y = beer['beer']
```

이어서 공분산행렬을 얻습니다. 3.5절에서 살펴봤듯이 공분산행렬은 다음과 같이 정리한 행렬입니다.

$$\Sigma = \begin{bmatrix} s_x^2 & \mathrm{Cov}(x, y) \\ \mathrm{Cov}(x, y) & s_y^2 \end{bmatrix}$$

식 8-10

```
In    cov_mat = np.cov(x, y, ddof=0)
      cov_mat
```

```
Out   array([[ 93.963,  71.922],
             [ 71.922, 109.237]])
```

이제 계수를 추정합니다.

```
In    # 평균값
      x_bar = np.mean(x)
      y_bar = np.mean(y)

      # 공분산 및 분산
      cov_xy =  cov_mat[0, 1]
      s2_x = cov_mat[0, 0]

      # 계수 추정
      beta_1 = cov_xy / s2_x
      beta_0 = y_bar - beta_1 * x_bar
```

```
In    print('절편: ', round(beta_0, 3))
      print('기온의 계수: ', round(beta_1, 3))
```

```
Out   절편: 34.61
      기온의 계수: 0.765
```

8.1.6 추정된 계수의 기댓값과 분산

추정된 회귀계수 $\hat{\beta}_0$과 $\hat{\beta}_1$의 기댓값과 분산을 알아봅시다. 어렵다고 느끼면 처음엔 건너뛰어도 괜찮습니다.

추정된 계수의 기댓값은 다음과 같습니다.

$$E(\hat{\beta}_0)=\beta_0 \qquad \text{식 8-11}$$

$$E(\hat{\beta}_1)=\beta_1 \qquad \text{식 8-12}$$

이 결과에서 $\hat{\beta}_0$, $\hat{\beta}_1$은 불편추정량임을 알 수 있습니다. 또한 몇 가지 가정을 두면 일치추정량임을 나타낼 수 있습니다.

추정된 계수의 분산은 다음과 같습니다.

$$V(\hat{\beta}_0)=\sigma^2\left(\frac{1}{n}+\frac{(\bar{x})^2}{\mathrm{SS}_{xx}}\right) \qquad \text{식 8-13}$$

$$V(\hat{\beta}_1)=\frac{\sigma^2}{\mathrm{SS}_{xx}} \qquad \text{식 8-14}$$

이 결과에서 오차의 분산 σ^2이 크면 추정량의 분산도 큰 것을 알 수 있습니다. 이는 자연스러운 일입니다.

추정량 분산의 분모에 SS_{xx}가 들어 있는 것도 큰 특징입니다. SS_{xx}는 독립변수 x의 변동 크기라고 할 수 있습니다. 독립변수가 다양하게 변화할 때 추정량의 분산은 작아집니다. 맥주 매출과 기온의 예에서는 매우 추운 날만의 데이터를 사용하는 것보다 따뜻한 날이나 추운 날 등 여러 가지 데이터를 사용하는 편이 더 정확하게 추정할 수 있게 됩니다. 이는 직관적으로도 받아들이기 쉬운 결과입니다.

앞의 결과는 오차의 분산 σ^2을 이용합니다. 하지만 σ^2은 정확한 값을 알 수 없으므로 잔차를 통해 계산합니다. 다음과 같이 잔차 e_i를 구합니다.

$$e_i=y_i-\hat{y}_i \qquad \text{식 8-15}$$

또한 e_i의 평균값을 $\bar{e}$로 놓으면 $\bar{e}=0$이 되는 것으로 알려져 있습니다. 오차의 분산 σ^2은 다음과 같이 추정합니다. 불편분산을 계산할 때와 마찬가지로 n으로 나누면 과소평가되므로 $n-2$로 나눈다는 점에 주의해야 합니다. 추정량은 $\hat{\sigma}^2$으로 표기합니다. $\hat{\sigma}^2$은 σ^2의 불편추정량인 것으로 알려져 있습니다.

$$\hat{\sigma}^2 = \frac{\sum_{i=1}^{n}(e_i - \bar{e})^2}{n-2} = \frac{\sum_{i=1}^{n} e_i^2}{n-2}$$

식 8-16

추정량의 분산값 $V(\hat{\beta}_0)$, $V(\hat{\beta}_1)$의 제곱근을 취함으로써 표준편차를 얻을 수 있습니다. 표준편차를 계산할 때 $V(\hat{\beta}_0)$, $V(\hat{\beta}_1)$ 계산식에 $\sigma^2 = \hat{\sigma}^2$을 대입한 것이 추정량의 표준오차가 됩니다.

8.1.7 statsmodels를 이용한 모델링

이어서 라이브러리를 사용하여 정규선형모델을 쉽게 작성하는 방법을 알아봅시다. 통계모델을 추정하기 위해 import statsmodels.formula.api as smf를 이용해서 statsmodels를 불러옵니다. 그리고 smf.ols 함수를 사용하면 쉽게 모델을 만들 수 있습니다. OLS는 Ordinary Least Squares(일반 최소제곱법)의 약자입니다.

```
lm_model = smf.ols(formula='beer ~ temperature',
                   data=beer).fit()
```

모델의 구조를 지정하는 것이 formula입니다. 'beer~ temperature'로 지정함으로써 종속변수가 beer, 독립변수가 temperature인 모델을 지정할 수 있습니다. formula를 바꿈으로써 다양한 모델을 추정할 수 있습니다. 이와 관련한 내용은 보다 복잡한 모델을 추정할 때 다시 설명하겠습니다.

formula와 대상이 되는 데이터프레임을 지정하는 것으로 모델에 대한 설정이 끝납니다. 이때 데이터프레임의 열 이름과 formula의 변수 이름이 일치해야 합니다. 마지막으로 .fit()을 호출하는 것을 잊지 않도록 합시다. 이것으로 파라미터 추정까지 자동으로 끝납니다.

8.1.8 추정 결과 표시와 계수 검정

summary 함수를 사용해서 추정 결과를 표시합니다.

OLS 회귀 결과

Dep.Variable:	beer	R-squared:	0.504
Model:	OLS	Adj.R-squared:	0.486
Method:	Least Squares	F-statistic:	28.45
Date:	Mon, 24 Jun 2024	Prob(F-statistic):	1.11e-05
Time:	15:51:16	Log-Likelihood:	-102.45
No.Observations:	30	AIC:	208.9
Df Residuals:	28	BIC:	211.7
Df Model:	1		
Covariance Type:	nonrobust		

	coef	std err	t	P>|t|	[0.025	0.975]
Intercept	34.6102	3.235	10.699	0.000	27.984	41.237
temperature	0.7654	0.144	5.334	0.000	0.471	1.059

Omnibus:	0.587	Durbin-Watson:	1.960
Prob(Omnibus):	0.746	Jarque-Bera(JB):	0.290
Skew:	-0.240	Prob(JB):	0.865
Kurtosis:	2.951	Condo. No.	52.5

꽤 많은 양이 출력되었지만, 우선 두 번째 표의 Intercept와 temperature라고 쓰여진 곳만 살펴 보겠습니다.

	coef	std err	t	P>|t|	[0.025	0.975]
Intercept	34.6102	3.235	10.699	0.000	27.984	41.237
temperature	0.7654	0.144	5.334	0.000	0.471	1.059

Intercept와 temperature가 다음 모델의 β_0, β_1에 해당합니다. Intercept는 절편, β_1에 해당하는 계수는 기울기라고도 합니다. 이번 결과에서는 $\beta_0 = 34.6102$, $\beta_1 = 0.7654$로 나타났습니다. 정의대로 계산한 결과와 일치합니다.

coef라 쓰여진 줄이 계숫값입니다. 그다음 왼쪽부터 순서대로 계수의 표준오차, t값, 귀무가설을 '계수의 값이 0'이라고 했을 때의 p값, 95% 신뢰구간의 하측신뢰한계와 상측신뢰한계입니다. t값은 추정값을 표준오차로 나누어 얻습니다. p값과 신뢰구간의 해석은 5장과 6장에서 다룬 내용을 참고하기 바랍니다.

p값은 매우 작은 탓에 반올림하여 0이 되어버렸습니다. 기온에 대한 계수는 유의미하게 0과 다르다고 판단할 수 있습니다. 따라서 기온이 맥주 매출에 영향을 미치는 것을 알 수 있습니다. 기온이 매출에 미치는 영향은 계숫값 0.7654를 보면 알 수 있습니다. 이 값이 양수이므로 기온이 오르면 맥주 매출이 오른다고 판단할 수 있습니다.

8.1.9 summary 함수의 출력

summary 함수의 출력 내용과 의미를 확인해보겠습니다. 함수 출력 내용 중 맨 마지막 부분은 나중에 모델 평가를 할 때 확인해보고 여기서는 맨 위 내용만 살펴보겠습니다.

Dep.Variable:	beer	R–squared:	0.504
Model:	OLS	Adj.R–squared:	0.486
Method:	Least Squares	F–statistic:	28.45
Date:	Mon, 24 Jun 2024	Prob(F–statistic):	1.11e–05
Time:	15:51:16	Log–Likelihood:	−102.45
No.Observations:	30	AIC:	208.9
Df Residuals:	28	BIC:	211.7
Df Model:	1		
Covariance Type:	nonrobust		

- **Dep.Variable**: 종속변수의 이름. Dep은 Depended로 종속변수라는 의미
- **Model, Method**: 일반 최소제곱법을 사용했다는 설명
- **Date, Time**: 모델을 추정한 일시
- **No.Observations**: 표본크기
- **Df Residuals**: 표본크기에서 추정된 파라미터 수를 뺀 것

- **Df Model**: 사용된 독립변수의 수
- **Covariance Type**: 공분산 타입. 특별히 지정하지 않으면 nonrobust가 기본값
- **R-squared**: 결정계수(8.2절에서 설명)
- **Adj.R-squared**: 자유도 조정 결정계수(8.2절에서 설명)
- **F-statistic, Prob(F-statistic)**: 분산분석의 결과(8.3절에서 설명)
- **Log-Likelihood**: 최대로그가능도
- **AIC**: 아카이케 정보 기준
- **BIC**: 베이즈 정보 기준. 정보 기준의 일종이지만 이 책에서는 사용하지 않음

세부적인 부분은 사용하는 라이브러리나 버전에 따라 달라질 수 있습니다. 표본크기와 결정계수, AIC를 자주 참조합니다.

8.1.10 AIC를 이용한 모델 선택

이어서 AIC를 이용해 모델을 선택하겠습니다. 독립변수가 하나밖에 없기 때문에 Null 모델의 AIC와 기온이라는 독립변수가 들어간 모델의 AIC를 비교하는 작업입니다.

먼저 Null 모델을 구축합니다. 독립변수가 없으면 'beer ~ 1'을 지정합니다.

```
In    null_model = smf.ols(formula='beer ~ 1', data=beer).fit()
```

이어서 AIC를 표시합니다. 먼저 Null 모델부터 확인합니다.

```
In    round(null_model.aic, 3)
```

```
Out   227.942
```

다음으로 독립변수가 포함된 모델의 AIC를 확인합니다.

```
In    round(lm_model.aic, 3)
```

```
Out   208.909
```

독립변수가 포함된 모델에서 AIC가 더 작게 나왔습니다. 따라서 기온이라는 독립변수가 있는 것이 예측 정확도가 더 높을 것이라고 판단할 수 있습니다. 맥주의 매출 예측 모델에는 기온이라는 독립변수가 필요한 것 같습니다.

AIC 계산 방법을 다시 한번 살펴보고 구해보겠습니다. AIC는 다음 식으로 계산할 수 있습니다.

$$AIC = -2 \times (\text{최대로그가능도} - \text{추정된 파라미터 개수}) \qquad \text{식 8-18}$$

추정된 모델의 로그가능도를 살펴보겠습니다.

```
In    round(lm_model.llf, 3)
```

```
Out   -102.455
```

이어서 추정된 파라미터의 수를 알면 좋겠지만 이 정보는 모델에 포함되어 있지 않습니다. 하지만 사용된 독립변수의 수라면 다음 방법으로 알아낼 수 있습니다.

```
In    lm_model.df_model
```

```
Out   1.0
```

실제로는 절편(β_0)이 추정되므로 여기에 1을 더하면 추정된 파라미터 개수를 구할 수 있습니다. 최종적으로 AIC는 다음과 같이 계산할 수 있습니다.

```
In    round(-2 * (lm_model.llf - (lm_model.df_model + 1)), 3)
```

```
Out   208.909
```

그런데 추정된 파라미터 개수에는 몇 가지 유형이 있습니다. 이번에는 장애모수를 파라미터의 개수에 포함시키지 않았지만 이를 포함한 AIC를 구하는 경우도 있습니다(이 경우 AIC는 210.909가 됩니다). R 언어 등 다른 소프트웨어에서는 장애모수를 포함하기도 합니다. AIC는 값의 대소 관계에 의미가 있는 지표입니다. 즉, AIC의 절댓값에는 의미가 없습니다. 같은 유형으로 계산된 이상 AIC의 대소 관계는 변하지 않기 때문에 모델 선택에 악영향은 없습니다. 다만 다른 소프트웨어나 라이브러리에서 계산된 AIC 사이에 비교할 때는 주의해야 합니다.

8.1.11 단순회귀 예측

단순회귀 결과를 이용하여 예측하는 방법을 알아봅시다. 추정된 모델에 predict 함수를 적용하여 다양한 결과를 계산할 수 있습니다. 파라미터에 아무것도 넘기지 않으면 훈련 데이터를 사용한 값이 그대로 출력됩니다.

```
In    lm_model.predict()
```

```
Out   array([50.301, 53.746, 42.264, 55.2  , 46.704, 37.825,
       · · · <중략> · · ·
             66.911, 52.904, 62.854, 41.423, 62.472, 39.509])
```

덧붙여 적합값을 얻는 경우는 lm_model.fittedvalues로 실행해도 같은 결과를 얻을 수 있습니다.

기온을 지정해서 예측을 수행할 수도 있습니다. 인수로 데이터프레임을 넘깁니다. 이번에는 기온이 0도일 때 맥주 매출의 기댓값을 계산해보겠습니다.

```
In    lm_model.predict(pd.DataFrame({'temperature':[0]}))
```

```
Out   0    34.61
      dtype: float64
```

이번에 추정한 모델은 다음과 같습니다.

$$맥주\ 매출 \sim \mathcal{N}(\beta_0 + \beta_1 \times 기온, \sigma^2)$$

식 8-19

모델의 예측값, 즉 정규분포의 기댓값은 $\beta_0 + \beta_1 \times$ 기온으로 계산됩니다. 따라서 기온이 0도일 때의 예측값은 β_0과 같아야 합니다. lm_model.params로 추정된 매개변수를 표시하여 확인해봅시다.

```
In     lm_model.params
```

```
Out    Intercept      34.610
       temperature     0.765
       dtype: float64
```

Intercept는 β_0입니다. 예측값과 일치합니다.

다음으로 기온이 20℃일 때 맥주 매출의 기댓값을 계산해봅시다.

```
In     lm_model.predict(pd.DataFrame({'temperature':[20]}))
```

```
Out    0    49.919
       dtype: float64
```

이는 $\beta_0 + \beta_1 \times 20$의 결과와 같습니다.

```
In     beta0 = lm_model.params[0]
       beta1 = lm_model.params[1]
       temperature = 20
       round(beta0 + beta1 * temperature, 3)
```

```
Out    49.919
```

8.1.12 신뢰구간과 예측구간

예측값을 점추정값으로 얻을 뿐만 아니라 구간추정도 할 수 있습니다. 그 방법을 살펴보겠습니다. 여기서는 신뢰구간과 예측구간을 계산합니다.

이번에는 구간으로써 신뢰구간과 예측구간의 두 개를 이용합니다. **신뢰구간**은 5장에서 설명한 바와 같이 평균값의 추정오차를 가미한 구간입니다. 한편 **예측구간**은 데이터의 변동을 한층 더 가미한 구간입니다. 자세한 내용은 8.1.15절에서 설명하지만 나중에 회귀직선을 그리면 더 명확해질 것입니다.

기온이 20도일 때 맥주 매출을 예측해봅시다. predict 함수 대신 get_prediction 함수를 사용하고 결과에 summary_frame 함수를 추가로 적용합니다. alpha=0.05를 지정하면 예측값의 95% 신뢰구간과 95% 예측구간을 얻을 수 있습니다.

```
In    pred_interval = lm_model.get_prediction(
          pd.DataFrame({'temperature':[20]}))
      pred_frame = pred_interval.summary_frame(alpha=0.05)
      print(pred_frame)
```

```
Out        mean   mean_se   mean_ci_lower   mean_ci_upper   \
      0   49.919    1.392          47.067           52.77

           obs_ci_lower   obs_ci_upper
      0          34.053         65.785
```

결과는 다음과 같습니다.

- **mean**: 예측값
- **mean_se**: 예측값의 표준오차
- **mean_ci_lower부터 mean_ci_upper까지**: 신뢰구간
- **obs_ci_lower부터 obs_ci_upper까지**: 예측구간

예측구간은 평균값의 추정오차 이외에 데이터의 변동을 더하기 때문에 신뢰구간보다 넓습니다.

8.1.13 회귀직선

회귀직선이란 모델에 의한 종속변수의 적합값을 직선으로 표시한 것입니다. 비선형모델의 경우에는 **회귀곡선**이라고도 부릅니다.

8.1.14 시본을 이용한 회귀직선 그래프 그리기

회귀직선을 그려보겠습니다. 사실 statsmodels를 사용하지 않고도 회귀직선을 그릴 수 있습

니다. 몇 가지 방법이 있지만 여기에서는 시본의 lmplot 함수를 사용합니다(그림 8–2).

```
sns.lmplot(x='temperature', y='beer', data=beer,
           scatter_kws={'color': 'black'},
           line_kws    ={'color': 'black'},
           ci=None, height=4, aspect=2)
```

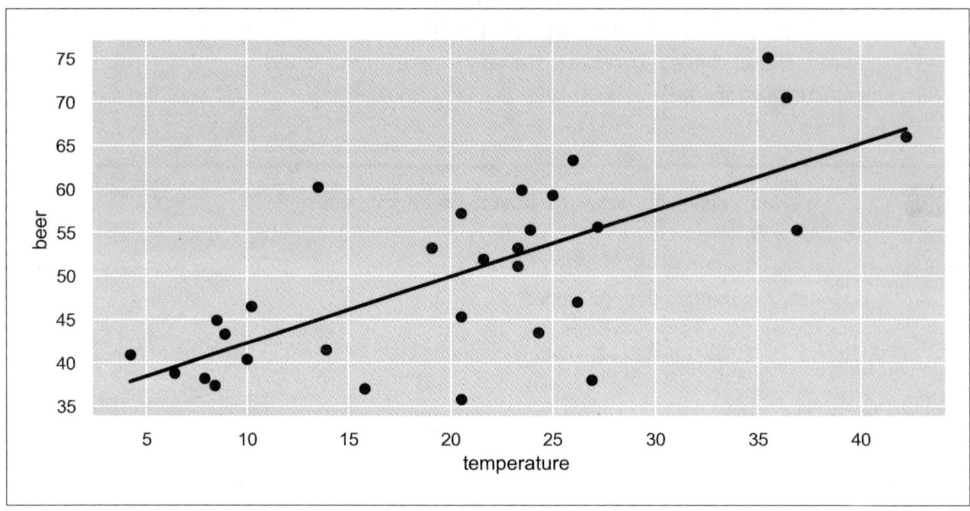

그림 8-2 sns.lmplot을 이용한 회귀직선

또한 lmplot은 figure–level 함수입니다. axis–level 함수는 regplot 함수를 제공합니다. 이쪽을 사용해도 거의 같은 그래프를 그릴 수 있습니다. 다만 lmplot 함수가 기능이 많으므로 회귀직선을 그릴 때 이 책에서는 lmplot 함수를 중심으로 사용합니다.

[그림 8–2]는 X축에 기온을, Y축에 맥주 매출을 둔 산포도에 회귀직선을 더한 그래프입니다. 산포도의 디자인은 scatter_kws로 지정하고 회귀직선의 디자인은 line_kws로 지정합니다. 더불어 ci=None으로 설정하는 것으로 신뢰구간을 표시하지 않고 있습니다. 신뢰구간은 나중에 get_prediction 함수 결과를 사용하여 그립니다.

8.1.15 신뢰구간과 예측구간 그리기

회귀직선의 신뢰구간과 예측구간을 그림으로 나타내면 특징을 명확하게 알 수 있습니다.

lmplot 함수를 사용하지 않고 더 자세한 회귀직선을 그려봅시다.

우선 모든 적합값에 대해 신뢰구간과 예측구간을 구합니다.

```
In    pred_all = lm_model.get_prediction()
      pred_frame_all = pred_all.summary_frame(alpha=0.05)
```

이어서 그래프의 X축 값이 될 온도 데이터를 추가합니다. 다음으로 꺾은선 그래프의 모양이 보기 좋도록 기온의 오름차순으로 정렬합니다.

```
In    # 독립변수 추가
      pred_graph = pd.concat(
          [beer.temperature, pred_frame_all], axis = 1)
      # 그림을 위해 정렬
      pred_graph = pred_graph.sort_values("temperature")
```

beer 데이터를 대상으로 원래 데이터의 산포도를 그린 후 pred_graph 데이터를 대상으로 꺾은선 그래프를 그립니다.

```
In    # 산포도
      sns.scatterplot(x='temperature', y='beer',
                      data=beer, color='black')
      # 회귀직선
      sns.lineplot(x='temperature', y='mean',
                   data=pred_graph, color='black')
      # 신뢰구간
      sns.lineplot(x='temperature', y='mean_ci_lower',
                   data=pred_graph, color='black',
                   linestyle='dashed')
      sns.lineplot(x='temperature', y='mean_ci_upper',
                   data=pred_graph, color='black',
                   linestyle='dashed')
      # 예측구간
      sns.lineplot(x='temperature', y='obs_ci_lower',
                   data=pred_graph, color='black',
                   linestyle='dotted')
      sns.lineplot(x='temperature', y='obs_ci_upper',
                   data=pred_graph, color='black',
                   linestyle='dotted')
```

[그림 8-3]에서 긴 점선은 95% 신뢰구간, 점선은 95% 예측구간을 나타냅니다. 95% 신뢰구간에서 많은 데이터가 벗어나고 있지만 예측구간을 벗어나는 데이터는 거의 없습니다. 데이터의 변동도 가미한 예측을 수행한다면 예측구간을 사용하는 것을 추천합니다.

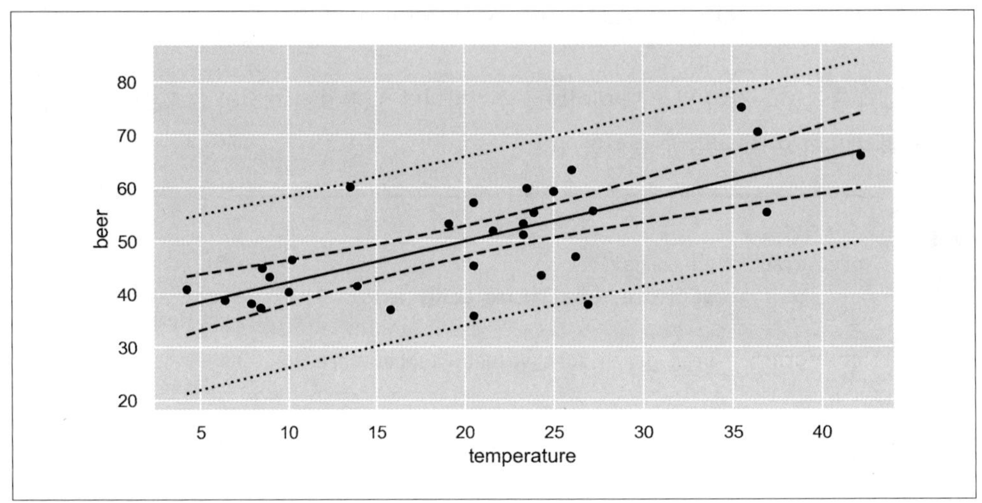

그림 8-3 회귀직선의 신뢰구간과 예측구간

8.1.16 회귀직선의 분산

회귀직선의 신뢰구간과 예측구간을 보면 그 폭이 기온에 따라 변화하고 있는 것을 알 수 있습니다. 이는 간접적인 결과이므로 간단히 살펴보겠습니다.

독립변수의 값이 평균값에 비해 극단적으로 작을 때와 클 때, 회귀직선의 신뢰구간과 예측구간은 넓어집니다. 신뢰구간이 넓다는 것은 다시 말해 추정의 정밀도가 나쁘다는 것입니다. 이는 맥주 매출과 기온의 예에서 볼 수 있습니다. 평균 기온일 때 매출을 예측하는 것은 쉽지만 몹시 추워지거나 몹시 더운 날의 매출을 예측하는 것은 어렵습니다.

독립변수가 평균값과 일치할 때, 즉 $x_i = \bar{x}$일 때 회귀직선의 신뢰구간이 좁아져 정확하게 추정할 수 있습니다. 이것은 회귀직선이 종속변수와 독립변수의 평균값을 반드시 통과한다는 성질로부터 추측할 수 있습니다. 여기서 회귀직선이 종속변수와 독립변수의 평균값을 반드시 통과한다는 것은 추정량의 계산식 $\hat{\beta}_0 = \bar{y} - \hat{\beta}_1 \bar{x}$를 변형하여 나타낼 수 있습니다.

$$\hat{\beta}_0 = \bar{y} - \hat{\beta}_1 \bar{x}$$

식 8-20

$$\hat{\beta}_0 + \hat{\beta}_1 \bar{x} = \bar{y}$$

회귀직선은 독립변수가 $\bar{x}$일 때 $\bar{y}$와 일치하는 것을 알 수 있습니다.

종속변수의 적합값은 $\hat{y}_i = \hat{\beta}_0 + \hat{\beta}_1 x_i$로 계산됩니다. 이때의 분산은 다음과 같이 계산됩니다.

$$V(\hat{y}_i) = \sigma^2 \left\{ \frac{1}{n} + \frac{(x_i - \bar{x})^2}{\mathrm{SS}_{xx}} \right\}$$

식 8-21

결과를 보면 우선 오차의 분산 σ^2이 클 때 회귀직선의 분산이 커지는 것을 알 수 있습니다. 또한 $(x_i - \bar{x})^2$, 즉 '독립변수'와 '독립변수의 평균값'과의 거리가 클수록 회귀직선의 분산은 커집니다. 신뢰구간 계산에는 $\sigma^2 = \hat{\sigma}^2$을 대입한 후 제곱근을 취한 표준오차를 이용하지만 해석은 같습니다.

예측구간을 얻기 위한 분산은 종속변수의 적합값에 데이터가 가진 오차의 분산을 더하여 계산합니다.

$$V(\hat{y}_i) + \sigma^2 = \sigma^2 \left\{ 1 + \frac{1}{n} + \frac{(x_i - \bar{x})^2}{\mathrm{SS}_{xx}} \right\}$$

식 8-22

따라서 예측구간은 신뢰구간보다 넓습니다.

8.2 정규선형모델 평가

8.1절에서 구축한 단순회귀모델을 대상으로 모델 평가 방법을 설명합니다. 예측하기 전에 모델을 평가하는 것이 좋습니다. 모델을 평가할 때는 주로 모델의 잔차에 대한 평가를 수행합니다. 잔차를 계산한 후 결정계수, 자유도 조정이 끝난 결정계수를 계산합니다. 이어서 그래프를 이용한 평가에 대해 설명합니다.

8.2.1 분석 준비

필요한 라이브러리를 불러옵니다.

```python
In    # 수치 계산에 사용하는 라이브러리
      import numpy as np
      import pandas as pd
      from scipy import stats
      # 표시 자릿수 설정
      pd.set_option('display.precision', 3)
      np.set_printoptions(precision=3)

      # 그래프를 그리는 라이브러리
      from matplotlib import pyplot as plt
      import seaborn as sns
      sns.set()

      # 통계모델을 추정하는 라이브러리
      import statsmodels.formula.api as smf
      import statsmodels.api as sm
```

8.1절과 동일한 데이터를 사용하여 단순회귀모델을 추정할 때까지 구현합니다. 이 모델이 데이터에 적합한지 여부를 지금부터 판단해보겠습니다.

```python
In    # 데이터 로드
      beer = pd.read_csv('8-1-1-beer.csv')

      # 모델링
      lm_model = smf.ols(formula='beer ~ temperature',
                         data=beer).fit()
```

8.2.2 잔차 계산

모델은 주로 잔차를 체크해서 평가합니다. 잔차는 다음과 같이 계산해서 얻을 수 있습니다.

```python
In    e = lm_model.resid
      e.head(3)
```

```
Out    0   -5.001
       1    5.554
       2   -1.864
       dtype: float64
```

실무에서라면 앞의 코드만으로도 괜찮지만 학습이 목적이므로 잔차를 따로 계산해보겠습니다. 잔차 e_i의 계산식을 다시 살펴보겠습니다.

$$e_i = y_i - \hat{y}_i \qquad\qquad \text{식 8-23}$$

여기서 $\hat{y}_i = \beta_0 + \beta_1 \times$ 기온입니다. 파이썬에서 적합값을 계산합니다.

```
In     beta0 = lm_model.params[0] # 절편
       beta1 = lm_model.params[1] # 기울기

       y_hat = beta0 + beta1 * beer.temperature # 적합값
       y_hat.head(3)
```

```
Out    0    50.301
       1    53.746
       2    42.264
       Name: temperature, dtype: float64
```

이러한 값은 `lm_model.fittedvalues` 또는 `lm_model.predict()`로도 얻을 수 있습니다. 실 젯값에서 예측값을 빼면 잔차가 됩니다.

```
In     (beer.beer - y_hat).head(3)
```

```
Out    0   -5.001
       1    5.554
       2   -1.864
       dtype: float64
```

8.2.3 결정계수

summary 함수의 출력에 있는 R-Squared는 **결정계수**라 불리는 지표입니다. 결정계수는 가지고 있는 데이터에 대해 모델을 적용했을 때의 적합도를 평가한 지표입니다. 결정계수는 다음과 같이 계산할 수 있습니다. 여기서, y_i는 종속변수, $\hat{y}_i$는 모델에 따른 적합값, $\bar{y}$는 y의 평균값입니다.

$$R^2 = \frac{\sum_{i=1}^{n}(\hat{y}_i - \bar{y})^2}{\sum_{i=1}^{n}(y_i - \bar{y})^2}$$

식 8-24

모델에 따른 적합값이 종속변수의 실젯값과 일치하면 R^2은 1입니다.

8.2.4 결정계수(실습)

결정계수를 파이썬으로 구해보겠습니다. 정의대로 결정계수를 계산합니다.

```
In    y = beer.beer                 # 종속변수 y
      y_bar = np.mean(y)            # y의 평균값
      y_hat = lm_model.predict()    # y의 적합값

      round(np.sum((y_hat - y_bar)**2) / np.sum((y - y_bar)**2), 3)
```

```
Out   0.504
```

다음과 같이 작성하면 간단하게 얻을 수 있습니다.

```
In    round(lm_model.rsquared, 3)
```

```
Out   0.504
```

결정계수를 다른 방법으로 계산해봅시다. 여러 계산 방법을 알면 결정계수에 대해 깊게 이해할 수 있을 것입니다. 잔차는 $e_i = y_i - \hat{y}_i$로 계산됩니다. 식을 변형하면 $y_i = \hat{y}_i + e_i$입니다. 이를 이용하면 다음과 같이 분해할 수 있습니다.

$$\sum_{i=1}^{n}(y_i-\bar{y})^2 = \sum_{i=1}^{n}(\hat{y}_i-\bar{y})^2 + \sum_{i=1}^{n}e_i^2$$

식 8-25

그런데 좌변인 $\sum_{i=1}^{n}(y_i-\bar{y})^2$은 분산의 분자입니다. 따라서 $\sum_{i=1}^{n}(y_i-\bar{y})^2$은 종속변수의 변동 크기를 나타냅니다. 그러므로 종속변수의 변동 크기는 모델에서 설명할 수 있는 변동과 모델에서 설명할 수 없는 잔차제곱합으로 나뉩니다. 이 때문에 결정계수는 전체 변동 크기에서 모델로 설명할 수 있는 변동 크기의 비율이라고 해석할 수 있습니다.

위 식과 같이 분해할 수 있는지 파이썬으로 확인해봅시다. 우선 모델로 설명할 수 있는 변동과 모델로 설명할 수 없는 잔차제곱합의 합계(식 8-25의 우변)를 구합니다.

```
In    round(np.sum((y_hat - y_bar)**2) + sum(e**2), 3)
```

```
Out   3277.115
```

이 값이 전체 데이터의 변동(식 8-25의 좌변)과 같은지 확인합니다.

```
In    round(np.sum((y - y_bar)**2), 3)
```

```
Out   3277.115
```

따라서 [식 8-25]를 변형하면 다음이 성립하는 것을 알 수 있습니다.

$$\sum_{i=1}^{n}(\hat{y}_i-\bar{y})^2 = \sum_{i=1}^{n}(y_i-\bar{y})^2 - \sum_{i=1}^{n}e_i^2$$

식 8-26

이런 관계가 있기 때문에 결정계수는 다음과 같이 계산할 수도 있습니다.

$$R^2 = \frac{\sum_{i=1}^{n}(\hat{y}_i - \bar{y})^2}{\sum_{i=1}^{n}(y_i - \bar{y})^2}$$

$$= \frac{\sum_{i=1}^{n}(y_i - \bar{y})^2 - \sum_{i=1}^{n}e_i^2}{\sum_{i=1}^{n}(y_i - \bar{y})^2} \qquad \text{식 8-27}$$

$$= 1 - \frac{\sum_{i=1}^{n}e_i^2}{\sum_{i=1}^{n}(y_i - \bar{y})^2}$$

파이썬으로 확인해보겠습니다.

```
In    round(1 - np.sum(e**2) / np.sum((y - y_bar)**2), 3)
```

```
Out   0.504
```

이번 단순회귀모델은 맥주 매출의 변동을 거의 절반 정도 설명할 수 있음을 알 수 있습니다.

8.2.5 수정된 결정계수

독립변수의 수가 늘어난다는 점에 페널티를 적용한 결정계수를 **수정된 결정계수**라고 부릅니다. 결정계수는 독립변수의 수를 늘리면 늘릴수록 큰 값이 됩니다. 결정계수를 높이는 데 매달리게 되면 과학습을 일으키기 때문에 조정이 필요합니다.

수정된 결정계수는 다음 식으로 계산할 수 있습니다. 여기서 n은 표본크기이고 d는 독립변수의 수입니다.

$$R^2_{\text{adj}} = 1 - \frac{\left.\sum_{i=1}^{n}e_i^2\middle/(n-d-1)\right.}{\left.\sum_{i=1}^{n}(y-\bar{y})^2\middle/(n-1)\right.} \qquad \text{식 8-28}$$

잔차제곱합의 크기가 변하지 않으면 독립변수의 수 d가 늘어날수록 수정된 결정계수가 작아진다는 것을 알 수 있습니다.

8.2.6 수정된 결정계수(실습)

파이썬에서 수정된 결정계수를 구해봅시다.

```python
n = len(beer.beer)  # 표본크기
d = 1               # 독립변수 수
r2_adj = 1 - ((np.sum(e**2) / (n - d - 1)) /
    (np.sum((y - y_bar)**2) / (n - 1)))
round(r2_adj, 3)
```

```
0.486
```

다음과 같이 코드를 작성해도 구할 수 있습니다.

```python
round(lm_model.rsquared_adj, 3)
```

```
0.486
```

8.2.7 잔차 시각화

잔차의 특징을 그래프를 사용하여 확인해봅시다. 잔차의 특징을 알아보는 가장 간단한 방법은 잔차의 히스토그램을 그리는 것입니다. 히스토그램을 살펴보고 정규분포의 특징이 있는지 눈으로 확인합니다(그림 8-4).

```python
sns.histplot(e, color='gray')
```

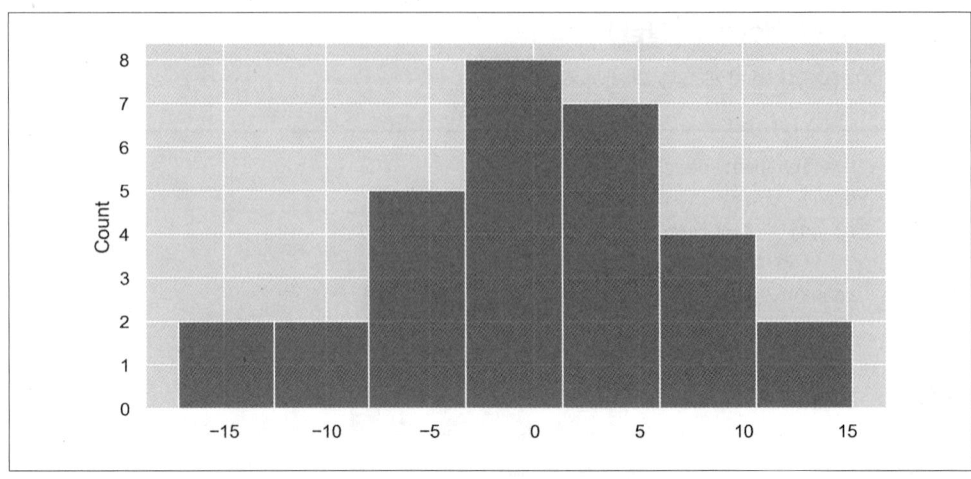

그림 8-4 잔차의 히스토그램

히스토그램은 좌우대칭이며 정규분포를 따르는 것처럼 보입니다.

다음으로 X축이 적합값, Y축이 잔차인 산포도를 그려보겠습니다. 이번에는 residplot 함수를 사용합니다(그림 8-5).

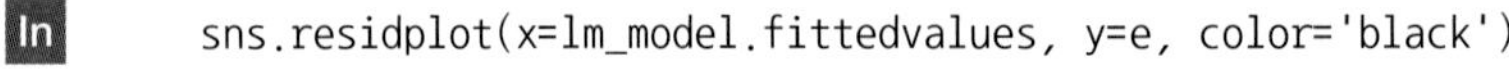

```
In    sns.residplot(x=lm_model.fittedvalues, y=e, color='black')
```

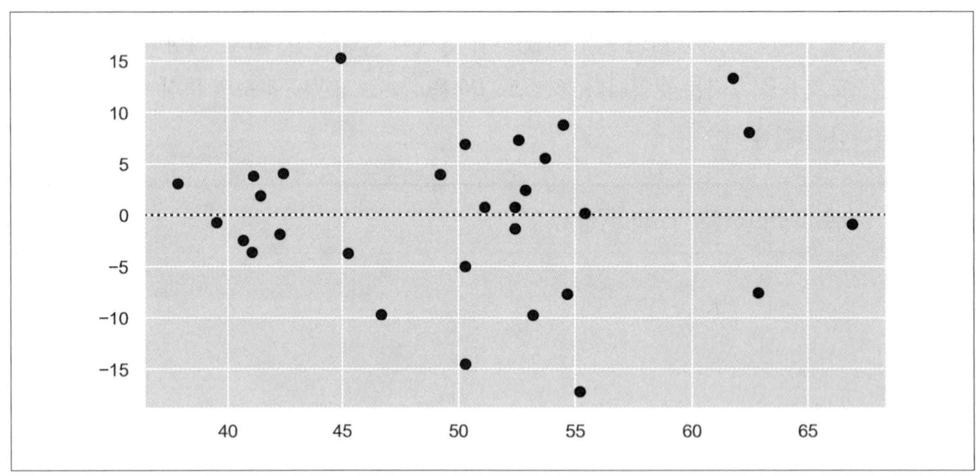

그림 8-5 잔차의 산포도

[그림 8-5]는 단순한 산포도와 거의 동일하지만 기준값인 0을 알아보기 쉽습니다. 잔차의 산포도가 무작위이며 상관관계가 없는지 확인합니다. 또한 엄청나게 큰 잔차가 나오지 않았는지 확인합니다. 자세하게 검정 절차를 기억하고 있지 않아도 이런 그래프를 보는 것만으로도 명확한 문제점을 깨달을 수 있습니다.

8.2.8 Q-Q플롯

이론상의 분위점과 실제 데이터의 분위점을 산포도 그래프로 그린 것을 **Q-Q플롯**이라고 합니다. Q는 Quantile의 머리글자입니다.

사분위점은 데이터를 작은 것부터 줄 세워서 25%, 75% 지점에 위치하는 데이터였습니다. 이번에는 모든 데이터에 대한 분위점을 구합니다. 데이터가 101개 있으면 1%점, 2%점, 3%점과 같이 1%씩 분위점을 얻을 수 있습니다. 한편 정규분포의 백분위수를 사용하면 이론상의 분위점을 얻을 수 있습니다. 정규분포를 가정한 경우 이론상의 분위점과 실제 데이터의 분위점을 비교하여 잔차가 정규분포에 가까운지 여부를 시각적으로 판단할 수 있습니다.

8.2.9 Q-Q플롯(실습)

Q-Q플롯을 그려봅시다. Q-Q플롯은 sm.qqplot 함수를 사용하여 작성할 수 있습니다(그림 8-6). line='s'라고 인수를 넘김으로써 잔차가 정규분포를 따르면 이 선상에 위치한다는 기준을 표시하게 합니다. 이번에는 깔끔하게 데이터가 선상에 위치하기 때문에 문제없을 것 같습니다.

```
In    fig = sm.qqplot(e, line='s')
```

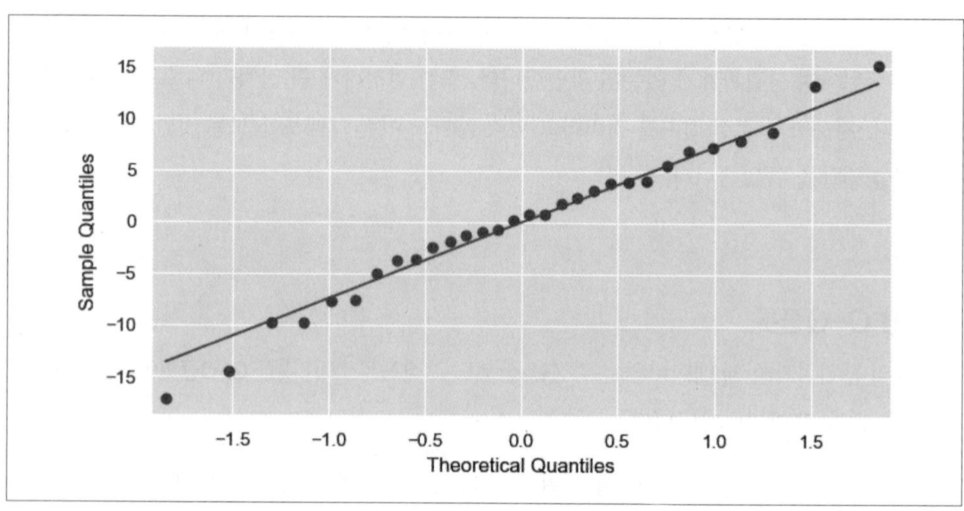

그림 8-6 Q–Q플롯

학습을 위해 편리한 sm.qqplot 함수를 사용하지 않고 Q–Q플롯을 직접 만들어봅시다. 먼저 데이터를 작은 것이 앞에 오게 정렬합니다.

```
In   e_sort = e.sort_values()
     e_sort.head(n=3)
```

```
Out  3     -17.200
     21    -14.501
     12     -9.710
     dtype: float64
```

그런데 이번 데이터의 표본크기는 30입니다. 그렇다면 가장 작은 데이터는 하위 몇 %에 위치할까요? 이는 1÷31로 계산하면 됩니다. 1부터 시작한다는 점에 주의하기 바랍니다.

```
In   round(1 / 31, 3)
```

```
Out  0.032
```

30개의 표본 데이터에 대해 모두 위의 계산을 수행합니다. 그 결과가 이론상의 누적확률이 됩니다.

```
In    nobs = len(e_sort)
      cdf = np.arange(1, nobs + 1) / (nobs + 1)
      cdf
```

```
Out   array([0.032, 0.065, 0.097, 0.129, 0.161, 0.194, 0.226,
      · · ·<중략>· · ·
            0.935, 0.968])
```

이론상 분위점은 정규분포의 백분위수를 사용하면 계산할 수 있습니다.

```
In    ppf = stats.norm.ppf(cdf)
      ppf
```

```
Out   array([-1.849, -1.518, -1.3  , -1.131, -0.989, -0.865,
      · · ·<중략>· · ·
            0.865,  0.989,  1.131,  1.3  ,  1.518,  1.849])
```

이제 X축에 이론상의 분위점(ppf), Y축에 정렬된 데이터(e_sort)를 지정해 산포도를 그리면 Q-Q플롯이 됩니다. 결과는 [그림 8-6]과 같으므로 생략합니다.

```
In    sns.scatterplot(x=ppf, y=e_sort, color='black')
```

8.2.10 summary 함수의 출력으로 보는 잔차 체크

잔차 체크 결과는 summary 함수 결과에 출력됩니다. 결괏값의 맨 마지막 표에 주목합시다 (8.1.8절 참고).

Omnibus:	0.587	Durbin–Watson:	1.960
Prob(Omnibus):	0.746	Jarque–Bera(JB):	0.290
Skew:	−0.240	Prob(JB):	0.865
Kurtosis:	2.951	Condo. No.	52.5

이런저런 다양한 정보가 표시되고 있지만 간단하게 설명하겠습니다. Prob(Omnibus)와 Prob(JB)는 잔차의 정규성에 대한 검정 결과입니다.

- **귀무가설**: 잔차가 정규분포를 따른다.
- **대립가설**: 잔차가 정규분포를 따르지 않는다.

이 p값이 0.05보다 큰지 확인합니다. 검정의 비대칭성이 있으므로 값이 0.05보다 크다고 해도 정규분포라고 주장할 수 없다는 점에 주의합시다. 이러한 검정은 명확한 문제점이 있는지를 판단하는 방법 중 하나에 불과합니다. 정규분포와 다른지 여부를 판단할 때 Skew(왜도)나 Kurtosis(첨도)라는 지표를 사용합니다.

왜도는 히스토그램의 좌우비대칭의 방향과 정도를 측정하는 지표입니다. 왜도가 0보다 크면 오른쪽 자락이 길어집니다. 정규분포는 좌우대칭이기 때문에 정규분포의 왜도는 0이 됩니다. 왜도는 다음과 같이 계산할 수 있습니다. 여기서 $E()$는 기댓값을 취하는 함수이며 X는 확률변수(여기서는 잔차), μ는 X의 평균값, σ는 X의 표준편차입니다.

$$\mathrm{Skew} = E\left(\frac{(X-\mu)^3}{\sigma^3}\right)$$

식 8–29

첨도는 히스토그램 중심부의 뾰족함을 측정하는 지표입니다. 값이 클수록 히스토그램의 가운데 부분이 뾰족해집니다. 정규분포의 첨도는 3입니다. 첨도는 다음 식으로 계산할 수 있습니다.

$$\mathrm{Kurtosis} = E\left(\frac{(X-\mu)^4}{\sigma^4}\right)$$

식 8–30

Durbin–Watson은 잔차의 자기상관을 체크하는 지표입니다. 이 지표가 대략 2 전후라면 문제없다고 판단할 수 있습니다. 특히 시계열 데이터를 대상으로 분석하는 경우에는 반드시 Durbin–Watson이 2 전후임을 확인해야 합니다.

잔차에 자기상관이 있으면 계수의 t검정 결과를 신뢰할 수 없게 됩니다. 이러한 문제를 '보여주기식 회귀'라고 부릅니다. Durbin-Watson 통계량이 2에서 크게 벗어난다면 일반 최소제곱법 등의 사용을 검토할 필요가 있습니다. 이에 대한 자세한 내용은 관련 문헌을 참고하기 바랍니다.

8.3 분산분석

이 절에서는 분산분석 이론과 파이썬을 사용한 구현 방법을 설명합니다. 분산분석은 정규선형모델에서 널리 사용되는 검정 방법입니다. 고전적인 일원배치 분산분석을 알아보고 나서 정규선형모델에서 분산분석의 위상을 설명합니다.

8.3.1 이 절의 예제

종속변수로는 매출을, 독립변수로는 날씨만을 사용합니다. 날씨에는 흐림, 비, 맑음의 세 가지 수준이 있습니다. 고전적인 용어로 말하자면 일원배치 분산분석이라고 불리는 방법입니다. 날씨에 따라 매출이 변화한다고 말할 수 있는지 아닌지 지금부터 검정을 사용해서 알아보겠습니다.

8.3.2 분산분석이 필요한 시기

분산분석은 수준 간의 평균값 차이를 검정하는 방법입니다. **수준**이란 날씨나 물고기 종류 등과 같은 범주형 변수를 가리킵니다. 평균값 차이의 검정으로서 6장에서 설명한 t검정을 이용하는 것이 간단하지만 단순히 t검정을 사용할 수 없을 때가 있습니다.

분산분석을 사용해야 할 때는 세 개 이상의 수준 간에 평균값 차이가 있는지를 검정할 때입니다. 예를 들어 날씨가 흐림, 비, 맑음이라는 세 가지 경우에 맥주 매출이 날씨에 따라 유의미하게 차이 나는지를 판단하려면 분산분석을 사용합니다.

t검정을 사용할 때는 약을 먹기 전과 후라는 두 가지 수준 간의 평균값 차이를 검정했습니다. 이번에 다룰 문제는 '흐림, 비, 맑음'으로 날씨가 변함에 따라 매출이 변한다고 말할 수 있는가와 같이 세 가지 이상의 수준을 가진 데이터가 대상입니다. 이후에 설명하겠지만 정규선형모델의 틀에서 보면 폭넓은 대상에 적용할 수 있습니다.

분산분석은 정규선형모델에서 사용되는 검정 방법입니다. 따라서 정규분포를 따르는 데이터에만 적용할 수 있습니다. 또한 수준 간에 분산값이 다르지 않다는 조건도 만족해야 합니다. 이것들을 정리해 등분산 정규분포의 가정이라고 부르기도 합니다. 이 절에서는 이러한 가정이 충족되었다고 가정합니다.

8.3.3 검정의 다중성

검정을 반복함으로써 유의미한 결과를 얻기 쉬워지는 문제를 **검정의 다중성**이라고 부릅니다.

유의수준을 0.05로 정하고 검정을 했다고 가정하겠습니다. 제1종 오류를 저지를 확률을 5%입니다. 검정을 2회 연속으로 했고 각각의 검정에서 유의수준은 0.05였다고 합시다. 이때 어느 한쪽의 검정에 대해서라도 귀무가설을 기각할 수 있다면 대립가설을 채택한다는 규칙으로 검정을 시행했습니다. 그러면 제1종 오류를 범할 확률은 $1 - (0.95 \times 0.95) = 0.0975$로 거의 10%에 육박합니다. 검정을 반복함으로써 귀무가설이 기각되기 쉬워지고 제1종 오류를 범할 확률이 늘어나게 됩니다.

예를 들어 흐림, 비, 맑음이라는 세 가지 수준에서 매출이 다른지 검정할 때 흐림과 비, 흐림과 맑음, 비와 맑음의 세 가지 조합으로 t검정을 시행하면 검정의 다중성 문제가 발생합니다.

반면 분산분석에서는 비와 맑음과 같은 개별 범주를 보는 것이 아니라 날씨에 따라 맥주 매출이 달라지는지를 한 번의 검증으로 판단할 수 있습니다.

8.3.4 분산분석의 직감적 사고방식: F비

분산분석의 귀무가설과 대립가설은 다음과 같습니다.

- **귀무가설**: 수준 간 평균값에 차이가 없다.
- **대립가설**: 수준 간 평균값에 차이가 있다.

분산분석에서는 데이터의 변동을 오차와 효과로 분리합니다. 거기에 **F비**라 부르는 검정 통계량을 이용합니다. F비의 개념은 다음 식과 같습니다.

$$F\text{비} = \frac{\text{효과의 분산 크기}}{\text{오차의 분산 크기}}$$

식 8-31

예제에서 효과는 날씨에 따른 매출의 변동입니다. 오차는 날씨라는 변수를 이용해서 설명할 수 없는 맥주 매출의 변동입니다.

영향의 크기는 분산을 이용해서 정량화합니다. 날씨에 따른 매출의 변동은 '날씨가 변하는 데 따른 데이터 흩어짐의 크기'로 표현됩니다. 오차 영향의 크기도 마찬가지로 잔차의 분산을 계산함으로써 구할 수 있습니다. F비가 크면 오차에 비해 효과의 영향이 클 것이라고 판단할 수 있습니다.

분산의 비율을 취한 통계량으로 검정을 시행하기 때문에 분산분석이라고 불립니다. 분산분석은 ANalysis Of VAriance를 줄여서 **ANOVA**라고도 불립니다.

8.3.5 유의미한 차가 있을 때와 없을 때의 바이올린플롯

분산분석이라는 검정 방법을 파악하기 위해서 유의차가 있을 때와 없을 때의 데이터 특징을 확인해보겠습니다. 첫 번째는 유의차가 있을 때의 바이올린플롯입니다(그림 8-7).

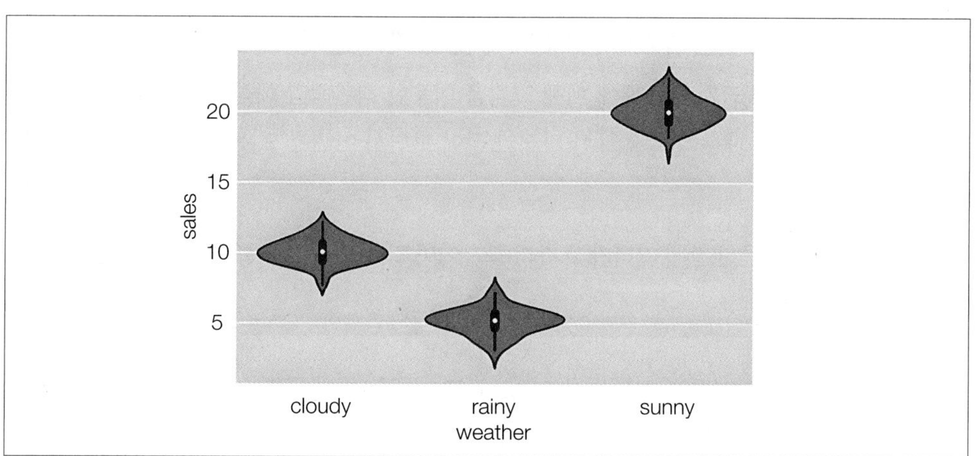

그림 8-7 유의차가 있을 것 같은 바이올린플롯 예

이때 날씨가 바뀌면 매출의 평균값이 크게 바뀝니다. 반면에 날씨가 같으면 매출의 편차는 작습니다.

두 번째는 유의차가 없을 때 데이터의 바이올린플롯입니다(그림 8-8). 이쪽은 날씨가 바뀌어도 매출의 평균값은 거의 변하지 않습니다. 또한 날씨가 같아도 매출은 크게 변동합니다.

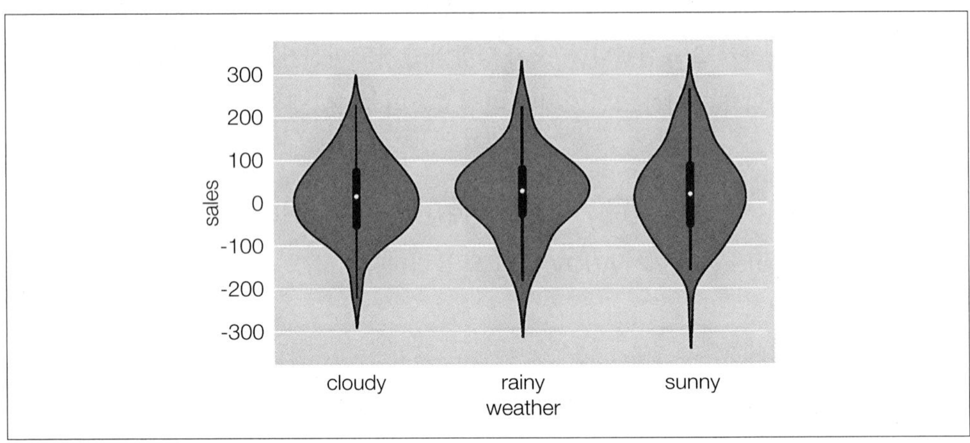

그림 8-8 유의차가 없을 것 같은 바이올린플롯 예

8.3.6 분산분석의 직감적 사고방식: 오차 및 효과의 분리

오차의 크기와 효과의 크기라는 것에 대해 그림을 이용한 직관적인 해석을 시도해보겠습니다. 정확한 표현이 아니기 때문에 실제 계산 과정과 같이 보면서 이해에 도움을 받는 정도로 생각합시다.

[그림 8-9]에서 바이올린 간의 거리가 효과의 크기이며 각 바이올린의 폭은 오차의 크기입니다.

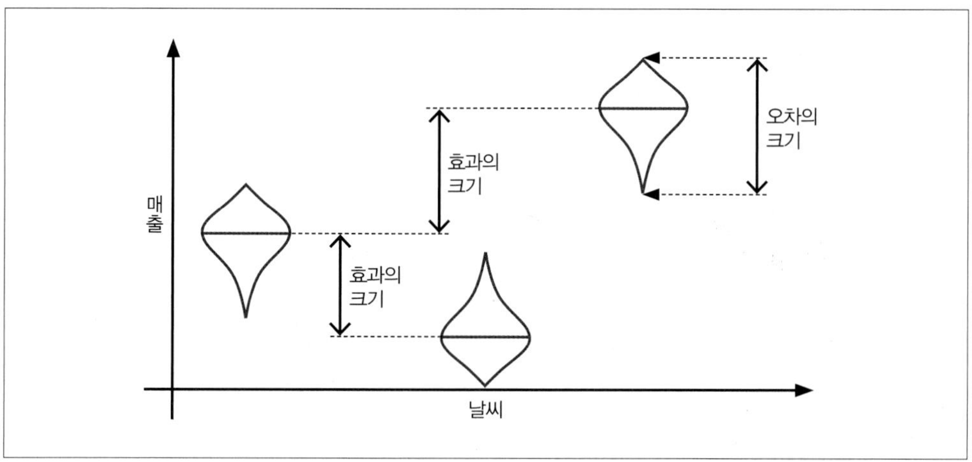

그림 8-9 분산분석의 직관적 해석

각각의 바이올린은 날씨라는 수준으로 나뉘어 있습니다. 바이올린이 서로 떨어져 있다는 것은 날씨에 따라 매출이 크게 변한다는 것을 나타냅니다. 때문에 바이올린 간의 거리가 날씨 효과의 크기가 됩니다.

같은 날씨라고 해도 매출은 일정하지 않고 어느 정도 변동이 있습니다. 날씨로 설명할 수 없는 변동의 크기를 오차의 크기라고 표현하는 것입니다.

8.3.7 군간 변동과 군내 변동

바이올린 간의 거리, 즉 효과의 크기를 **군간 변동**이라고 부릅니다. 반면 각 바이올린의 폭, 즉 오차의 크기를 **군내 변동**이라고 부릅니다.

분산분석에서는 데이터의 분산을 군간 변동과 군내 변동의 둘로 나눈 뒤 그 비율을 취한 것을 통계량으로 사용하여 검정을 시행합니다.

8.3.8 분석 준비

파이썬을 사용하여 분산분석을 수행해봅시다. 먼저 필요한 라이브러리를 불러옵니다.

```python
# 수치 계산에 사용하는 라이브러리
import numpy as np
import pandas as pd
from scipy import stats
# 표시 자릿수 설정
pd.set_option('display.precision', 3)
np.set_printoptions(precision=3)

# 그래프를 그리는 라이브러리
from matplotlib import pyplot as plt
import seaborn as sns
sns.set()

# 통계모델을 추정하는 라이브러리
import statsmodels.formula.api as smf
import statsmodels.api as sm
```

8.3.9 데이터 생성과 시각화

이번에는 계산 결과를 보기 쉽게 하기 위해서 일부러 작은 데이터를 준비하겠습니다. 원래는 정규분포를 따르는 것으로 생각되는 데이터에 적용한다는 점에 주의합시다.

```python
# 표본 데이터 작성
weather = [
    'cloudy','cloudy',
    'rainy','rainy',
    'sunny','sunny'
]
beer = [6,8,2,4,10,12]

# 데이터프레임으로 정리
weather_beer = pd.DataFrame({
    'beer'   : beer,
    'weather': weather
})
print(weather_beer)
```

```
       beer weather
```

```
0     6   cloudy
1     8   cloudy
2     2    rainy
3     4    rainy
4    10   sunny
5    12   sunny
```

표본크기가 작기 때문에 바이올린플롯이 아닌 박스플롯을 그려보겠습니다(그림 8-10).


```
sns.boxplot(x='weather',y='beer',
            data=weather_beer, color='gray')
```

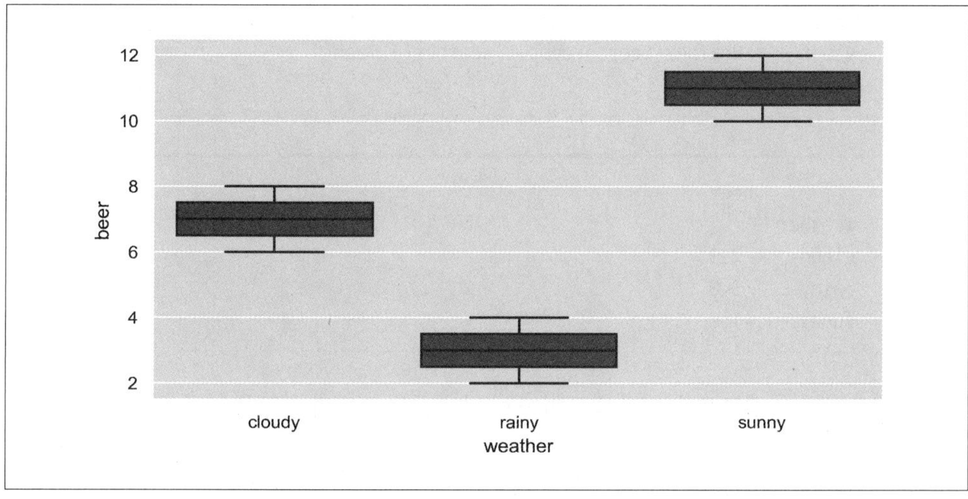

그림 8-10 날씨별로 본 매출의 박스플롯

8.3.10 수준별 평균과 총평균 계산

먼저 맥주 매출 데이터를 다루기 쉽도록 잘라냅니다.

```
y = weather_beer.beer.to_numpy()
y
```

```
array([ 6,  8,  2,  4, 10, 12], dtype=int64)
```

데이터의 총평균은 7입니다.

```
In    y_bar = np.mean(y)
      y_bar
```

```
Out   7.0
```

날씨별 매출의 평균값을 계산해봅시다. 데이터의 인덱스는 첨자 i로 표기하는 경우가 많습니다. 수준의 인덱스는 첨자를 j로 합니다. 수준 j당 매출 y의 평균값이므로 y_bar_j라는 변수명으로 했습니다.

```
In    y_bar_j = weather_beer.groupby('weather').mean()
      print(y_bar_j)
```

```
Out            beer
      weather
      cloudy   7.0
      rainy    3.0
      sunny    11.0
```

비오는 날은 매출이 적고 맑은 날은 많으며 흐린 날은 중간 정도라는 것을 알 수 있습니다.

8.3.11 분산분석 ①: 군간 제곱과 군내 제곱 계산

처음에는 statsmodels의 함수를 사용하지 않고 일원배치 분산분석을 구현해보겠습니다. 이러한 계산 과정을 3단계로 나누어 설명합니다. 먼저 분산의 분자인 편차제곱합을 계산합니다.

우선 효과의 크기, 즉 군간 변동을 계산해보겠습니다. 날씨별 매출의 평균값은 y_bar_j로 계산합니다. 예를 들어 흐린 날 매출의 평균은 7입니다. 여기서 날씨가 흐리면 매출은 7만 원이 될 것으로 기대할 수 있다고 생각할 수 있습니다. 마찬가지로 비오는 날은 3만 원, 맑은 날은 11만 원이 될 것으로 생각합니다.

그러면 흐린 날도 비오는 날도 맑은 날도 이틀씩 있으므로, 날씨의 영향만 생각할 때 매출은 다음과 같을 것으로 기대할 수 있습니다.

```
In    # 수준당 표본크기
      n_j = 2
      # 날씨의 영향만을 생각한 경우의 매출
      effect = np.repeat(y_bar_j.beer, n_j)
      effect
```

```
Out   weather
      cloudy     7.0
      cloudy     7.0
      rainy      3.0
      rainy      3.0
      sunny     11.0
      sunny     11.0
      Name: beer, dtype: float64
```

effect의 변동의 크기를 구함으로써 군간 변동을 얻을 수 있습니다. 먼저 군간 변동의 분자에 해당하는 군간 편차제곱합을 계산합니다. 제곱합은 Sum of Squares이므로 약자로 SS입니다. 군간은 Between의 머리글자로 B라고 표기하는 경우가 많습니다. 그래서 군간 편차제곱합의 변수명은 ss_b로 했습니다.

```
In    ss_b = np.sum((effect - y_bar) ** 2 )
      ss_b
```

```
Out   64.0
```

한편 오차는 원래 데이터에서 효과를 뺀 값으로 계산합니다.

```
In    resid = y - effect
      resid
```

```
Out   weather
      cloudy    -1.0
      cloudy     1.0
```

```
        rainy    -1.0
        rainy     1.0
        sunny    -1.0
        sunny     1.0
        Name: beer, dtype: float64
```

마찬가지로 군내 편차제곱합을 구합니다. 오차의 평균값은 0이라는 점에 주의해야 합니다. 군
내는 Within의 머리글자로 W라고 표기하는 경우가 많습니다. 그래서 군내 편차제곱합의 변수
명은 ss_w로 했습니다.

```
In      ss_w = np.sum(resid ** 2)
        ss_w
```

```
Out     6.0
```

8.3.12 분산분석 ②: 군간 분산과 군내 분산 계산

군간 분산과 군내 분산을 계산해봅시다. 표본분산을 계산할 때는 편차제곱합을 표본크기로 나
누어 구합니다. 하지만 불편분산을 계산할 때는 표본크기에서 1을 뺀 값으로 나눕니다. 이와 마
찬가지로 분산분석에서도 군간, 군내 분산을 계산할 때 분모로 단순히 표본크기를 사용해선 안
됩니다. 자유도라 불리는 값으로 나누어야 합니다. 이렇게 계산한 분산은 평균제곱이라고도 합
니다.

군간 변동의 자유도는 수준의 종류 개수에 따라 좌우됩니다. 이번에는 흐림, 비, 맑음의 세 가지
수준이었습니다. 거기서 1을 빼면 군간 변동의 자유도는 2가 됩니다. 군내 변동의 자유도는 표
본크기와 수준의 종류 개수에 따라 좌우됩니다. 이번에는 표본크기가 6이었습니다. 여기서 세
가지 수준이 있으므로 6−3=3이 군내 변동의 자유도가 됩니다.

이제 파이썬으로 구해봅시다. 군간 변동의 자유도를 df_b, 군내 변동의 자유도를 df_w라는 변
수명으로 준비합니다. df는 Degree of Freedom의 약자입니다.

```
In      df_b = 2 # 군간 변동의 자유도
        df_w = 3 # 군내 변동의 자유도
```

군간 분산은 다음과 같이 계산할 수 있습니다.

```
In    sigma_b = ss_b / df_b
      sigma_b
```

```
Out   32.0
```

군내 분산은 다음과 같이 계산할 수 있습니다.

```
In    sigma_w = ss_w / df_w
      sigma_w
```

```
Out   2.0
```

8.3.13 분산분석 ③: p값 계산

마지막으로 F비와 p값을 계산해보겠습니다. F비는 군간 분산과 군내 분산의 비율로 계산할 수 있습니다.

```
In    f_ratio = sigma_b / sigma_w
      f_ratio
```

```
Out   16.0
```

F비가 크면 오차의 크기보다 효과의 크기가 더 크기 때문에 유의차가 있다고 주장할 수 있을 것 같습니다. 그렇다면 어느 정도 F비가 커야 '크다'고 주장할 수 있을까요? 여기서 p값을 사용합니다.

이 방법으로 계산된 F비는 F분포를 따릅니다. F분포를 사용하면 p값, 즉 '귀무가설이 옳다고 가정할 때 검정 통계량 F비가 실현값과 같거나 그보다 극단적인 값일 확률'을 계산할 수 있습니다.

p값은 F분포의 누적분포함수에서 계산할 수 있습니다. 이때 `stats.f.cdf` 함수를 사용합니다.

인수로는 F비와 두 가지 자유도를 넘깁니다.

```
In      p_value = 1 - stats.f.cdf(x=f_ratio, dfn=df_b, dfd=df_w)
        round(p_value, 3)
```

```
Out     0.025
```

p값이 0.05 이하이므로 날씨에 따라 매출이 유의미하게 변화한다고 판단할 수 있습니다.

8.3.14 일원배치 분산분석의 계산 정리

일원배치 분산분석의 계산을 정리해보겠습니다. 분산분석에서는 데이터를 효과의 크기와 오차의 크기로 분리합니다. 그리고 각각의 크기를 분산으로 정량화합니다. 효과의 크기를 군간 변동, 오차의 크기를 군내 변동이라고 부릅니다.

군간 분산과 군내 분산의 비율, 즉 F비를 검정 통계량으로 사용합니다. 모집단이 등분산 정규분포를 따른다면 귀무가설을 가정했을 때 F비는 F분포를 따릅니다. 따라서 F분포의 누적분포함수로부터 p값을 계산하고 p값이 0.05 이하인지 아닌지를 판단합니다.

파이썬 코드에서 설명한 계산 과정을 수식으로 다시 살펴봅시다. 어렵다고 느끼면 건너뛰어도 괜찮습니다.

검정의 대상이 되는 데이터를 y_{ij}로 표기합니다. 첨자는 수준 j에서 i번째 데이터임을 의미합니다. 수준 j당 평균값을 $\bar{y}_j$로 표시합니다. 수준의 전체 개수는 J라고 합니다. 그리고 수준당 데이터 수를 n_j로 표시합니다. 이번 예에서는 $n_1 = n_2 = n_3 = 2$입니다. 전체 표본크기 n은 다음과 같이 계산합니다.

$$n = \sum_{j=1}^{J} n_j \qquad \text{식 8-32}$$

수준 j당 평균값 $\bar{y}_j$는 다음과 같이 계산합니다.

$$\bar{y}_j = \frac{1}{n_j} \sum_{i=1}^{n_j} y_{ij}$$

식 8-33

이번 예에서 데이터는 다음과 같습니다. 이때 $J=3$입니다.

표 8-1 분산분석의 데이터

	흐림 $j=1$	비 $j=2$	맑음 $j=3$
$i=1$	$y_{11}=6$	$y_{12}=2$	$y_{13}=10$
$i=2$	$y_{21}=8$	$y_{22}=4$	$y_{23}=12$
평균	$\bar{y}_1=7$	$\bar{y}_2=3$	$\bar{y}_3=11$

모든 데이터의 평균값은 다음과 같이 계산합니다. Σ 기호 두 개가 나란히 있어 읽기 어렵지만 [표 8-1]에서 각 열의 합계를 구한 후 그들의 합계를 구하면 이중 Σ 부분을 계산할 수 있습니다.

$$\bar{y} = \frac{1}{n} \sum_{j=1}^{J} \sum_{i=1}^{n_j} y_{ij}$$

식 8-34

수준 간의 제곱합은 다음과 같이 계산합니다.

$$SS_B = \sum_{j=1}^{J} n_j (\bar{y}_j - \bar{y})^2$$

식 8-35

수준의 효과로 포착하지 못한 잔차는 다음과 같이 계산합니다.

$$e_{ij} = y_{ij} - \bar{y}_j$$

식 8-36

수준 내의 제곱합은 다음과 같이 계산합니다.

$$SS_W = \sum_{j=1}^{J} \sum_{i=1}^{n_j} e_{ij}^2$$

식 8-37

평균제곱을 계산하기 위한 자유도를 계산합니다. 수준 간 자유도 df_B와 수준 내 자유도 df_W는
다음과 같습니다.

$$\mathrm{df}_B = J - 1$$
$$\mathrm{df}_W = n - J$$

식 8-38

수준 간의 평균제곱 σ_B와 수준 내의 평균제곱 σ_W는 다음과 같이 계산합니다.

$$\sigma_B = \frac{\mathrm{SS}_B}{\mathrm{df}_B}$$
$$\sigma_W = \frac{\mathrm{SS}_W}{\mathrm{df}_W}$$

식 8-39

F비는 다음과 같이 계산합니다.

$$F\text{비} = \frac{\sigma_B}{\sigma_W}$$

식 8-40

y_{ij}가 등분산인 정규모집단의 무작위표본이라면 귀무가설을 가정했을 때의 F비는 $F(\mathrm{df}_B, \mathrm{df}_W)$
를 따릅니다. 그래서 F분포를 사용하여 p값을 계산합니다.

8.3.15 제곱합의 분해

모든 데이터를 대상으로 계산된 제곱합을 총제곱합이라고 부르고 SS_T라고 표기합니다. T는
Total의 머리글자입니다.

$$\mathrm{SS}_T = \sum_{j=1}^{J} \sum_{i=1}^{n_j} (y_{ij} - \bar{y})^2$$

식 8-41

총제곱합 SS_T는 수준 간 제곱합 SS_B와 수준 내 제곱합 SS_W의 합으로 계산됩니다. 이것을 **제곱
합의 분해**라고 합니다. 8.2절의 결정계수에서 소개한 계산과 유사한 결과입니다.

$$\mathrm{SS}_T = \mathrm{SS}_B + \mathrm{SS}_W$$

식 8-42

8.3.16 독립변수가 범주형인 정규선형모델

이어서 정규선형모델이라는 틀에서 분산분석을 해석해보겠습니다. 날씨에서 매출을 예측하는
정규선형모델은 다음과 같습니다.

$$\text{맥주 매출} \sim \mathcal{N}(\beta_0 + \beta_1 \times \text{비} + \beta_2 \times \text{맑음}, \sigma^2)$$

식 8-43

여기서 '비'는 비가 왔을 때 1, 그 외의 날에는 0인 변수입니다. '맑음'도 마찬가지입니다. β_1은 비
의 영향을 나타내는 파라미터, β_2는 맑음의 영향을 나타내는 파라미터입니다. 흐림이 없는 것처
럼 보일 수 있습니다. 하지만 비가 아니거나 맑음도 아닌 경우에는 β_0만 남아 있기 때문에 흐림
의 계수로 해석할 수 있습니다.

8.3.17 더미변수

범주형 변수를 모델에 넣을 때 사용하는 것이 더미변수입니다. 방금 전의 예를 들면 비일 때 1이
고 그 외에는 0인 변수가 더미변수입니다. 날씨라는 범주형 변수를 그대로 모델에 넣기는 어렵
기 때문에 더미변수를 사용합니다.

다만 statsmodels를 사용해서 모델링을 하는 경우에는 더미변수의 존재를 의식할 일이 그다
지 없습니다. 이때는 단순회귀모델과 동일한 절차로 모델링할 수 있습니다.

8.3.18 statsmodels를 이용한 분산분석

방금 전에 일원배치 분산분석을 한 데이터에 대해 정규선형모델 구조로 모델링해보겠습니다.
독립변수가 연속형 변수든 범주형 변수든 smf.ols 함수를 사용해서 모델링하는 것에는 변함이
없습니다.

```
In    anova_model = smf.ols(formula='beer ~ weather',
                            data = weather_beer).fit()
```

일단 모델링을 해두면 간단히 분산분석을 수행할 수 있습니다. 이때 sm.stats.anova_lm 함수
를 사용합니다. 인수로 typ=2를 넘기고 있는데 이 인수의 의미에 대해서는 다음 절에서 설명하

겠습니다. 8.3.13절의 결과와 일치하는지 확인합니다.

```
In    print(sm.stats.anova_lm(anova_model, typ=2))
```

```
Out              sum_sq   df     F   PR(>F)
      weather     64.0  2.0  16.0   0.025
      Residual     6.0  3.0   NaN     NaN
```

또한 총제곱합 SS_T가 $SS_B=64$와 $SS_W=6$의 합임을 확인할 수 있습니다(64+6=70).

```
In    # 총제곱합
      np.sum((y - y_bar)**2)
```

```
Out   70.0
```

8.3.19 분산분석표

sm.stats.anova_lm 함수의 결과로 출력된 표의 형식을 **분산분석표**라고 합니다. 분산분석표에는 군간과 군내의 편차제곱합 sum_sq, 자유도 df, 그리고 F비와 p값이 정리되어 있습니다. 이 표를 보는 것만으로도 표본크기나 수준의 개수를 알 수 있으므로 보는 방법을 알아두면 좋습니다.

8.3.20 모델의 계수 해석

추정된 모델의 계수를 표시해봅시다.

```
In    anova_model.params
```

```
Out   Intercept            7.0
      weather[T.rainy]    -4.0
      weather[T.sunny]     4.0
      dtype: float64
```

이제 모델의 식과 어떻게 대응되는지 확인해봅시다.

$$\text{맥주 매출} \sim (\beta_0 + \beta_1 \times \text{비} + \beta_2 \times \text{맑음}, \sigma^2) \qquad \text{식 8-44}$$

Intercept는 β_0에 대응합니다. 따라서 흐린 날의 매출 평균은 7입니다. 비오는 날에는 계수 weather[T.rainy]가 더해지므로 7-4=3입니다. 맑은 날에는 4가 더해져서 매출의 기댓값은 11이 됩니다.

8.3.21 모델을 사용해서 오차와 효과 분리하기

추정된 모델의 계수를 사용해서 훈련 데이터에 적용한 결과를 살펴보겠습니다.

```
In    fitted = anova_model.fittedvalues
      fitted
```

```
Out   0     7.0
      1     7.0
      2     3.0
      3     3.0
      4    11.0
      5    11.0
      dtype: float64
```

적용 결과는 각 수준의 평균값과 일치합니다. 즉, 독립변수를 범주형 변수로 한 정규선형모델의 적합값은 각 수준의 평균값과 일치한다는 뜻입니다.

적합값과 실제 데이터의 차이가 잔차입니다. 잔차는 8.2절에서 설명한 바와 같이 anova_model.resid 코드를 실행하여 얻을 수 있습니다.

```
In    anova_model.resid
```

```
Out   0    -1.0
      1     1.0
      2    -1.0
```

```
3     1.0
4    -1.0
5     1.0
dtype: float64
```

이후의 계산은 8.3.11절에서 설명한 내용과 같으므로 생략합니다. 통계모델의 적합값과 잔차를 이용함으로써 분산분석이라는 검정을 수행할 수 있다는 사실을 알 수 있습니다.

8.3.22 회귀모델의 분산분석

분산분석이라는 검정 방법은 정규선형모델에 대해 일반적으로 사용할 수 있습니다. 이는 독립변수가 연속형 데이터여도 변함없습니다.

8.1절과 동일한 모델을 다시 계산해봅시다.

```
# 데이터 로드
beer = pd.read_csv('8-1-1-beer.csv')
# 모델 추정
lm_model = smf.ols(formula='beer ~ temperature',
                   data=beer).fit()
```

독립변수가 범주형 변수라고 해도 마찬가지로 모델의 적합값과 잔차를 사용해서 F비를 계산할 수 있습니다.

F비를 구하기 전에 자유도를 먼저 정의합니다. 독립변수가 연속형 데이터인 경우에는 군간 변동이나 군내 변동이라는 용어는 잘 사용하지 않습니다. 군간 변동의 자유도를 **모델의 자유도**, 군내 변동의 자유도를 **잔차의 자유도**라고 부르기로 하겠습니다.

모델의 자유도는 추정된 파라미터 수에서 1을 뺀 것입니다. 독립변수가 범주형일 때는 수준의 개수에서 1을 뺀 것이었는데 그와 같은 의미입니다. 단순회귀모델의 계수는 절편과 기울기 2개 뿐이므로 모델의 자유도는 1이 됩니다. 잔차의 자유도는 표본크기에서 추정된 파라미터의 개수를 뺀 것입니다. 표본크기가 30이므로 2를 뺀 28이 잔차의 자유도가 됩니다. 이러한 자유도는 추정 결과인 lm_model에서 얻을 수 있습니다.

```python
print('모델의 자유도:', lm_model.df_model)
print('잔차의 자유도:', lm_model.df_resid)
```

```
모델의 자유도: 1.0
잔차의 자유도: 28.0
```

F비를 계산해봅시다. 다음 코드에서는 SS_B를 ss_model, SS_W를 ss_resid라는 변수로 나타냅니다. 또한 σ_B는 sigma_model, σ_W는 sigma_resid라는 변수로 나타냅니다.

```python
# 종속변수
y = beer.beer
# 적합값
effect = lm_model.fittedvalues
# 잔차
resid = lm_model.resid
# 기온이 갖는 효과의 크기
y_bar = np.mean(y)
ss_model = np.sum((effect - y_bar) ** 2)
sigma_model = ss_model / lm_model.df_model
# 잔차의 크기
ss_resid = np.sum((resid) ** 2)
sigma_resid = ss_resid /  lm_model.df_resid
# F비
f_value_lm = sigma_model / sigma_resid
round(f_value_lm, 3)
```

```
28.447
```

이 F비를 이용하여 p값을 계산하면 숫자가 작아서 거의 0이 됩니다.

분산분석을 수행하여 분산분석표를 출력합니다. F비의 계산 결과가 일치한다는 것을 확인합시다.

```python
print(sm.stats.anova_lm(lm_model, typ=2))
```

```
                sum_sq      df      F      PR(>F)
```

```
temperature    1651.532    1.0   28.447   1.115e-05
Residual       1625.582   28.0      NaN         NaN
```

이 결과의 일부는 모델의 summary 함수로도 출력할 수 있습니다.

```
In    lm_model.summary()
```

(일부 출력 생략)

Dep.Variable:	beer	R-squared:	0.504
Model:	OLS	Adj.R-squared:	0.486
Method:	Least Squares	F-statistic:	28.45
Date:	Mon, 24 Jun 2024	Prob(F-statistic):	1.11e-05

출력의 상단에 있는 표의 F-statistic이 F비입니다. 그 밑에 있는 Prob(F-statistic)은 분산분석의 p값을 나타냅니다. 또한 독립변수가 한 개인 경우에는 계수의 t검정 결과와 분산분석의 결과가 일치합니다. 독립변수가 늘어나면 보통은 일치하지 않게 됩니다.

회귀분석에서도 제곱합의 분해 공식, 즉 $SS_T = SS_B + SS_W$가 성립합니다. 이를 확인해보겠습니다. 회귀분석에서 SS_B를 ss_model로, SS_W를 ss_resid로 표시합니다.

```
In    print('제곱의 합:', round(np.sum((y - y_bar)**2), 3)
      print('SS_B + SS_W:', round(ss_model + ss_resid, 3))
```

```
Out   제곱의 합: 3277.115
      SS_B + SS_W: 3277.115
```

따라서 군간 제곱합 SS_B에 해당하는 ss_model은 전체 변동에서 잔차제곱합을 뺀 값으로 계산할 수 있습니다. 분산분석표에서 temperature행 sum_sq열의 값 1651.532가 ss_model에 해당합니다. 총제곱합 np.sum((y - y_bar)**2)에서 잔차제곱합 np.sum((resid) ** 2)를 빼면 동일한 결과를 얻을 수 있습니다.

```
In    # ss_model을 얻는 다른 방법
      round(np.sum((y - y_bar)**2) - np.sum((resid) ** 2), 3)
```

| Out | 1651.532 |

군간 제곱합 SS_B에 해당하는 ss_model을 찾는 방법은 독립변수가 증가하면 약간 복잡해집니다. 자세한 내용은 8.4절에서 Type II 검정을 다룰 때 설명하겠습니다.

8.4 독립변수가 여럿인 모델

이 절에서는 여러 독립변수가 있는 정규선형모델을 다룹니다. 특히 두 개의 회귀직선을 비교하는 **공분산분석**이라고 하는 기법을 중심으로 다루겠습니다. 공변량의 설명과 함께 교호작용항과 그 이용 방법에 대해서도 알아봅니다. 마지막으로 statsmodels의 formula 구문에 대해 정리하여 복잡한 모델을 활용할 때 도움이 되는 정보를 제공합니다.

8.4.1 분석 준비

필요한 라이브러리를 불러옵니다.

```
In
# 수치 계산에 사용하는 라이브러리
import numpy as np
import pandas as pd
from scipy import stats
# 표시 자릿수 설정
pd.set_option('display.precision', 3)
np.set_printoptions(precision=3)

# 그래프를 그리는 라이브러리
from matplotlib import pyplot as plt
import seaborn as sns
sns.set()

# 통계모델을 추정하는 라이브러리
import statsmodels.formula.api as smf
import statsmodels.api as sm
```

데이터를 읽어 들입니다. 브랜드별로 기록된 가상의 판매 데이터입니다. 이를 brand_1이라는 이름으로 저장합니다.

```
In    brand_1 = pd.read_csv('8-4-1-brand-1.csv')
      print(brand_1.head(n=3))
```

```
Out       sales brand  local_population
      0   348.0     A            215.1
      1   169.7     A            152.0
      2   143.7     A            107.7
```

sales는 매출, brand는 매장의 브랜드, local_population은 매장이 위치한 지역의 인구(단위: 1000명)입니다. 브랜드는 A와 B 두 종류가 있습니다.

```
In    brand_1.brand.value_counts()
```

```
Out   A    15
      B    15
      Name: brand, dtype: int64
```

8.4.2 나쁜 분석 예: 단순 평균값 비교

비교 대상으로 나쁜 분석 예를 일부러 소개하겠습니다.

예를 들어 마케팅 담당자가 브랜드별로 매출을 비교하고 싶다고 가정합시다. 어떤 방법으로 비교하는 것이 바람직할까요? 먼저 나쁜 분석의 예로서 단순히 브랜드별 평균값의 차이를 비교해 보겠습니다.

```
In    print(brand_1.groupby('brand').mean())
```

```
Out         sales  local_population
      brand
```

A	283.707	268.973
B	403.927	437.933

결과에서 sales 열을 보면 브랜드 B 매출이 더 큰 것처럼 보입니다. 하지만 local_population을 보면 입점한 지역인구도 브랜드 B가 더 많은 것 같습니다. 브랜드별로 매출의 박스플롯을 그려봅시다. [그림 8-11]을 보면 역시 브랜드 B의 매출이 브랜드 A보다 큰 것처럼 보입니다.

```
In    sns.boxplot(x='brand', y='sales', data=brand_1, color='gray')
```

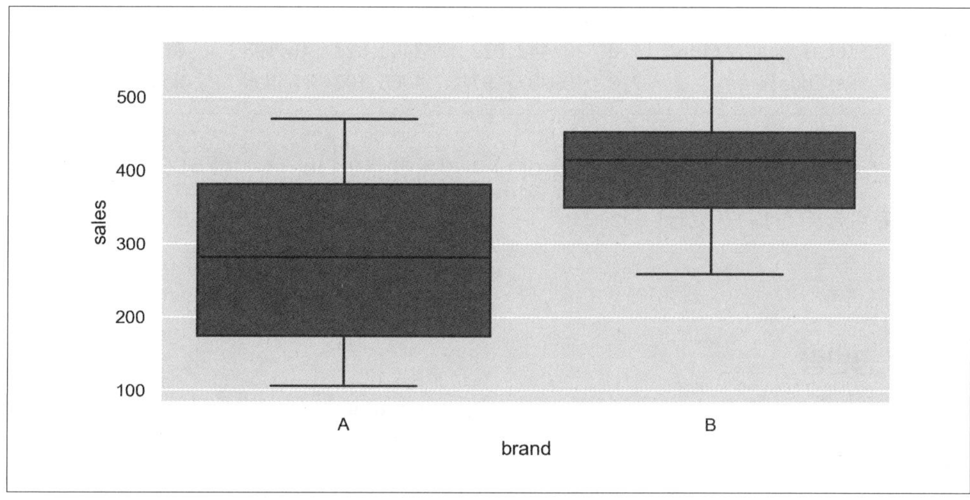

그림 8-11 매출을 브랜드만으로 설명하는 박스플롯

이어서 브랜드라는 독립변수만을 사용하여 정규선형모델을 작성합니다. 나쁜 분석 사례이므로 모델명은 lm_dame_1로 했습니다. 추정된 계수와 p값 표만 확인합니다.

```
In    lm_dame_1 = smf.ols('sales ~ brand', brand_1).fit()
      lm_dame_1.summary().tables[1]
```

	coef	std err	t	P>|t|	[0.025	0.975
Intercept	283.7067	26.602	10.665	0.000	229.214	338.199
brand[T.B]	120.2200	37.622	3.196	0.003	43.156	197.284

계수 brand[T.B]를 보면 브랜드 B는 브랜드 A에 비해 매출이 평균 120만 원 정도 증가한다는 결과가 나왔습니다. p값은 0.003으로 0.05보다 낮습니다.

분산분석을 수행해도 p값은 0에 가까운 값이 되고 브랜드에 따라 매출이 상당히 다르다는 결과가 나옵니다.

```
In   print(sm.stats.anova_lm(lm_model_1, typ=1).round(3))
```

```
Out                    df      sum_sq     mean_sq       F   PR(>F)
     brand            1.0  108396.363  108396.363  26.658     0.0
     local_population  1.0  187442.822  187442.822  46.098     0.0
     Residual        27.0  109787.197    4066.192     NaN     NaN
```

언뜻 보면 브랜드 A와 B 중에 브랜드 B가 더 나은 것처럼 보입니다. 하지만 이것은 명백한 분석상의 오류임을 즉시 알 수 있습니다.

8.4.3 공변량

직접적인 관심은 없지만 어떠한 영향을 미치는 변량을 **공변량**이라고 부릅니다. 방금 전 사례에서는 브랜드가 매출에 미치는 영향이 직접적인 관심사였습니다. 그러나 매출은 지역인구라는 공변량에 따라 달라질 수 있습니다.

공변량이 있는 경우에는 공변량이 미치는 영향을 보정한 후 비교하는 것이 바람직합니다. 가능하면 데이터를 수집하는 단계에서 가능한 한 지역인구가 동일한 매장의 데이터를 수집하는 등의 노력을 기울입니다. 비교하고 싶은 것(여기서는 브랜드) 이외는 모두 같다는 조건으로 데이터를 얻을 수 있으면 공변량의 영향은 신경 쓰지 않을 수 있습니다.

하지만 공변량의 영향이 없도록 데이터를 수집하지는 못할 수도 있습니다. 이번 예에서는 브랜드의 매장이 들어선 곳을 가능한 한 지역인구가 동일한 장소로 설정해야 합니다. 현실적으로는 브랜드의 매장 위치를 자유롭게 설정하기란 어려울 수 있습니다. 이 경우 통계모델이 유용합니다.

8.4.4 회귀직선의 절편 비교

공변량의 영향을 조정한 후 브랜드의 영향력을 평가할 수 있는 방법을 살펴보겠습니다.

브랜드 차이에 따른 매출의 차이를 평가하고 싶다면 지역인구라는 공변량의 영향을 제거해야
합니다. 그러려면 관심 대상(여기서는 브랜드)뿐만 아니라 공변량도 함께 모델에 통합해야 합니
다.

여기에서는 두 개의 회귀직선을 비교하는 방식으로 공변량의 영향을 조정합니다. 8.1절에서 설
명한 대로 회귀분석을 사용하면 종속변수의 예측값을 얻을 수 있습니다. 이제 다음 두 가지 단순
회귀분석을 수행합니다.

$$브랜드 A 매출 \sim \mathcal{N}(\beta_0 + \beta_1 \times 지역인구\,, \sigma^2)$$

식 8-45

$$브랜드 B 매출 \sim \mathcal{N}(\beta_2 + \beta_1 \times 지역인구\,, \sigma^2)$$

식 8-46

위의 두 모델에서는 절편이 브랜드 A 모델은 β_0, 브랜드 B 모델은 β_2입니다. 한편 지역인구의
계수는 모두 β_1이 되어 두 브랜드에서 동일하다고 가정하고 있습니다.

여기서 지역인구가 400인 경우 브랜드 A와 브랜드 B 매출의 평균값은 다음과 같이 계산됩니다.

$$브랜드 A 매출 평균 = \beta_0 + \beta_1 \times 400$$

식 8-47

$$브랜드 B 매출 평균 = \beta_2 + \beta_1 \times 400$$

식 8-48

브랜드 B에서 브랜드 A를 뺀 매출 평균의 차이는 $\beta_2 - \beta_0$입니다. 즉, 두 회귀모델의 절편을 비교
하여 지역인구가 동일한 상황에서 매출 평균의 차이를 평가할 수 있습니다. 회귀직선을 비교하
여 공변량의 영향을 조정하는 방법은 이용 빈도가 높으므로 기억해두면 도움이 됩니다.

브랜드와 지역인구의 영향을 모두 가미한 모델 lm_model_1을 만듭니다. 독립변수끼리 덧셈
(+) 기호로 연결함으로써 복수의 독립변수를 모델에 포함시킬 수 있습니다. 따라서 formula는
sales ~ brand + local_population이 됩니다.

연속형 독립변수(여기서는 local_population)와 범주형 독립변수(여기서는 brand)를 모두
포함하는 모델을 공분산분석이라고 합니다. 하지만 statsmodels를 이용하여 정규선형모델을

구축한다면 이런 호칭을 기억할 필요는 없습니다.

```
In    lm_model_1 = smf.ols('sales ~ brand + local_population',
                           data=brand_1).fit()
      lm_model_1.summary().tables[1]
```

	coef	std err	t	P>|t|	[0.025	0.975]
Intercept	101.0946	31.535	3.206	0.003	36.389	165.800
brand[T.B]	5.5093	28.768	0.192	0.850	−53.518	64.537
local_ population	0.6789	0.100	6.790	0.000	0.474	0.884

이전 모델 식에서 β_0은 계수 Intercept에 해당합니다. β_2는 Intercept+brand[T.B]로 계산됩니다. 계수 brand[T.B]는 (절편 자체가 아니라) 절편의 변화량임에 주의합시다. 계수 β_1은 local_population에 대응합니다.

계수 brand[T.B]를 보면 브랜드 B는 브랜드 A에 비해 매출이 평균 5.5만 원 정도만 증가한다는 결과가 나왔습니다. 공변량을 넣지 않은 모델과는 큰 차이입니다. p값은 0.850으로 유의수준을 0.05로 잡았을 때 브랜드에 따라 매출이 유의미하게 달라진다고 볼 수 없는 것으로 나타났습니다. 덧붙여 본래는 잔차 진단 등으로 모델을 평가해야 하지만 이 책에서는 설명을 생략합니다.

브랜드별로 지역인구와 매출 회귀직선을 그려봅시다(그림 8-12). 참고로 이 회귀직선에서는 지역인구의 계수도 브랜드별로 추정된 것임에 주의해야 합니다.

```
In    sns.lmplot(x='local_population', y='sales', data=brand_1,
                 col='brand',
                 scatter_kws={'color': 'black'},
                 line_kws   ={'color': 'black'},
                 ci=None, height=4, aspect=1)
```

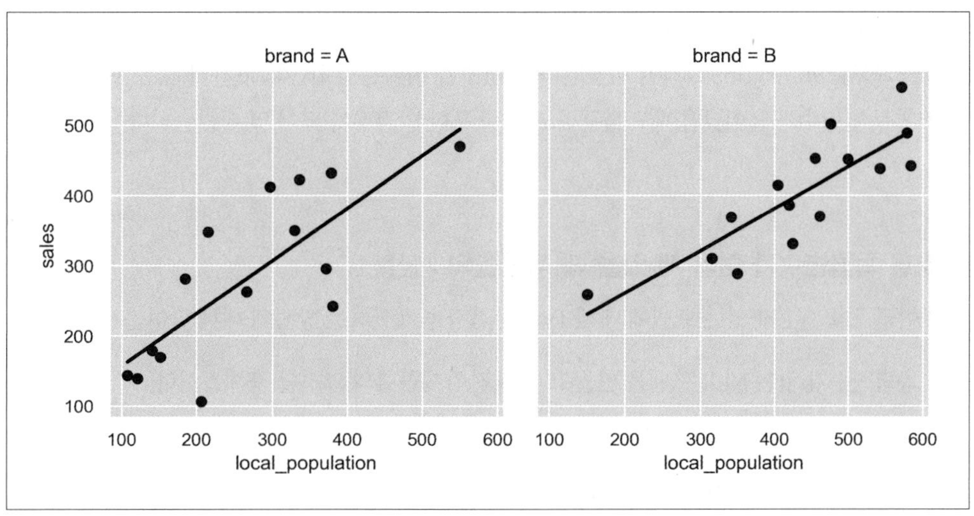

그림 8-12 브랜드별 지역인구와 매출의 회귀직선

[그림 8-12]를 보면 브랜드 A는 인구 규모가 작은 지역에 매장이 많고 브랜드 B는 인구 규모가 큰 지역에 많이 매장이 많은 것을 알 수 있습니다. 만약 지역인구가 같다면 브랜드 A와 브랜드 B의 매출에 차이가 있다는 근거는 데이터에서 찾을 수 없습니다.

8.4.5 단순 분산분석을 이용한 검정

독립변수가 여러 개인 경우 단순 분산분석을 하면 종종 직관적이지 않은 결과를 얻을 수 있습니다. 우선 단순 분산분석을 시행해봅시다. typ=1로 지정하면 단순 분산분석이 됩니다. Type I ANOVA 또는 Type I 검정이라고도 합니다.

```
In    print(sm.stats.anova_lm(lm_model_1, typ=1).round(3))
```

```
Out                   df       sum_sq      mean_sq       F   PR(>F)
      brand            1.0   108396.363   108396.363   26.658    0.0
      local_population 1.0   187442.822   187442.822   46.098    0.0
      Residual        27.0   109787.197     4066.192    NaN      NaN
```

이 검정 결과를 보면 모든 독립변수가 유의미한 것처럼 되어있습니다. 그런데 brand행의 sum_sq열을 보면 108396.363이지만 이것은 독립변수가 하나뿐인 lm_dame_1과 같은 편차제곱합입니다. 독립변수가 늘어났음에도 불구하고 이를 포함한 검정이 되어 있지 않습니다.

8.4.6 독립변수가 여러 개 있을 때 제곱합의 계산

먼저 여러 독립변수가 있는 모델에 대해 Type I 검정을 계산하는 방법에 대해 알아봅시다.

먼저 독립변수가 없는 Null 모델을 만들고 이때 잔차제곱합의 크기를 구해봅시다.

```
In    # Null 모델의 잔차제곱합
      mod_null = smf.ols('sales ~ 1', brand_1).fit()
      resid_sq_null = np.sum(mod_null.resid ** 2)
      round(resid_sq_null, 3)
```

```
Out   405626.382
```

다음은 독립변수에 브랜드만 넣은 모델 lm_dame_1의 잔차제곱합을 구합니다.

```
In    # 브랜드만 넣은 모델의 잔차제곱합
      resid_sq_brand = np.sum(lm_dame_1.resid ** 2)
      round(resid_sq_brand, 3)
```

```
Out   297230.019
```

이들 잔차제곱합의 차를 구합니다.

```
In    round(resid_sq_null - resid_sq_brand, 3)
```

```
Out   108396.363
```

이 값은 분산분석표에도 등장합니다. 다시 한번 분산분석표를 살펴보겠습니다.

```python
print(sm.stats.anova_lm(lm_dame_1, typ=1).round(3))
```

```
              df       sum_sq     mean_sq       F    PR(>F)
brand        1.0   108396.363  108396.363  10.211    0.003
Residual    28.0   297230.019   10615.358     NaN      NaN
```

브랜드 변화에 따른 군간 편차제곱합은 모델에 브랜드라는 독립변수를 추가함으로써 감소하는 잔차제곱합과 일치한다는 것입니다.

이제 두 가지 독립변수를 사용하여 lm_model_1 모델의 잔차제곱합을 구합니다.

```python
# 브랜드 + 지역인구 모델의 잔차제곱합
resid_sq_all = np.sum(lm_model_1.resid ** 2)
round(resid_sq_all, 3)
```

```
109787.197
```

브랜드만 있는 모델의 잔차제곱합에서 브랜드와 지역인구가 함께 들어간 모델의 잔차제곱합을 뺍니다.

```python
round(resid_sq_brand - resid_sq_all, 3)
```

```
187442.822
```

잔차제곱합의 차이는 분산분석표에도 나타납니다.

```python
print(sm.stats.anova_lm(lm_model_1, typ=1).round(3))
```

```
                    df       sum_sq     mean_sq       F    PR(>F)
brand              1.0   108396.363  108396.363  26.658       0.0
local_population   1.0   187442.822  187442.822  46.098       0.0
Residual          27.0   109787.197    4066.192     NaN       NaN
```

즉, Type I 분산분석은 독립변수를 하나씩 늘려가면서 독립변수가 늘어남으로써 감소하는 잔차제곱합의 크기를 기준으로 독립변수 효과의 크기(분산분석표의 sum_sq)를 계산합니다. 이 방법이라면 독립변수를 추가하는 순서에 따라 sum_sq값의 크기가 크게 바뀔 수 있습니다. 유의미한지 여부의 판단도 변하는 경우가 있습니다.

이 검정 방법은 Type I 검정이라고도 합니다. 이 책에서는 이것과는 다른 방법인 Type II 검정또는 Type III 검정에 대해서도 설명합니다. 어떤 검정 방법을 사용할지 결정하는 건 어려운 문제지만 적어도 Type I 검정의 특징을 이해하는 것은 중요합니다.

8.4.7 수정제곱합

Type I 검정은 다음과 같이 잔차제곱합을 비교합니다.

- **모델 0**: 종속변수 $\sim$ $+$ 잔차제곱합
- **모델 1**: 종속변수 $\sim$ 변수 α $+$ 잔차제곱합
- **모델 2**: 종속변수 $\sim$ 변수 $\alpha +$ 변수 β $+$ 잔차제곱합
- **모델 3**: 종속변수 $\sim$ 변수 $\alpha +$ 변수 $\beta +$ 변수 $\gamma +$ 잔차제곱합

모델 0과 1의 잔차제곱합을 비교하고, 모델 1과 2의 잔차제곱합을 비교하고, … 이런 식으로 각독립변수의 유의미함을 검정합니다.

Type II 검정은 다음과 같이 잔차제곱합을 비교합니다.

- **모델 0**: 종속변수 $\sim$ 변수 $\alpha +$ 변수 $\beta +$ 변수 $\gamma +$ 잔차제곱합
- **모델 1**: 종속변수 $\sim$ $+$ 변수 $\beta +$ 변수 $\gamma +$ 잔차제곱합
- **모델 2**: 종속변수 $\sim$ 변수 $\alpha +$ $+$ 변수 $\gamma +$ 잔차제곱합
- **모델 3**: 종속변수 $\sim$ 변수 $\alpha +$ 변수 $\beta +$ $+$ 잔차제곱합

모델 0과 1을 비교하고, 모델 0과 2를 비교하고, … 이런 식으로 모두 모델 0의 잔차제곱합과 비교합니다.

Type II 검정은 독립변수가 줄어들면서 증가하는 잔차제곱합의 크기를 기준으로 독립변수가 갖는 효과의 크기를 정량화한다고 할 수 있습니다. 이런 방식이라면 변수를 추가하는 순서를 바꾸어도 검정 결과는 달라지지 않습니다. 이 방법으로 계산된 군간 편차제곱합을 **수정제곱합**이라고부릅니다.

8.4.8 Type II 검정

Type II 검정을 수행해봅시다. brand의 수정제곱합을 계산합니다. 이것은 브랜드+지역인구 모델에서 독립변수인 브랜드를 제거할 때 증가하는 잔차제곱합의 크기로 간주할 수 있습니다. 이를 계산하기 위해 지역인구만을 넣은 모델을 만들고 잔차제곱합을 계산합니다.

```
In    # 지역인구만 넣은 모델의 잔차제곱합
      lm_model_pop = smf.ols('sales ~ local_population',
                             data=brand_1).fit()
      resid_sq_pop = np.sum(lm_model_pop.resid ** 2)
      round(resid_sq_pop, 3)
```

```
Out   109936.322
```

브랜드+지역인구 모델의 잔차제곱합 resid_sq_all과 지역인구만 넣은 모델의 잔차제곱합 resid_sq_pop의 차이를 구합니다.

```
In    round(resid_sq_pop - resid_sq_all, 3)
```

```
Out   149.125
```

브랜드 독립변수를 제외해도 잔차제곱합은 그다지 늘지 않았습니다. 수정제곱합을 사용하면 브랜드의 영향력이 크게 떨어집니다.

수정제곱합을 이용한 분산분석인 Type II 검정은 typ=2라는 인수를 넘김으로써 실행할 수 있습니다. 그 결과 sum_sq가 149.125가 되었습니다.

```
In    print(sm.stats.anova_lm(lm_model_1, typ=2).round(3))
```

```
Out                      sum_sq    df      F    PR(>F)
      brand             149.125   1.0   0.037    0.85
      local_population  187442.822  1.0  46.098   0.00
      Residual          109787.197  27.0    NaN     NaN
```

p값이 0.85이기 때문에 브랜드는 매출에 유의미한 영향을 준다고 말할 수 없다는 결과가 되었습니다. 독립변수가 하나만 있으면 Type I 검정 결과와 Type II 검정 결과가 일치합니다.

또한 두 개의 모델을 직접 비교하는 함수도 준비되어 있습니다.

```
In    np.round(lm_model_1.compare_f_test(lm_model_pop), 3)
```

```
Out   array([0.037, 0.85 , 1.   ])
```

출력으로 나온 세 개의 값은 각각 F비, p값, 두 모델의 자유도 차이입니다.

8.4.9 새로운 데이터 읽기

이어서 더 복잡한 구조를 가진 데이터를 읽어 들입니다.

```
In    brand_2 = pd.read_csv('8-4-2-brand-2.csv')
      print(brand_2.head(n=3))
```

```
Out      sales brand  local_population
      0  385.8     A             265.6
      1  473.0     A             386.1
      2  451.6     A             522.7
```

brand_2는 언뜻 보면 brand_1과 동일하게 보이지만 교호작용이라는 영향을 가미하지 않으면 제대로 모델링할 수 없는 데이터입니다.

8.4.10 교호작용

독립변수끼리 서로 교대로 영향을 주고받는 경우 교호작용이라는 항을 도입해야 합니다. **교호작용항**을 도입하면 독립변수 영향의 단순한 합으로는 표현할 수 없는 복잡한 상황을 모델링할 수 있습니다. 교호작용이 아닌 지금까지 가정했던 독립변수의 효과를 **주효과**라고 합니다.

8.4.11 나쁜 분석 예: 교호작용 없이 모델 만들기

비교를 위해 교호작용 없이 모델을 구축하고 Type II 검정을 수행해봅시다.

```
In    lm_dame_2 = smf.ols('sales ~ brand + local_population',
                    brand_2).fit()
      print(sm.stats.anova_lm(lm_dame_2, typ=2).round(3))
```

```
Out                     sum_sq    df        F   PR(>F)
      brand             34.275    1.0    0.007    0.933
      local_population  484195.711  1.0  100.427    0.000
      Residual          226604.693  47.0    NaN      NaN
```

브랜드에 대한 분산분석 결과 p값이 0.933이 되었기 때문에 브랜드가 매출에 유의미한 영향을 미치고 있다고는 말할 수 없다는 결과가 되었습니다. 그러나 회귀직선을 비교하는 그림(그림 8-13)을 그리면 이러한 분석에 위화감을 느낄 수 있습니다.

```
In    sns.lmplot(x='local_population', y='sales', data=brand_2,
              col='brand',
              scatter_kws={'color': 'black'},
              line_kws   ={'color': 'black'},
              ci=None, height=4, aspect=1)
```

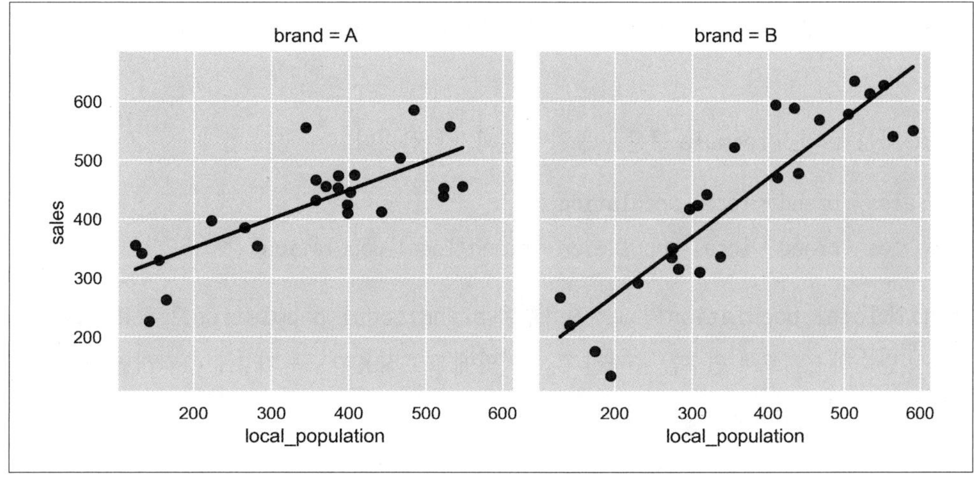

그림 8-13 브랜드별 지역인구와 매출의 회귀직선(교호작용 있음)

[그림 8-13]을 보면 회귀직선의 기울기가 브랜드별로 다르게 보입니다. 이러한 상황이라면 브랜드의 영향과 지역인구의 영향을 단순한 합으로 표현하는 것이 어렵다고 생각됩니다. 브랜드별로 회귀직선의 기울기가 다르다고 가정하는 모델을 구축해야 합니다. 이때 교호작용항을 이용함으로써 회귀직선의 기울기가 다른 모델을 만들 수 있습니다.

8.4.12 교호작용을 넣은 모델 만들기

교호작용을 포함한 모델을 구축하고 추정된 파라미터를 확인합시다. 교호작용을 넣는 경우는 모델의 formula에서 + 기호 대신 * 기호를 사용합니다.

```
In    lm_model_2 = smf.ols('sales ~ brand * local_population',
                           data=brand_2).fit()
      lm_model_2.params
```

```
Out   Intercept                        254.524
      brand[T.B]                      -182.924
      local_population                   0.486
      brand[T.B]:local_population        0.508
      dtype: float64
```

절편(Intercept), 브랜드의 영향(brand[T.B]), 지역인구의 영향(local_population)에 더해 콜론(:) 기호로 조합된 교호작용항(brand[T.B]:local_population)의 계수가 출력되었습니다.

참고로 다음 두 가지 formula 구문은 동일한 결과가 나옵니다.

- sales ~ brand * local_population
- sales ~ brand + local_population + brand:local_population

brand와 local_population의 교호작용항은 brand:local_population으로 표현됩니다. 따라서 단순히 + 기호로 변수를 추가한 후 마지막에 교호작용항도 + 기호로 추가하면 교호작용을 포함한 모델을 구축할 수 있습니다.

8.4.13 Type III 검정

교호작용항이 포함된 모델에서는 Type III 검정이 종종 사용됩니다. Type II 검정을 통해 검정한 결과 브랜드의 제곱합은 교호작용을 사용하지 않은 모델과 차이가 없는 것으로 나타났습니다(sum_sq=34.275).

```
In    print(sm.stats.anova_lm(lm_model_2, typ=2).round(3))
```

```
Out                      sum_sq    df        F  PR(>F)
      brand                34.275   1.0    0.009   0.924
      local_population  484195.711   1.0  130.689   0.000
      brand:local_population  56176.608   1.0   15.163   0.000
      Residual         170428.085  46.0      NaN     NaN
```

교호작용을 가미한 후 검정하는 경우는 Type III 검정을 시행합니다.

8.4.8절과 마찬가지로 수정제곱합을 구합니다. 우선 교호작용항을 포함하여 모든 요인이 가미된 lm_model_2의 잔차제곱합을 구합니다.

```
In    resid_sq_full = np.sum(lm_model_2.resid ** 2)
      round(resid_sq_full, 3)
```

```
Out    170428.085
```

이어서 브랜드의 효과만을 제외한 모델을 구축하고 잔차제곱합을 구합니다.

```
In    mod_non_brand = smf.ols(
          'sales ~ local_population + brand:local_population',
          data=brand_2).fit()
      resid_sq_non_brand = np.sum(mod_non_brand.resid ** 2)
      round(resid_sq_non_brand, 3)
```

```
Out    220745.808
```

잔차제곱합을 비교해보면 모델에서 브랜드를 제거할 때 잔차제곱합이 50317 정도 증가하는 것으로 나타났습니다. 이것이 변수 brand의 수정제곱합입니다.

```
In    round(resid_sq_non_brand - resid_sq_full, 3)
```

```
Out   50317.723
```

교호작용항이 있는 가운데 수정제곱합을 이용한 분산분석을 수행한다면 Type III 검정을 사용합니다. 수정제곱합을 사용하면 brand는 p값이 0.05 이하로 떨어집니다. Type III 검정의 결과를 보면 모든 변수가 유의미한 영향을 미치는 것으로 나옵니다.

```
In    print(sm.stats.anova_lm(lm_model_2, typ=3).round(3))
```

```
Out                          sum_sq    df       F   PR(>F)
      Intercept          195523.067   1.0  52.773    0.000
      brand               50317.723   1.0  13.581    0.001
      local_population   100639.827   1.0  27.164    0.000
      brand:local_population 56176.608   1.0  15.163    0.000
      Residual           170428.085  46.0     NaN      NaN
```

Type III 검정 결과 브랜드와 지역인구가 모두 매출에 유의미한 영향을 미치는 것으로 판단할 수 있습니다. 또한 교호작용항도 유의미하기 때문에 브랜드마다 회귀직선의 기울기가 다르다고 판단됩니다.

8.4.14 AIC를 이용한 변수 선택

AIC를 사용하여 변수 선택을 수행해봅시다. 이 방법은 단순회귀분석과 거의 다르지 않습니다. 여러 변수 조합으로 모델을 만들고 AIC를 비교하면 됩니다. 교호작용이 없는 모델과 있는 모델에서 AIC를 비교합니다.

```
In    print('교호작용 없는 모델의 AIC', round(lm_dame_2.aic, 3))
      print('교호작용 있는 모델의 AIC', round(lm_model_2.aic, 3))
```

Out	교호작용 없는 모델의 AIC 568.841
	교호작용 있는 모델의 AIC 556.596

교호작용을 넣은 모델의 AIC가 낮아졌습니다. 역시 교호작용은 매출 예측 모델에 필요하다는 결과입니다. 본래는 모든 변수의 조합으로 AIC를 비교해야 하지만 지면 관계상 생략합니다.

AIC는 분산분석처럼 별도로 계산 방법을 바꾸지 않아도 실행할 수 있습니다. 최근 데이터 분석에서 AIC가 중요한 역할을 하는 큰 이유 중 하나는 사용하기 편리하다는 점을 들 수 있습니다. 이 책에서는 AIC를 중심으로 활용합니다.

그러나 통계적 가설검정의 p값을 과도하게 신뢰하는 것과 마찬가지로 AIC를 과도하게 신뢰하는 것에도 문제가 있습니다. 얻은 계수의 해석이나 변수 선택 결과의 해석, 잔차 체크 등 포괄적인 평가를 수행하는 것이 바람직합니다.

8.4.15 교호작용항의 해석

교호작용항이 있는 모델에서 계수의 해석에 대해 알아봅시다. 먼저 계수를 가져옵니다.

```
lm_model_2.params
```

```
Intercept                       254.524
brand[T.B]                     -182.924
local_population                  0.486
brand[T.B]:local_population       0.508
dtype: float64
```

사용하기 쉽도록 계수를 개별적으로 가져옵니다.

```
Intercept = lm_model_2.params[0]
coef_brand_B = lm_model_2.params[1]
coef_local_population = lm_model_2.params[2]
Interaction = lm_model_2.params[3]
```

브랜드의 영향과 지역인구의 영향 간에 교호작용이 있는 경우 계수를 해석하는 것은 쉽지 않습니다. 따라서 지역인구, 즉 local_population이 0일 때 예측값을 계산합니다. 먼저 브랜드가 A이고 local_population이 0일 때 예측값을 계산해봅시다.

```python
lm_model_2.predict(
    pd.DataFrame({'brand':['A'], 'local_population':[0]}))
```

```
0    254.524
dtype: float64
```

위의 결과는 절편의 값과 일치합니다.

```python
pred_1 = Intercept
round(pred_1, 3)
```

```
254.524
```

이어서 브랜드가 B이고 local_population이 0일 때 예측값을 계산해봅시다.

```python
lm_model_2.predict(
    pd.DataFrame({'brand':['B'], 'local_population':[0]}))
```

```
0    71.599
dtype: float64
```

이는 절편에 브랜드 B의 영향을 나타내는 계수를 더한 결과와 일치합니다.

```python
pred_2 = Intercept + coef_brand_B
round(pred_2, 3)
```

```
71.599
```

여기까지는 직관적으로 받아들이기 쉬운 결과라고 할 수 있습니다.

이번에는 local_population이 0이 아닌 경우의 예측값을 계산합니다. 이 결과를 계수를 사용하여 재현하는 것은 다소 어렵기 때문에 주의를 기울여 진행하기 바랍니다.

먼저 브랜드가 A이고 local_population이 150일 때 예측값을 계산합니다. [그림 8-13]의 회귀직선을 참고하면서 진행합시다(그림 8-13의 각 그래프의 왼쪽 끝에서 local_population은 거의 150입니다).

```
In    lm_model_2.predict(
          pd.DataFrame({'brand':['A'], 'local_population':[150]}))
```

```
Out   0    327.413
      dtype: float64
```

위의 결과는 절편과 local_population 계수의 두 가지로 재현할 수 있습니다.

```
In    pred_3 = Intercept + coef_local_population * 150
      round(pred_3, 3)
```

```
Out   327.413
```

어려운 것은 브랜드가 B일 때입니다. 브랜드가 B이고 local_population이 150일 때 예측값을 계산합니다.

```
In    lm_model_2.predict(
          pd.DataFrame({'brand':['B'], 'local_population':[150]}))
```

```
Out   0    220.679
      dtype: float64
```

이 결과를 재현하려면 절편과 브랜드 B의 영향을 나타내는 계수, local_population의 계수, 교호작용항의 계수를 모두 참고해야 합니다.

```
In    pred_4 = Intercept + coef_brand_B + \
```

```
(coef_local_population + Interaction) * 150
round(pred_4, 3)
```



```
220.679
```

브랜드 A와 브랜드 B에서는 회귀직선의 기울기가 다릅니다. 즉 local_population이 미치는 영향이 브랜드마다 다릅니다. 따라서 local_population이 미치는 영향은 단순히 local_population의 계수만으로는 표현할 수 없고 coef_local_population+Interaction과 같이 교호작용항을 추가해야 합니다.

교호작용항은 브랜드 차이에 따른 회귀직선 기울기 차이의 크기입니다. 브랜드 A의 회귀직선 기울기는 coef_local_population이지만 브랜드 B의 회귀직선 기울기는 coef_local_population+Interaction입니다. 따라서 교호작용항이 유의미하게 0과 다르다면 브랜드 차이에 따라 회귀직선의 기울기가 유의미하게 다르다고 주장할 수 있습니다.

이 절에서는 범주형 변수와 연속형 변수의 조합으로 교호작용을 도입했지만 범주형 변수끼리 또는 연속형 변수끼리 교호작용을 정의할 수도 있습니다. 일반적으로 교호작용항은 독립변수끼리의 곱을 독립변수로 사용한 것으로 해석할 수 있습니다.

이번 예에서는 브랜드가 범주형 데이터입니다. 8.3절에서 설명한 바와 같이 브랜드는 더미변수로서 브랜드 A라면 0, 브랜드 B라면 1을 취합니다.

교호작용항을 포함한 모델은 다음과 같이 표기됩니다.

$$\text{매출} \sim \mathcal{N}(\beta_0 + \beta_1 \times \text{브랜드 더미변수} + \beta_2 \times \text{인구}$$
$$+ \beta_3 \times \text{브랜드 더미변수} \times \text{인구}, \sigma^2)$$

식 8-49

여기서 β_0은 Intercept, β_1은 coef_brand_B, β_2는 coef_local_population, β_3은 Interaction에 대응합니다.

브랜드 A의 경우 브랜드 더미변수가 0이므로 매출의 기댓값은 다음과 같이 계산됩니다.

$$\text{매출 기댓값} = \beta_0 + \beta_1 \times 0 + \beta_2 \times \text{인구} + \beta_3 \times 0 \times \text{인구}$$
$$= \beta_0 + \beta_2 \times \text{인구}$$

식 8-50

한편 브랜드 B의 경우 브랜드 더미변수가 1이므로 매출의 기댓값은 다음과 같이 계산됩니다.

$$\begin{aligned} \text{매출 기댓값} &= \beta_0 + \beta_1 \times 1 + \beta_2 \times \text{인구} + \beta_3 \times 1 \times \text{인구} \\ &= \beta_0 + \beta_1 + \beta_2 \times \text{인구} + \beta_3 \times \text{인구} \\ &= \beta_0 + \beta_1 + (\beta_2 + \beta_3) \times \text{인구} \end{aligned}$$

식 8–51

위의 결과와 파이썬 구현의 결과가 일치하는지 확인합시다.

8.4.16 formula 구문의 기능

statsmodels의 formula 구문의 기능을 정리해봅시다. formula 구문의 기능을 잘 사용할 수 있게 되면 구축할 수 있는 모델의 다양성이 증가합니다.

자주 사용하는 기능으로서 수치형 독립변수를 범주형으로 변환하는 방법을 소개합니다. 여기서 는 brand_3이라는 다른 데이터를 사용합니다.

```
In   brand_3 = pd.read_csv('8-4-3-brand-3.csv')
     print(brand_3.head(n=3))
```

```
Out      sales  brand  local_population
     0   385.8    0.0             265.6
     1   473.0    0.0             386.1
     2   451.6    0.0             522.7
```

brand_3은 브랜드를 처음부터 더미변수로 취급합니다. 그러나 숫자는 0과 1이 아니라 0과 99 로 구별됩니다.

```
In   brand_3.brand.value_counts()
```

```
Out  0.0     25
     99.0    25
     Name: brand, dtype: int64
```

여기서 brand_3을 대상으로 정규선형모델을 구축하면 브랜드를 수치형 데이터라고 착각한 채로 분석하므로 추정된 계수의 해석이 어려워집니다.

```python
# 브랜드가 수치 취급되어 계수가 바뀐다.
lm_model_3 = smf.ols(
    'sales ~ brand * local_population',
    data=brand_3).fit()
lm_model_3.params
```

```
Intercept                254.524
brand                     -1.848
local_population           0.486
brand:local_population     0.005
dtype: float64
```

그래서 formula 구문을 다음과 같이 변형하여 변수 brand를 범주형(카테고리)으로 변환합니다.

- **일반**: sales ~ brand * local_population
- **변환**: sales ~ C(brand) * local_population

이제 문제없이 모델을 추정할 수 있습니다.

```python
# 브랜드를 범주형으로 취급
lm_model_3_2 = smf.ols(
    'sales ~ C(brand) * local_population',
    data=brand_3).fit()
lm_model_3_2.params
```

```
Intercept                          254.524
C(brand)[T.99.0]                  -182.924
local_population                     0.486
C(brand)[T.99.0]:local_population    0.508
dtype: float64
```

이 절에서 사용한 formula 구문을 정리하면 다음과 같습니다. 종속변수는 sales입니다.

- 절편만 있는 모델(Null 모델)

  sales ~ 1

- 매출을 브랜드로 표현한 모델

  sales ~ brand

- 매출을 브랜드와 지역인구로 표현한 모델

  sales ~ brand + local_population

- 매출을 브랜드와 지역인구와 교호작용항으로 표현한 모델

  sales ~ brand * local_population

  sales ~ brand + local_population + brand:local_population

- 브랜드를 범주형 변수로 변환한 모델

  sales ~ C(brand) * local_population

formula 구문에 대해서는 patsy 라이브러리 문서[1]에서 자세한 내용을 찾아볼 수 있습니다.

8.4.17 디자인 행렬

formula 구문은 마법처럼 보일 수 있습니다. 그러나 실제로는 더미변수를 만들거나 교호작용항(독립변수끼리의 곱)을 만들고 있습니다. formula 구문을 더 잘 이해하기 위해 **디자인 행렬**이라고 하는 모델을 추정하는 데 사용되는 데이터를 만들어봅시다.

patsy 라이브러리에서 dmatrix 함수를 불러와서 교호작용항을 포함하는 디자인 행렬을 만듭니다.

```
In    from patsy import dmatrix
      dmatrix('brand * local_population', brand_2)
```

```
Out   DesignMatrix with shape (50, 4)
        Intercept  brand[T.B]  local_population  brand[T.B]:local_population
              1         0           265.6                    0.0
              1         0           386.1                    0.0
        ...<중략>...
              1         1           505.1                  505.1
```

---

[1] https://patsy.readthedocs.io/en/latest/

| | 1 | 1 | 355.1 | 355.1 |

...<이하 생략>...

브랜드의 더미변수는 brand[T.B]로 제공되며 0 또는 1을 취하는 변수로 설정되어 있음을 알수 있습니다. 또한 교호작용항 brand[T.B]:local_population은 더미변수가 1인 경우에만 지역인구 local_population과 동일한 값을 저장합니다. '더미변수×지역인구' 값이 교호작용항의 추정을 위해 저장된다는 것을 알 수 있습니다.

## CHAPTER 9

일반화선형모델

9.1 일반화선형모델 기본

9장에서는 파이썬에서 분석을 수행하기 전 단계로 일반화선형모델의 기본 사항을 설명합니다.

예를 들어 있다와 없다라는 두 가지 값만 취하는 데이터거나 0개, 1개, 2개와 같은 0 이상의 정수만 취하는 데이터에 대해 모집단분포를 정규분포로 가정하는 건 위화감이 있습니다. 이때 등장하는 것이 **일반화선형모델**generalized linear models(GLM)입니다. 일반화선형모델을 이용하면 분류 문제나 회귀 문제도 통일성 있게 취급할 수 있습니다. 고전적 통계 처리에 비하면 커다란 진보입니다.

9.1절에서는 일반화선형모델을 이해하는 데 필요한 용어부터 소개합니다. 이어서 파라미터 추정의 개념을 비롯한 응용 내용을 다룹니다.

9.1.1 일반화선형모델의 구성요소

일반화선형모델은 다음 세 가지를 구성요소로 가집니다.

1 종속변수가 따르는 확률분포

2 선형예측자

3 링크함수

구성요소가 세 개 있다는 것은 이 요소들을 데이터에 따라 유연하게 바꿀 수 있다는 것입니다. 적용할 수 있는 데이터가 많아지는 것은 큰 이점입니다. 앞으로 이러한 구성요소가 갖는 의미와 모델 선택 절차 등에 대해 알아보겠습니다.

9.1.2 이 책에 사용된 확률분포

일반화선형모델은 정규분포 이외의 확률분포에도 사용할 수 있습니다. 이 책에서는 정규분포 외에는 이항분포와 푸아송 분포를 중심으로 활용합니다. 이항분포에 대해서는 4.3절에서 다뤘습니다.

9.1.3 푸아송 분포

푸아송 분포는 0개, 1개, 2개나 0회, 1회, 2회 등 **카운트 데이터**가 따르는 이산형 확률분포입니다. 카운트 데이터는 0 이상의 정수라는 특징이 있습니다. 이것은 $-\infty$에서 $+\infty$의 실수를 취하는 정규분포와는 큰 차이입니다.

푸아송 분포의 확률질량함수는 다음과 같습니다. 푸아송 분포의 파라미터는 강도(일이 일어날 횟수에 대한 기댓값, 발생 강도) λ(람다)밖에 없습니다. 푸아송 분포를 따르는 확률변수는 기댓값과 분산이 모두 λ와 같습니다.

$$\text{Pois}(x \mid \lambda) = \frac{e^{-\lambda}\lambda^{x}}{x!} \qquad \text{식 9-1}$$

푸아송 분포에 대해서는 9.4절에서 자세히 설명합니다.

9.1.4 지수형 분포

이 절의 내용은 다소 까다롭기 때문에 어렵다면 건너뛰어도 괜찮습니다.

일반화선형모델은 정규분포 이외의 확률분포도 모집단분포로 가정할 수 있는 선형모델입니다. 정규분포 이외의 확률분포로 사용되는 것이 **지수족(지수형 분포족)**이라고 불리는 부류의 분포입니다. 지수족은 정규분포 이외의 분포를 포함하지만 정규분포가 가지는 편리한 성질들을 지니고 있어 모델 추정이나 해석에 용이합니다. 구체적인 성질은 관련 문헌을 참고하기 바랍니다. 이 절에서는 지수족의 형식적인 정의를 소개하겠습니다.

지수족은 다음의 형식으로 확률분포를 기술할 수 있는 것을 가리킵니다. 여기서 x는 확률변수이고 θ는 확률분포의 파라미터입니다.

$$f(x \mid \theta) = \exp[a(x)b(\theta) + c(\theta) + d(x)]$$ 식 9-2

여기서 특히 $a(x) = x$인 분포를 **정준형**canonical이라고 하고 $b(\theta)$를 분포의 자연 파라미터라고 합니다. 예를 들어 푸아송 분포는 지수족에 포함되어 정준형으로 간주할 수 있습니다. 푸아송 분포의 확률질량함수를 다시 살펴보겠습니다.

$$\mathrm{Pois}(x \mid \lambda) = \frac{e^{-\lambda}\lambda^x}{x!}$$ 식 9-3

위의 공식을 다음과 같이 변형할 수 있습니다.

$$\mathrm{Pois}(x \mid \lambda) = \exp[x \log \lambda - \lambda - \log x!]$$ 식 9-4

$a(x) = x$이기 때문에 정준형이며 자연 파라미터는 $\log \lambda$가 됩니다.

9.1.5 지수형 분포에 속하는 확률분포의 예

이 책에서 정규분포 외에는 이항분포와 푸아송 분포를 중심으로 활용합니다. 그러나 일반화선형모델에서 사용할 수 있는 확률분포는 그 밖에도 있습니다. 이용 빈도가 높은 것을 몇 가지 소개합니다.

감마분포는 0 이상의 값을 취하는 연속형 확률변수가 따르는 확률분포입니다. 정규분포와 달리 0 이상의 값만 취하며 분산값도 평균값에 따라 변합니다(등분산이 아니라는 뜻입니다).

음이항분포는 푸아송 분포와 마찬가지로 카운트 데이터가 따르는 확률분포입니다. 푸아송 분포보다 분산이 큰 것이 특징입니다. 예를 들어 무리 짓는 생물의 개체수라면 푸아송 분포로는 상정할 수 없는 큰 분산이 되는 경우가 있습니다. 이 문제를 **과분산**이라고 부르며, 이때 음이항분포를 사용하면 잘 모델링되는 경우가 있습니다.

그밖에 statsmodels가 제공하는 다른 확률분포에 대해서는 관련 문서[1]를 참고하기 바랍니다.

9.1.6 선형예측자

선형예측자란 독립변수를 선형의 관계식으로 표현한 것입니다. 예를 들어 맥주의 매출이라는 종속변수를 기온이라는 독립변수에서 예측하는 경우의 선형예측자는 다음과 같습니다.

$$\beta_0 + \beta_1 \times 기온\,(℃)$$
식 9-5

예를 들어 시험에 합격, 불합격을 예측하는 것을 생각해봅시다. 공부시간이 길면 시험에 합격하기 쉬워진다는 구조를 수리모델로 만들면 선형예측자는 다음과 같습니다.

$$\beta_0 + \beta_1 \times 공부시간$$
식 9-6

예를 들어 맥주 판매 개수(매출이 아니라)를 기온이라는 독립변수에서 예측하는 경우는 다음과 같습니다.

$$\beta_0 + \beta_1 \times 기온\,(℃)$$
식 9-7

전부 비슷비슷한 구조입니다. [식 9-5]와 [식 9-7]은 완전히 똑같습니다. 하지만 선형예측자를 그대로 예측에 사용하는 데는 문제가 있습니다.

9.1.7 링크함수

링크함수는 종속변수와 선형예측자를 서로 대응시키기 위해 사용합니다. 종속변수에 링크함수를 적용합니다.

맥주 판매 개수를 구한다고 해보겠습니다. 간단하게 다음과 같이 예측했다고 합시다.

---

1 https://www.statsmodels.org/stable/glm.html#technical-documentation

$$\text{맥주 판매 개수} = \beta_0 + \beta_1 \times \text{기온}(℃)$$

식 9–8

맥주 판매 개수가 음수가 되는 것은 절대로 있을 수 없습니다. 그런데도 [식 9–8]은 기온이나 회귀계수를 어떻게 설정하느냐에 따라서 음수가 될 가능성이 있습니다. 그러면 곤란합니다. 여기서 링크함수가 등장합니다.

개수 등 카운트 데이터를 대상으로 할 때는 링크함수로 로그함수를 자주 사용합니다. 종속변수에 로그함수를 적용합니다.

$$\log[\,\text{맥주 판매 개수}\,] = \beta_0 + \beta_1 \times \text{기온}(℃)$$

식 9–9

위 식의 양 변에 exp를 취하면 다음과 같이 변형할 수 있습니다.

$$\text{맥주 판매 개수} = \exp[\beta_0 + \beta_1 \times \text{기온}(℃)]$$

식 9–10

지수함수의 결과는 음수가 될 수 없기 때문에 [식 9–10]으로 예측한 맥주 판매 개수는 음수가 되지 않습니다. 이렇게 종속변수에 링크함수를 적용함으로써 0 이상의 카운트 데이터나 [0, 1] 범위를 취하는 성공확률 등을 대상으로 예측을 할 수 있습니다.

9.1.8 링크함수와 확률분포의 대응

확률분포와 링크함수는 다음과 같이 한 벌로 사용되는 경우가 많습니다.

확률분포	링크함수	모델명
정규분포	항등함수	정규선형모델
이항분포	로짓함수	로지스틱 회귀
푸아송 분포	로그함수	푸아송 회귀

항등함수는 $f(x) = x$인 함수입니다. 쉽게 얘기하면 아무런 변환도 하지 않는 함수가 항등함수입니다. 정규선형모델에서는 변환이 일어나지 않았습니다. 일반화선형모델의 틀에서 그것을 항등함수로 부를 뿐입니다. 로짓함수에 대해서는 다음 절에서 설명하겠습니다.

그 외에도 정규분포에서 링크함수를 로그함수로 하여 종속변수가 음수가 되지 않게 한 모델도 있습니다. 음이항분포에서도 링크함수로 로그함수를 자주 사용합니다. 감마분포에 대해서는 로그함수를 사용하기도 하고 역수($1/x$)를 사용하기도 합니다.

9.1.9 일반화선형모델의 파라미터 추정

일반화선형모델에서는 정규분포 이외의 확률분포가 사용되는 경우도 있기 때문에 최대가능도 법에 의한 파라미터 추정을 수행합니다. 가능도함수가 어떤 형태가 되는지는 뒤에서 개별 모델 을 다루는 법을 알아볼 때 같이 설명하겠습니다. 파라미터 추정 알고리즘으로는 **반복 가중치가 있 는 최소제곱법**(IRLS)을 이용하는 경우가 많습니다.

9.1.10 일반화선형모델을 이용한 검정 방법

이 책에서 일반화선형모델의 모델 선택 방법은 AIC를 사용한 방법으로 통일합니다. AIC는 최 대로그가능도와 파라미터 수만 있으면 즉시 계산할 수 있으므로 간편합니다. 이 절에서는 일반 화선형모델에서 자주 사용되는 검정 방법을 설명합니다.

정규분포 이외의 확률분포를 이용하는 일반화선형모델에서는 회귀계수의 t검정을 시행할 수 없 습니다. 때문에 이용되는 것이 Wald 검정입니다. **Wald 검정**은 표본크기가 클 때 최대가능도 추 정량이 점근적으로 정규분포를 따르는 것을 이용한 검정 방법입니다. 이는 statsmodels의 출 력에서도 나타납니다.

일반화선형모델에서 분산분석과 같은 해석을 할 수 있는 검정 방법으로 **가능도비 검정**[likelyhood ratio test]이 있습니다. 가능도비 검정은 모델의 적합도를 비교하는 방법입니다. 8.4절에서 소개한 Type II 검정과 유사하게 해석할 수 있는 방법도 제안되어 있습니다.

9.2 로지스틱 회귀

이 절에서는 로지스틱 회귀에 대해 알아보겠습니다. 먼저 로지스틱 회귀 이론을 설명한 후 파이 썬을 사용한 실용적인 분석 방법을 살펴보겠습니다.

9.2.1 로지스틱 회귀

로지스틱 회귀는 확률분포에 이항분포를 사용하고 링크함수에 로짓함수를 사용한 일반화선형모델입니다. 독립변수는 여러 개 있어도 상관없고 연속형과 범주형이 섞여 있어도 괜찮습니다.

9.2.2 이 절의 예제

시험에 합격, 불합격을 예측한다고 생각해보겠습니다. 공부시간에 따라서 시험의 합격 여부가 달라진다는 구조를 수리모델로 만들면 선형예측자는 다음과 같습니다.

$$\beta_0 + \beta_1 \times 공부시간$$

식 9–11

9.2.3 두 값 판별 문제

종속변수를 합격하면 1, 불합격하면 0을 취하는 이항확률변수라고 생각하겠습니다. 이때 시험의 합격 여부를 다음과 같이 예측하는 것은 명백한 잘못입니다.

$$시험\ 합격\ 여부 = \beta_0 + \beta_1 \times 공부시간$$

식 9–12

공부시간은 연속형 변수이므로 예측값인 시험 합격 여부가 소수점 이하의 값이 되기도 할 것입니다. 음수가 될지도 모릅니다. '$\beta_0 + \beta_1 \times 공부시간$'이라는 계산식으로 0인지 1인지 판별하는 것은 곤란합니다.

이번에는 시험 합격률을 공부시간으로 설명하는 수리모델을 생각해보겠습니다.

$$시험\ 합격률 = \beta_0 + \beta_1 \times 공부시간$$

식 9–13

0 또는 1을 선형예측자로 판별하는 것에 비해 개선되었지만 여전히 문제가 있습니다. 합격률은 정의상 0 이상 1 이하여야 합니다. [식 9–13]에서는 음수가 되거나 1을 넘는 값이 될 가능성이 있습니다. 이 문제는 링크함수로 로짓함수를 적용하면 해결할 수 있습니다.

9.2.4 로짓함수

로짓함수는 다음과 같은 함수를 가리킵니다. 로그의 밑은 e입니다.

$$f(x) = \log\left(\frac{x}{1-x}\right)$$

식 9-14

9.2.5 역함수

어떤 함수 $f(a)=b$가 있다고 합시다 이때 a와 b를 반대로 하여 $g(b)=a$가 되는 함수 $g(\ )$를 $f(x)$에 대한 **역함수**라고 합니다. 예를 들어 지수함수의 역함수는 로그함수입니다.

9.2.6 로지스틱 함수

로지스틱 함수는 로짓함수의 역함수입니다. 로짓함수를 $f(x)$, 로지스틱 함수를 $g(x)$라고 하면 $g(f(x))=x$가 됩니다. 원래 함수에 역함수를 적용하면 변환 전의 값으로 돌아가게 됩니다. 로지스틱 함수는 다음과 같이 정의됩니다.

$$g(y) = \frac{1}{1+\exp(-y)}$$

식 9-15

9.2.7 로지스틱 함수의 특징

지수함수인 $\exp(-y)$는 음수가 될 수 없습니다. 때문에 로지스틱 함수의 분모는 1 이하로 내려가지 않습니다. $\exp(-y)$는 y가 작을수록 큰 값이 됩니다. 분모가 커질수록 로지스틱 함수의 출력은 점점 0에 가까워집니다. 즉 로지스틱 함수는 다음과 같은 특성을 갖습니다.

- $y \rightarrow \infty$일 때 $g(y) \rightarrow 1$
- $y \rightarrow -\infty$일 때 $g(y) \rightarrow 0$

이와 같기 때문에 로지스틱 함수의 출력은 0 미만이 되거나 1을 초과하지 않습니다.

9.2.8 로지스틱 회귀의 구조

로지스틱 회귀는 확률분포에 이항분포를 사용하고 링크함수에 로짓함수를 사용한 일반화선형모델입니다. 이 말의 의미를 다시 확인해보겠습니다.

성공확률(이번 예에서는 시험에 합격할 확률)을 p라고 하겠습니다. 링크함수에 로짓함수를 사용하면 시험의 합격률과 공부시간의 관계를 다음과 같이 나타낼 수 있습니다.

$$\log\left(\frac{p}{1-p}\right) = \beta_0 + \beta_1 \times \text{공부시간} \qquad \text{식 9–16}$$

양변에 로지스틱 함수를 적용하면 다음과 같이 변형할 수 있습니다. 이 식을 사용해서 합격률을 예측합니다.

$$p = \frac{1}{1 + \exp[-(\beta_0 + \beta_1 \times \text{공부시간})]} \qquad \text{식 9–17}$$

그럼 실제로 시험의 합격/불합격 데이터를 얻었다고 해보겠습니다. 이 데이터에서 공부시간이 시험 합격률에 영향을 미치는지 확인해봅시다.

공부시간이 5시간이던 학생들이 10명 있다고 합시다. 이때 합격자 수 m은 성공확률이 [식 9–17]이고 시행횟수가 10인 이항분포를 따른다고 가정합니다.

$$m \sim \text{Bin}\left(m \mid 10, \frac{1}{1 + \exp[-(\beta_0 + \beta_1 \times 5)]}\right) \qquad \text{식 9–18}$$

여기서 이항분포의 확률질량함수는 다음과 같습니다(4.3절 참고).

$$\text{Bin}(m \mid n, p) = {}_n C_m \cdot p^m \cdot (1-p)^{n-m} \qquad \text{식 9–19}$$

[식 9–18]과 같은 확률분포를 따르는 표본을 얻었다고 생각하는 것이 로지스틱 회귀입니다.

9.2.9 로지스틱 회귀의 가능도함수

앞에서 계수 β_0, β_1과 공부시간을 알고 있을 때 시험의 합격률과 합격자 수의 분포를 추측하는 방법을 배웠습니다. 다음으로 계수 β_0, β_1의 추정을 알아보겠습니다. 일반화선형모델에서는 7.4절에서 설명한 최대가능도법으로 파라미터를 추정합니다.

다음과 같은 데이터를 얻었다고 합시다.

- 공부시간이 3시간인 학생 9명 중 4명이 합격
- 공부시간이 5시간인 학생 8명 중 6명이 합격
- 공부시간이 8시간인 학생 1명 중 1명이 합격

이때의 가능도함수를 $\mathcal{L}(\beta_0,\beta_1;n,m)$이라고 합니다. 세미콜론 기호의 오른쪽은 조건을 나타냅니다. 시행횟수 n과 합격자 수 m은 이미 데이터로 주어졌습니다. 계수를 바꾸면 가능도가 변합니다.

가능도함수는 다음과 같습니다.

$$
\begin{aligned}
\mathcal{L}(\beta_0,\beta_1;n,m) =\ & \mathrm{Bin}\!\left(4\,|\,9,\frac{1}{1+\exp[-(\beta_0+\beta_1\times 3)]}\right) \\
& \times \mathrm{Bin}\!\left(6\,|\,8,\frac{1}{1+\exp[-(\beta_0+\beta_1\times 5)]}\right) \\
& \times \mathrm{Bin}\!\left(1\,|\,1,\frac{1}{1+\exp[-(\beta_0+\beta_1\times 8)]}\right)
\end{aligned}
$$

식 9-20

시험자 수가 늘어나면 수식이 복잡해지긴 하지만 구조는 변하지 않습니다. 일반화선형모델은 가능도에 로그를 취한 로그가능도를 최대화하는 파라미터를 채택합니다.

9.2.10 분석 준비

이어서 파이썬을 사용하여 실제로 로지스틱 회귀를 수행해보겠습니다. 먼저 필요한 라이브러리를 불러옵니다.

```python
# 수치 계산에 사용하는 라이브러리
import numpy as np
import pandas as pd
from scipy import stats
# 표시 자릿수 설정
pd.set_option('display.precision', 3)
```

```python
np.set_printoptions(precision=3)

# 그래프를 그리는 라이브러리
from matplotlib import pyplot as plt
import seaborn as sns
sns.set()

# 통계모델을 추정하는 라이브러리
import statsmodels.formula.api as smf
import statsmodels.api as sm
```

9.2.11 데이터 읽기와 표시

분석 대상 데이터를 읽어 들입니다. 가상의 시험 합격/불합격 데이터입니다. hours가 공부시간, result가 시험의 합격 여부입니다(합격이면 1, 불합격이면 0).

```python
In   # 데이터 로드
     test_result = pd.read_csv('9-2-1-logistic-regression.csv')
     print(test_result.head(3))
```

```
Out      hours  result
     0      0       0
     1      0       0
     2      0       0
```

이어서 공부시간과 합격률의 관계를 시각화합니다. 이번에는 X축에 공부시간, Y축에 합격률을 둔 막대 그래프를 작성합니다. 막대 그래프는 Y축의 값이 평균값입니다. 합격 1, 불합격 0의 데이터이므로 평균값을 그대로 합격률로 간주할 수 있습니다. [그림 9-1]을 보면 공부시간이 길어지면 합격률이 높아지는 것처럼 보입니다.

```python
In   sns.barplot(x='hours',y='result',
                 data=test_result, palette='gray_r')
```

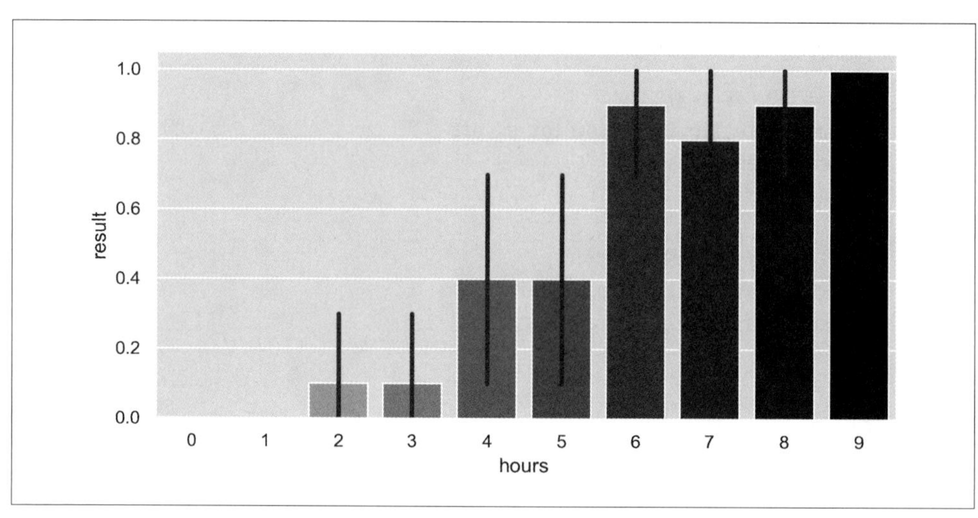

그림 9-1 공부시간에 따른 시험 합격률의 막대 그래프

공부시간마다 합격률을 계산해보겠습니다.

```
In    print(test_result.groupby('hours').mean())
```

```
Out          result
      hours
      0        0.0
      1        0.0
      2        0.1
      3        0.1
      4        0.4
      5        0.4
      6        0.9
      7        0.8
      8        0.9
      9        1.0
```

공부를 1시간 넘게 하지 않은 사람은 아무도 합격하지 못한 것 같습니다. 반대로 9시간 공부한 사람은 전부 합격한 것을 알 수 있습니다.

9.2.12 로지스틱 회귀(실습)

로지스틱 회귀모델을 추정해보겠습니다.

```
In    mod_glm = smf.glm(formula='result ~ hours',
                        data=test_result,
                        family=sm.families.Binomial()).fit()
```

로지스틱 회귀와는 상관없이 일반화선형모델을 추정하는 경우에는 smf.glm 함수를 사용합니다. 이 함수의 인수 지정에 대해서 설명하겠습니다.

첫 번째 인수로 formula를 지정합니다. 정규선형모델과 동일하게 설정합니다. 이번에는 종속변수를 result, 독립변수를 hours로 지정한 것이 됩니다. 복수의 독립변수가 있는 경우에는 8.4절에서 설명했던 것처럼 + 기호로 연결합니다. 두 번째 인수는 대상이 되는 데이터를 팬더스 데이터프레임으로 넘깁니다. 세 번째 인수에는 확률분포를 지정합니다. 이번에는 이항분포였으므로 sm.families.Binomial()입니다. 푸아송 분포를 지정하려면 sm.families.Poission()을 사용합니다.

링크함수는 지정되어 있지 않습니다. 이항분포를 지정할 경우 링크함수를 아무것도 지정하지 않으면 자동으로 로짓함수가 링크함수로 지정됩니다. 기본 링크함수는 확률분포에 따라 자동으로 바뀝니다. 푸아송 분포를 지정하면 자동으로 로그함수가 됩니다. family=sm.families.Binomial(link=sm.families.links.logit())으로 로짓함수를 명시적으로 지정할 수도 있습니다.

9.2.13 로지스틱 회귀 결과 출력

추정 결과를 출력해봅시다.

```
In    mod_glm.summary()
```

Dep.Variable:	result	No.Observations:	100
Model:	GLM	Df Residuals:	98
Model Family:	Binomial	Df Model:	1
Link Function:	logit	Scale:	1.0000
Method:	IRLS	Log-Likelihood:	−34.014
Date:	Wed, 12 Jun 2024	Deviance:	68.028
Time:	16:17:34	Pearson chi2:	84.9
No.Iterations:	6		
Covariance Type:	nonrobust		

	coef	std err	z	P>|z|	[0.025	0.975]
Intercept	−4.5587	0.901	−5.061	0.000	−6.324	−2.793
hours	0.9289	0.174	5.345	0.000	0.588	1.270

정규선형모델의 추정 결과와 다른 점이 있으므로 보충 설명을 하겠습니다.

Method의 IRLS는 Iterative Reweighted Least Squares(반복 가중치 최소제곱법)의 약자입니다. 내부에서 계산한 반복 수가 No.Iterations에 나옵니다. 일반화선형모델은 모델이 다소 복잡하기 때문에 매개변수를 추정하려면 요령이 필요합니다. 최대가능도 추정값을 얻으려면 반복 계산이 필요합니다. 최대가능도 추정값을 얻기 위한 알고리즘과 실제 추정에 필요한 반복 횟수가 여기에 출력되고 있습니다. Deviance와 Pearson chi2라는 두 가지 지표가 처음 나왔습니다. 이는 모델의 적합도를 나타내는 지표입니다. 다음 절에서 모델 평가를 다룰 때 설명하겠습니다.

계수에 대해서는 t검정 대신 Wald 검정 결과가 출력되고 있다는 점을 제외하면 정규선형모델과 해석하는 방법은 다르지 않습니다. 공부시간의 계수는 양수입니다.

9.2.14 로지스틱 회귀모델 선택

AIC를 사용하여 Null 모델과 공부시간이라는 독립변수가 있는 모델 중 어느 쪽이 좋은 모델인지 비교하겠습니다.

우선 Null 모델을 추정합니다.

```python
mod_glm_null = smf.glm(
    'result ~ 1', data=test_result,
    family=sm.families.Binomial()).fit()
```

AIC를 비교합니다.

```python
print('Null 모델:', round(mod_glm_null.aic, 3))
print('변수가 있는 모델:', round(mod_glm.aic, 3))
```

```
Null 모델: 139.989
변수가 있는 모델: 72.028
```

공부시간을 독립변수로 이용한 모델의 AIC가 더 작습니다. 공부시간이라는 변수는 합격률을 예측하는 데 도움이 되는 것 같습니다. 공부시간의 계수가 양수였던 점도 감안하면 공부시간을 늘리면 합격률이 오른다고 판단해도 괜찮은 것 같습니다.

9.2.15 로지스틱 회귀를 이용한 예측

합격률의 예측값을 계산해봅시다. 예측 방법은 정규선형모델과 다르지 않습니다. predict 함수에 독립변수의 데이터프레임을 지정합니다.

```python
# 0~9까지 1씩 증가하는 등차수열
exp_val = pd.DataFrame({
    'hours': np.arange(0, 10, 1)
})
# 합격률 예측
pred = mod_glm.predict(exp_val)
pred
```

```
0    0.010
1    0.026
2    0.063
3    0.145
4    0.301
5    0.521
```

```
6    0.734
7    0.875
8    0.946
9    0.978
dtype: float64
```

전혀 공부를 하지 않고 합격할 수 있는 확률을 1% 정도뿐이지만 9시간 공부하면 98% 가까이 합격률이 올라갑니다. 만약 0이나 1로 예측하고 싶은 경우에는 소수점 첫 번째 자리에서 반올림하여 0.5를 넘으면 합격이라고 처리합니다.

단순회귀모델과 같이 추정된 계수 $\beta_0 + \beta_1$을 사용하여 예측할 수도 있습니다. 이번 모델에서 성공확률의 계산식을 다시 살펴봅시다.

$$p = \frac{1}{1 + \exp[-(\beta_0 + \beta_1 \times 공부시간)]}$$

식 9–21

파이썬으로 확인해보겠습니다. 9시간 공부했을 때의 합격률을 예측합니다. predict 함수 결과와 일치합니다.

```
beta0 = mod_glm.params[0]
beta1 = mod_glm.params[1]
hour = 9

round(1 / (1 + np.exp(-(beta0 + beta1 * hour))), 3)
```

```
0.978
```

9.2.16 로지스틱 회귀곡선 그래프

로지스틱 회귀로 구한 이론상의 합격률을 그래프로 나타내보겠습니다. X축에 공부시간, Y축에 합격 여부의 이항확률변수를 지정한 산포도를 그리고 그 위에 로지스틱 회귀의 적합값인 이론상 합격률을 겹쳐 표시합니다. 그래프는 sns.lmplot 함수 인수에 logistic=True를 지정하여 작성할 수 있습니다.

```
sns.lmplot(x='hours', y='result',
           data=test_result, logistic=True,
           scatter_kws={'color': 'black'},
           line_kws     ={'color': 'black'},
           x_jitter=0.1, y_jitter=0.02,
           ci=None, height=4, aspect=2)
```

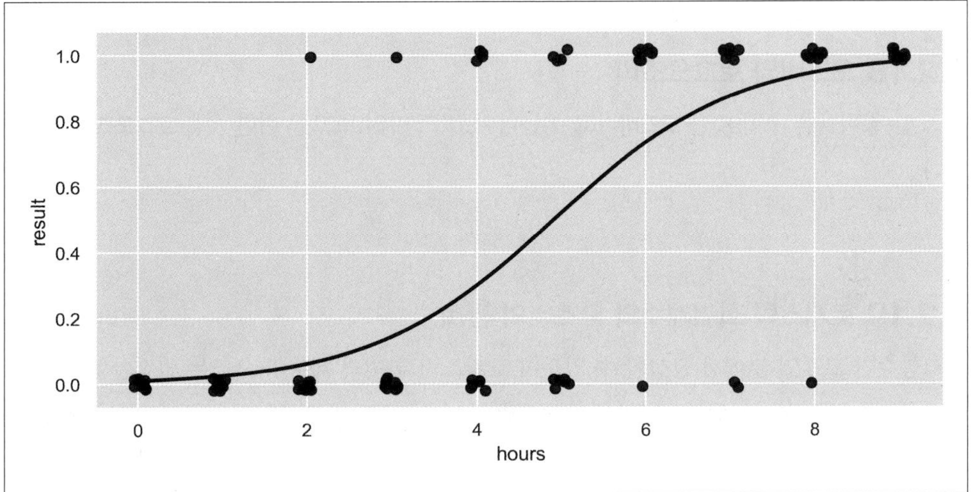

그림 9-2 로지스틱 회귀의 회귀곡선

x_jitter와 y_jitter는 산포도가 그리는 데이터의 점을 조금 위아래로 흩어지게 하는 설정입니다. 합격/불합격 데이터는 0과 1만 있어서 데이터가 겹치므로 이렇게 설정했습니다(그림 9-2).

9.2.17 오즈와 로그오즈

마지막으로 로지스틱 회귀에 대해 추정된 계수를 해석하기 위해 필요한 용어를 알아봅니다.

오즈는 실패할 확률보다 성공할 확률이 몇 배 더 높은지를 나타내는 것으로 다음과 같이 계산합니다. 여기서 p는 성공확률입니다.

$$오즈 = \frac{p}{1-p}$$

식 9-22

p=0.5일 때는 오즈는 1이 되고 성공할 확률과 실패할 확률이 같습니다. p=0.75일 때는 오즈는 3이 되고 실패하는 것보다 성공하기가 세 배 쉬워집니다.

오즈에 로그를 취한 것을 **로그오즈**라고 부릅니다. 로짓함수는 성공확률을 로그오즈로 변환하는 함수로도 볼 수 있습니다.

9.2.18 오즈비와 로그오즈비

오즈 간에 비율을 구한 것을 **오즈비**라고 부릅니다. 오즈비의 로그를 취한 것을 **로그오즈비**라고합니다.

9.2.19 로지스틱 회귀계수와 오즈비의 관계

링크함수가 로짓인 것에서 상상할 수 있듯이 로지스틱 회귀의 계수와 오즈는 밀접한 관계가 있습니다. 구체적으로 살펴보면 회귀계수는 독립변수를 1단위 변화시킬 때의 로그오즈비라고 해석할 수 있습니다.

실제로 알아보겠습니다. 공부시간이 1시간일 때의 합격률과 2시간일 때의 합격률을 각각 구합니다.

```python
# 공부시간이 1시간일 때 합격률
exp_val_1 = pd.DataFrame({'hours': [1]})
pred_1 = mod_glm.predict(exp_val_1)

# 공부시간이 2시간일 때 합격률
exp_val_2 = pd.DataFrame({'hours': [2]})
pred_2 = mod_glm.predict(exp_val_2)
```

합격률을 사용하여 로그오즈비를 계산합니다.

```python
# 오즈
odds_1 = pred_1 / (1 - pred_1)
odds_2 = pred_2 / (1 - pred_2)
```

```python
# 로그오즈비
log_odds_ratio = np.log(odds_2 / odds_1)
log_odds_ratio
```

Out

```
0    0.929
dtype: float64
```

로그오즈비는 공부시간의 계수와 일치합니다.

In

```
round(mod_glm.params['hours'], 3)
```

Out

```
0.929
```

이때 계수에 exp를 취한 것이 오즈비가 됩니다.

In

```
round(np.exp(mod_glm.params['hours']), 3)
```

Out

```
2.532
```

로지스틱 회귀모델의 계수에 exp를 취한 것은 독립변수가 1단위 증가하면 확률이 몇 배가 되는가를 나타내고 있다고 해석할 수 있습니다.

9.3 일반화선형모델 평가

정규선형모델에서 배운 것처럼 모델을 평가할 때 잔차 체크를 빠뜨릴 수 없습니다. 하지만 모집단분포가 정규분포 이외의 분포가 되면 잔차를 다루는 방법도 크게 바뀌게 됩니다. 이 절에서는 일반화선형모델에서 잔차를 다루는 방법을 설명합니다. 잔차는 데이터와 모델의 괴리를 표현하는 중요한 지표입니다. 더불어 모델의 손실을 파악하는 방법도 알아보겠습니다.

9.3.1 분석 준비

필요한 라이브러리를 불러옵니다.

```python
# 수치 계산에 사용하는 라이브러리
import numpy as np
import pandas as pd
from scipy import stats
# 표시 자릿수 설정
pd.set_option('display.precision', 3)
np.set_printoptions(precision=3)

# 통계모델을 추정하는 라이브러리
import statsmodels.formula.api as smf
import statsmodels.api as sm
```

9.2절과 똑같은 데이터를 사용하여 로지스틱 회귀모델을 추정하는 부분까지 구현합니다. 이 모델이 데이터에 적합한지부터 판단해보겠습니다.

```python
# 데이터 로드
test_result = pd.read_csv('9-2-1-logistic-regression.csv')

# 모델링
mod_glm = smf.glm(formula='result ~ hours',
                  data=test_result,
                  family=sm.families.Binomial()).fit()
```

9.3.2 피어슨 잔차

일반화선형모델에서 종종 사용되는 **피어슨 잔차**를 알아봅시다. 이항분포에서 피어슨 잔차는 다음과 같이 계산할 수 있습니다. y는 종속변수, n은 시행횟수, $\hat{p}$은 성공확률의 적합값(mod_glm.predict()로 계산되는 값)입니다.

$$Pearson\ residuals = \frac{y - n\hat{p}}{\sqrt{n\hat{p}(1-\hat{p})}}$$

식 9–23

이번 예에서는 하나의 예측 결과의 시행횟수가 1이므로 피어슨 잔차는 실질적으로 다음과 같이 계산됩니다. 이때 y는 0 또는 1을 취합니다.

$$Pearson\ residuals = \frac{y - \hat{p}}{\sqrt{\hat{p}(1 - \hat{p})}}$$

식 9-24

피어슨 잔차의 분모에 나타나는 $n\hat{p}(1 - \hat{p})$은 이항분포의 분산과 일치합니다. 그 값에 루트를 취한 것이므로 분모는 이항분포의 표준편차로 볼 수 있습니다.

정규선형모델에서는 종속변수와 predict() 함수로 구한 예측값의 차이를 잔차로 사용했습니다. $y - \hat{p}$을 그대로 잔차로 사용하고 있었다고 말할 수 있습니다. 피어슨 잔차는 일반 잔차를 분포의 표준편차로 나눈 것으로 해석할 수 있습니다.

n을 고정할 때 이항분포의 분산 $np(1 - p)$가 가장 클 때는 $p = 0.5$일 때입니다. 합격일지 불합격일지가 반반일 때는 데이터가 크게 흩어질 것으로 쉽게 상상할 수 있습니다. 이때 흩어진 정도는 상정 범위 내의 '작은 흩어짐'으로 생각할 수 있습니다. 반대로 $p = 0.9$와 같이 합격이 거의 확실하게 예측되는 경우에는 분산은 작아집니다. 이때 예측이 빗나가면 '큰 오차'로 생각할 수 있습니다. 이것이 피어슨 잔차입니다.

피어슨 잔차제곱합은 **피어슨 χ^2(카이제곱) 통계량**이라고도 불리며 모델 적합도의 지표가 됩니다. 피어슨 잔차를 피어슨 χ^2 통계량의 부호 있는 제곱근으로 도출하는 경우도 있습니다.

9.3.3 피어슨 잔차(실습)

피어슨 잔차를 계산해보겠습니다.

```python
# 예측된 성공확률
pred = mod_glm.predict()
# 종속변수(시험 합격 여부)
y = test_result.result
# 피어슨 잔차
peason_resid = (y - pred) / np.sqrt(pred * (1 - pred))
peason_resid.head(3)
```

```
Out    0    -0.102
       1    -0.102
       2    -0.102
       Name: result, dtype: float64
```

피어슨 잔차는 모델에서 직접 얻을 수도 있습니다.

```
In     mod_glm.resid_pearson.head(3)
```

```
Out    0    -0.102
       1    -0.102
       2    -0.102
       dtype: float64
```

피어슨 잔차제곱합은 피어슨 χ^2 통계량입니다.

```
In     round(np.sum(mod_glm.resid_pearson**2), 3)
```

```
Out    84.911
```

이 결과는 summary 함수에도 출력되고(9.2.13절 참고) 다음과 같이 꺼낼 수도 있습니다.

```
In     round(mod_glm.pearson_chi2, 3)
```

```
Out    84.911
```

9.3.4 deviance

모델의 적합성을 평가하는 또 다른 지표로 **deviance**를 알아봅시다. deviance(디비언스)는 모델의 적합도를 평가하는 지표로 이탈도라고도 합니다. deviance가 크면 모델이 맞지 않는다고 평가할 수 있습니다.

로지스틱 회귀의 로그가능도함수를 $\log \mathcal{L}(\beta_0, \beta_1; n, m)$이라고 하겠습니다. 계수 β_0, β_1을 바꾸면 가능도가 바뀝니다. 여기서 최대가능도법으로 추정된 로지스틱 회귀계수에 기반한 로그가능도를 $\log \mathcal{L}(\boldsymbol{\beta}_{glm}; \boldsymbol{y})$라고 합시다. 모든 합격 여부를 완벽히 예측할 수 있을 때의 로그가능도를 $\log \mathcal{L}(\boldsymbol{\beta}_{max}; \boldsymbol{y})$라고 하겠습니다. 이때 deviance는 다음과 같이 계산합니다.

$$\text{deviance} = 2[\log \mathcal{L}(\boldsymbol{\beta}_{max}; \boldsymbol{y}) - \log \mathcal{L}(\boldsymbol{\beta}_{glm}; \boldsymbol{y})] \qquad \text{식 9-25}$$

deviance는 잔차제곱합을 가능도처럼 표현한 것입니다. 즉 최대가능도법의 결과와 deviance라는 손실을 최소화하도록 파라미터를 추정한 결과는 일치합니다.

$\log \mathcal{L}(\boldsymbol{\beta}_{max}; \boldsymbol{y})$는 종속변수를 완전히 예측할 수 있을 때의 로그가능도입니다. 즉 합격(1)이라면 성공확률 100%, 불합격이라면 성공확률 0%로 예측할 때의 로그가능도입니다. 이 값보다 로그가능도를 높일 수는 없습니다. 여기에서 차이를 측정한 것이 deviance입니다.

deviance를 계산할 때 로그가능도의 차이에 2를 곱하고 있습니다. 2를 곱하는 이유는 가능도비 검정을 할 때 편하기 때문입니다.

deviance는 일반화선형모델에서 잔차제곱합과 마찬가지로 사용할 수 있는 지표입니다. 따라서 모델의 deviance 차이를 통계량으로 사용한 검정은 분산분석처럼 해석할 수 있습니다. 이때 deviance를 앞서와 같이 정의해두면 몇 개의 가정을 두었을 때 deviance의 차이가 χ^2 분포에 점근적으로 따르는 것이 증명되어 있습니다.

deviance의 차이를 검정하는 것은 가능도비 검정이라고도 불립니다. deviance와 가능도비 검정의 관계는 관련 문헌을 참고하기 바랍니다. R 언어에서는 분산분석과 가능도비 검정이 같은 anova 함수로 구현되어 있습니다.

9.3.5 deviance 잔차

이항분포에서 **deviance 잔차**는 deviance 잔차제곱합이 deviance가 된다는 사실로 계산합니다. 계산식이 좀 복잡하므로 파이썬을 통해 확인해보겠습니다.

9.3.6 deviance 잔차(실습)

deviance 잔차를 계산하는 코드는 다음과 같습니다.

```python
# 성공확률의 적합값
pred = mod_glm.predict()
# 종속변수(시험 합격 여부)
y = test_result.result

# 합격 여부를 완전히 예측할 수 있을 때의 로그가능도와의 차이
resid_tmp = 0 - np.log(stats.binom.pmf(k = y, n = 1,
                                       p = pred))
# deviance 잔차
deviance_resid = np.sqrt(
    2 * resid_tmp) * np.sign(y - pred)
# 결과 확인
deviance_resid.head(3)
```

```
0   -0.144
1   -0.144
2   -0.144
Name: result, dtype: float64
```

deviance 잔차의 실제 계산은 여섯 번째 줄부터입니다. deviance는 합격 여부를 완전히 예측할 수 있을 때의 로그가능도와의 차이였다는 점에 주목합니다. 성공확률 100%일 때 합격할 확률은 1입니다. 성공확률 0%일 때 실패할 확률도 1입니다. 따라서 합격 여부를 완전히 예측할 수 있을 때의 로그가능도는 $\log(1) = 0$입니다. 그러므로 resid_tmp처럼 먼저 계산합니다.

resid_tmp를 2배하고 제곱근을 취한 것이 deviance 잔차가 됩니다. 이렇게 하면 제곱이 deviance와 일치합니다. np.sign 함수는 플러스 마이너스 기호를 반환하는 함수입니다. y-pred값이 0보다 크면 플러스, 작으면 마이너스 부호가 붙게 됩니다. 정의상 resid_tmp는 언제나 플러스가 되기 때문에 이렇게 했습니다.

deviance 잔차는 모델에서 직접 얻을 수도 있습니다.

```python
mod_glm.resid_deviance.head(3)
```

```
Out     0   -0.144
        1   -0.144
        2   -0.144
        dtype: float64
```

deviance 잔차제곱합은 deviance가 됩니다. 이는 summary 함수에도 출력됩니다.

```
In      deviance = np.sum(mod_glm.resid_deviance ** 2)
        round(deviance, 3)
```

```
Out     68.028
```

최대로그가능도에서 정의한 대로 deviance를 계산해봅시다. 적합값 pred와 실제 종속변수 y를 사용하여 이항분포의 확률질량함수에서 다음과 같이 최대로그가능도를 계산할 수 있습니다.

```
In      loglik = sum(np.log(stats.binom.pmf(k=y, n=1, p=pred)))
        round(loglik, 3)
```

```
Out     -34.014
```

최대로그가능도는 모델에서 직접 얻을 수도 있습니다.

```
In      round(mod_glm.llf, 3)
```

```
Out     -34.014
```

$\log \mathcal{L}(\boldsymbol{\beta}_{max}; \boldsymbol{y})$가 0이고 $\log \mathcal{L}(\boldsymbol{\beta}_{glm}; \boldsymbol{y})$가 최대로그가능도이므로 deviance는 다음과 같이 계산할 수 있습니다.

```
In      round(2 * (0 - mod_glm.llf), 3)
```

```
Out     68.028
```

deviance는 모델에서 직접 얻을 수도 있습니다.

```
In    round(mod_glm.deviance, 3)
```

```
Out   68.028
```

9.3.7 교차 엔트로피 오차

머신러닝에서는 로지스틱 회귀를 **교차 엔트로피 오차**의 최소화라는 관점으로 설명하는 일이 자주 있습니다.

이항분포의 확률질량함수를 다시 살펴보겠습니다.

$$\mathrm{Bin}(m \mid n, p) = {}_nC_m \cdot p^m \cdot (1-p)^{n-m} \qquad \text{식 9–26}$$

여기서 하나하나의 데이터에 대해 시행횟수 n은 언제나 1이 되므로 이때 식은 다음과 같이 됩니다. m은 0 또는 1밖에 취하지 않는다는 점에 주의합시다.

$$\mathrm{Bin}(m \mid 1, p) = p^m \cdot (1-p)^{1-m} \qquad \text{식 9–27}$$

이번 분석 예에 맞춰서 0 또는 1의 합격 여부를 y, 예측된 합격률을 $\hat{p}$이라 합시다.

$$\mathrm{Bin}(y \mid 1, \hat{p}) = \hat{p}^y \cdot (1-\hat{p})^{1-y} \qquad \text{식 9–28}$$

이때 가능도함수는 다음과 같습니다. 여기서 T는 표본크기입니다.

$$\prod_{i=1}^{T} \hat{p}_i^{\,y_i} \cdot (1-\hat{p}_i)^{1-y_i} \qquad \text{식 9–29}$$

로그가능도에 -1을 곱한 값은 다음과 같습니다.

$$-\sum_{i=1}^{T} [y_i \log \hat{p}_i + (1 - y_i) \log(1 - \hat{p}_i)]$$

식 9-30

[식 9-30]으로 계산된 지표를 교차 엔트로피 오차라고합니다. 모집단분포가 이항분포라고 가정한 경우 deviance와 같은 의미를 가집니다. 교차 엔트로피 오차를 최소화하는 것은 deviance를 최소화하는 것과 같으며 로지스틱 회귀의 로그가능도를 최대화하는 것과 같습니다.

7.4절과 7.5절에서 설명한 바와 같이 가능도의 최대화와 손실의 최소화는 서로 상반된 관계입니다. 이항분포를 가정한 후 (로그)가능도를 최대화하는 것과 손실함수인 교차 엔트로피 오차를 최소화하는 것의 대응 관계를 이해해야 합니다. 머신러닝에서는 종종 통계학과 다르게 설명하는 경우도 있지만, 통계학의 기초를 배우고 나서 머신러닝을 배우면 이해가 더욱 깊어질 것입니다.

9.4 푸아송 회귀

이 절에서는 푸아송 분포에 대해 설명한 다음 푸아송 회귀를 살펴보고 파이썬을 사용한 실용적인 분석 방법을 설명합니다. 분석 순서는 로지스틱 회귀와 크게 다르지 않습니다.

9.4.1 푸아송 분포 복습

푸아송 분포는 1개, 2개, 3개 등의 카운트 데이터가 따르는 이산형 확률분포입니다. 카운트 데이터는 0 이상의 정수밖에 없다는 특징이 있습니다.

푸아송 분포의 확률질량함수는 다음과 같습니다. 푸아송 분포의 파라미터는 강도 λ뿐입니다. 푸아송 분포를 따르는 확률변수는 기댓값과 분산이 모두 λ와 같습니다.

$$\mathrm{Pois}(x \mid \lambda) = \frac{e^{-\lambda} \lambda^{x}}{x!}$$

식 9-31

예를 들어 낚싯대를 바꾸면 잡아 올리는 물고기 수가 달라지는지, 주위 환경에 따라 조사구획 내의 생물의 개체 수가 변하는지, 날씨에 따라 상품 판매 개수가 얼마나 달라지는지 등을 알아볼 때 사용합니다. 이 절에서는 맥주 판매 개수 데이터가 푸아송 분포를 따르고 있다고 가정하고 분석합니다.

9.4.2 푸아송 분포와 이항분포의 관계

푸아송 분포는 이항분포로부터 이끌어낼 수 있습니다. 여기에서는 둘 사이의 관계를 간단하게 정리합니다.

푸아송 분포는 $p \to 0$, $n \to \infty$라는 조건에서 이항분포가 $np = \lambda$인 결과라고 볼 수 있습니다. 문장으로 풀어서 쓰면 '성공확률이 한없이 0에 가깝지만 시행횟수가 한없이 많은 이항분포'입니다.

예를 들어 어느 하루의 교통사고 사상자 수라는 카운트 데이터가 있다고 해봅시다. 이때 사고에 휘말릴 수 있는 사람 수는 길을 걷는 모든 사람 수이므로 n은 매우 큰 값이 됩니다. 한편 사고에 휘말릴 확률 p는 매우 작을 것입니다. 일어나기 어려운 사건($p \to 0$)이지만 대상이 되는 사람 수가 굉장히 많을 때($n \to \infty$) 발생 건수가 푸아송 분포를 따릅니다.

물고기를 낚을 때도 마찬가지입니다. 낚이는 대상이 되는 물고기는 바닷속에 매우 많습니다. 그러나 물고기가 잡힐 확률은 매우 낮습니다. 그런 상황에서 몇 마리의 물고기를 잡을 수 있는지 계산하면 결과는 푸아송 분포를 따른다고 할 수 있습니다.

이산형 데이터에는 무조건 푸아송 분포라고 외우는 것이 아니라 이런 과정으로 데이터를 얻을 수 있다고 생각해서 푸아송 분포를 선택한다고 할 수 있다면 통계분석 기법을 잘못 사용할 위험은 크게 줄어들 것입니다.

9.4.3 분석 준비

필요한 라이브러리를 불러옵니다.

```python
# 수치 계산에 사용하는 라이브러리
import numpy as np
import pandas as pd
from scipy import stats
# 표시 자릿수 설정
```

```python
pd.set_option('display.precision', 3)
np.set_printoptions(precision=3)

# 그래프를 그리는 라이브러리
from matplotlib import pyplot as plt
import seaborn as sns
sns.set()
# 그래프의 한글 표기
from matplotlib import rcParams
rcParams['font.family'] = "Malgun Gothic"

# 통계모델을 추정하는 라이브러리
import statsmodels.formula.api as smf
import statsmodels.api as sm
```

9.4.4 푸아송 분포(실습)

파이썬으로 확인해보며 푸아송 분포에 대해 더 깊게 이해해보겠습니다. 푸아송 분포의 확률질량함수는 stats.poisson.pmf로 계산할 수 있습니다. 강도 λ가 2인 푸아송 분포에서 1이라는 결과를 얻을 확률은 다음과 같습니다.

```
In    round(stats.poisson.pmf(k=1, mu=2), 3)
```

```
Out   0.271
```

강도 λ가 2인 푸아송 분포를 따르는 난수를 5개 생성합니다. 결과는 모두 0 이상의 정수입니다.

```
In    np.random.seed(1)
      stats.poisson.rvs(mu=2, size=5)
```

```
Out   array([2, 1, 0, 1, 2])
```

강도 λ를 1, 2, 5의 세 패턴으로 변화시킨 후 푸아송 분포의 확률질량함수를 꺾은선 그래프로 그립니다(그림 9-3). sns.lineplot 함수의 인수인 linestyle로 선 유형을 지정합니다. 또한 인

수 label을 지정하여 범례를 그래프에 추가할 수 있습니다. label에 $\lambda=1$와 같이 수식을 달러 기호로 둘러싸서 지정하면 수식의 디자인을 깔끔하게 정돈해 출력할 수 있습니다.

```
# λ 를 변화시킨 푸아송 분포의 확률질량함수
x = np.arange(0,15,1)
poisson_lambda1 = stats.poisson.pmf(mu=1, k=x)
poisson_lambda2 = stats.poisson.pmf(mu=2, k=x)
poisson_lambda5 = stats.poisson.pmf(mu=5, k=x)

# 푸아송 분포의 확률질량함수 꺾은선 그래프
sns.lineplot(x=x, y=poisson_lambda1, color='black',
             linestyle='dashed', label='$\lambda=1$')
sns.lineplot(x=x, y=poisson_lambda2, color='black',
             linestyle='dotted', label='$\lambda=2$')
sns.lineplot(x=x, y=poisson_lambda5, color='black',
             linestyle='solid', label='$\lambda=5$')
```

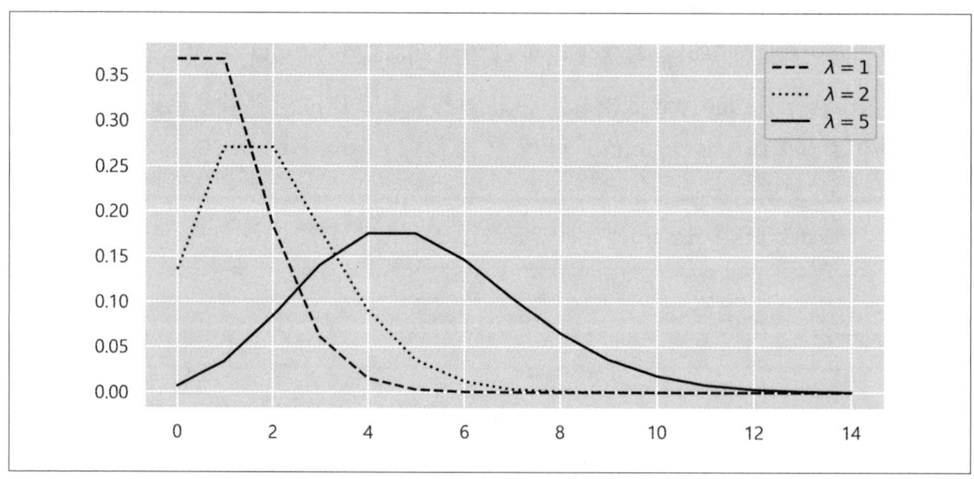

그림 9-3 푸아송 분포의 확률질량함수 꺾은선 그래프

푸아송 분포는 성공확률이 한없이 0에 가깝지만($p \rightarrow 0$) 시행횟수가 한없이 많은($n \rightarrow \infty$) 이항분포로 간주합니다. 이를 확인하기 위해 p=0.00000002, n=100000000인 이항분포의 확률질량함수와 λ=2인 푸아송 분포의 확률질량함수를 비교해봅시다(그림 9-4). 이 둘이 거의 일치한다는 것을 확인할 수 있습니다.

In
```
# p가 작고 n이 큰 이항분포
p = 0.00000002
n = 100000000
binomial = stats.binom.pmf(n=n, p=p, k=x)

# 이항분포와 푸아송 분포의 비교
sns.lineplot(x=x, y=binomial, color='black',
             linestyle='dotted')
             label='$np=2$인 이항분포')
sns.lineplot(x=x, y=poisson_lambda2, color='gray',
             linestyle='solid',
             label='$\lambda=2$인 푸아송 분포')
```

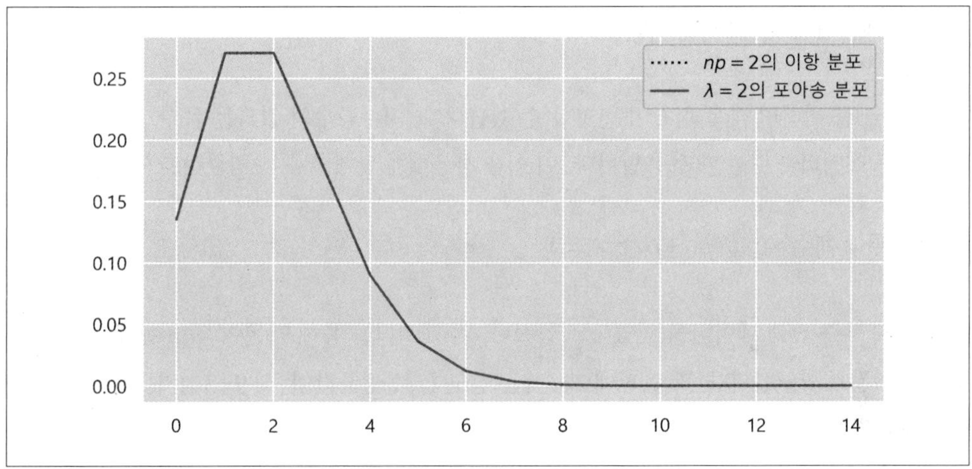

그림 9-4 푸아송 분포와 이항분포의 확률질량함수 비교

9.4.5 푸아송 회귀

푸아송 회귀란 확률분포에 푸아송 분포를 사용하고 링크함수에 로그함수를 사용한 일반화선형 모델입니다. 독립변수는 여러 개 있어도 상관없고 연속형과 범주형이 혼재되어 있어도 괜찮습니다.

9.4.6 이 절의 예제

맥주의 판매 개수를 예측해보겠습니다. 기온에 따라 판매 개수가 달라지는 구조로 수리모델을 만들면 선형예측자는 다음과 같습니다.

$$\beta_0 + \beta_1 \times 기온(℃)$$

식 9-32

9.4.7 푸아송 회귀의 구조

로그함수를 링크함수로 사용하면 맥주 판매 개수와 기온의 관계는 다음과 같습니다.

$$\log(맥주\ 판매\ 개수) = \beta_0 + \beta_1 \times 기온$$

식 9-33

양변에 exp를 취하면 다음과 같이 변형할 수 있습니다. 지수함수의 결과는 음수가 되지 않으므로 카운트 데이터를 다룰 때 유용합니다. 이 식을 사용해서 판매 개수의 평균값을 예측합니다.

$$맥주\ 판매\ 개수 = \exp(\beta_0 + \beta_1 \times 기온)$$

식 9-34

이제 실제 맥주 판매 데이터를 얻었다고 합시다. 이 데이터를 통해 기온이 맥주 판매 개수에 영향을 미치는지 확인합니다. 맥주 판매 개수 y는 강도 λ, 즉 평균값이 [식 9-34]의 푸아송 분포를 따른다고 가정합니다.

$$맥주\ 판매\ 개수 : y \sim \mathrm{Pois}(y \mid \exp(\beta_0 + \beta_1 \times 기온))$$

식 9-35

여기서 푸아송 분포의 확률질량함수는 다음과 같습니다.

$$\mathrm{Pois}(y \mid \lambda) = \frac{e^{-\lambda}\lambda^{y}}{y!}$$

식 9-36

[식 9-35]와 같은 확률분포에 따라 손에 넣은 데이터를 얻었다고 생각하는 것이 푸아송 회귀입니다.

9.4.8 데이터 읽기

푸아송 회귀를 적용할 대상 데이터를 읽어 들입니다.

```
beer = pd.read_csv('9-4-1-poisson-regression.csv')
print(beer.head(3))
```

```
   beer_number  temperature
0            6         17.5
1           11         26.6
2            2          5.0
```

9.4.9 푸아송 회귀(실습)

푸아송 회귀모델을 추정합니다. 기온의 계수를 보면 양의 값으로 되어 있습니다. 기온이 오르면 판매 개수도 늘어날 것 같습니다.

```
mod_pois = smf.glm('beer_number ~ temperature', beer,
                    family=sm.families.Poisson()).fit()
mod_pois.summary()
```

Dep.Variable:	beer_number	No.Observations:	30
Model:	GLM	Df Residuals:	28
Model Family:	Poisson	Df Model:	1
Link Function:	log	Scale:	1.0000
Method:	IRLS	Log-Likelihood:	−57.672
Date:	Wed, 12 Jun 2024	Deviance:	5.1373
Time:	14:38:06	Pearson Chi2:	5.40
No.Iterations:	4		
Covariance Type:	nonrobust		

	coef	std err	z	P>|z|	[0.025	0.975]
Intercept	0.4476	0.199	2.253	0.024	0.058	0.837
temperature	0.0761	0.008	9.784	0.000	0.061	0.091

9.4.10 푸아송 회귀모델 선택

AIC를 사용하여 모델 선택을 하겠습니다. 우선은 Null 모델을 추정합니다.

```python
mod_pois_null = smf.glm(
    'beer_number ~ 1', data=beer,
    family=sm.families.Poisson()).fit()
```

AIC를 비교하면 기온이라는 독립변수가 들어간 모델의 AIC가 작습니다. 따라서 기온이라는 독립변수가 필요하다고 판단할 수 있습니다.

```python
print('Null 모델:', round(mod_pois_null.aic, 3))
print('변수가 있는 모델:', round(mod_pois.aic, 3))
```

```
Null 모델: 223.363
변수가 있는 모델: 119.343
```

9.4.11 푸아송 회귀를 이용한 예측

판매 개수의 예측값을 계산해봅시다. 예측 방법은 정규선형모델과 다르지 않습니다. predict 함수에 독립변수의 데이터프레임을 지정합니다.

```python
# 독립변수
exp_val_20 = pd.DataFrame({'temperature': [20]})
# 판매 개수 예측
mod_pois.predict(exp_val_20)
```

```
0    7.164
dtype: float64
```

단순회귀모델과 같이 추정된 계수 β_0, β_1을 사용하여 예측할 수도 있습니다. 마찬가지로 기온이 20도일 때 판매를 예측해봅시다. 링크함수가 로그함수이므로 역함수인 지수함수를 적용한다는 점에 주의합시다. 다음 계산은 predict 함수의 결과와 일치합니다.

```
In    beta0 = mod_pois.params[0]
      beta1 = mod_pois.params[1]
      temperature = 20

      round(np.exp(beta0 + beta1 * temperature), 3)
```

```
Out   7.164
```

9.4.12 회귀곡선 그래프

푸아송 회귀의 회귀곡선을 그려봅시다. 푸아송 회귀의 경우 시본 함수로는 표시할 수 없으므로 추정된 모델의 예측값을 산포도 위에 덧그리도록 합니다(그림 9-5).

```
In    # 예측값 작성
      x_plot = np.arange(0, 37)
      pred = mod_pois.predict(pd.DataFrame({'temperature': x_plot}))

      # 산포도
      sns.scatterplot(x='temperature', y='beer_number',
                      data=beer, color='black')
      # 회귀곡선 덧그리기
      sns.lineplot(x=x_plot, y=pred, color='black')
```

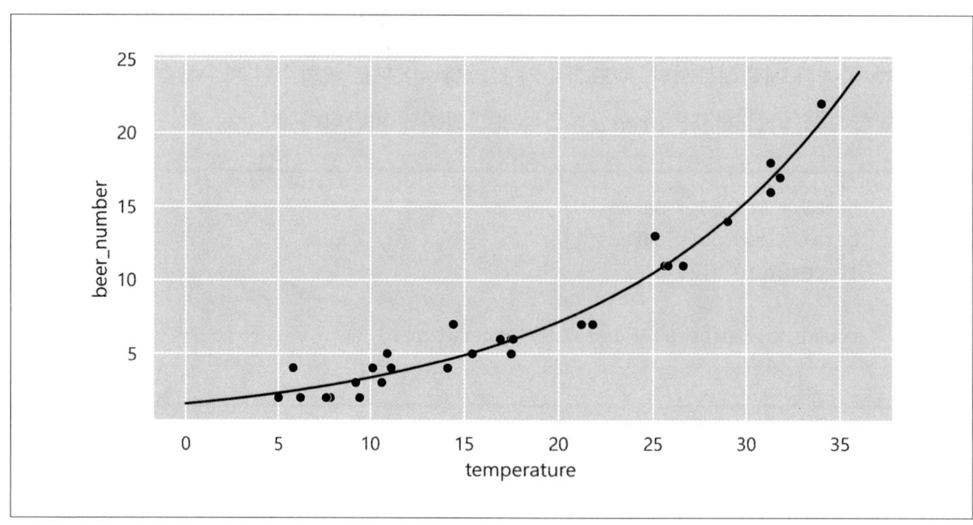

그림 9-5 푸아송 회귀의 회귀곡선

9.4.13 회귀계수 해석

링크함수가 항등함수가 아닐 때 얻은 회귀계수는 다소 해석이 복잡합니다. 여기서는 로그함수를 사용한 경우의 계수 해석 방법을 알아보겠습니다.

우선 로그의 특징으로서 덧셈이 곱셈이 된다는 점에 특히 주의해야 합니다. 정규선형모델에서는 기온이 1℃ 오르면 맥주의 매출이 X원 증가한다고 해석했습니다. 그러나 로그함수를 적용하면 기온이 1℃ 오르면 맥주 판매 개수가 Y배가 된다고 해석합니다.

기온이 1℃ 오르면 맥주 판매 개수가 몇 배가 되는지 코드를 작성해서 확인해봅시다. 기온이 1℃일 때와 2℃일 때의 판매 개수 예측값의 비율을 알아봅시다.

```
In

# 기온이 1℃일 때 판매 개수의 기댓값
exp_val_1 = pd.DataFrame({'temperature': [1]})
pred_1 = mod_pois.predict(exp_val_1)

# 기온이 2℃일 때 판매 개수의 기댓값
exp_val_2 = pd.DataFrame({'temperature': [2]})
pred_2 = mod_pois.predict(exp_val_2)
```

```python
# 기온이 1℃ 상승하면 판매 개수는 몇 배가 되는가
round(pred_2 / pred_1, 3)
```



```
0    1.079
dtype: float64
```

이 결과는 회귀계수에 exp를 취한 값과 같습니다.


```python
round(np.exp(mod_pois.params['temperature']), 3)
```



```
1.079
```

독립변수의 영향력이 곱셈으로 작용한다는 점에 유의하기 바랍니다.

## CHAPTER 10

통계학과 머신러닝

10.1 머신러닝 기본

이 절에서는 머신러닝을 소개한 후 통계학과 머신러닝의 관계에 대해 설명합니다. 이들의 관계가 완전히 합의가 이루어진 것은 아닙니다. 따라서 저의 입장이나 배경에 의존하는 부분이 있을 수 있습니다. 여기서는 대략적인 기준이 될 수 있는 유사점과 차이점을 소개하겠습니다.

10.1.1 머신러닝

머신러닝은 컴퓨터에 학습능력을 부여하는 것을 목적으로 한 연구 분야를 말합니다. 학습은 데이터를 기반으로 이루어지며 데이터가 가지는 규칙성을 밝힙니다. 이렇게 밝혀낸 규칙성을 모르는 데이터의 예측 등에 활용합니다.

10.1.2 지도학습

머신러닝은 크게 지도학습과 비지도학습으로 나뉩니다.

지도학습은 정답 데이터를 얻을 수 있는 문제를 다루는 학습입니다. 예를 들어 매출을 예측하는 경우 매출 데이터를 얻는다면 예측 결과가 맞는지 잘못되었는지 평가할 수 있습니다. 이런 문제를 다루는 방법이 지도학습입니다. 정규선형모델이나 일반화선형모델로 다루는 문제는 지도학

습이라고 생각할 수 있습니다. 이 책에서는 지도학습을 대상으로 설명하겠습니다

10.1.3 비지도학습

비지도학습은 정답 데이터를 얻을 수 없는 문제를 다루는 학습입니다.

예를 들어 다양한 물고기의 DNA를 사용해 근연종과 그렇지 않은 종으로 분류하는 경우 등이 있습니다. 근연종인지 아닌지 미리 알고 있다면 굳이 분석할 필요가 없습니다. 비지도학습은 정답을 알 수 없는 상황에서 가장 좋을 것 같은 분류를 제안합니다.

10.1.4 강화학습

주어진 상황에서 어떤 보상이 최대가 되는 행동을 찾는 문제를 해결하는 것을 **강화학습**이라고 합니다. 지도학습과는 달리 정답 데이터는 주어지지 않습니다.

10.1.5 규칙기반 머신러닝

사람이 미리 규칙을 지정하고 그 규칙에 따라서 예측 결과를 출력하는 방법을 **규칙기반**[rule based] **머신러닝**이라고 부르고, 앞서 얘기한 머신러닝과는 다른 것으로 취급합니다. **룰베이스 머신러닝** 또는 단순히 **룰베이스**라고도 부릅니다.

복잡한 현상에 대해서 사람이 하나하나 규칙을 지정하는 방식에서는 데이터에 맞춘 유연한 예측이 나오기 어렵습니다. 예를 들어 '기온이 20℃일 때는 매출이 100만 원이고, 25℃일 때 할인 판매를 하면 매출이…'라는 식으로 각각 규칙을 지정하는 것은 효율이 나쁩니다. 다만 단순한 규칙으로 끝나는 문제라면 머신러닝보다 오히려 규칙기반 머신러닝이 비용이 덜 들 수도 있습니다.

이 책에서는 규칙성 또는 룰을 '데이터에 근거해' 학습하는 머신러닝만을 대상으로 하겠습니다.

10.1.6 통계학인가 머신러닝인가

로지스틱 회귀 등의 특정 방법이 통계학 범주에 들어갈 것인지, 머신러닝 범주에 들어갈 것인지 명확하게 나누는 것은 어려운 일입니다. 예를 들어 머신러닝 관련 문서를 펼쳐보면 다중회귀분석이나 로지스틱 회귀분석을 다루는 경우가 많습니다.

10.1.7 통계학은 과정, 머신러닝은 결과에 주목

통계학과 머신러닝은 하는 일은 비슷하지만 데이터를 분석하는 목적이 좀 다릅니다.

- **통계모델의 목적**: 데이터를 얻는 프로세스를 이해하는 것
- **머신러닝의 목적**: 미지의 데이터를 계산해서 획득하는 것

통계학은 데이터를 얻을 수 있는 프로세스(과정)에 주목합니다. 과정을 알게 되면 다음에 어떤 데이터가 올지 예측도 할 수 있을 것이라고 생각합니다. 통계모델을 이용하면 예측도 할 수 있지만 과정 이해에 주력하는 경우가 많습니다. 머신러닝은 다음에 어떤 결과를 얻을 수 있을지에 주목합니다. 따라서 내부가 블랙박스인 모델도 종종 사용됩니다.

다만 명확하게 이러한 기준으로 나눌 수 있는 것은 아닙니다. 통계모델에서도 예측 정확도 향상을 목표로 할 수 있습니다. 머신러닝 중에서도 현상 이해가 가능하도록 궁리하는 경우도 있습니다. 어디까지나 분류의 기준일 뿐입니다. 최근의 머신러닝에서는 해석 가능성을 높이려는 노력이 늘고 있어서 통계학과의 경계가 모호해졌을지도 모릅니다.

일반화선형모델을 포함한 분류와 회귀모델은 통계학과 머신러닝 모두에서 다루고 있습니다. 회귀계수를 알면 현상을 이해할 수 있습니다. 예를 들어 기온과 맥주 매출이 관계가 있는지 알아보는 경우입니다. 그래서 회귀모델은 통계학에 자주 등장합니다. 한편 회귀모델을 사용함으로써 매출이나 시험 합격 여부를 예측할 수 있습니다. 이러한 목적으로 사용하는 경우는 분류와 회귀모델을 머신러닝 맥락에서 말할 수 있습니다.

10.2 정규화와 리지 회귀, 라소 회귀

통계학과 머신러닝을 잇는 모델로서 리지^{Ridge} 회귀와 라소^{Lasso} 회귀를 소개합니다. 이러한 모델

은 단순한 예측 모델로도 뛰어날 뿐만 아니라 다양한 머신러닝에 이용되는 정규화라는 이론을
이해하는 데도 큰 역할을 합니다.

10.2.1 정규화

파라미터를 추정할 때 손실함수에 **벌칙항**을 도입함으로써 계수가 큰 값이 되는 것을 막는 기법을
정규화라고 부릅니다. 이때 벌칙항은 **정규화항**이라고도 부릅니다. 통계학에서는 파라미터의 **축소
추정**이라고도 부릅니다.

10.2.2 리지 회귀

정규화항으로 계수의 제곱합을 이용한 회귀모델을 **리지 회귀**라고 부릅니다. 이런 유형의 정규화
를 L_2**정규화**라고도 부릅니다. 이 절에서는 회귀모델로서 정규선형모델을 대상으로 하지만 로지
스틱 회귀 등에서도 거의 같은 방식으로 확장할 수 있습니다.

수식을 사용하여 리지 회귀의 원리를 알아보겠습니다. 표본크기가 I인 데이터가 있다고 합시다.
i번째 종속변수를 y_i라고 합니다. 이때 $i \leq I$입니다. 독립변수는 전부 J종류가 있습니다. 따라서
j종목의 독립변수가 각각 I개 있는 것이 됩니다. 그러므로 i번째 데이터의 j번 독립변수는 x_{ij}라
고 표기합니다. j종목 종속변수에 대응하는 회귀계수를 β_j라고 합니다. 첨자의 관계는 다음 표를
참고하기 바랍니다.

	종속: 매출	독립1: 기온	독립2: 습도	…	독립 j: 가격	…	독립 J: 날씨
1	y_1	x_{11}	x_{12}		x_{1j}		x_{1J}
2	y_2	x_{21}	x_{22}		x_{2j}		x_{2J}
$\vdots$							
i	y_i	x_{i1}	x_{i2}		x_{ij}		x_{iJ}
$\vdots$							
I	y_I	x_{I1}	x_{I2}		x_{Ij}		x_{IJ}

일반 최소제곱법에서는 다음과 같이 잔차제곱합을 최소로 하는 계수를 추정합니다.

$$\sum_{i=1}^{I}\left(y_i - \sum_{j=1}^{J}\beta_j x_{ij}\right)^2 \qquad\qquad \text{식 10-1}$$

이 식에는 절편이 포함되지 않은 것처럼 보입니다. 그러나 항상 값이 1인 독립변수를 사용하면 그에 대응하는 계수를 절편으로 볼 수 있습니다. 이 때문에 위 수식에서도 절편이 있는 모델을 표현할 수 있습니다.

리지 회귀는 다음처럼 벌칙항이 있는 잔차제곱합을 최소로 하는 계수를 추정합니다.

$$\sum_{i=1}^{I}\left(y_i - \sum_{j=1}^{J}\beta_j x_{ij}\right)^2 + \alpha \sum_{j=1}^{J}\beta_j^2 \qquad\qquad \text{식 10-2}$$

잔차제곱합을 작게 하고 싶지만 벌칙은 받고 싶지 않습니다. 그래서 절댓값이 작은 계수가 추정됩니다. 이것이 축소추정이라고 불리는 이유입니다. [식 10-2]의 파라미터 α가 정규화의 강도를 지정하는 파라미터입니다. α가 크면 벌칙의 영향이 강해지기 때문에 계수의 절댓값은 작아집니다.

10.2.3 라소 회귀

정규화항으로 계수의 절댓값 합을 이용한 회귀모델을 **라소 회귀**라고 합니다. 이런 유형의 정규화를 **L₁정규화**라고도 부릅니다.

라소 회귀는 다음과 같은 벌칙항이 있는 잔차제곱합을 최소로 하는 계수를 추정합니다. 벌칙항이 절댓값의 합이 된 점을 제외하면 리지 회귀와 같습니다.

$$\sum_{i=1}^{I}\left(y_i - \sum_{j=1}^{J}\beta_j x_{ij}\right)^2 + \alpha \sum_{j=1}^{J}|\beta_j| \qquad\qquad \text{식 10-3}$$

덧붙여 L_1 정규화와 L_2 정규화를 조합한 **elastic net**이라 불리는 방법도 있습니다.

10.2.4 정규화 강도를 지정하는 파라미터의 결정

정규화항에 나타나는 α를 결정하는 방법을 설명하겠습니다. 먼저 α를 변화시킨 후 교차검증법을 이용해 테스트 데이터에 대한 예측 정확도를 평가합니다. 그중 테스트 데이터를 가장 잘 예측한 α를 선택합니다. 자세한 내용은 다음 절에서 살펴보겠습니다.

정규화항에 나타나는 α는 한 가지 요소로만 결정되지 않습니다. α도 포함해서 최적화 대상으로 삼으면 반드시 $\alpha = 0$이 된 후에 잔차제곱합을 최소로 하게 움직이기 때문입니다. 이렇게 되면 일반적인 최소제곱법과 다르지 않게 됩니다. 때문에 조금 번거롭지만 교차검증법을 사용할 것을 권장합니다.

10.2.5 독립변수의 표준화

리지 회귀나 라소 회귀를 실행하기 전에 미리 독립변수를 평균 0, 표준편차 1로 표준화할 필요가 있습니다. 예를 들어 독립변수로 kg 단위의 데이터를 사용할 때와 g 단위의 데이터를 사용할 때는 회귀계수의 절댓값 크기가 바뀌게 됩니다. 회귀계수의 절댓값이 커지면 벌칙의 영향도 커집니다. 독립변수의 단위가 파라미터 추정에 영향을 미치는 것을 막기 위해 미리 독립변수를 표준화합니다.

10.2.6 리지 회귀와 라소 회귀의 차이

리지 회귀는 전체적으로 절댓값이 작은 계수가 추정되는 경향이 있습니다. 한편 라소 회귀는 일부 계수만 0이 아닌 값이 되고 그 이외에는 모두 0이 되는 결과가 나오기 쉽습니다. 이러한 내용은 다음 절에서 직접 계산하다 보면 좀 더 명확히 알 수 있습니다. 라소 회귀는 성긴sparse 해를 얻을 수 있기 때문에 **스파스 모델링**이라는 이름으로 소개되기도 합니다.

리지 회귀와 라소 회귀의 벌칙 차이를 수치 예를 들어 살펴봅시다.

여기서는 독립변수가 두 가지 있다고 해보겠습니다. 각 계수를 β_1과 β_2라고 하겠습니다. 벌칙항은 $\alpha = 1$이라고 합시다. 이때 리지 회귀와 라소 회귀에서 벌칙항의 크기가 1이 되는 조건을 따져보도록 하겠습니다.

우선 일부 계수만이 0과 다른 값이고 이외의 계수는 모두 0인 예로서 $\beta_1 = 1$, $\beta_2 = 0$이라는 상황을 생각해봅시다. 이때 리지 회귀에서도 라소 회귀에서도 벌칙의 크기는 1이 됩니다.

다음으로 전체적으로 절댓값이 작은 계수의 예로서 $\beta_1=0.5$, $\beta_2=0.5$라는 상황을 생각해봅시다. 이때 라소 회귀의 벌칙 크기는 1이지만 리지 회귀의 벌칙 크기는 $0.5^2+0.5^2=0.5$가 됩니다. 리지 회귀의 벌칙이 작습니다. $0.7^2+0.7^2$이어야 대략 1이 되므로 라소 회귀와 같은 벌칙 크기가 될 때까지는 좀 더 여유가 있습니다(그림 10-1).

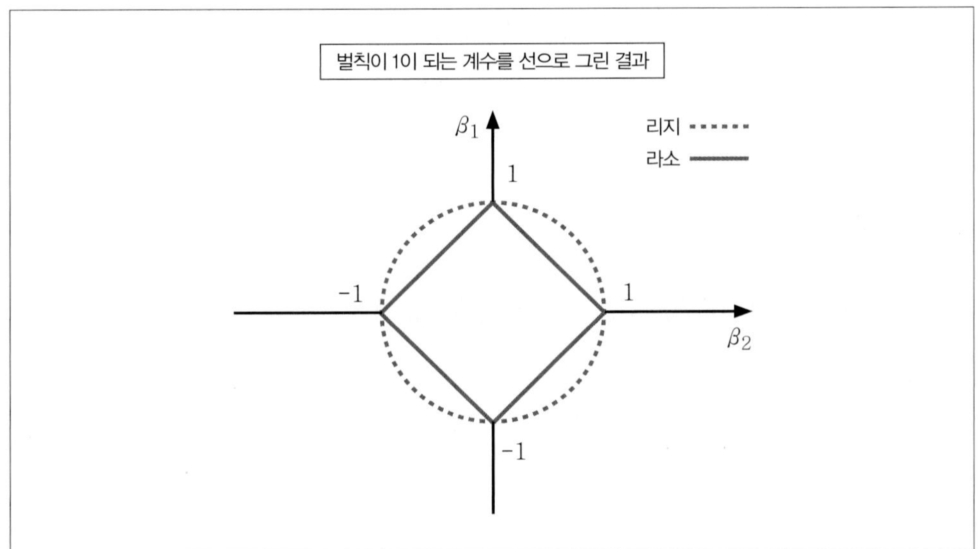

그림 10-1 리지 회귀와 라소 회귀의 벌칙 비교

10.2.7 변수 선택과 정규화의 비교

변수 선택에서는 예를 들어 AIC 최소 기준 등에 근거하여 불필요한 독립변수를 모델에서 제외합니다. 이렇게 하면 추정해야 할 미지의 파라미터 수를 줄이고 모델을 단순화할 수 있습니다. 모델을 단순화함으로써 과학습을 방지할 수 있다는 점은 7.6절에서 설명한 바 있습니다.

과학습을 방지하는 또 다른 하나의 방침이 이번에 다룰 주제인 정규화입니다. 벌칙항을 추가함으로써 절댓값이 큰 계수 추정을 피하여 결과적으로 독립변수가 종속변수에 미치는 영향을 줄일 수 있습니다. 특히 라소 회귀에서는 얻을 수 있는 계수 대부분이 0이 되므로 변수 선택을 하는 것과 비슷한 결과가 됩니다.

10.2.8 정규화의 의의

표본크기보다 독립변수의 종류가 많은 데이터에도 라소 회귀 등을 이용할 수 있다는 점 역시 큰 장점입니다. 그런 상황에서는 일반적인 최소제곱법이나 최대가능도법으로 파라미터를 하나하나 추정하기 어렵기 때문에 AIC에 따른 변수 선택 역시 어렵습니다. 또한 과학습을 방지할 수 있는 것도 큰 이점입니다. 정규화는 과학습을 방지하기 위해 다양한 모델에 도입되고 있습니다.

그러나 라소 회귀를 사용한다고 모든 문제가 해결되는 것은 아닙니다. 다음 절에서 다루는 간단한 표본 데이터에서는 문제가 없지만 데이터에 따라 추정 결과가 안정적이지 않을 수도 있습니다. L_1 정규화와 L_2 정규화를 결합한 elastic net을 사용하여 결과를 안정화시키는 경우도 종종 있습니다.

10.3 파이썬을 이용한 리지 회귀와 라소 회귀

이 절에서는 실제로 파이썬을 사용하여 리지 회귀와 라소 회귀를 추정합니다. `statsmodels` 라이브러리를 사용하는 방법도 있지만 이번에는 머신러닝에서 중심적인 역할을 하는 사이킷런을 위주로 사용합니다.

10.3.1 사이킷런

사이킷런^{scikit-learn}은 파이썬에서 머신러닝 방법을 적용하는 데 자주 사용하는 라이브러리입니다. sklearn이라고 줄여 부르기도 합니다. 아나콘다를 설치하면 이 라이브러리도 같이 설치됩니다. 사이킷런을 사용하고 싶어서 파이썬을 사용하는 사람도 많을 겁니다. 리지 회귀나 라소 회귀 이외에도 신경망이나 서포트벡터머신 등 여러 방법에 사용할 수 있습니다.

10.3.2 분석 준비

필요한 라이브러리를 불러옵니다. 선형모델을 추정하기 위해 `linear_model`을 `sklearn`에서 불러옵니다.

_In_

```python
# 수치 계산에 사용하는 라이브러리
import numpy as np
import pandas as pd
from scipy import stats
# 표시 자릿수 설정
pd.set_option('display.precision', 3)
np.set_printoptions(precision=3)

# 그래프를 그리는 라이브러리
from matplotlib import pyplot as plt
import seaborn as sns
sns.set()

# 통계모델을 추정하는 라이브러리
import statsmodels.formula.api as smf
import statsmodels.api as sm

# 머신러닝을 적용하기 위한 라이브러리
from sklearn import linear_model
```

데이터를 읽어 들입니다. 표본크기는 150으로 X_1부터 X_100까지 100개 열이 있는 비교적 복잡한 데이터입니다. 종속변수는 없지만 나중에 만들겠습니다.

_In_

```python
X = pd.read_csv('10-3-1-large-data.csv')
print(X.head(3))
```

Out

```
      X_1    X_2    X_3    X_4    X_5    X_6    X_7    X_8  \
0   1.000  0.500  0.333  0.250  0.200  0.167  0.143  0.125
1   0.500  0.333  0.250  0.200  0.167  0.143  0.125  0.111
2   0.333  0.250  0.200  0.167  0.143  0.125  0.111  0.100

      X_9   X_10  ...   X_91   X_92   X_93   X_94   X_95  \
0   0.111  0.100  ...  0.011  0.011  0.011  0.011  0.011
1   0.100  0.091  ...  0.011  0.011  0.011  0.011  0.010
2   0.091  0.083  ...  0.011  0.011  0.011  0.010  0.010

    X_96   X_97   X_98   X_99  X_100
0   0.01   0.01   0.01   0.01   0.01
1   0.01   0.01   0.01   0.01   0.01
```

```
2  0.01  0.01  0.01  0.01   0.01

[3 rows x 100 columns]
```

10.3.3 독립변수의 표준화

먼저 독립변수의 표준화를 실시합니다. 표준화는 각 변수에서 평균을 뺀 다음 표준편차로 나누는 작업입니다. 이렇게 하면 평균 0, 표준편차 1이 됩니다.

우선 X_1에 대해서 평균값을 계산합니다.

```
In    round(np.mean(X.X_1), 3)
```

```
Out    0.037
```

하지만 이 작업을 100개의 독립변수에 모두 적용하기란 어렵습니다. axis=0으로 지정하여 열 단위로 평균값을 한꺼번에 계산하겠습니다.

```
In    np.mean(X, axis=0).head(3)
```

```
Out    X_1     0.037
       X_2     0.031
       X_3     0.027
       dtype: float64
```

이를 사용하면 간단하게 표준화를 수행할 수 있습니다.

```
In    X -= np.mean(X, axis=0)
      X /= np.std(X, ddof=1, axis=0)
```

평균값이 약 0이 되었는지 확인합니다(미세한 수치 오차가 들어갈 수 있음).

```
In    np.mean(X, axis=0).head(3).round(3)
```

```
Out    X_1     0.0
       X_2    -0.0
       X_3    -0.0
       dtype: float64
```

표준편차가 1이 되었는지도 살펴보겠습니다.

```
In     np.std(X, ddof=1, axis=0).head(3).round(3)
```

```
Out    X_1     1.0
       X_2     1.0
       X_3     1.0
       dtype: float64
```

10.3.4 시뮬레이션으로 종속변수 만들기

읽어 들인 데이터에는 종속변수가 없었습니다. 지금부터 종속변수를 만들겠습니다. 올바른 계수를 알고 있는 상황에서 이를 제대로 추정할 수 있는지 확인하는 것입니다.

올바른 계수는 5라고 설정하고 종속변수를 만듭니다. 정규분포에 따른 노이즈가 들어 있는 걸로 하겠습니다.

```
In     # 정규분포에 따른 노이즈
       np.random.seed(1)
       noise = stats.norm.rvs(loc=0, scale=1, size=X.shape[0])

       # 올바른 계수는 5라고 설정하고 종속변수를 만든다.
       y = X.X_1 * 5 + noise
```

종속변수와 X_1의 관계를 살펴봅시다. sns.jointplot은 figure-level 함수이며 산포도와 함께 각 변수의 히스토그램을 함께 그립니다.

```
In     # 종속변수와 독립변수를 결합
       large_data = pd.concat([pd.DataFrame({'y':y}), X], axis=1)
```

```python
# 산포도 작성
sns.jointplot(y='y', x='X_1', data=large_data,
              color='black')
```

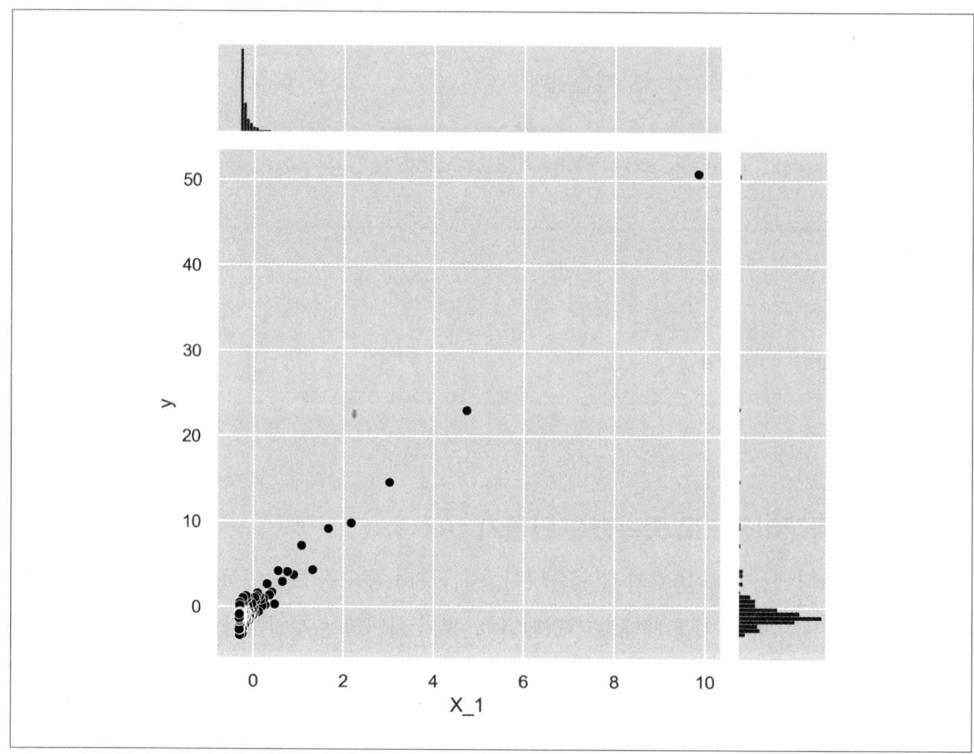

그림 **10-2** 종속변수와 X_1의 관계

독립변수는 sklearn 문서[1]를 참고로 만들었습니다. 조금 조밀하게 만들어져 있어서 0에 가까운 데이터가 대부분을 차지하고 그런 와중에 가끔 큰 값이 나옵니다.

10.3.5 일반 최소제곱법 적용하기

일반 최소제곱법을 이용해서 파라미터 추정을 하겠습니다. 독립변수가 많아서 formula를 작성하기가 번거로우므로 다음과 같이 독립변수와 종속변수를 지정해서 모델링합니다.

---

1 https://scikit-learn.org/stable/auto_examples/linear_model/plot_ridge_path.html

```
In    lm_statsmodels = sm.OLS(endog=y, exog=X).fit()
      lm_statsmodels.params.head(3)
```

```
Out   X_1      14.755
      X_2     -87.463
      X_3     211.743
      dtype: float64
```

원래는 X_1의 계수가 5이고 그 외에는 모두 0의 계수를 얻어야 합니다. 그러나 OLS의 결과를 보면 잘못된 계수가 추정되고 있음을 알 수 있습니다.

10.3.6 사이킷런을 이용한 선형회귀

정규화를 이용한 모델을 사용해보기 전에 사이킷런 사용법에도 익숙해질 겸 사이킷런을 사용해서 일반 최소제곱법을 이용한 정규선형모델을 추정해보겠습니다.

사이킷런에서는 먼저 모델의 구조를 지정하고 나서 fit 함수의 인수로 데이터를 지정합니다. 추정된 계수는 coef_ 변수에 저장됩니다. statsmodels와 마찬가지로 절댓값이 큰 계수가 추정됩니다.

```
In    # 어떤 모델을 만들지 지정
      lm_sklearn = linear_model.LinearRegression()
      # 데이터를 지정하여 모델 추정
      lm_sklearn.fit(X, y)
      # 추정된 파라미터(array)
      lm_sklearn.coef_
```

```
Out   array([  1.476e+01, -8.746e+01,   2.117e+02, -9.415e+01,
              -6.817e+01, -9.284e+01,   1.761e+00,   8.170e+01,
               6.680e+01,   2.788e+01, -3.288e+01,   6.818e+01,
       · · · <이하 생략> · · ·
```

10.3.7 리지 회귀 – 벌칙항의 영향

일반 최소제곱법으로는 잘되지 않는다는 것을 알 수 있었으므로 정규화를 사용해봅시다. 우선 리지 회귀를 사용합니다. 정규화를 수행할 때 중요한 것은 정규화의 강도 α를 결정하는 것입니다. 정규화의 강도 α가 미치는 영향부터 알아봅시다. 우선 α를 50개 만듭니다.

```
n_alphas = 50
ridge_alphas = np.logspace(-2, 0.7, n_alphas)
```

np.logspace는 처음 보는 함수입니다. 이 함수는 np.arange와 비슷한 함수로 밑을 10으로 한 로그를 취하면 등차수열이 됩니다.

```
np.log10(ridge_alphas)
```

```
array([-2.    , -1.945, -1.89 , -1.835, -1.78 , -1.724,
       -1.669, -1.614, -1.559, -1.504, -1.449, -1.394,
 · · ·<중략>· · ·
        0.645,  0.7  ])
```

α를 50개 돌아가면서 50번 리지 회귀를 추정합니다. 리지 회귀 추정에는 lenear_model.Ridge 함수를 사용합니다. 파라미터로 α와 '절편은 추정하지 않는다'는 옵션을 지정합니다.

```
# 추정된 회귀계수를 저장하는 변수
ridge_coefs = []
# for 루프로 여러 번 리지 회귀 추정
for a in ridge_alphas:
    ridge = linear_model.Ridge(alpha=a, fit_intercept=False)
    ridge.fit(X, y)
    ridge_coefs.append(ridge.coef_)
```

추정된 계수를 넘파이 배열로 변환합니다.

```
ridge_coefs = np.array(ridge_coefs)
ridge_coefs.shape
```

결과는 50행 100열인 배열입니다. 행수는 α의 개수이며 100열은 독립변수의 개수입니다.
plt.plot(ridge_alphas, ridge_coefs[::,0])으로 그래프를 그리면 X축에 α, Y축에 계
수를 둔 그래프를 그릴 수 있습니다. 하지만 이를 100번 반복할 필요 없이 plt.plot 함수에 2
차원 배열을 넘기면 자동으로 여러 가지 그래프를 그립니다.

결과를 알아보기 쉽게 X축을 $-\log_{10}\alpha$로 변환하여 그래프를 그립니다. 이러한 그래프를 solu-
tion-path라고 합니다.

```
# α 변환
log_alphas = -np.log10(ridge_alphas)
# X축에 -log10(α), Y축에 계수를 둔 꺾은선 그래프
plt.plot(log_alphas, ridge_coefs, color='black')
# 독립변수 X_1의 계수를 알기 쉽게 표시
plt.text(max(log_alphas) + 0.1, ridge_coefs[0,0], 'X_1')
# X축 범위
plt.xlim([min(log_alphas) - 0.1, max(log_alphas) + 0.3])
# 축 레이블
plt.title('Ridge')
plt.xlabel('- log10(alpha)')
plt.ylabel('Coefficients')
```

X축이 $-\log_{10}\alpha$이므로 왼쪽으로 갈수록 α가 커지면서 정규화의 강도가 강해집니다. 왼쪽이면 절
댓값이 작은 계수로 추정되는 경향이 있고 오른쪽으로 가면 벌칙이 완화되므로 절댓값이 큰 계
수로 추정되기 쉬워집니다(그림 10-3).

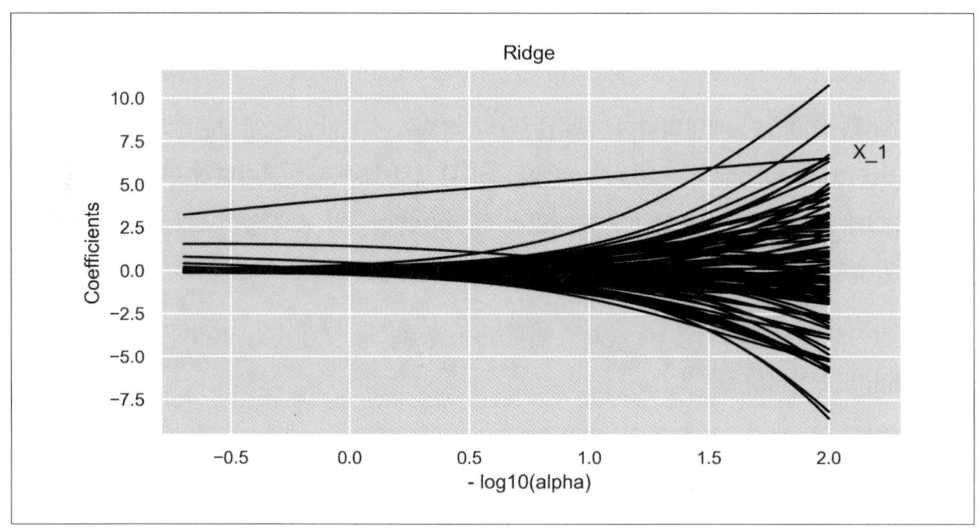

그림 10-3 리지 회귀에서 정규화 강도와 계수의 관계

중요한 건 X_1의 계수인데 $-\log_{10}\alpha$가 0인 부근에서는 다른 계수보다 절댓값이 꽤 커지는 것 같습니다. 하지만 α에 따라 계숫값은 크게 달라집니다.

10.3.8 리지 회귀 – 최적의 정규화 강도 결정

α의 크기를 결정하는 작업을 하겠습니다. 교차검증법을 이용하여 예측 정확도를 평가해서 정확도가 가장 좋은 α를 채택하여 모델을 재구축합니다. 이러한 과정에 사용되는 함수는 이미 준비되어 있습니다. 바로 RidgeCV 함수를 사용합니다. cv=10으로 지정하고 10겹 교차검증[10-fold-CV]을 사용하여 예측 정확도를 평가합니다.

```
In
      # CV로 최적의 α 찾기
      ridge_best = linear_model.RidgeCV(
          cv=10, alphas=ridge_alphas, fit_intercept=False)
      ridge_best.fit(X, y)

      # 최적의 -log10( α )
      round(-np.log10(ridge_best.alpha_), 3)
```

```
Out
      0.237
```

$-\log_{10}\alpha = 0.237$ 지점을 이전의 solution-path(그림 10-4)에서 보면 X_1 이외의 독립변수의 계수 절댓값이 0에 가깝다는 것을 알 수 있습니다.

최적의 α는 다음과 같습니다.

```
In    round(ridge_best.alpha_, 3)
```

```
Out   0.58
```

추정된 계수는 다음과 같습니다.

```
In    ridge_best.coef_.round(2)
```

```
Out   array([ 4.46,  1.29,  0.29, -0.09, -0.2 , -0.23, -0.22,
             -0.21, -0.14, -0.14, -0.15, -0.05, -0.1 , -0.02,
             -0.11, -0.01, -0.09,  0.01, -0.02, -0.03,  0.02,
             -0.03,  0.04, -0.09,  0.13,  0.02,  0.06, -0.08,
              0.14, -0.01,  0.1 ,  0.12, -0.04,  0.04, -0.03,
              0.02,  0.12, -0.17, -0.01, -0.18,  0.09,  0.22,
              0.04, -0.03, -0.01,  0.03,  0.34, -0.19, -0.11,
              0.21, -0.13, -0.25,  0.25,  0.13, -0.16,  0.27,
              0.03, -0.17, -0.18,  0.16, -0.01,  0.01,  0.19,
              0.13, -0.16, -0.02,  0.26,  0.22, -0.18,  0.01,
              0.53,  0.18, -0.35, -0.12,  0.23, -0.04, -0.12,
             -0.05,  0.21,  0.19, -0.04, -0.2 , -0.1 ,  0.06,
             -0.22,  0.15, -0.04, -0.11,  0.21,  0.01,  0.13,
             -0.03, -0.02, -0.23, -0.2 ,  0.24, -0.31, -0.4 ,
             -0.16,  0.16])
```

독립변수 X_1의 계수가 4.46이 된 것을 보면 정답과 상당히 가까워졌습니다. 리지 회귀의 성과입니다. 여기서 다른 독립변수의 계수를 보면 나름대로 작은 값이 되었지만 영향이 아예 없다고는 할 수 없습니다.

10.3.9 라소 회귀 – 벌칙항의 영향

이어서 정규화에 라소 회귀를 사용해봅시다. solution-path가 리지 회귀와 어떻게 다른지 확인하겠습니다. 리지 회귀와 마찬가지로 구현할 수 있지만 이번에는 lasso_path라는 편리한 함수를 사용하겠습니다 인수에 데이터를 지정하는 것만으로도 α를 다양하게 바꾼 결과를 출력합니다.

```
In    lasso_alphas, lasso_coefs, _ = linear_model.lasso_path(
          X, y, fit_intercept=False)
```

리지 회귀와 마찬가지로 solution-path를 그립니다. lasso_coefs의 순서가 리지 회귀 때와 달라서 행렬을 전치시키거나(lasso.coefs.T) 배열의 첨자가 달라지거나 하지만 코드는 거의 같습니다.

```
In    # α 변환
      log_alphas = -np.log10(lasso_alphas)
      # X축에 -log10( α ), Y축에 계수를 둔 꺾은선 그래프
      plt.plot(log_alphas, lasso_coefs.T, color='black')
      # 독립변수 X_1의 계수를 알기 쉽게 표시
      plt.text(max(log_alphas) + 0.1, lasso_coefs[0, -1], 'X_1')
      # X축 범위
      plt.xlim([min(log_alphas) - 0.1, max(log_alphas) + 0.3])
      # 축 레이블
      plt.title('Lasso')
      plt.xlabel('- log10(alpha)')
      plt.ylabel('Coefficients')
```

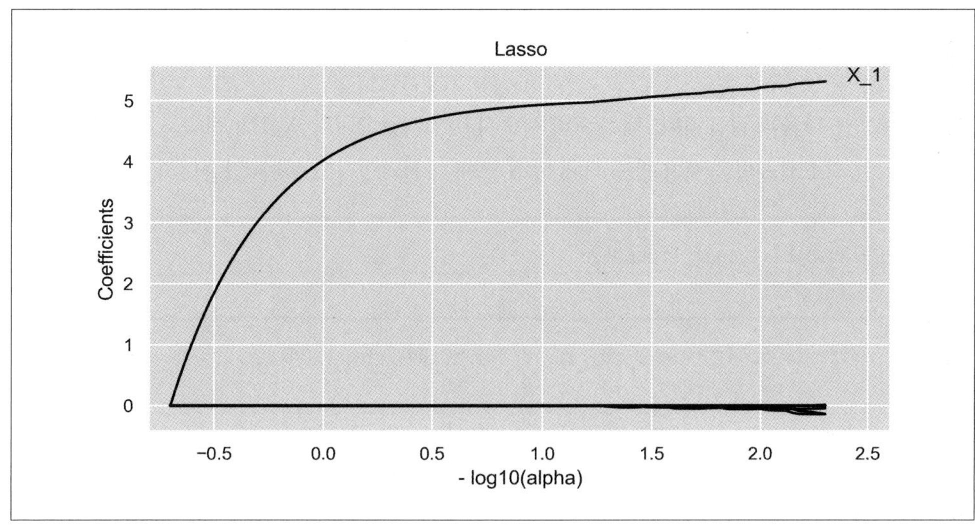

그림 10-4 라소 회귀에서 정규화 강도와 계수의 관계

X_1의 계수 이외에는 거의 0이 되었습니다. 이것이 L_1 정규화의 효과입니다.

10.3.10 라소 회귀 – 최적의 정규화 강도 결정

교차검증법을 사용하여 α를 결정해봅시다.

```
# CV로 최적의 α 찾기
lasso_best = linear_model.LassoCV(
    cv=10, alphas=lasso_alphas, fit_intercept=False)
lasso_best.fit(X, y)

# 최적의 -log( α )
round(-np.log10(lasso_best.alpha_), 3)
```

```
2.301
```

최적의 α는 다음과 같습니다.

```
round(lasso_best.alpha_, 3)
```

추정된 계수는 다음과 같습니다. 대부분의 계수가 0이 되었습니다. X_1의 계수도 대략 5가 되었으므로 일반 최소제곱법을 사용했을 때에 비해 크게 개선되었다고 볼 수 있습니다.

In

```
lasso_best.coef_.round(2)
```

Out

```
array([ 5.34, -0.  , -0.  , -0.3 , -0.04, -0.  , -0.  ,
       -0.  , -0.  , -0.  , -0.  , -0.  , -0.  , -0.  ,
       -0.  , -0.  , -0.  , -0.  , -0.  , -0.  , -0.  ,
       -0.  , -0.  , -0.  , -0.  , -0.  , -0.  , -0.  ,
        0.  , -0.  ,  0.  ,  0.  , -0.  ,  0.  ,  0.  ,
        0.  ,  0.  , -0.  ,  0.  ,  0.  ,  0.  ,  0.  ,
        0.  ,  0.  ,  0.  ,  0.  ,  0.  ,  0.  ,  0.  ,
        0.  ,  0.  ,  0.  ,  0.  ,  0.  ,  0.  ,  0.  ,
        0.  ,  0.  ,  0.  ,  0.  ,  0.  ,  0.  ,  0.  ,
        0.01,  0.  ,  0.  ,  0.  ,  0.  ,  0.  ,  0.  ,
        0.  ,  0.  ,  0.  ,  0.  ,  0.  ,  0.  ,  0.  ,
        0.  ,  0.  ,  0.  ,  0.  ,  0.  ,  0.  ,  0.  ,
        0.  ,  0.  ,  0.  ,  0.  ,  0.  ,  0.  ,  0.  ,
        0.  ,  0.  ])
```

10.3.11 라소 회귀를 이용한 예측

최적의 α를 결정한 후 라소 회귀모델을 사용하여 예측값을 얻는 방법을 알아봅시다. 이번에는 훈련 데이터에 대한 적합값을 계산합니다. 먼저 훈련 데이터를 하나만 가져옵니다. 독립변수가 X_1에서 X_100까지 100개이므로 100열의 데이터입니다.

In

```
print(X.iloc[0:1, ])
```

Out

```
      X_1    X_2    X_3    X_4    X_5    X_6    X_7    X_8  \
0   9.828  8.123  7.108  6.429  5.937  5.561  5.261  5.013

      X_9   X_10  ...   X_91   X_92   X_93   X_94   X_95  \
0   4.805  4.628  ...  2.396  2.401  2.405  2.354  2.354
```

```
          X_96    X_97   X_98    X_99   X_100
0   2.354   2.353   2.35   2.346   2.342
[1 rows x 100 columns]
```

예측할 때는 추정된 모델 lasso_best에 predict 함수를 사용합니다.

<table>
<tr><td>In</td><td><code>lasso_best.predict(X=X.iloc[0:1,])</code></td></tr>
</table>

<table>
<tr><td>Out</td><td><code>array([50.263])</code></td></tr>
</table>

여기에 결과를 나타내지는 않지만 모든 훈련 데이터에 대해 적합값을 얻으려면 lasso_best.
predict(X=X)로 구현합니다.

10.4 선형모델과 신경망

이 절에서는 신경망의 기본적인 구조를 소개합니다. 그리고 파이썬으로 구현하면서 선형모델과
복잡한 머신러닝을 비교해보겠습니다. 사이킷런에서 제공하는 함수와 statsmodels에서 제공하
는 함수를 사용하여 동일한 데이터를 대상으로 분석합니다. 사이킷런의 특징을 파악하는 데도
도움이 되는 내용입니다.

우선 신경망의 기본 사항을 설명합니다. 그런 다음 회귀와 분류 문제에서 간단한 데이터를 대상
으로 선형모델과 신경망을 비교합니다. 마지막으로 복잡한 분류 문제를 대상으로 선형모델과
신경망을 비교합니다.

10.4.1 입력 벡터와 목표 벡터, 가중치, 편향

신경망을 이해하는 데 필요한 용어를 소개합니다. 통계모델과 머신러닝에서는 같은 뜻인데 다
른 용어를 사용하는 경우가 있습니다.

- 독립변수는 머신러닝에서 **입력 벡터**라고 한다.
- 종속변수는 머신러닝에서 **목표 벡터**라고 한다.

- 계수는 머신러닝에서 **가중치**라고 한다.
- 절편은 값이 항상 1인 독립변수로 볼 수 있으며 머신러닝에서는 **편향**이라고 한다.

10.4.2 단순 퍼셉트론

단순 퍼셉트론은 [그림 10-5]과 같이 입력 벡터의 가중치 합으로 하나의 출력을 반환합니다. 이 출력과 목표 벡터를 비교하여 손실이 최소가 되도록 가중치를 추정합니다.

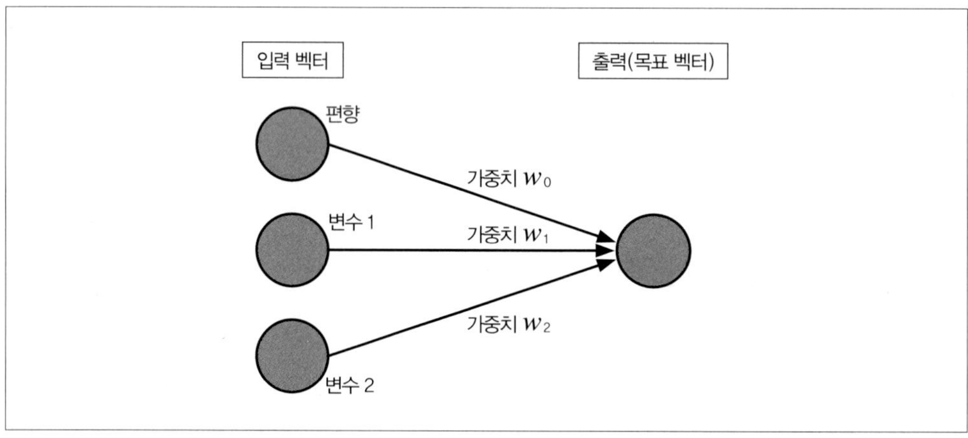

그림 10-5 단순 퍼셉트론의 개념도

출력은 분류 문제라면 −1 또는 1과 같은 두 가지 값이 되도록 얻을 수 있습니다. 또한 10.4절에서는 회귀 문제를 다루는 경우도 있습니다. 이 경우 수치형 데이터가 되도록 출력을 얻을 수 있습니다.

10.4.3 활성화함수

활성화함수는 입력 벡터에 가중치를 적용한 값을 출력으로 변환하는 함수입니다. 일반화선형모델에서 링크함수의 역함수와 같은 기능을 하는 것이 활성화함수입니다. 이 경우에는 입력 벡터에 가중치가 반영된 합을 선형예측자로 생각할 수 있습니다.

분류 문제를 다루는 단순 퍼셉트론의 활성화함수로는 **스텝함수**를 사용합니다. 스텝함수는 다음

예와 같이 입력에 따라 −1이나 1을 반환합니다.

$$h(x)=\begin{cases} -1\,(x \leq 0) \\ 1\,(x > 0) \end{cases}$$ 식 10−4

스텝함수를 사용하면 [그림 10−5]에서 본 것과 같은 단순 퍼셉트론을 다음 식처럼 쓸 수 있습니다. 여기서 출력은 y 입력은 x_1, x_2입니다.

$$y = h(w_0 + w_1 \cdot x_1 + w_2 \cdot x_2)$$ 식 10−5

활성화함수를 변경함으로써 단순 퍼셉트론에서 모델을 확장할 수 있습니다. 활성화함수로 사용될 수 있는 함수로는 로지스틱 함수나 항등함수 등이 있습니다. 특히 많이 쓰이는 활성화함수는 **ReLU**Recified Linear Unit입니다. ReLU 함수는 입력이 0 이하면 0, 입력이 0보다 크면 입력을 그대로 출력합니다. ReLU 함수는 다음과 같이 표기합니다(그림 10−6).

$$h(x)=\begin{cases} x\,(x > 0) \\ 0\,(x \leq 0) \end{cases}$$ 식 10−6

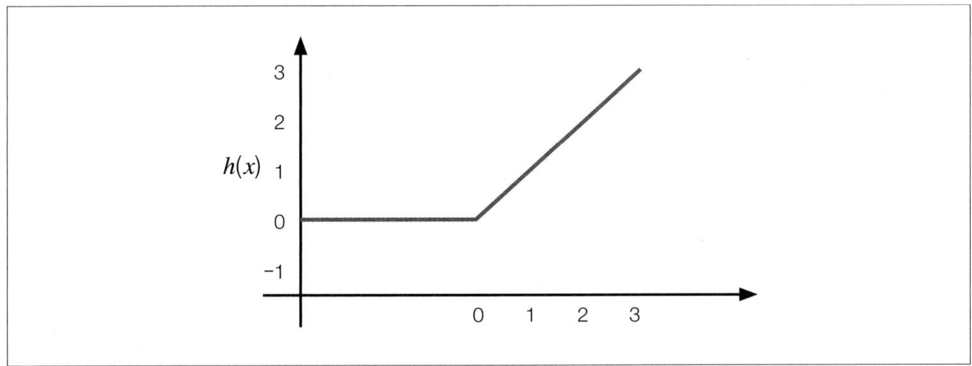

그림 10-6 ReLU 함수

10.4.4 선형모델에서 신경망으로

퍼셉트론에서 가중치는 손실을 최소화하도록 추정됩니다. 손실은 이진분류의 경우 교차 엔트로피 오차를, 연속값에 대한 회귀 문제의 경우 잔차제곱합을 사용하는 경우가 많습니다.

로지스틱 함수를 활성화함수로, 교차 엔트로피 오차를 손실로 사용하는 2층 퍼셉트론은 로지스틱 회귀모델로 볼 수 있습니다. 또한 항등함수를 활성화함수로, 잔차제곱합을 손실로 사용하는 2층 퍼셉트론은 정규선형모델(혹은 다중회귀모델)과 같은 모델이라고 볼 수 있습니다.

간단한 신경망은 일반화선형모델 관점에서 해석할 수 있습니다. 나중에 파이썬 분석 예를 통해 둘의 관계를 다시 살펴보겠습니다.

10.4.5 은닉층

신경망을 발전시키는 데 필요한 용어를 소개합니다.

- 입력 벡터가 들어오는 부분을 **입력층**이라고 한다.
- 예측값이 출력되는 층을 **출력층**이라고 한다.
- 입력층과 출력층 사이에 있는 층을 **은닉층** 또는 **중간층**이라고 한다.

신경망에 은닉층을 포함시킴으로써 복잡한 관계도 파악할 수 있습니다.

10.4.6 신경망

여러 층의 퍼셉트론으로 구성된 모델을 **피드포워드 신경망** 또는 **신경망**이라고 합니다. **다층 퍼셉트론**MultiLayer Perceptron(MLP)이라고 부르기도 합니다.

은닉층을 늘린 것을 **심층학습** 또는 **딥러닝**이라고 부릅니다. 단순히 퍼셉트론을 증가시키는 것뿐만 아니라 풀링층과 같은 특별한 층을 포함할 수도 있습니다. 이를 **합성곱 신경망**(CNN)이라고 합니다. 신경망에는 여러 가지 종류가 있지만 이 책에서는 단순한 다층 퍼셉트론만 다룹니다.

10.4.7 신경망의 구조

신경망은 [그림 10-7]과 같이 다층 퍼셉트론을 연결한 구조입니다. 동그라미 표시는 **유닛**이라고 합니다. 화살표 개수만큼 가중치가 있으며 모두를 추정해야 합니다. 신경망은 사용하는 파라미터가 많지만 그만큼 복잡한 현상을 학습시키는 데 좋습니다.

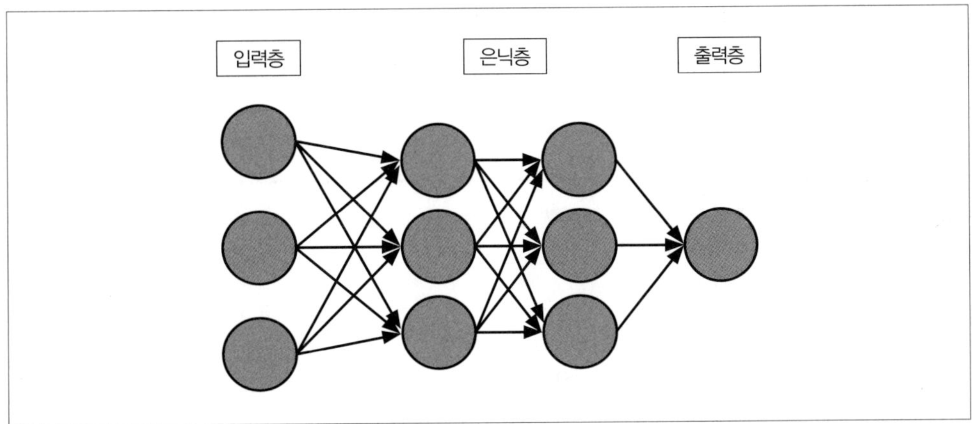

그림 10-7 신경망의 개념도

모델이 복잡할수록 가중치를 결정하기가 어려워집니다. 파라미터 추정에는 **확률적 경사하강법** (SDG)이나 **Adam** 등을 자주 사용합니다. 이 책에서는 단순한 모델을 중심으로 취급하므로 이러한 방법은 사용하지 않습니다.

10.4.8 신경망의 L_2 정규화

모델이 복잡해짐에 따라 과대적합이 발생할 수 있습니다. 따라서 이를 방지하고자 L_2 정규화를 자주 사용합니다. 정규화는 리지 회귀와 똑같이 해석하면 됩니다.

딥러닝의 경우 가중치 결정 방법, 은닉층의 개수나 종류, 손실함수 종류, 활성화함수 선택, L_2 정규화 강도 등 많은 요소를 바꿔봐야 합니다. 이러한 것들은 모델을 추정하기 전에 정해져야 하기 때문에 **하이퍼파라미터**라고 부릅니다. 어떤 구조와 하이퍼파라미터가 가장 좋을지 알아보려면 많은 시도와 노력이 필요합니다. 리지 회귀 등과 마찬가지로 교차검증법을 사용하여 예측 정확도를 높이는 방법 등이 있습니다.

10.4.9 분석 준비

실제로 파이썬을 사용하여 신경망을 추정해보겠습니다. 이전 절과 같이 사이킷런을 사용합니다. 사이킷런으로도 이번에 다루는 다층 퍼셉트론을 추정할 수 있을 정도의 기능은 충분합니다.

더 복잡한 모델을 추정하고 싶다면 텐서플로^{TensorFlow}나 케라스^{Keras} 같은 다른 라이브러리를 사용하는 것이 좋습니다.

먼저 필요한 라이브러리를 불러옵니다.

```
In    # 수치 계산에 사용하는 라이브러리
      import numpy as np
      import pandas as pd
      # 표시 자릿수 설정
      pd.set_option('display.precision', 3)
      np.set_printoptions(precision=3)


      # 통계모델을 추정하는 라이브러리
      import statsmodels.formula.api as smf
      import statsmodels.api as sm


      # 그래프를 그리는 라이브러리
      from matplotlib import pyplot as plt
      import seaborn as sns
      sns.set()


      # 머신러닝을 적용하기 위한 라이브러리
      from sklearn.neural_network import MLPRegressor, \
                                        MLPClassifier
      from sklearn.linear_model import LinearRegression, \
                                       LogisticRegression


      # 샘플 데이터 작성
      from sklearn.datasets import make_circles


      # 테스트 데이터와 훈련 데이터로 나누기
      from sklearn.model_selection import train_test_split
```

10.4.10 단순회귀분석

신경망과 비교하기 위해 8.1절과 동일한 예제를 사용하여 회귀분석을 수행해봅시다.

분석 대상 데이터를 읽어 들입니다. 가상의 맥주 판매 데이터입니다. 기온(temperature)으로 맥주 매출(beer)을 예측하는 문제를 해결합니다.

```
In    beer = pd.read_csv('8-1-1-beer.csv')
      print(beer.head(n=3))
```

```
Out      beer   temperature
      0  45.3       20.5
      1  59.3       25.0
      2  40.4       10.0
```

8.1절과 마찬가지로 statsmodels를 사용하여 단순회귀분석으로 추정된 계수를 확인합니다.

```
In    lm_stats = smf.ols(formula='beer ~ temperature',
                         data=beer).fit()
      lm_stats.params
```

```
Out   Intercept      34.610
      temperature     0.765
      dtype: float64
```

기온이 20℃일 때 맥주 매출의 예측값을 계산합니다.

```
In    lm_stats.predict(pd.DataFrame({'temperature' : [20]}))
```

```
Out   0    49.919
      dtype: float64
```

이어서 사이킷런을 사용하여 단순회귀분석을 수행합니다. 먼저 데이터를 넘파이 배열로 변환합니다.

```
In    # 입력 벡터
      # reshape(-1, 열 수)의 형태로 바꾼다
      X_beer = beer['temperature'].to_numpy().reshape(-1, 1)
      # 목표 벡터
      y_beer = beer['beer'].to_numpy()
```

reshape(-1, 1)을 실행하면 입력 벡터가 한 열의 배열이 됩니다.

```
In    X_beer
```

```
Out   array([[20.5],
             [25. ],
             [10. ],
       · · ·<이하 생략> · · ·
```

LinearRegression 함수를 사용하여 단순회귀분석을 수행하고 추정된 계수를 확인합니다. 당연히 계수는 statsmodels를 이용한 경우와 일치합니다.

```
In    lm_sk = LinearRegression().fit(X_beer, y_beer)
      print(np.round(lm_sk.intercept_, 3))
      print(np.round(lm_sk.coef_, 3))
```

```
Out   34.61
      [0.765]
```

기온이 20℃일 때 맥주 매출의 예측값을 계산합니다.

```
In    lm_sk.predict(np.array(20).reshape(-1, 1))
```

```
Out   array([49.919])
```

회귀모델의 경우 모델의 평가 지표로서 8.2절에서 소개한 결정계수 R^2을 종종 사용합니다. R^2을 계산해봅시다.

```
In    pred_lm_all = lm_sk.predict(X_beer)
      resid = pred_lm_all - y_beer
      ss_t = np.sum((y_beer - np.mean(y_beer))**2)
      r2 = 1 - np.sum(resid**2) / ss_t
      round(r2, 3)
```

Out	0.504

score 함수를 활용하면 R^2을 쉽게 계산할 수 있습니다.

In	`round(lm_sk.score(X_beer, y_beer), 3)`

Out	0.504

10.4.11 신경망을 이용한 회귀

단순회귀분석을 수행한 것과 같은 데이터에 간단한 구조의 신경망을 적용하여 비교해봅시다.
MLPRegressor 함수를 사용하여 회귀 문제에 대한 신경망을 추정하고 계수를 확인합니다.

```python
nnet_reg = MLPRegressor(random_state=1,
                        hidden_layer_sizes=(1, ),
                        activation='identity', alpha=0,
                        solver='lbfgs', max_iter=500,
                        ).fit(X_beer, y_beer)
print('절편', nnet_reg.intercepts_)
print('계수', nnet_reg.coefs_)
```

Out	절편 [array([-42.901]), array([25.803])] 계수 [array([[-3.728]]), array([[-0.205]])]

MLPRegressor 함수의 인수를 정리하면 다음과 같습니다.

- **random_state**: 신경망은 복잡한 구조를 가질 수 있기 때문에 모델의 추정 결과가 실행될 때마다 달라지는 경우가 많다. 따라서 인수로 random_state를 설정하여 결과의 재현성을 보장한다.
- **hidden_layer_sizes**: 은닉층 수와 은닉층에 배치되는 유닛 수를 설정한다. (1,)라면 은닉층은 1개뿐이며 유닛도 1개다.
- **activation**: 활성화함수를 설정한다. 'identity'는 항등함수다.
- **alpha**: 정규화의 강도를 설정한다.
- **solver, max_iter**: 최적화 방법과 반복 계산 횟수를 설정한다. 이번에는 lbfgs법을 이용하여 내부에서 최대 500회까지 반복 계산을 하도록 설정했다.

추정된 계수는 [그림 10-8]에 나타낸 것처럼 해석할 수 있습니다. 추정된 계수는 소수점 이하 2
자리에서 반올림합니다.

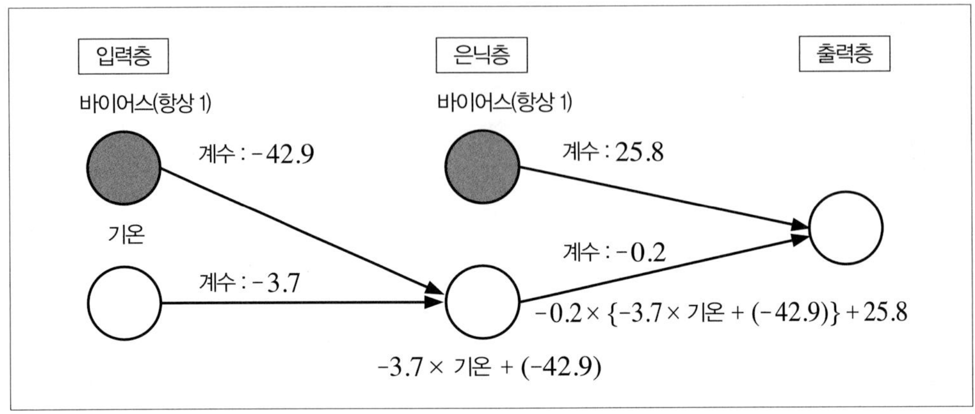

그림 10-8 추정된 모델 구조

이번 모델에는 은닉층이 있기 때문에 절편 intercepts_도, 기온에 관련된 coefs_도 각각 두
개씩 출력됩니다. 입력층에서는 편향(회귀분석의 절편에 대응하는 항상 1인 값)과 기온이 입력
됩니다. intercepts_의 첫 번째 추정값은 약 −42.9이고 coefs_의 첫 번째 추정값은 약 −3.7
입니다. 그래서 은닉층의 값은 −3.7×기온+(−42.9)로 계산됩니다.

절편은 입력층과 은닉층 두 군데에 있습니다. 따라서 출력층에 이르기까지 두 가지 파라미터
가 추정됩니다. intercepts_의 두 번째 추정값은 약 25.8이고 coefs_의 두 번째 추정값은 약
−0.2입니다. 그 때문에 출력층은 −0.2×은닉층+25.8로 계산됩니다. 정리하면 다음과 같습
니다.

$$\begin{aligned}
출력층 &= -0.2 \times 은닉층 + 25.8 \\
&= -0.2 \times \{-3.7 \times 기온 + (-42.9)\} + 25.8
\end{aligned}$$

식 10-7

이제 출력층의 계산식을 변형합니다.

$$\begin{aligned}
출력층 &= -0.2 \times \{-3.7 \times 기온 + (-42.9)\} + 25.8 \\
&= \{-0.2 \times (-42.9) + 25.8\} - \{0.2 \times (-3.7)\} \times 기온 \\
&\approx 34.6 + 0.8 \times 기온
\end{aligned}$$

식 10-8

소수점 이하 2자리에서 반올림하므로 약간 오차가 있지만 단순회귀분석으로 얻은 절편의 회귀
계수와 거의 일치합니다.

파이썬으로 확인해보겠습니다. 우선 절편을 재현합니다.

```
In    nnet_reg.intercepts_[0] * nnet_reg.coefs_[1] + \
          nnet_reg.intercepts_[1]
```

```
Out    array([[34.61]])
```

이어서 기온의 계수를 재현합니다.

```
In    nnet_reg.coefs_[0] * nnet_reg.coefs_[1]
```

```
Out    array([[0.765]])
```

은닉층과 유닛 수가 하나이고 활성화함수를 (항등함수이므로) 무시할 수 있다는 매우 간단한 구
조를 가진 신경망의 경우 단순회귀모델과 거의 동일한 결과를 얻을 수 있습니다.

기온이 20℃일 때의 예측값을 계산해봅시다.

```
In    nnet_reg.predict(np.array(20).reshape(-1, 1))
```

```
Out    array([49.919])
```

추정된 계수를 사용하더라도 동일한 결과를 얻을 수 있습니다.

```
In    (nnet_reg.intercepts_[0] + nnet_reg.coefs_[0] * 20) * \
          nnet_reg.coefs_[1] + nnet_reg.intercepts_[1]
```

```
Out    array([[49.919]])
```

모델의 평가 지표로 R^2을 계산합니다. 단순회귀분석과 비교해도 거의 변화가 없습니다.

```
In    round(nnet_reg.score(X_beer, y_beer), 3)
```

```
Out    0.504
```

10.4.12 로지스틱 회귀

신경망과 비교하기 위해 9.2절과 동일한 예제를 사용하여 로지스틱 회귀를 수행해봅시다.

분석 대상 데이터를 읽어 들입니다. 가상의 시험 합격/불합격 데이터입니다. 공부시간(hours)으로 시험의 합격 여부(result)를 분류하는 문제입니다. result는 0이면 불합격이고 1이면 합격입니다.

```
In    test_result = pd.read_csv('9-2-1-logistic-regression.csv')
      print(test_result.head(3))
```

```
Out      hours  result
       0     0       0
       1     0       0
       2     0       0
```

9.2절과 마찬가지로 statsmodels를 사용하여 로지스틱 회귀를 수행하고 추정된 계수를 확인합니다.

```
In    glm_stats = smf.glm(formula = 'result ~ hours',
                          data=test_result,
                          family=sm.families.Binomial()).fit()
      glm_stats.params
```

```
Out    Intercept    -4.559
       hours         0.929
       dtype: float64
```

공부시간이 3시간일 때 합격률 예측값을 계산합니다.

```
In    glm_stats.predict(pd.DataFrame({'hours': [3]}))
```

```
Out   0    0.145
      dtype: float64
```

이어서 사이킷런을 사용하여 로지스틱 회귀를 수행합니다. 사이킷런에서 사용할 수 있도록 우선 데이터를 넘파이 배열로 변환합니다.

```
In    # 입력 벡터
      # reshape(-1, 열 수) 형태로 바꾼다.
      X_bin = test_result['hours'].to_numpy().reshape(-1, 1)
      # 목표 벡터
      y_bin = test_result['result'].to_numpy()
```

LogisticRegression 함수를 이용하여 로지스틱 회귀를 수행하고 추정된 계수를 확인합니다. penalty=None으로 인수를 넘겨서 정규화를 하지 않고 순수한 로지스틱 회귀모델을 지정하고 있습니다.

```
In    glm_sk = LogisticRegression(random_state=1, penalty=None
                                  ).fit(X_bin, y_bin)
      print(np.round(glm_sk.intercept_, 3))
      print(np.round(glm_sk.coef_, 3))
```

```
Out   [-4.559]
      [[0.929]]
```

공부시간이 3시간일 때 합격률 예측값을 계산합니다. 예측값을 확률로 출력하려면 predict_proba 함수를 사용합니다.

```
In    glm_sk.predict_proba(np.array(3).reshape(-1, 1))
```

```
Out   array([0.855, 0.145])
```

출력의 첫 번째는 불합격 확률이며 두 번째가 합격할 확률입니다.

합격률이 0.5 이상이면 1, 그렇지 않으면 0이 되도록 단순히 합격 여부의 예측값을 계산하는 경우에는 predict 함수를 사용합니다.

```
In    glm_sk.predict(np.array(3).reshape(-1, 1))
```

```
Out   array([0], dtype=int64)
```

분류 모델의 경우 모델의 평가 지표로 적중률이 종종 사용됩니다. 적중률을 계산합니다. 예측값 glm_sk.predict(X_bin)과 실현값 y_bin이 같아진 횟수를 구해 그 값을 표본크기로 나누어 계산할 수 있습니다.

```
In    np.sum(glm_sk.predict(X_bin) == y_bin) / len(y_bin)
```

```
Out   0.84
```

score 함수를 사용하면 적중률을 쉽게 계산할 수 있습니다.

```
In    glm_sk.score(X_bin, y_bin)
```

```
Out   0.84
```

10.4.13 신경망을 이용한 분류

로지스틱 회귀를 수행한 것과 같은 데이터에 간단한 구조의 신경망을 적용하여 비교해봅시다. MLPClassifier 함수를 이용하여 분류 문제에 대한 신경망을 추정하고 계수를 확인합니다.

```
In    nnet_clf = MLPClassifier(random_state=1,
                               hidden_layer_sizes=(1, ),
                               activation='identity', alpha=0,
                               solver='lbfgs', max_iter=500,
                               ).fit(X_bin, y_bin)
```

```python
print('절편', nnet_clf.intercepts_)
print('계수', nnet_clf.coefs_)
```


```
절편 [array([1.595]), array([-1.195])]
계수 [array([[-0.441]]), array([[-2.109]])]
```

은닉층이 하나이고 유닛 수가 하나이기 때문에 모델의 구조는 회귀 문제와 거의 다르지 않습니다. 로지스틱 회귀모델의 절편은 다음과 같이 재현할 수 있습니다.

```python
nnet_clf.intercepts_[0] * nnet_clf.coefs_[1] + \
    nnet_clf.intercepts_[1]
```

```
array([[-4.559]])
```

계속해서 공부시간의 계수를 재현합니다.

```python
nnet_clf.coefs_[0] * nnet_clf.coefs_[1]
```

```
array([[0.929]])
```

간단한 구조를 가진 신경망의 경우 로지스틱 회귀모델과 거의 동일한 결과를 얻을 수 있습니다.

공부시간이 3시간일 때의 합격률 예측값을 계산합니다. activation='identity'로 설정해도 은닉층에서 출력층에 이르는 단계에는 로지스틱 함수가 적용됩니다. 따라서 예측값은 0에서 1까지의 확률로 취급할 수 있습니다.

```python
nnet_clf.predict_proba(np.array(3).reshape(-1, 1))
```

```
array([0.855, 0.145])
```

확률이 아니라 단순히 합격/불합격 예측값을 계산하려면 predict 함수를 사용합니다.

```
In    nnet_clf.predict(np.array(3).reshape(-1, 1))
```

```
Out   array([0], dtype=int64)
```

추정된 계수를 사용하더라도 동일한 결과를 얻을 수 있습니다. 우선 정의대로 예측값을 계산합니다.

```
In    tmp = (nnet_clf.intercepts_[0] + nnet_clf.coefs_[0] * 3) * \
          nnet_clf.coefs_[1] + nnet_clf.intercepts_[1]
```

위의 결과에 로지스틱 함수를 적용하여 predict_proba의 결과를 재현할 수 있습니다.

```
In    1 / (1 + np.exp(-tmp))
```

```
Out   array([[0.145]])
```

모델 평가를 위해 score 함수를 사용하여 적중률을 계산합니다.

```
In    nnet_clf.score(X_bin, y_bin)
```

```
Out   0.84
```

이쪽도 결과는 로지스틱 회귀와 일치했습니다.

10.4.14 복잡한 분류 문제 데이터 만들기

단순한 데이터에 간단한 모델을 적용하면 선형모델과 신경망은 거의 동일한 결과를 반환합니다.

이어서 신경망의 특징을 파악할 수 있도록 다소 복잡한 데이터를 생성합니다. 사이킷런에서 제공하는 make_circles 함수를 사용하여 분류 문제에 대한 데이터를 생성합니다. 다음과 같이 실행하면 입력 벡터 X와 목표 벡터 y를 얻을 수 있습니다.

```
In    X, y = make_circles(
          n_samples=100, noise=0.2, factor=0.5, random_state=1)
```

n_samples=100이면 표본크기 100의 데이터가 생성됩니다. noise는 노이즈의 크기, factor는 두 개의 범주 존재 비율(여기서는 50%씩), random_state는 재현성을 유지하기 위한 난수 시드입니다.

생성된 데이터를 확인합니다. 모두 넘파이 배열이므로 사이킷런에서 분석하기 쉽습니다.

```
In    # 입력 벡터
      print('행 수와 열 수', X.shape)
      print('최초 3 행')
      print(X[0:3, ::])
```

```
Out   행 수와 열 수 (100, 2)
      최초 3행
      [[-0.383 -0.091]
       [-0.021 -0.478]
       [-0.396 -1.289]]
```

그런 다음 목표 벡터를 확인합니다.

```
In    # 목표 벡터
      print('행 수와 열 수', y.shape)
      print('최초 3개 데이터')
      print(y[0:3])
```

```
Out   행 수와 열 수 (100,)
      최초 3개 데이터
      [1 1 0]
```

make_circles 함수의 이름에서 알 수 있듯이 두 개의 입력 벡터가 정확히 원을 그리는 형태로 목표 벡터의 범주가 변경됩니다. 산포도를 그려 확인해봅시다(그림 10-9).

```
In    sns.scatterplot(x=X[:, 0], y=X[:, 1], hue=y, palette='gray', style=y)
```

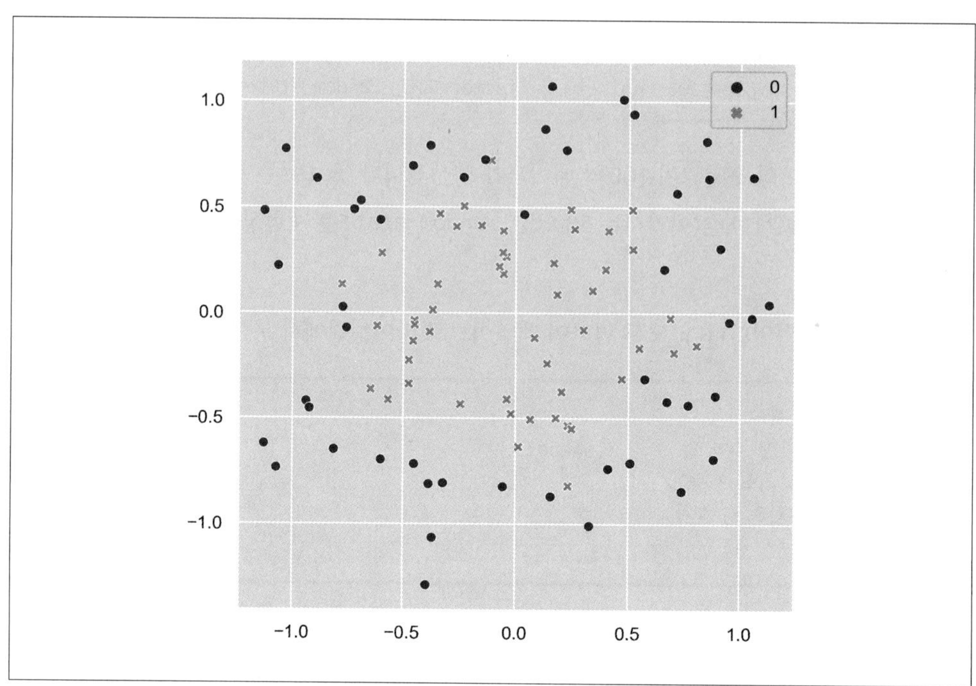

그림 10-9 복잡한 분류 데이터의 예

10.4.15 훈련 데이터와 테스트 데이터 분리

생성된 입력 벡터와 목표 벡터를 훈련 데이터와 테스트 데이터로 나눕니다. 훈련 데이터를 대상으로 모델을 추정하고 테스트 데이터로 정확도를 평가합니다.

sklearn.model_selection의 train_test_split 함수를 사용하여 임의로 데이터를 분할할 수 있습니다. 훈련 데이터는 전체 데이터 중 75%, 테스트 데이터는 전체 데이터 중 25%가 되게 합니다. 재현성을 유지하기 위해 random_state를 지정합니다.

```
# 데이터를 훈련 데이터와 테스트 데이터로 나누기
X_train, X_test, y_train, y_test = train_test_split(
    X, y, stratify=y, random_state=1)
```

열 수와 행 수를 확인합니다.

```
In    print('행 수와 열 수 X_train:', X_train.shape)
      print('행 수와 열 수 X_test:', X_test.shape)
      print('행 수와 열 수 y_tr2ain:', y_train.shape)
      print('행 수와 열 수 y_test:', y_test.shape)
```

```
Out   행 수와 열 수 X_train: (75, 2)
      행 수와 열 수 X_test: (25, 2)
      행 수와 열 수 y_train: (75,)
      행 수와 열 수 y_test: (25,)
```

10.4.16 복잡한 데이터에 대한 로지스틱 회귀

복잡한 데이터에 로지스틱 회귀를 적용해봅시다.

```
In    circle_glm = LogisticRegression(random_state=0, penalty=None
                                      ).fit(X_train, y_train)
```

적중률을 보면 값이 매우 낮은 것을 알 수 있습니다. 원형과 같은 비선형 형태로 분류하는 것은 간단한 로지스틱 회귀로는 어렵습니다. 조금만 노력하면 어느 정도 정확도를 높일 수 있지만 여기서는 다루지 않겠습니다.

```
In    print('훈련:', round(circle_glm.score(X_train, y_train), 3))
      print('테스트:', round(circle_glm.score(X_test, y_test), 3))
```

```
Out   훈련: 0.467
      테스트: 0.36
```

10.4.17 복잡한 데이터에 대한 신경망

이어서 복잡한 데이터에 신경망을 적용해봅시다. 이번에는 은닉층의 유닛을 100으로 늘리고 활성화함수로 ReLU를 채택했습니다. 또한 정규화도 실시하고 있습니다.

```
circle_nnet = MLPClassifier(random_state=1,
                            hidden_layer_sizes=(100, ),
                            activation='relu', alpha=0.5,
                            solver='lbfgs', max_iter=5000
                           ).fit(X_train, y_train)
```

훈련 데이터와 테스트 데이터 모두 적중률이 상당히 개선되었음을 알 수 있습니다. 원형과 같은 비선형 형태로 분류해도 신경망이라면 깨끗하게 분류할 수 있습니다.

```
print('훈련:', round(circle_nnet.score(X_train, y_train), 3))
print('테스트:', round(circle_nnet.score(X_test, y_test), 3))
```

```
훈련: 0.96
테스트: 0.88
```

관심 있는 독자는 `hidden_layer_sizes`를 늘리거나 `activation`을 변경하여 적중률이 얼마나 변하는지 알아보기 바랍니다. 은닉층의 유닛을 하나로 만들고 활성화함수를 항등함수로 만들면 거의 로지스틱 회귀모델만큼 예측 정확도가 떨어집니다.

반대로 `MLPClassifier`의 인수를 바꾸어 모델의 구조를 변경하는 것으로 예측 정확도를 높이는 방법도 있지만 여기서 분석을 마치는 걸로 하겠습니다.

10.4.18 선형모델의 장점과 신경망의 장점

신경망의 구조를 설명할 때 신경망은 선형모델을 보다 복잡하게 확장한 것이라고 했습니다. 이런 인식이 그다지 틀린 것은 아니며, 선형모델로는 표현할 수 없는 복잡한 데이터라도 신경망이라면 잘 모델링할 수 있는 가능성이 큽니다.

하지만 신경망은 복잡한 모델의 훈련 데이터에 과대적합될 위험성도 있습니다. 또한 결과 해석이라는 점에서 보면 정규선형모델이나 로지스틱 회귀분석이 더 다루기 쉬운 측면도 있습니다.

여기서 말하고자 하는 것은 신경망보다 일반화선형모델이 더 낫다는 것이 아닙니다. 중요한 것은 **미리 분석 방법을 결정해두는 것이 아니라 데이터와 목적에 따라서 적합한 분석 방법을 정하는 것**입니다. 만능 모델이라는 것은 없으므로 신경망은 물론 일반화선형모델도 장단점이 많습니다. 이때 하나하나 장단점을 외워서 적용하는 방법은 잘 통하지 않습니다. 각 모델의 기본이 되는 이론을 배우는 것이 멀리 돌아가는 것 같지만 지름길이 될 수 있습니다.

이 책에서는 통계학이나 통계모델의 기초적인 이론을 설명했습니다. 라이브러리를 사용하여 복잡한 머신러닝을 적용하는 것보다 오히려 기초를 이해하는 것이 더 어려울지도 모릅니다.

그러나 라이브러리 내용이 바뀔 수는 있어도 기초 이론은 쉽사리 바뀌지 않습니다. 새로운 방법이 제안될 때 가장 먼저 그것을 활용할 수 있는 사람은 기초를 이해하고 있는 사람이라고 생각합니다. 새로운 방법을 제안하기 위해서도 기초적인 이론을 이해하는 것은 중요합니다. 기초 이론이야 말로 장기적으로 볼 때 가장 유용한 도구가 될 것이라고 생각합니다.

이 책이 통계학, 나아가서는 데이터 활용을 위한 좋은 도구가 된다면 좋겠습니다.

참고문헌

- 안드레아스 뮐러, 세라 가이도. (2022). 파이썬 라이브러리를 활용한 머신러닝(박해선 역). 한빛미디어.

- 크리스토퍼 비숍. (2018). 패턴 인식과 머신 러닝(김형진 역). 제이펍.

- 사이토 고키. (2017). 밑바닥부터 시작하는 딥러닝(개앞맵시 역). 한빛미디어.

- 타카하시 신. (2018). 만화로 쉽게 배우는 통계학(김선민 역). 성안당.

- 쿠보 타쿠야. (2017). R활용 통계 모델링입문(이종찬 역). 박영사.

- Annette J. Dobson. (2002). An Introduction to Generalized Linear Models(2nd ed.). Chapman and Hall/CRC.

- Graeme D. Ruxton. (2006). The unequal variance t−test is an underused alternative to Student's t−test and the Mann−Whitney U test. Behavioral Ecology. 17(4), pp688−690.

- Graham Upton, Ian Cook. (2008). A Dictionary of Statistics(3rd ed.). Oxford University Press.

- H. Wickham. (2014). Tidy data. Journal of Statistical Software, 59(10).

- Wasserstein, R. L., & Lazar, N. A. (2016). The ASA Statement on p−Values: Context, Process, and Purpose. The American Statistician, 70(2), 129−133.

- 岩波データサイエンス刊行委員会編. (2017). 岩波データサイエンス Vol.5. 岩波書店.

- 粕谷英一. (1998). 生物学を学ぶ人のための統計のはなし〜君にも出せる有意差〜. 文一総合出版.

- 粕谷英一. (2012). 一般化線形モデル. 共立出版.

- 粕谷英一. (2015). 生態学におけるAICの誤用：AICは正しいモデルを選ぶためのものではないので正しいモデルを選ばない(〈特集2〉生態学におけるモデル選択). 日本生態学会誌, 65(2), pp179−185.

- 神永正博・木下勉. (2019). Rで学ぶ確率統計学 一変量統計編. 内田老鶴圃.

- 久保川達也. (2017). 現代数理統計学の基礎. 共立出版.

- 倉田博史・星野崇宏. (2009). 入門統計解析. 新世社.

- 古賀弘樹. (2018). 一段深く理解する 確率統計. 森北出版.

- 佐和隆光. (2020). 回帰分析(新装版). 朝倉書店.

- 繁桝算男. (1985). ベイズ統計入門. 東京大学出版会.

- 島谷健一郎. (2017). ポアソン分布.ポアソン回..ポアソン過程. 近代科学社.

- 鈴木武・山田作太郎. (1996). 数理統計学—基礎から学ぶデータ解析—. 内田老鶴圃.

- 高橋将宜・渡辺美智子. (2017). 欠測データ処理—Rによる単一代入法と多重代入法—. 共立出版.

- 竹澤邦夫. (2009). Rによるノンパラメトリック回帰の入門講義. メタ・ブレーン.

- 竹村彰通. (2021). 現代数理統計学. 学術図書出版社.

- 田中豊・中西寛子・姫野哲人・酒折文武・山本義郎(日本統計学会 編). (2015). 改訂版 日本統計学会公式認定 統計検定2級対応 統計学基礎. 東京図書.

- 中井悦司. (2018). 技術者のための基礎解析学 機械学習に必要な数学を本気で学ぶ. 翔泳社.

- 中内伸光. (2002). 数学の基礎体力をつけるためのろんりの練習帳. 共立出版.

- 西崎一郎. (2017). 意思決定の数理 最適な案を選択するための理論と手法. 森北出版.

- 西原史暁. (2017). 【翻訳】整然データ. [URL:http://id.fnshr.info/2017/ 01/09/ trans-tidy-data/] 2022年1月7日最終閲覧.

- 西原史暁. (2017). 整然データとは何か. 情報の科学と技術. 67(9), pp448-453.

- 馬場真哉. (2015). 平均・分散から始める一般化線形モデル入門. プレアデス出版.

- 馬場真哉. (2018). 時系列分析と状態空間モデルの基礎:RとStanで学ぶ理論と実装. プレアデス出版.

- 馬場真哉. (2019). RとStanではじめるベイズ統計モデリングによるデータ分析入門. 講談社.

- 馬場真哉. (2021). 意思決定分析と予測の活用　基礎理論からPython実装まで. 講談社.

- 平井有三. (2012). はじめてのパターン認識. 森北出版.

- 松井秀俊・小泉和之(竹村彰通 編). (2019). 統計モデルと推測. 講談社.

- 松浦健太郎. (2016). RとStanでベイズ統計モデリング. 共立出版.

- 松原望・縄田和満・中井検裕(東京大学教養学部統計学教室 編). (1991). 統計学入

- 門. 東京大学出版会.

- 山田作太郎北田修一. (2004). 生物統計学入門. 成山堂書店.

INDEX

INDEX

INDEX

INDEX

pmf 204

p값 301, 302, 305, 324

p해킹 318

Q–Q플롯 391

ReLU 499

rvs 207

Type I 검정 422, 424

Type II 검정 424, 425

Type III 검정 429

t값 277, 299, 303

t검정 311

t분포 278, 303

Wald 검정 444